Mnémotechnologies

Je remercie le Professeur J. Goody pour l'intérêt qu'il porte à mon travail, de sa participation à mon jury de HDR à sa lecture encourageante du manuscrit de ce livre.

Je remercie Yves Jeanneret pour sa confiance.

Je remercie également Sylvie, Olivier et Benoit pour la patience dont ils doivent parfois faire preuve.

LAVOISIER
11, rue Lavoisier
75008 Paris

www.hermes-science.com
www.lavoisier.fr

ISBN 978-2-7462-2488-9
ISSN 1952-0662

FSC
Mixed Sources
Product group from well-managed forests and other controlled sources
Cert no. SGS-COC-002953
www.fsc.org
© 1996 Forest Stewardship Council

Printed and bound in England by CPI Antony Rowe, Chippenham, March 2010.

Mnémotechnologies

une théorie générale critique
des technologies intellectuelles

Pascal Robert

Hermes Science publications

Lavoisier

TIC ET SCIENCES COGNITIVES

Direction éditoriale Jean-Marie Pierrel

SCIENCES DE L'INFORMATION ET DE LA COMMUNICATION

L'objectif de cette série est de constituer un espace visible de publications de référence, de haut niveau scientifique dans le domaine. Elle se veut l'outil nécessaire à la recherche francophone de la discipline pour rayonner au sein de la communauté scientifique internationale traitant de ces objets.

Le domaine se décline en quatre collections complémentaires :

- Forme et sens : signes sémiotiques, processus symboliques
- Systèmes d'information et organisations documentaires
- Communication, médiation et construits sociaux
- Ingénierie représentationnelle et constructions de sens

Forme et sens

signes sémiotiques, processus symboliques

Directeur de collection : Jean-Jacques Boutaud

Trop à l'étroit dans le signifiant, le code, les systèmes de signes, le sens s'est peu à peu émancipé, à force de traduction, de bricolage, d'interprétation sur ses conditions d'émergence. Un sens moins donné que construit, moins préfiguré que performé, à tous les niveaux de communication, depuis les signes les plus discrets dans les messages, les interactions, jusqu'aux processus les plus complexes dans les problématiques d'identité, d'image, de relation ou d'action. Le sujet a repris ses droits, mais, pour être au coeur du performatif, des performances du dire et du faire, il doit composer avec des formes : formes verbales et non verbales, formes techniques ou matérielles, immatérielles et sensibles ; formes sociales, politiques ou culturelles. Entre préfiguration des situations, configuration des cadres et figuration des acteurs, le jeu de la communication relève d'une double articulation : d'une part, l'emprise minimale du signe dans les phénomènes de sens ; d'autre part, la dimension symbolique des processus qui fonde et déploie la quête permanente du sens. La collection *Forme et sens* est ouverte à toutes les recherches en communication qui vont dans cette voie.

Systèmes d'information et organisations documentaires

Directeur de collection : Stéphane Chaudiron

S'inscrivant résolument dans le champ des Sciences sociales, la collection *Systèmes d'information et organisations documentaires* accueille des ouvrages individuels et collectifs présentant des résultats de recherche originale, en particulier dans les domaines suivants :

- la nature du document et ses métamorphoses : le passage au numérique, les modalités de production, de traitement et de transmission du document, les questions de structuration, d'organisation et de représentation de l'information, l'analyse du contenu informationnel, l'interopérabilité documentaire, les aspects normatifs et leurs enjeux socio-techniques ;

- le rôle des acteurs dans la médiation documentaire : l'évolution des fonctions documentaires, l'hybridation des médiations humaine et technique, les enjeux psycho-cognitifs du traitement et de l'accès à l'information, l'expression du besoin informationnel, la modélisation des comportements informationnels ;

- l'appropriation des dispositifs de traitement et d'accès à l'information : le rôle des systèmes d'information dans les médiations documentaires et l'accès au savoir, l'évaluation des dispositifs, les usages des dispositifs et des technologies dans les différents contextes privés et professionnels (archivage, documentation, veille, gestion des connaissances, etc.) ;

- l'information scientifique et technique et ses enjeux sociétaux : les modèles économique de production et de diffusion, l'évolution du contexte juridique, la mesure de l'information (bibliométrie, etc.).

Communication, médiation et construits sociaux

Directeur de collection : Yves Jeanneret

L'analyse des processus de communication apporte une contribution originale à la compréhension du social, en éclairant la façon dont les savoirs et les attitudes s'élaborent et se partagent, acquièrent légitimité et valeur. Le terme *médiation* désigne, dans la tradition de ces recherches, l'espace dense des constructions qui sont nécessaires pour que les sujets, engagés dans la communication, déterminent, qualifient, transforment les objets qui les réunissent, et établissent ainsi leurs relations. Pratique qui n'est jamais, ni immédiate, ni transparente. Ces constructions relèvent à la fois d'une logistique (la médiation exige des conditions matérielles), d'une poétique (la médiation, qui n'est pas simple transmission, invente des formes) et d'une symbolique (la médiation ne fait pas que réguler, elle institue). La création et l'évolution des dispositifs médiatiques contribue à ces processus pour une part que les sciences de l'information et de la communication doivent élucider, par-delà la simple alternative, stérile, entre ce que les médias font aux gens et ce que les gens font aux médias.

La collection *Communication, médiation et construits sociaux* publie des travaux qui participent au développement de cette approche communicationnelle du social, de façon empirique, en étudiant des pratiques déterminées et leurs enjeux, ou de façon réflexive, en discutant la construction des objets et des points de vue. Les travaux peuvent concerner des champs d'activité divers (politique, culturel, scientifique, organisationnel, etc.). En revanche, sont exclues les approches qui réduisent la communication au statut de simple trace d'une réalité sociale définie en dehors d'elle, fussent-elles appliquées à ce qu'on appelle d'ordinaire le secteur de la communication.

Ingénierie représentationnelle et constructions de sens

Directeur de collection : Sylvie Leleu-Merviel

L'être humain interagit avec le monde qui l'entoure *via* les représentations qu'il s'en forge. Il élabore ainsi des *modèles mentaux*, dont on sait désormais qu'ils sont assujettis à de multiples influences d'ordre à la fois social, culturel, linguistique, historique, économique, conjoncturel, technique… Il en résulte que les modèles à partir desquels nous pensons ne traduisent pas la réalité, mais façonnent une certaine vision en cohérence avec un regard, un point de vue chaque fois distinct et de nature complexe. Les outils dont nous disposons aujourd'hui pour agir sur le monde et construire de nouveaux environnements sont fondés en outre sur la conversion des modèles mentaux en diverses couches de *modèles abstraits*, plus ou moins formalisés, de nature mathématique, algorithmique, informatique, graphique, verbale, numérique, processuelle, etc. Les modèles et les formalismes représentationnels sont donc les vecteurs sous-jacents des communications intersubjectives entre êtres humains, et se trouvent également à la source de ce que nous fabriquons : ils forgent du sens partagé en même temps qu'ils génèrent de l'action. Leur étude est ainsi tout à fait déterminante pour mieux circonscrire ce qu'on appelle souvent *l'information*.

La collection *Ingénierie représentationnelle et constructions de sens* est ouverte à toutes les recherches qui explorent cette voie.

SÉRIE SCIENCES DE L'INFORMATION ET DE LA COMMUNICATION

Titres déjà parus

Serge BOUCHARDON – Littérature numérique, 2009

Anne BEYAERT-GESLIN – L'image préoccupée, 2009

Maria Giulia DONDERO – Le sacré dans l'image photographique, 2009

Julia BONACCORSI – Le devoir de lecture, 2009

Nicole PIGNIER – De l'expérience multimédia, 2009

Viviane COUZINET – Dispositifs info-communicationnels, 2009

Pascal ROBERT – Une théorie sociétale des TIC, 2009

Yves JEANNERET – Penser la trivialité 1 : la vie triviale des êtres culturels, 2008

Paolo FABBRI – Le tournant sémiotique, 2008

Nicole PIGNIER et Benoît DROUILLAT – Le Webdesign. Sociale expérience des interfaces web, 2008

Sylvie LELEU-MERVIEL – Objectiver l'humain ? Qualifier, quantifier, 2008

Hélène MIALET – L'entreprise créatrice, 2008

Bruno OLLIVIER – Identité et identification, 2007

Jean-Jacques BOUTAUD et Eliseo VERON – Sémiotique ouverte, 2007

Cécile TARDY et Yves JEANNERET (sous la direction de) – L'écriture des médias informatisés, 2007

Stéphane CARO DAMBREVILLE – L'écriture des documents numériques, 2007

Fidelia IBEKWE-SANJUAN – Fouille de textes, 2007

Marina CAVASSILAS – Clés et codes du packaging, 2007

Mioara MUGUR-SCHÄCHTER – Sur le tissage des connaissances, 2006

Jean DAVALLON – Le don du patrimoine, 2006

Bernard LAMIZET – Sémiotique de l'événement, 2006

Table des matières

Introduction générale

Penser c'est oublier des différences, c'est généraliser, abstraire.
J.-L. Borges, « Funes ou la mémoire », dans *Fictions*, 1942.

On pourrait croire que la notion de technologie intellectuelle est singulièrement récente, fruit d'une société qui voit volontiers de la technologie partout et pourquoi pas, dès lors, dans cette intelligence elle-même dont on nous a promis depuis longtemps maintenant que son avenir était à son artificialisation. Or, les choses à y regarder de plus près se révèlent un peu plus complexes. Sans prétendre dessiner une généalogie complète, quelques points de repères semblent néanmoins indispensables. Nous allons d'abord repérer les auteurs qui campent à proximité de la notion, tournant autour de l'étiquette, des mots ou s'approchant tout près de la chose. Puis, nous analyserons et critiquerons les travaux de trois auteurs qui eux, s'emploient à la définir précisément, mais chacun à leur manière.

I.1. Proximités

Alors que l'expression, *a priori*, fleure bon son américanisme, ce sont des français notamment qui ont employé parmi les premiers des notions similaires ou approchantes. N'est-ce pas S. Mallarmé qui, déjà au XIXe siècle, au détour d'une réflexion sur les sciences du langage employait pour la première fois l'expression afin de désigner le « dénominateur commun » de toutes les autres ?[1] Dès le début du XXe siècle, Durkheim lui-même ne parlait-il pas de « capital intellectuel » et de « bien intellectuel » (Durkheim, 1912, p. 27 et 597) ? Ne soulignait-il pas d'ailleurs dans une note qu'« il est légitime de comparer les catégories à des outils » ? (*op. cit.*, p. 27). Dans les années 1930, l'historien L. Febvre (Febvre, 1937) n'avançait-il pas

1. Je remercie E. Souchier et Y. Jeanneret de m'avoir indiqué cette préséance mallarméenne ; le texte est daté de 1865-1870.

l'idée de travailler sur ce qu'il appelait l'« outillage mental » des sociétés, et ce, singulièrement à propos de l'écriture[2] ? P. Otlet ne parlait-il pas de « machinerie pour le travail intellectuel » (Otlet, 1934, Levie, p. 324). Au tout début des années 1950, S. Briet n'appréhendait-elle pas les outils de la documentation comme des « technologies culturelles » (Briet, 1951, p. 10) ou des « outils du travail intellectuel » (*op. cit.*, p. 13) ?

Sous le soleil des « trente glorieuses » J. Ellul publiait un livre qui s'attachait à la difficile et cependant, ô combien pressante à ses yeux, entreprise de penser la technique (Ellul, 1958). Livre mal reçu et souvent mal lu, dans lequel l'auteur parle par deux fois de « technique intellectuelle ». Car selon Ellul « les principes issus de Descartes triomphent et donnent naissance non pas à une philosophie, mais à une technique intellectuelle » (p. 40). Ici, la « technique intellectuelle » s'assimile à l'ensemble des méthodes intellectuelles forgées par une discipline scientifique. Dans un sens plus large, il souligne également que « au fur et à mesure que les techniques matérielles sont plus précises, elles rendent les techniques intellectuelles et psychiques plus nécessaires » (p. 106), car ce sont ces techniques qui vont permettre en quelque sorte de « calibrer » (p. 40) l'homme au milieu organisationnel et machinique qui se dessine.

Pour intéressantes que soient ces premières évocations elles restent faiblement opératoires. Elles seront largement dépassées dans les années 1960 par une œuvre à la fois inclassable et incontournable, celle d'A. Leroi-Gourhan.

Sans faire référence explicitement à la notion de technologie intellectuelle, il développe un mode de pensée original avec lequel toute réflexion sur la question ne peut manquer d'entrer en dialogue. Car il écrit volontiers que « la pensée se traduit en matière organisée et que cette organisation marque directement, dans des modalités variables, tous les états de la vie humaine » (Leroi-Gourhan 1964, T1, p. 209). Il qualifiera également l'écriture d'« instrument d'expression symbolique » (T1, p. 253) à la mesure des besoins des sociétés agricoles qui requièrent un nouvel « outil comptable » (T1, p. 253). Plus globalement il soulignera cette « aptitude [distinctive d'homo sapiens] à fixer la pensée dans des symboles matériels » (T1, p. 261) car « à partir de l'homo sapiens la constitution d'un appareillage de la mémoire sociale domine tous les problèmes de l'évolution humaine » (T2, p. 24). Sur le plan de la démarche scientifique il soutient donc qu'« il n'est pas inutile de considérer par quelles voies matérielles s'est lentement construit le système qui assure à la société la conservation permanente des produits de la pensée individuelle et collective » (T1, p. 261).

---

2. Le linguiste B. L. Whorf parlait également du langage comme d'un *intellectual tool* dès 1941 (Bardini, 2000, p. 46).

Il va falloir attendre les années 1970 pour que les postures théoriques se précisent quelque peu et que la notion de technologie intellectuelle soit introduite, avec D. Bell, puis avec J. Goody, nous y reviendrons. Mais il nous faut encore présenter en quelques mots deux œuvres qui nous accompagneront tout au long de cet ouvrage, celle de F. Dagognet et de B. Latour. Sans entériner explicitement l'étiquette leurs travaux nourrissent inévitablement toute réflexion sur la question.

Les titres des ouvrages de F. Dagognet trahissent cette proximité : *Le catalogue de la vie* dès 1970, puis *Ecriture et iconographie* (1973) ou *Pour une théorie générale des formes* (1975) embrayent un véritable travail d'exploration des schèmes de la mise en forme et de la catégorisation ainsi que du rôle des procédés d'inscription comme outils de traitement de l'information. *Mémoire d'avenir* (1979) montre l'informatique comme technique d'enregistrement et de classification, *Face, surface et interface* (1982) et *Philosophie de l'image* (1986) mettent en évidence le travail des images techniques dans l'investigation du monde et des corps. Enfin plus récemment *Les outils de la réflexion* (1999) synthétise cette pensée à la fois foisonnante et méticuleuse au travers de ce que Dagognet appelle la « triade épistémologique », les graphes, les noms et les classes.

La sociologie des techniques de B. Latour a beaucoup insisté sur le rôle des inscriptions et des instruments dans l'élaboration des faits scientifiques (Latour, 1986 et 1989). Il nous a appris ou rappelé que les productions de l'esprit doivent moins au seul génie qu'à l'équipement qui permet de créer des représentations qu'il nomme joliment « les vues de l'esprit ». Bref, la science enregistre pour transporter ce que l'on appelle de l'information (et qui est à proprement parler une mise en forme) dans le temps et l'espace et pour enregistrer, elle inscrit, à la main ou automatiquement. Or, ce travail de recueil d'inscriptions légères se révèle très lourd et très coûteux. Il convoque des réseaux hétérogènes d'hommes, de signes et de choses qui s'agrègent et se désagrègent. Bref, il faut les faire tenir ensemble : travail rhétorique, travail politique. Autrement dit, la sociologie des techniques est aussi (d'abord ?) une sociologie politique[3] – ce que nous avons essayé de ne pas oublier dans cet ouvrage.

I.2. Trois définitions

D. Bell emploie, quant à lui, explicitement l'expression « technologie intellectuelle » dans son livre *La société post-industrielle*, paru en 1973 aux Etats-Unis

3. D'ailleurs, B. Latour, qui a été longtemps professeur à l'école des Mines de Paris n'est-il pas désormais professeur à l'IEP de Paris ?

et en 1976 en France (Bell 1976)[4]. Cette technologie intellectuelle croise la théorie mathématique de la décision avec le développement de l'informatique afin d'offrir un outil susceptible d'« ordonner la société de masse » (p. 69-70), de gérer la complexité croissante de notre société et *a fortiori* celle de demain.

Plus précisément encore, « *intellectual technology is the substitution of algorithms (problem-solving rules) for intuitive judgments. These algorithms may be embodied in an automatic machine or a computer program or a set of instructions based on some statistical or mathematical formula* » (Bell, 1973, p. 29-30, dans Beniger, 1986, p. 21). Or, une telle définition n'est-elle pas pour le moins restrictive ? En effet, elle limite la notion à une procédure de résolution de problème exclusivement formelle (voire mathématique ou statistique), elle-même mise en œuvre par un ordinateur. Ce qui laisse supposer qu'en-deçà d'un tel niveau de formalisation et d'un tel équipement il ne peut être question de parler de technologie intellectuelle.

Cependant, Bell a le mérite de souligner que l'on ne peut affronter la complexité de notre société, et plus encore de celle qui vient, sans avoir recours à cette technologie intellectuelle. Mais pourquoi restreindre cette complexité à celle de notre seule société ? Les autres sociétés seraient-elles simples ? Toute société n'est-elle pas complexe ? Car peut-on définir la complexité autrement que de manière relative ? Ainsi, une société n'est complexe qu'à la mesure des outils qu'elle est susceptible de mettre en œuvre pour gérer cette complexité. Or, en absorbant cette complexité, l'outil la reconduit, à tout le moins stabilise les conditions de son développement. La gestion d'un Etat mésopotamien antique se révèle singulièrement complexe à l'aune de son outil privilégié de travail : l'écriture sur tablettes d'argiles. Pourquoi l'alliance de ces dernières, voire leur symbiose ne constituerait-elle pas également une technologie intellectuelle ? C'est justement la thèse que défend J. Goody en 1977 dans *La raison graphique* (paru en 1979, en français : Goody, 1979).

Car c'est bien l'écriture qui occupe J. Goody et qu'il présente explicitement comme une technologie intellectuelle, ou plutôt comme une technologie de l'intellect[5]. Dès lors, la notion perd sa provincialité informatique pour s'élargir à cet outil fondamental que constitue l'écriture. En revanche, J. Goody n'ouvre pas sa réflexion sur d'autres dispositifs susceptibles d'être également qualifiés de technologie intellectuelle. Il offre cependant une approche beaucoup plus abstraite

4. S. Fayet-Scribe, dans sa précieuse chronologie des supports d'information indique que J.-C. Schmitt aurait été le premier à employer la notion en 1977, ce qui est manifestement discutable.

5. Ce que J. Goody nous a confirmé lors de la soutenance de mon habilitation à diriger des recherches. Manière de décharger la notion d'un supposé déterminisme latent.

de la notion : il rebondit en quelque sorte sur l'écriture pour atteindre une véritable proposition théorique. En effet, J. Goody avance que « même si l'on ne peut raisonnablement pas réduire un message au moyen matériel de sa transmission, tout changement dans le système des communications a nécessairement d'importants effets sur les contenus transmis » (p. 46). C'est pourquoi « [...] un examen des moyens de la communication, [...] une étude de la technologie intellectuelle peut contribuer à nous éclairer davantage sur la nature des développements dans le domaine de la pensée » (p. 48). Mais surtout, il soutient que faire des listes, écrire ne contribue pas « [...] simplement [à l'émergence] d'une nouvelle habileté technique, de quelque chose de comparable, par exemple, à un procédé mnémotechnique, mais [est au fondement] d'une nouvelle aptitude intellectuelle [...] » (p. 193).

Or, cette nouvelle capacité intellectuelle, J. Goody la présente dans *La logique de l'écriture* (publié en français en 1986 (Goody, 1986)) comme l'outil privilégié de gestion des grands Etats mésopotamien et égyptien antiques. La complexité de ces états et de leurs sociétés exigent un instrument susceptible de suivre les mouvements de marchandises et d'hommes et donc de les compter, de délimiter les surfaces des terres, de dire les droits des uns et des autres, de lever l'impôt, etc. L'écriture et singulièrement la liste ouvrent sur ce que j'appellerais volontiers une *intelligence gestionnaire* qui repose sur la possibilité de travailler avec et sur les opérations de stockage, de regroupement, de tri, de classement, de comptage, de comparaison, de bilan, etc., grâce à la maîtrise d'une « technique de distribution spatiale de l'information » (voir p. 155) – une idée forte que Goody ne creuse peut-être pas suffisamment et que nous voudrions nous attacher à approfondir ici.

Les technologies de l'intelligence de P. Lévy (Lévy, 1990) s'appuient explicitement sur le travail pionnier de J. Goody. Mais, si P. Lévy n'hésite pas à pratiquer un (petit) détour par l'écriture et l'imprimerie, il semble évident que l'objet de sa préoccupation première reste l'informatique[6]. Une informatique qui serait prise et pensée dans la vaste perspective d'une anthropologie philosophique susceptible de lui donner tout son sens – celui d'une technologie en devenir, ouverte, dont l'identité n'est en rien stable. L'écriture et l'imprimerie ont exploré des voies certes essentielles mais dont toute la richesse ne peut être véritablement dévoilée/révélée que par l'informatique. Et si celle-ci reste encore parfois techniquement limitée (par l'écran notamment), du moins s'offre-t-elle comme outil de concrétisation dynamique (grâce au temps réel) de la logique de l'hypertexte. A vouloir substituer à une pensée des limites (celle de la définition) une pensée de l'interface, P. Lévy en vient à présenter la technologie intellectuelle comme un réseau hétérogène d'interfaces, liées par une dynamique hypertextuelle, en évolution constante : la

6. D'autres auteurs français ont récemment utilisé la notion de « technologie intellectuelle » pour appréhender l'informatique et internet, (voir Weissberg, Guichard et Bachimont notamment).

variation de la configuration emporte une variation concomitante des propriétés de la technologie intellectuelle. Il n'est donc pas véritablement question d'identifier un noyau de propriétés stables (susceptible de définir *La* technologie intellectuelle) et ses avatars historiques, ses variations contingentes (d'un support à l'autre, chacun apportant des propriétés spécifiques supplémentaires).

Il va sans dire que notre dette à l'égard de ces trois auteurs (et singulièrement les deux derniers, mais aussi envers les travaux de B. Latour, de F. Dagognet et plus indirectement l'œuvre de M. Serres) est immense ; elle ne doit pas cependant inhiber toute critique et surtout toute tentative de « dépassement » vers une théorie à la fois plus générale et peut-être plus rigoureuse – donc plus « sèche ».

Plus générale parce qu'en fin de compte nos trois auteurs restreignent les technologies intellectuelles à l'écriture (Goody/Lévy), à l'imprimerie (Lévy) ou à l'informatique (Bell/Lévy). Or, nous voudrions montrer que d'autres dispositifs techniques peuvent également prétendre s'inscrire sous l'horizon d'une telle notion : mais il doit s'agir là du *résultat* d'un travail préalable de définition de ce que l'on peut entendre par « technologie intellectuelle », et non d'une décision *a priori* ; c'est la définition des propriétés qui autorise ou non l'affiliation.

On peut nous objecter à juste titre que P. Lévy ne limite pas sa notion de technologie intellectuelle aux seules écriture/imprimerie ou informatique. Il est vrai qu'il va jusqu'à soutenir que « puisqu'elles sont conventionnelles et historiquement datées, il est évident que les technologies intellectuelles (l'écriture, l'informatique) sont des institutions. Il est peut-être moins admis que toute institution peut être considérée comme une technologie intellectuelle. » (p. 164). Il en vient même à penser que « puisque les outils, machines et procédés de production sont des institutions, chacun d'eux est donc une technologie intellectuelle, même quand il n'a pas directement pour objet le traitement de l'information, l'enregistrement ou la transmission des représentations. » (p. 166). Mais n'est-ce pas aussi entériner la *dissolution* même de la notion, puisqu'il semble que tout processus, dès lors qu'il relève d'une manière ou d'une autre du penser/classer, puisse être qualifié de technologie intellectuelle ?

C'est pourquoi nous recherchons un critère (ou un ensemble restreint de critères) plus rigoureux de détermination de ce qui fonde la spécificité d'une technologie intellectuelle. Or, nos trois auteurs ne nous offrent pas la matière susceptible de répondre à cette question essentielle : sur quelle *opération de fond* se déploient les technologies intellectuelles, quelle opération-clé emporte dans sa dynamique potentielle le mouvement de leur évolution, nous permet à la fois de concilier ce qu'une technologie intellectuelle partage avec les autres et ce qu'elle possède d'unique, quelle opération de base se révèle suffisamment transversale pour les construire toutes et suffisamment singulière pour marquer les différences de chacune, sur quelle opération peut-on s'appuyer pour les rapprocher, les comparer et même les étalonner malgré ces différences ? Cette opération fondamentale – qui précise et fixe le critère central absolument nécessaire, mais également insuffisant à lui seul de définition de la et des technologie(s) intellectuelle(s) – nous la baptisons ici « conversion des dimensions ». C'est autour d'elle que se construit cette réflexion, afin d'en montrer le mode de fonctionnement comme la signification cognitive et socio-politique.

*

Ce travail théorique ne prétend bien évidemment pas fermer la question, mais au contraire ouvrir l'espace d'un dialogue constructif. C'est un outil heuristique et non dogmatique.

A l'image de toute approche dont l'objectif est d'introduire un peu plus de systématicité (mais peut-on avoir l'ambition de faire œuvre un tant soit peu scientifique tout en faisant l'économie d'une telle mise en forme ?) cette proposition en possède les défauts – l'imposition d'une grille de lecture que d'aucuns jugeront *a priori* – et, espérons-le, les qualités – réduction du flou et de l'implicite, travail d'objectivation et de construction « logique » à partir duquel il devient possible d'ouvrir la discussion. Un tel cadre théorique n'est pas forcément un carcan mais un accès raisonné à la liberté de pensée et/ou à l'intelligence d'un terrain empirique.

Ce cadre théorique repose sur ce que j'appelle une « machine » conceptuelle / textuelle. Machine, car il suit le jeu réglé d'un ensemble de principes dont il déploie la logique. Mais machine conceptuelle/textuelle, car ce jeu et ce déploiement s'expriment sur le mode d'un texte, d'une écriture qui donnent une chaire et une texture à ce travail. Il s'agit de tresser au plus loin les deux et de les compenser mutuellement, en ce sens que je ne pousse pas jusqu'au bout la logique de la machine, car j'y perdrais le texte, sa lisibilité et son épaisseur interprétative, pas plus que je ne m'abandonne au seul texte comme objet « littéraire », car j'y perdrais la rigueur de l'architecture et de la dynamique machinique.

Cette machine conceptuelle évolue dans un espace en tension entre modélisation et critique. Modélisation, car les technologies intellectuelles doivent être appréhendées à travers le jeu réglé de leurs propriétés. Mais cette démarche modélisatrice ne peut être laissée à elle-même, car elle s'inscrit dans une perspective de sciences sociales. Autrement dit, une telle modélisation qualitative ne peut s'exonérer d'un dialogue avec une perspective complémentaire, celle d'une posture critique. Parce que les technologies intellectuelles, nous aurons l'occasion de le souligner tout au long de cet ouvrage, entretiennent une relation complexe – qu'il s'agira également de décliner dans ses différentes figures – au pouvoir et au politique. C'est dire qu'elles ne sont pas neutres et qu'il convient de se garder d'une modélisation qui en viendrait justement à les neutraliser. Voilà pourquoi la modélisation évolue ici sous l'œil critique d'une attention précise aux effets de pouvoir, aux jeux des irréversibilités/réversibilités (toujours relatives) que les technologies intellectuelles soutiennent et participent à mettre en scène.

Nous proposons dans une première partie une vision synoptique, ramassée de nos thèses. Cette explicitation de nos *a priori* théoriques vise tout d'abord (chapitre 1) à définir de manière générique la notion de technologie intellectuelle – en deçà donc de ses avatars historiques, ce qui ne veut pas dire en deçà du support matériel – en explorant ses propriétés et sa sociologie politique, puis, nous présentons (chapitre 2) un schéma global des différentes technologies intellectuelles regroupées en trois raisons, graphique, classificatrice et simulatrice, dans ce qu'elles doivent à la contingence historique et à leurs capacités cognitives propres. Enfin, le chapitre 3 les réinscrit dans l'ensemble de ce que nous appelons les technologies sociétales. Les trois parties qui suivent sont donc consacrées à l'analyse détaillée, à l'aune du « modèle » exposé dans la première partie, de chacune de ces trois raisons et de leur déclinaison en quelques neuf technologies intellectuelles, auxquelles correspondent autant de chapitres (voir le plan général sous forme graphique).

Nous reviendrons en conclusion beaucoup plus longuement sur la notion qui en constitue le titre : *Mnémotechnologie*. Il s'agit bien évidemment de la mémoire, mais ici cette mémoire n'est pas seulement tournée vers le seul passé. Autrement dit, les technologies intellectuelles ne sont pas seulement des techniques qui figent et fixent, mais des outils dynamiques qui produisent de la mémoire. Or, cette mémoire n'est (ou ne devrait être) en aucune manière une fin en soi mais un appui pour concevoir des projets autant que gérer des objets (qui peuvent être aussi bien des choses, des signes que des hommes).

Un dernier mot pour souligner ce que ce travail *n'est pas* : il n'est pas une sorte d'encyclopédie de ce qu'il faudrait savoir sur l'écriture, le livre, l'encyclopédie, la photo ou l'informatique. Il n'est pas un précis, qui viserait à présenter de manière élégante un maximum d'informations sur ces questions et les auteurs qui les ont déjà traitées, sur le mode en quelque sorte de l'exhaustivité. Si l'on cherche ici un manuel, complet et pratique, on ne le trouvera pas. Si l'on cherche ici un travail d'historien ou de philosophe on ne le trouvera pas plus. Ce livre se veut, en revanche, le lieu d'expression d'une posture théorique, c'est-à-dire de son exploration et de sa construction la plus systématique possible. Et c'est bien ce projet qui se nourrit de faits précis (car la théorie doit résister aux épreuves du réel) ou de réflexions d'auteurs (car ils sont innombrables ceux qui, d'une manière ou d'une autre, ont travaillé sur le sujet), autant que de besoin, car il a fait depuis longtemps son deuil de tout souci d'exhaustivité.

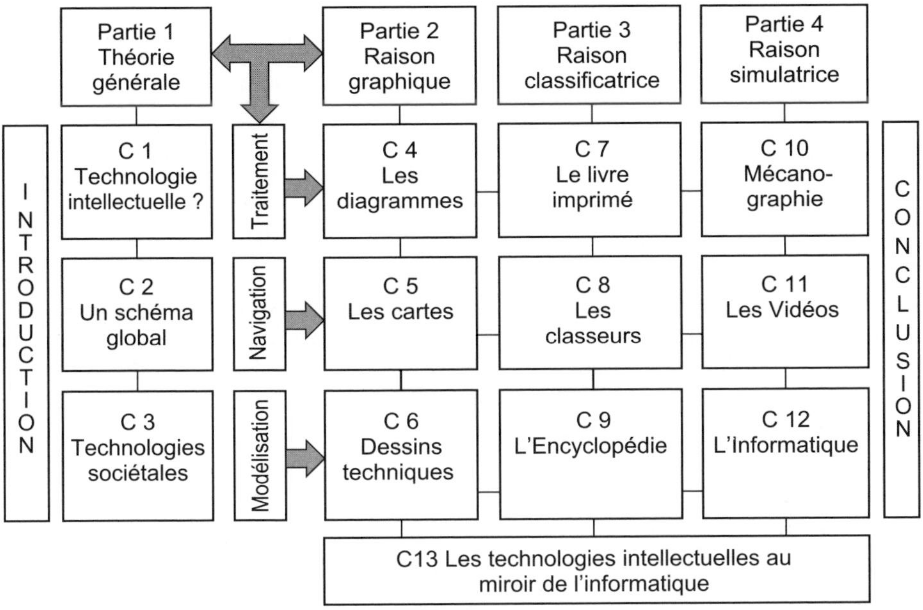

Tableau I.1. *Plan graphique général de* Mnémotechnologies *(inspiré de Le Moigne, 1984)*

PREMIÈRE PARTIE

Pour une théorie générale des technologies intellectuelles

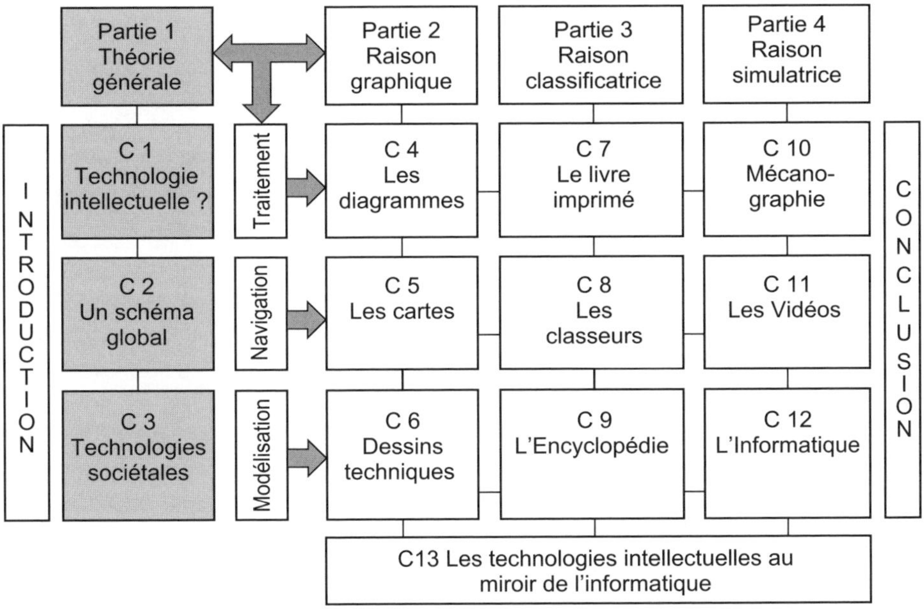

Introduction de la première partie

« Que l'accès au signe écrit assure le pouvoir sacré de faire persévérer l'existence dans la trace et de connaître la structure générale de l'univers ; que tous les clergés, exerçant ou non un pouvoir politique, se soient constitués en même temps que l'écriture, et par la disposition de la puissance graphique ; que la stratégie, la balistique, la diplomatie, l'agriculture, la fiscalité, le droit pénal soient liés dans leur histoire et dans leur structure à la constitution de l'écriture ; que l'origine assignée à l'écriture l'ait été selon des schèmes ou des chaînes de mythèmes toujours analogues dans les cultures les plus diverses et qu'elle ait communiqué de manière complexe mais réglée avec la distribution du pouvoir politique comme avec la structure familiale ; que la possibilité de la capitalisation et de l'organisation politico-administrative soit toujours passée par la main des scribes qui firent l'enjeu de nombreuses guerres et dont la fonction a toujours été irréductible [...] ; que [...] la solidarité reste indestructible entre les systèmes idéologiques, religieux, scientifico-technique, etc., et les systèmes d'écriture qui furent donc plus et autre chose que des « moyens de communication » ou des véhicules du signifié ; que le sens même du pouvoir et de l'efficacité en général, qui n'a pu apparaître en tant que tel, en tant que sens et maîtrise (par idéalisation) qu'avec le pouvoir dit « symbolique », ait toujours été lié à la disposition de l'écriture ; que l'économie, monétaire ou prémonétaire, et le calcul graphique soient co-originaires, qu'il n'y ait pas de droit sans possibilité de trace [...], tout cela renvoie à une possibilité commune et radicale qu'aucune science déterminée, aucune discipline abstraite, ne peut penser comme telle »[7].

Cette très longue citation était indispensable. Non parce que l'auteur voudrait rendre quelque hommage en disciple – ce qu'il n'est pas. Mais d'abord parce qu'elle résume de manière magistrale ce dont il va être sociologiquement (c'est-à-dire aussi en termes politique et économico-gestionnaire) question tout au long de cet ouvrage.

---

7. Derrida, *De la grammatologie*, Minuit, 1967, p. 141.

Ensuite, parce que, par en dessous du plan sociologico-politique, elle s'attarde de manière privilégiée – puisque tel est l'objet de prédilection de Derrida – sur l'écriture, qui ne nous retiendra pas en tant que telle ici. Car elle renvoie effectivement à une question de l'origine qui, par définition, doit être exclue d'une démarche de sciences sociales (alors même qu'elle peut et même doit légitimement inquiéter le philosophe). Et c'est bien à cette possibilité même que Derrida fait référence lorsqu'il parle d'une incompétence (p. 142) de la science, voire de la philosophie, à la penser. C'est bien pourquoi notre projet se situe justement *au-dessus* de l'écriture. Car, nous aurons l'occasion d'y revenir, les technologies intellectuelles la supposent, comme elles supposent acquise la possibilité même de faire image. C'est de ce surplomb que la science devient à nouveau possible, à condition de trouver une entrée qui ne sacrifie pas la base sémiotico-technique commune – mais laquelle ? (ce sera tout l'objet du premier chapitre) –, une entrée qui filtre les différentes technologies susceptibles d'êtres qualifiées de technologies intellectuelles – mais lesquelles ? (c'est tout le travail du deuxième chapitre) ; des technologies intellectuelles qui, enfin, devront être positionnées parmi l'ensemble des technologies sociétales afin d'en souligner les différences, proximités et enchevêtrements (au chapitre 3).

CHAPITRE 1

Qu'est-ce qu'une technologie intellectuelle ?[8]

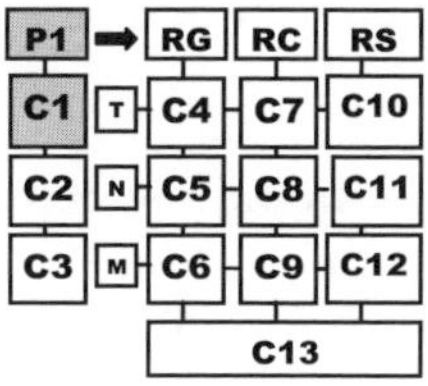

Aux habitants de l'espace en général [...] cet ouvrage est dédié par un humble natif de Flatland dans l'espoir que comme lui-même fut initié aux mystères des trois dimensions n'en ayant jusqu'alors connu que deux, de même les citoyens de cette céleste région puissent s'élever encore plus haut jusqu'aux arcanes des quatre, cinq ou même six dimensions, contribuant ainsi à repousser les frontières de l'imagination [...] de l'humanité à trois dimensions[9].

Abbott, *Flatland* (1884)

---

8. Une première version de ce texte a paru sous le même titre dans la revue *Communication & Langages* (voir Robert, 2000a).

9. Connaissez-vous Flatland ? Ou bien Lineland ? Ou encore Spaceland ? Non ? Alors il vous faut découvrir le livre d'Edwin Abbott sobrement intitulé *Flatland* (Abbott, 1884) dans lequel il présente ces lointaines contrées. Flatland est le pays a deux dimensions et seulement deux. C'est dire que ses habitants doivent vivre dans cet espace « réduit » à la seule surface, ce qui à leurs yeux ne constitue pas une contrainte, car ils n'ont aucune idée de ce que peut être un espace à trois dimensions, ni à une seule d'ailleurs. Le narrateur flatlandais décrit à son lecteur les mœurs et comportements des habitants de Flatland. Puis il en vient à visiter Lineland, le pays dont les habitants ne vivent que dans un espace d'une seule dimension, la ligne. Il tenta de leur expliquer Flatland, mais le Roi de Lineland lui-même ne put que repousser ce qui ne pouvait lui apparaître que comme un tissu d'élucubrations. Enfin, un jour notre flatlandais entendit une voix, celle d'un habitant de Spaceland qui lui indiqua au passage qu'il pouvait tout voir et tout savoir des habitants de Flatland puisqu'il les voyait du dessus. Notre flatlandais dut se rendre à l'évidence : il existait une troisième dimension, un Spaceland, qu'il visita grâce à la Sphère. Lorsque l'habitant de Flatland demanda à son « seigneur » d'envisager logiquement l'existence d'un espace à quatre dimensions, la Sphère

La critique des approches de Bell, Goody et Lévy, comme l'ambition d'esquisser une « théorie générale des technologies intellectuelles » exigent d'emblée un effort de définition. Qu'entendons-nous en effet par « technologie intellectuelle » ? Posons d'emblée qu'il s'agit d'*un outil régulé de gestion du nombre (de la complexité) opérant une traduction par enregistrement de l'événement en document grâce à l'opération de conversion des dimensions*. Définition « compréhensive » de ce que j'appelle le *processus de conversion*, au sein duquel, nous le verrons, *l'opération de conversion* est fondamentale. Définition qui appelle donc quelques explications, son dépliement des propriétés fonctionnelles et cognitives, « internes » si l'on veut. Elle exclut en l'état les propriétés « externes », socio-politiques, chargées d'assurer l'interface avec le « monde », et qui seront abordées dans la deuxième section.

1.1. Définition et propriétés

1.1.1. *Un outil régulé*

Une technologie intellectuelle est en effet un *outil*, c'est-à-dire, et a minima, une réalité technique matérielle. En ce sens, elle n'est pas réductible à un algorithme ou à une procédure, un ensemble ou une suite articulée d'opérations intellectuelles. Mais cet outil offre la particularité de ne pas se résorber pour autant dans cette seule matérialité. Celle-ci se présente d'abord comme le support d'une *représentation* (au sens large, incluant aussi bien la Représentation classique (Marin, 1993) que la simulation actuelle). Entendons néanmoins leur relation non comme la juxtaposition ou le collage de deux entités indépendantes, mais bien comme condition réciproque d'existence. Ils ne sont pas détachables l'un de l'autre. La représentation ne s'exhibe qu'à travers un support qui en contraint la présentation, la moule, l'in-forme. Inversement, ce support n'a de légitimité, de fonctionnalité et de sens socialement, qu'à travers l'activité cognitive que permet d'exercer la représentation. Il n'y a pas coupure, ni même couture : *une technologie intellectuelle relève à la fois de l'ordre*

lui répondit sèchement : « L'idée même en est inconcevable » (p. 139) ! Mais elle finit par avouer que l'on en avait effectivement discuté et conclut qu'il ne pouvait s'agir que « d'un pur produit de la pensée » (« de l'angularité perturbée d'un visionnaire » (p. 141)). Flatland met ainsi en scène le principe même de la conversion de dimensions. Il montre qu'en passant d'une dimension l'autre on gagne en vision et intelligence du monde, que ce passage n'est pas une négation mais bien un enrichissement, car la 3D ne peut renier ni la surface, ni la ligne ni le point. Flatland, qui n'est pas un livre de géométrie, mais bien de découverte d'autres modes de vie et de représentations du monde, souligne ainsi l'enjeu profondément anthropologique de la conversion des dimensions. Et comme règnent des Rois qui se croient tout puissants et des hiérarchies sociales précisément réglées, il est bien évidemment question d'anthropologie politique. Quant à l'exploration des différentes dimensions, elle ne dépend peut-être pas que de notre seul cerveau, mais également de nos technologies.

de la matière (support) et de celui de l'information (contenu représenté), indissociablement liés.

Cet outil matériel/informationnel – dont le degré d'automaticité peut varier considérablement d'une forme l'autre – possède toujours un dispositif (ou un ensemble de dispositifs) de *régulation* qui permet de déterminer un effet d'ordre et d'organisation. C'est la *dimension logicielle*[10]*, de mise en forme de la représentation.* Ou plutôt, afin de ne pas trop écraser l'évolution historique de ces outils, les technologies intellectuelles sont progressivement munies d'un tel dispositif qui institue une règle de structuration de l'espace et du temps propre qu'ouvrent chacune d'elles. Il en améliore par là-même nettement l'efficacité. Ainsi, le livre qui allie matières (papier, encre et cuir notamment) et représentation (le texte ou l'image) a-t-il été petit à petit structuré par le découpage typographique (des phrases et des paragraphes), la numérotation (des pages ou des paragraphes), l'invention du titre, de la fonction auteur (ou de l'éditeur), la scansion en chapitres, l'établissement de notes, d'une bibliographie et d'index : cet ensemble de régulateurs – d'outils dans l'outil – en assurent une manipulation plus simple et plus productive.

1.1.2. *La gestion du nombre*

Un outil, quel qu'il soit, sert à quelque chose. Sinon il redevient un simple objet, plus ou moins « esthétique ». Il est construit, travaillé (fruit d'une intelligence conjuguant la main et le cerveau), activé par un opérateur ou actif par soi-même (automatique donc). N'en concluons pas pour autant qu'il a été obligatoirement construit « dans l'intention de... ». Il est possible, fort possible même, qu'on l'ait utilisé pour faire quelque chose, pour desserrer un problème quelconque, sans que ce dernier n'ait en rien été la visée de son invention.

En ce sens, nous ne disons pas que les technologies intellectuelles ont été créées *afin de* gérer le nombre, mais qu'elles permettent de le faire. Cependant, il est tout aussi difficile d'affirmer le contraire : qu'elles n'ont pas du tout été inventées pour cela. La question reste d'ailleurs la plupart du temps insoluble, dès qu'on la pose tout au moins, ce qui n'est pas toujours le cas. Si elle semble « résolue », c'est le plus souvent parce qu'on ne l'a même pas soulevée ! Nous ne nous y étendrons pas plus avant. L'essentiel pour nous réside en ce constat *a posteriori* : les technologies intellectuelles se révèlent d'excellents outils de gestion du nombre.

---

10. Nous employons à dessein le terme « logiciel », ordinairement consacré à et par l'informatique et dont on pourrait dire qu'il est porteur et exprime un ensemble d'opérations de mise en forme qui précède et plus globalement excède cette informatique. Mais il existe néanmoins un risque de confusion que nous levons ici grâce au recours au terme de *régulation* comme terme générique et à la notion d'*architexte* (voir la dernière partie), empruntée à Y. Jeanneret et E. Souchier (2005), dans le domaine plus spécifique de l'informatique.

L'expression peut sembler néanmoins quelque peu vague ou absconse. Il est vrai qu'elle reste large et donc accueillante. C'est là tout son intérêt d'ailleurs. Car les technologies intellectuelles peuvent être amenées à gérer toute sorte de multitudes, nombre d'hommes, de choses, de signes, nombre des objets du monde « naturel » ou des relations, etc. Par cette notion de nombre nous voudrions introduire le degré zéro de celle de *complexité*. La complexité réduite à son état sauvage en quelque sorte, à cette « tourbe » dont parle M. Serres (Rome, 1983), cette foule à la multiplicité qui échappe (sauf, essentiellement, à une pesée globale et floue) et que, pour cela, l'on voudrait mesurer et maîtriser.

Gérer le nombre : le compter, en dresser l'inventaire, le classer, le hiérarchiser, le différencier, lui donner forme, l'ordonner, voilà ce à quoi l'on emploie (et l'on reconnaît) une technologie intellectuelle. Cette gestion est un acte politique essentiel. Politique avec un grand P même, quelle que soit la forme, politique, économique voire religieuse qu'il prenne concrètement, socialement.

Outil de représentation, la technologie intellectuelle reflète la dialectique de sa relation au nombre dans celle d'une relation signe-chose. C'est pourquoi, la gestion du nombre (d'un grand nombre de « choses », qui peuvent être aussi bien des hommes, des objets (« naturels » ou « artificiels ») que d'autres signes, passe certes par la reconnaissance des choses auxquelles l'on attribue un signe – les choses précédant en quelque sorte le signe –, mais également par une anticipation du signe sur la chose, qui l'aide, pour ainsi dire, à venir à l'existence. Ces deux pôles marquent l'opposition entre les opérations de gestion (au sens restreint) et de conception. Opposition qui, à nos yeux n'en est pas une. Il s'agit plutôt d'une dualité au travail complémentaire. Toute technologie intellectuelle s'inscrit dans l'oscillation entre ces deux pôles et sa gestion (au sens large) du nombre également. Une technologie intellectuelle ne permet donc pas seulement de gérer un état donné et passé du nombre, mais d'anticiper sur un nouvel état, voire d'inventer une complexité. Elle n'autorise pas seulement l'émergence et la définition d'« objets », mais également de *Projets*.

1.1.3. *L'événement et le document*

Cette gestion s'exerce par le travail d'une opération de *traduction de l'événement en document*. Nous rejoignons ainsi l'approche désormais classique de R. Escarpit, pour qui le document est « un objet informationnel visible ou touchable et doué d'une double indépendance par rapport au temps :

– synchronie : indépendance interne du message qui n'est plus une séquence d'événements, mais une juxtaposition multidimensionnelle de traces ;

– stabilité : indépendance globale de l'objet informationnel qui n'est plus un événement inscrit dans l'écoulement du temps, mais un support matériel de la trace qui peut être conservé, transporté, reproduit » (Escarpit, 1976, p. 120).

Mais comment se manifeste l'événement ? Par la production d'informations pour un observateur, c'est-à-dire par la production d'une différence/de différences (entre deux états d'une même singularité ou entre les états d'au moins deux singularités[11]). Toute technologie intellectuelle est d'abord *un outil de recueil de cette information* pour un observateur. Cependant, ce simple recueil ne produit pas encore le document, ne transforme pas, ne traduit pas encore suffisamment l'événement. Car ce dernier est caractérisé par sa volatilité : il transite, il passe et s'éteint. Tout le travail – de gestion, et toute gestion commence donc ici – de toute technologie intellectuelle consiste donc non seulement à recueillir, à saisir, à acquérir l'information, mais également à la *fixer*, à l'*enregistrer*.

Cet enregistrement représente la base sur laquelle vont pouvoir se développer les deux opérations ultérieures de l'accumulation et du traitement. L'empilement des enregistrements provoque en effet l'accumulation, le stock. Ce dernier ouvre la porte à la comparaison, aux rapprochements, aux permutations, aux transferts, aux regroupements, etc. Pas de traitement donc sans passage par cet état fondamental qu'est le document, stabilisant (l'information) parce que lui-même matériellement stable (voir l'encadré 1.1). Le document, comme l'instrument chez B. Latour (Latour, 1985 et 1989) est donc stable, mobile et combinable – nous y reviendrons en section 1.2. de ce chapitre. Il peut également faire lui-même l'objet d'un processus d'accumulation : il engendre ainsi un ensemble de documents que l'on peut appeler *hyperdocument*.

La présentation de l'information par le document n'est redevable que de deux régimes possibles : celui de l'*Ecriture* et celui de l'*Image*[12]. L'une et l'autre se situent en quelque sorte *sous* les technologies intellectuelles, comme leur condition de possibilité : en ce sens nous ne considérons ni l'écriture ni l'image comme des technologies intellectuelles mais plutôt comme des *méta-technologies intellectuelles*. Remarquons ici que l'écriture correspond à une mise en forme en quelque sorte *discrète* de l'information, c'est-à-dire non continue. L'écriture en effet (qu'elle soit picto/idéographique ou alphabétique) construit un monde d'objets distincts, isolés, nommés et de relations ou d'actions elles-mêmes objectivées, c'est-à-dire spécifiées et décomposées. L'Image renvoie à une mise en forme beaucoup plus globale-globalisante : certes, elle découpe une portion du monde – ou en invente une – mais toujours rendue (quelle que soit la finesse ou la grossièreté de ce rendu, son

11. Nous entendons ce terme au sens « d'objet individuel, singulier » (Le Robert, 1983).

12. En ce sens, nous les considérons comme donnés sans nous préoccuper de leur origine. Pour une bonne discussion des thèses consacrées à l'écriture, voir (Olson, 1998).

« grain » si l'on veut) dans la contiguïté et la simultanéité. Il s'agit là de deux pôles et des transitions, des formes hybrides sont bien évidemment possibles (le diagramme par exemple ou la carte légendée, etc.). Les technologies intellectuelles vont néanmoins se distribuer globalement autour de cette double polarité sans que l'informatique elle-même n'y déroge.

Le document (et/ou l'hyperdocument) constitue l'espace d'expression du dispositif de régulation de la technologie intellectuelle : ce dernier participe à définir le mode de traitement de l'information qu'elle autorise. Ou plutôt, sa construction est également celle du raffinement du traitement de l'information par la technologie intellectuelle. Mais s'il permet de définir un ordre, essentiel au bon fonctionnement de la technologie intellectuelle, il ne joue que peu sur les deux variables de fond de l'espace et du temps. Or, la maîtrise de l'événement – et l'avènement du document donc – passe inévitablement par une maîtrise de ces deux paramètres. Les technologies intellectuelles y parviennent en jouant subtilement – et c'est l'une de leurs propriétés les plus singulières – sur les *Dimensions*.

Encadré 1.1. *Du mode d'existence du document en général*

La notion de document occupe une place importante dans la définition des technologies intellectuelles puisque c'est le document qui permet d'arraisonner l'événement, de passer du flux à une relative stabilité sans laquelle on ne peut construire les outils du travail intellectuel. C'est pourquoi il est indispensable de revenir sur cette notion, afin de mieux la circonscrire. Mais aussi cruciale puisse-t-elle être, elle vient en quelque sorte se greffer perpendiculairement à l'axe de notre réflexion sur les technologies intellectuelles, ce qui explique que nous lui consacrions un espace délimité, un peu à la frontière, celui de l'encadré, qui est en quelque sorte à la fois dedans et dehors. Ou plutôt le document va faire l'objet d'une approche en deux temps : cet encadré, qui porte sur la notion en général et une réflexion qui se focalise sur le document numérique et ses enjeux singulièrement politiques au chapitre 13.

Le biblion et l'antilope

Paul Otlet ouvre d'emblée le chapitre 2 de son *Traité de documentation* (Otlet, 1934) par « la définition la plus générale qu'on puisse donner du Livre et du document [...] : un support d'une certaine matière et dimension, éventuellement d'un certain pliage ou enroulement[13] sur lequel sont portés des signes représentatifs de certaines données intellectuelles » (p. 43). Plus globalement, « les documents constituent le mode de transmission des acquisitions

13. Remarquons que le document travaille, chez Otlet et Ranganathan (qui, lui, parle de flat-surface), sur le registre du dimensionnement. Ce qui constitue une très forte convergence avec notre théorie générale des technologies intellectuelles.

intellectuelles accumulées par l'homme, la mémoire graphique de l'humanité, le corps matériel de nos sciences et de nos connaissances » (Otlet, cité par Levie, p. 99). Le document suppose donc une matérialité[14]. Ce support accueille des inscriptions qui renvoient à du contenu, de l'information.

Les documents peuvent, selon Otlet, faire l'objet d'un regroupement sous un terme générique, le « biblion » (décliné en différentes « espèces » : « volumes, brochures, revues, articles, cartes, diagrammes, photographies, estampes, brevets, statistiques, voire même disques phonographiques, verres ou films cinématographiques » (p. 43)). Il souligne que ce « biblion sera pour nous l'unité intellectuelle et abstraite mais que l'on peut retrouver concrètement et réellement mais revêtue de modalités diverses » (p. 43). Notre propre définition des technologies intellectuelles, nous le verrons au chapitre 2, va dans le même sens : il peut être utile de proposer une notion générique qui peut, concrètement, prendre des formes variables autour d'un ensemble de traits communs (par exemple la définition du document d'Otlet).

Otlet ajoute que « dans le cosmos (ensemble des choses) le livre ou Document prend place parmi les choses corporelles (non incorporelles), artificielles (non naturelles) et ayant une unité intellectuelle (non matérielle) » (p. 44).

Enfin, il précise que « les choses elles-mêmes [peuvent être] traitées comme objet de documentation quand à titre de spécimen et échantillon elles figurent dans des collections documentaires (musées, expositions) » (p. 44). Otlet va même jusqu'à soutenir que « les choses matérielles elles-mêmes (objets) peuvent être tenues pour documents lorsqu'elles sont érigées comme éléments sensibles, directs d'études ou de preuves d'une démonstration. Il s'agit alors de « documentation objective » et de « documentation automatique » » (p. 217). Il justifie une telle extension en soulignant que « de toute manière la documentation n'est qu'une des branches d'une classe plus générale : les moyens d'information et de communication. Il est d'autres modes de communication de la pensée que le document et c'est d'eux qu'il va être question maintenant [...] Le livre n'est qu'un moyen : ce n'est pas un but. D'autres moyens existent et peu à peu ils rendent mieux que le livre et s'y substituent » (p. 217). Il cite, outre les différents avatars du biblion, les expositions universelles, l'opéra (qui, selon lui permet de connaître l'histoire), et les musées, puis les objets et autres matériels de démonstration (maquettes, modèles, etc.).

Or, cette extension de la notion de document nous semble excessive. Car dans une telle opération on en vient soit à perdre la notion même de document, soit on ne sait plus véritablement où en arrêter la liste (puisque même s'il regroupe les objets en cinq espèces seulement, il semble, dès lors qu'elles comprennent aussi

14. Aujourd'hui Y. Jeanneret (Jeanneret, 2000 et 2005), les travaux du RTP-DOC (présentés au chapitre 13) ou mes propres réflexions (Robert, 2004) ne disent pas autre chose.

bien les objets naturels que les objets artificiels, qu'elles soient susceptibles d'accueillir tous les objets du monde).

C'est à un dérapage similaire que S. Briet ne peut totalement échapper une vingtaine d'années plus tard. Ainsi, dans un exemple célèbre, accepte-t-elle qu'une antilope devienne un document, à condition toutefois qu'il s'agisse d'un animal catalogué et exposé dans un zoo (Briet, 1951, p. 7). Cet état est l'aboutissement d'un processus de transformation, car il faut qu'il y ait matérialité et intentionnalité pour que l'objet soit littéralement traité comme document et perçu comme tel (Buckland, 1997). S. Briet ajoute que « l'antilope cataloguée est un document initial et les autres documents [dessins ou photos] sont des documents seconds ou dérivés » (*op. cit.*, p. 8).

Encore une fois une telle position nous semble quelque peu excessive et ambiguë. Car pourquoi un animal dans un zoo, même catalogué, deviendrait ainsi un « document » ? Sa simple exposition le transforme certes d'animal sauvage en « objet », mais pas forcément en document. Car ce n'est que muni d'une étiquette qui indique son nom scientifique et son appartenance à une classification que cet animal devient moins un document qu'un *objet documenté*. Même un animal mort et empaillé ne devient pas document au muséum d'histoire naturelle, mais reste un objet documenté. Même l'herbier qui couche la plante dans le classeur et imprime les feuilles de l'une sur celles de l'autre reste un objet documenté et non un document.

Les mêmes raisons nous amènent à ne pas pouvoir souscrire à l'approche proposée par J. Meyriat en 1981. Il distinguait en effet, dans un article resté célèbre, les documents par attribution et les « documents par intention » (p. 60). Or, par attribution « tout objet peut ainsi devenir un document » (p. 52), ce qui ouvre le compas au maximum. Mais, là encore, ne s'agit-il pas d'un objet documenté et non d'un document ? Inversement, même un document volontairement inscrit, dès lors qu'il ne serait pas actualisé par un usager dans une lecture, régresserait à l'état de « document virtuel » (p. 60). Or, n'est-ce pas parce qu'elles constituent en soi des documents, qu'un lecteur moderne peut appréhender comme tels, que les tablettes d'argiles de l'antiquité font l'objet d'un décryptage ? N'est-ce pas plutôt le document qui virtualise son usager ? Car le document possède justement cette capacité à perdurer de lui-même jusqu'à ce qu'il suscite l'intérêt d'un nouveau regard et le crée en tant que tel.

La double articulation documentaire

Si nous retenons bien évidemment l'idée selon laquelle il ne peut y avoir document sans matérialité, nous mettrons en son cœur la notion d'enregistrement[15]

15. Enregistrement qui est défini par Le Robert (au-delà de la définition juridique purement technique) comme : « action de consigner par écrit, de noter comme réel et authentique » et

– enregistrement par inscription (écriture ou image), quel que soit le procédé physique employé. Autrement dit, il ne peut y avoir document sans enregistrement par inscription sur un support matériel. Ce qui signifie que produire un document c'est produire un objet différent de celui qui fait l'objet de sa mise en document. Il en va donc en quelque sorte d'une *double articulation* du document : il est un *objet second* qui entretient une relation avec un *objet premier*. Une antilope sauvage n'est pas un document (et je rejoins là S. Briet). Une antilope dans un zoo n'est pas non plus un document, mais un objet documenté (et là je me sépare de S. Briet). Le document ne peut être en l'occurrence que cette petite étiquette qui indique nom et classe, voire origine géographique. Ne méprisons pas les étiquettes. D'autant plus que l'étiquette, dans son existence même n'apparaît que comme l'extrémité et le signe d'un système plus large de documentation qui a permis de produire les noms et les classifications scientifiques. L'antilope est l'objet premier, l'étiquette l'objet second. Même lorsque l'antilope est morte et exposée au muséum d'histoire naturelle elle n'est toujours pas un document. Elle était un animal, morte, elle devient un objet premier, exposée au musée elle devient un *quasi-artefact*[16] qui, muni de son dispositif d'étiquetage est ainsi un objet documenté. Enfin, la photo d'une antilope est, elle, un document ; et là encore il faut penser que l'antilope est l'objet premier et la photo l'objet second. Autrement dit, un objet premier ne peut jamais être un document.

Même lorsque de manière plus abstraite l'objet premier semble s'évanouir en tant qu'objet concret et que ne subsiste que des « faits », ces faits ne constituent en rien un document. Prenons l'exemple d'un mariage. Il y a l'acte lui-même, les faits si l'on veut et le texte, l'acte de mariage. Le mariage est un objet premier, le texte un objet second. Vous ne devenez pas un document parce que vous entrez dans le cadre singulier et institutionnel du mariage – l'antilope ne devient pas plus un document parce qu'elle entre au zoo. En revanche l'acte de mariage est un document qui enregistre socialement le fait et le sanctionne institutionnellement. Il en va d'une performativité du document (qui est directement fonction des cadres sociaux de sa production et de sa recevabilité (Austin, 1970)).

Enfin, lorsque le « ce dont il est question » n'existe qu'à travers le texte ou l'image enregistrées, cet enregistrement doit être considéré comme l'objet second – à proprement parler le document – alors que ce qu'il met en scène est un objet

« action ou manière d'enregistrer sur un support (des informations, signaux ou phénomènes divers) ». Enregistrer signifie : « inscrire sur un registre », « consigner par écrit », transcrire et fixer sur un support matériel, à l'aide de techniques et d'appareils divers (un phénomène à étudier, une information à conserver et à reproduire »).

16. Quasi-artefact, car l'artefact est le produit d'une activité humaine, un « fait de l'art ». Ici, l'homme intervient en effet sur l'antilope, par son exposition et la transforme, mais seulement en un quasi-artefact (car il ne l'a pas créée pour autant).

premier, quand bien même s'agit-il du produit d'une fiction. Car même la fiction, dans ses formes et ses possibles est socialement instituée.

Si le document suit une logique de double articulation alors il ne peut y avoir de « documentation automatique », le document est toujours un construit, le produit d'un processus de création d'un objet second et pas seulement l'exhibition d'un objet premier dans un cadre institutionnel (le musée par exemple). Autrement dit, il convient de ne pas confondre un *témoin*, un échantillon avec un enregistrement. Un témoin n'est pas un document mais un objet premier qui peut devenir un objet documenté (un quasi-artefact). De même, dire de l'objet qu'il peut faire signe dans une société, qu'il est porteur d'une signification (voir la sémiologie de R. Barthes) n'en fait pas pour autant un document, puisqu'il reste un objet premier.

1.1.4. *L'opération de conversion des dimensions*

Les cinq sens et le cerveau de l'homme l'ouvrent sur une expérience riche mais néanmoins limitée du monde : notre système de perception le construit comme « réalité » réduite à trois, voire quatre dimensions – celle-ci renvoyant peut-être plus au mouvement qu'au temps, auquel on l'assimile pourtant volontiers (temps déjà « piégé » par les trois autres – l'espace-temps).

Les technologies intellectuelles, dispositifs de gestion de niveau macro-sociétal n'en font pas pour autant l'économie d'une articulation, fine et indispensable, à notre système de perception/cognition. Elles intègrent notamment pleinement cette « contrainte » des dimensions et se calent d'ailleurs sur son jeu.

Ce jeu repose sur une opération-clé que j'appelle la « conversion[17] des dimensions » et qui se décline en quatre positions possibles : le glissement d'une dimension vers l'autre (de > vers < ou inversement), le changement d'échelle au sein d'une même dimension ou le dépassement de toute dimension par l'adoption d'une posture de type « variable mathématique », la définition d'un potentiel

17. Soulignons que A. Leroi-Gourhan a lui-même également utilisé le mot conversion pour désigner un processus me semble-t-il analogue, mais de sens inverse, puisqu'il s'agit essentiellement d'une réduction : « la conversion du mythogramme à deux dimensions [qui chez Leroi-Gourhan est une image symbolique], irréductible à la phrase phonétique [pour lui, linéaire], en une série linéaire de signes alphabétiques, a représenté la libération de la parole et une certaine réduction du pouvoir de symbolisation individuelle : à l'entrée dans l'imprimerie une nouvelle conversion est amorcée que l'abondance des textes va rendre rapidement indispensable » (T2, p. 68).

à *n* dimensions[18]. Ce sont ces opérations que l'on retrouve à l'œuvre dans le travail de traduction de l'événement en document :

– le passage d'une dimension < à une dimension > correspond au *principe du traitement de l'information* ;

– le travail sur l'échelle avec conservation de la dimension correspond au *principe de navigation* ;

– le passage d'une dimension > à une dimension < correspond au *principe de modélisation* (sublimé si l'on veut par l'avènement de la quatrième position, celle de la variable).

Autrement dit, le traitement de l'information se traduit par la représentation d'un signifié de dimension x-1 par un signifiant de dimension x ; la navigation par la représentation d'un signifié de dimension constante à échelle variable ; et la modélisation par la représentation d'un signifié de dimension x par un signifiant de dimension x-1.

Comme les technologies intellectuelles s'interfacent à notre système de perception-cognition, le nombre de dimensions sur lequel il se révèle possible de travailler est réduit à cinq occurrences, une, deux, trois, quatre dimensions plus le potentiel à *n* dimensions.

Il en résulte un nombre limité de combinaisons présentées dans le tableau 1.1.

---

18. Remarquons que P. Otlet avait déjà proposé un principe de catégorisation reposant également sur la question des dimensions (Otlet, 1934, p. 44). Il distingue ainsi : la parole, « série de points », les écrits « en surface », les « stéréogrammes à trois dimensions » et les « machines » qui « ne sauraient entrer en mouvement et s'y maintenir que par le jeu rigoureusement exact, concordant et simultané de toutes leurs parties ». C'est également autour de cette question des dimensions que Leroi-Gourhan articule sa distinction entre le « symbolisme graphique » (dont « le contenu exprime dans les trois dimensions de l'espace ce que le langage phonétique exprime dans l'unique dimension du temps » (T1, p. 270) et l'écriture (dont « la conquête [...] a été précisément de faire entrer, par l'usage d'un dispositif linéaire, l'expression graphique dans la subordination complète à l'expression phonétique » (T1, p. 272). Autrement dit, « l'image possède [...] une liberté dimensionnelle qui manquera toujours à l'écriture ; elle peut déclencher le processus verbal qui aboutit à la récitation du mythe » (T1, p. 272). Or, nous refusons, après A. M. Christin, de voir l'écriture, même alphabétique comme l'expression de la seule linéarité. Elle occupe et se construit en explorant un espace à deux, voire trois dimensions, tout en maintenant sa linéarité propre. Autrement dit, elle la déploie et la plie tout à la fois à ce jeu de dimensions supérieures et elle y gagne en richesse, car en conservant la linéarité, on conserve une ligne directrice, mais découpée, organisée, structurée dans un espace à la fois physique et mental qui facilite la mémorisation, la relecture, la distance critique, etc.

Traitement	1D sur 2D	2D sur 3D	3D sur 4D
Navigation	2D sur 2D	3D sur 3D	4D sur 4D
Modélisation	3D sur 2D	4D sur 3D	ND sur 4D
Raisons	**Graphique**	**Classificatrice**	**Simulatrice**

Tableau 1.1. *La conversion des dimensions*

Le regroupement des trois principes du Traitement, de la Navigation et de la Modélisation forme ce que nous appelons une « Raison » : celle qui convertit sur un « format » 2D, une, deux ou trois dimensions est la *raison graphique*[19] ; celle qui convertit sur un « format » 3D, deux, trois ou quatre dimensions est la *raison classificatrice* ; enfin, celle qui convertit sur un « format » 4D, trois, quatre ou *n* dimensions (donc également une ou deux) est la *raison simulatrice.*

Chaque Raison n'est pas absolument coupée ou isolée des deux autres : ainsi la raison graphique possède bien évidemment d'indéniables effets classificateurs et simulateurs, la raison classificatrice des effets graphiques et de simulation, ou la raison simulatrice des effets graphiques et classificateurs.

L'opération de conversion des dimensions pose par définition à toute technologie intellectuelle un problème de *projection* de l'information sur un support donné, qui en spécifie la présentation et sous-tend l'émergence de propriétés singulières.

Les supports 2D sont d'abord des surfaces, des « feuilles » au sens large, quelle que soit leur concrétisation – tablette, papyrus, papier, etc. Les supports 3D sont des volumes, des « lieux », meubles ou immeubles (livres, bibliothèque, encyclopédie). Les supports 4D sont des machines (dotées aujourd'hui d'écrans 2D qui simulent la 3D sur un mode dynamique).

A l'intersection des propriétés internes et externes (sociologie politique) s'enlève la question cruciale de l'interface « homme-technique ». Or, chacune des trois raisons s'ordonne à un type d'interface commun, dont seule la forme varie (avec la transformation des techniques elles-mêmes) : la *lecture-écriture* (de textes et d'images). Cette communauté « explique » pourquoi les technologies intellectuelles se substituent moins les unes aux autres qu'elles ne s'accumulent. En effet, elles n'oblitèrent pas une lecture-écriture par une autre, mais multiplient les modalités concrètes de son expression. Variations technologiques autour d'une même interface, elles en explorent les nouvelles qualités – liées chacune à une technique donnée – sans épuiser pour autant la valeur des précédentes (si ce n'est par un processus d'obsolescence, de dévalorisation sociale relative). Autrement dit, chaque

19. En hommage à J. Goody, bien évidemment.

technologie intellectuelle recycle en quelque sorte une interface essentielle sans qu'elle puisse pour autant se résorber dans la forme qu'elle lui offre[20].

Une autre propriété remarquable des technologies intellectuelles participe également à « expliquer » plus l'accumulation que la substitution – à relativiser donc une certaine propension à accepter comme évident une variation sur le thème du « ceci tuera cela » (V. Hugo) : chacune possède la capacité à dire, à exprimer n'importe quelle autre, dans son propre langage. On peut en effet, toujours dresser une liste d'ordinateurs ou de logiciels, « appliquer » un calculateur à la réalisation d'une liste, faire un livre de dessins, etc.

Enfin, toujours sur cette même ligne de pente, une technologie intellectuelle de dimension supérieure peut toujours se réapproprier, inclure, utiliser une technologie intellectuelle de dimension inférieure sans pour autant la nier en tant que telle : il en va d'un processus d'*hybridation* en quelque sorte. Insérer une liste dans un livre imprimé vaut moins disparition de la liste qu'une manière de sublimation de celle-ci. Il s'agit d'un enrichissement mutuel : le livre imprimé prend valeur à faciliter la reproduction de listes désormais facilement comparables ; la liste acquiert une nouvelle valeur dans l'efficacité même de la comparaison.

Au fond, une technologie intellectuelle de dimension supérieure gagne à s'incorporer une technologie de dimension inférieure : plus la *récapitulation* est importante et plus la technologie intellectuelle de dimension supérieure augmente son efficacité. Voilà pourquoi des technologies telles que photographie et cinéma, trop rapidement détournées par le seul spectacle et le seul commerce n'ont pas été suffisamment travaillées dans le sens d'une récapitulation des autres technologies intellectuelles : hybridation minimale qui, certes, assure une nouveauté maximale, mais également une efficacité limitée (à la gestion des masses). Inversement, quoique dotée d'une moindre visibilité sociale, l'utilisation scientifique ou militaire/politique de la photographie ou du cinéma s'accompagne inévitablement d'une hybridation beaucoup plus forte avec le texte, les listes, les cartes, etc. Le travail est ainsi intellectuellement plus puissant, mais la distraction d'autant plus faible. Aussi peut-on peut-être avancer que photo et cinéma sont restés des technologies intellectuelles

---

20. Leroi-Gourhan nous offre une piste de réflexion fondamentale sur l'interface lecture-écriture. En effet, sa thèse sur l'évolution de l'homme l'amène à constater l'écart qui se creuse entre la face et la main chez l'homme, entre la parole et le geste (d'où le titre de son livre). Or, il souligne qu'avec l'écriture « la main a son langage dont l'expression se rapporte à la vision » (T1, p. 291). L'écriture lie ainsi ce qui était délié, elle raccorde, comme pouvait le faire déjà l'alimentation, mais cette fois sur un mode à proprement parler intellectuel, la main et la face. Entre le faire de la main et la face, se déploie ce qui va devenir le parangon de l'interface, ce processus – ô combien inaugural – de lecture-écriture qui articule directement l'œil et le geste et dont nous ne sommes pas, ni peut-être ne pouvons, sortir.

pour partie « potentielles », dont il convient *a contrario* de suivre les réhabilitations comme technologies intellectuelles (voir les chapitres 2 et 11).

Il existe des techniques qui, nous aurons l'occasion de le voir, ne sont pas des technologies intellectuelles, mais produisent néanmoins ce que l'on peut appeler des *effets de technologie intellectuelle*. Car, sans répondre à l'ensemble des critères de définition retenus ici, elles déploient cependant des effets de structuration, d'architecture non négligeables sur les « objets » sur lesquels elles s'appliquent ou sur l'environnement dans lequel elles s'inscrivent (c'est le cas, par exemple, du musée). Enfin, nous aurons également l'occasion de souligner que ces objets ou environnements, voire une technologie intellectuelle elle-même, peuvent être dotés d'un *coefficient de technologie intellectuelle* (qui exprime un degré de capacité de structuration/organisation) plus ou moins élevé, susceptible de se modifier (de s'amplifier ou de décroître – à l'exemple, nous y reviendrons, de la TV ou de ce que nous appelons ici les vidéos – voir le chapitre 11).

1.2. Sociologie politique

Les technologies intellectuelles s'inscrivent sous l'horizon d'un monde tapissé d'hommes, de signes et de choses. Non pas séparés, mais liés, enchâssés, hybridés et parfois substitués les uns aux autres dans des réseaux hétérogènes (Latour, 1989). Productrices de documents, donc de signes, les technologies intellectuelles s'incorporent pleinement dans une matérialité technique, et les deux se doivent d'être articulés au dispositif de perception-cognition humain. On ne sait en fait laquelle des trois composantes produit leur effet cognitif. La question – celle qui viserait à les départager afin de désigner une cause singulière – n'est justement pas pertinente. N'est-il pas recommandé de l'éviter si l'on veut comprendre leur spécificité ?

Dès lors, la sociologie des technologies intellectuelles ne peut se résoudre en un questionnement sur la réappropriation ou non d'un outil par un ou des groupes sociaux. Car ce serait retomber dans un schéma dichotomisant qui découpe précisément deux sphères, celle de la société, réceptrice, passive, et celle de la technique émettrice, active. C'est pourquoi nous voulons nous inspirer d'un autre modèle, celui de la sociologie des sciences et des techniques, systématisée par B. Latour dans son ouvrage *La science en action* (Latour, 1989).

1.2.1. *Stabilité*

B. Latour pose une question-clé : « Comment agir à distance sur des événements, des lieux ou des gens qui ne nous sont pas familiers. Réponse : en ramenant chez nous par un moyen quelconque ces événements, ces lieux, ces gens. Comment peut-on le faire, puisqu'ils sont distants ? En inventant des moyens qui :

a / les rendent *mobiles* de façon à pouvoir les ramener ;

b / les maintiennent *immuables* de façon à pouvoir les bouger dans tous les sens sans distorsion, perte ou corruption supplémentaire ;

c / les fassent se *combiner* pour que l'on puisse les cumuler, les réunir, les battre comme un paquet de cartes quelle que soit la matière dont ils sont constitués » (p. 362, les italiques sont de l'auteur).

Le document ne remplit-il pas à merveille ces conditions ? Inversement, ces conditions n'en tracent-elles pas en creux le portrait ? D'ailleurs B. Latour ne fait-il pas suivre sa proposition théorique d'une illustration, d'une « application pratique », la carte géographique ?

Le document ne parvient à fixer l'événement, contingent, que parce qu'il possède à l'inverse une remarquable *stabilité*. Un document est ainsi d'autant plus un document qu'il est plus stable (notons, au passage, le problème de fond pour l'informatique d'assumer – donc assurer – cette stabilité. Car l'informatique ne peut véritablement prétendre au statut de technologie intellectuelle qu'à l'expresse condition de pouvoir satisfaire à ce pré-requis de la stabilité). Dire de quelque chose qu'il est stable, cela veut dire qu'il ne se modifie/dégrade pas ou peu – c'est-à-dire le moins possible – sous l'action d'une turbulence extérieure ou qu'il parvient à maintenir constant un état interne par lui-même, que sa structure, sa morphologie et sa (ses) fonction(s) ne se déforment pas aléatoirement, de manière imprévisible/intempestive, sous l'effet de l'entropie qui frappe tout système. La stabilité du document est, par définition même, à la fois matérielle et informationnelle : l'intégrité de l'information qu'il porte dépend de celle de son support.

Socialement, ce qui est en jeu, c'est la *fiabilité* du document comme outil susceptible de maintenir une information en l'état autant de temps qu'un acteur le désire. Bien évidemment, cet acteur peut également décider de détruire le document (support et information) ou simplement (c'est-à-dire plus économiquement) d'effacer son information (palimpseste). D'autres acteurs peuvent vouloir tout aussi bien se l'accaparer, le détruire ou modifier cette information.

C'est pourquoi nous préférons le terme de stabilité à celui d'immutabilité. Le document n'a pas à, ni ne peut d'ailleurs, être immuable, mais seulement – et c'est déjà beaucoup – stable. Immuable, il ne pourrait faire l'objet d'aucune transformation, ni légitime, ni illégitime. L'immutabilité le rendrait trop rigide. Où nous découvrons le premier rapport du document, de toute technologie intellectuelle, à la réversibilité : le document doit autoriser la réversibilité... mais pas trop. Autrement dit, il doit se comporter comme *un potentiel de réversibilité/irréversibilité* : il ne peut

– pour être efficace comme technologie intellectuelle – se contenter d'introduire la seule irréversibilité, mais doit jouer plus finement sur une dialectique entre les deux pôles, produisant l'une ou l'autre au profit ou au détriment d'un acteur (ou d'un groupe d'acteurs[21]).

1.2.2. *Mobilité*

Stable, le document doit également être doté d'une réelle *mobilité*. Car, apparemment – et apparemment seulement – c'est bien la mobilité qui permet l'accumulation (et réciproquement : l'accumulation exige pour se constituer que quelque chose la nourrisse et donc se déplace, puis revienne). Cette mobilité peut prendre au moins trois formes : celle de la *légèreté*, celle de la *reproductibilité* et celle de la *réticulation*. Les trois ne sont d'ailleurs pas exclusives et peuvent donc très bien se conjuguer.

Mais peut-être cette première approche est-elle encore trop réductrice. Stable, le document peut s'introduire dans le jeu subtil de l'oscillation entre les deux pôles complémentaires de l'accumulation et de la mobilité. Les deux entretiennent en effet une relation complexe au sens de Morin (Morin, 1977) : à la fois concurrentes (lorsque l'on est en phase d'acquisition, de mobilité, l'on n'accumule généralement pas, peu ou mal et réciproquement), antagoniste (les financements doivent-il privilégier l'une ou l'autre ?) et complémentaire (on ne peut envisager l'un sans l'autre).

Or, la gestion de cette relation complexe prend pour véhicule les trois formes de la légèreté, de la reproductibilité et de la réticulation.

Léger, le document voyage potentiellement bien et se classe facilement, mais il se dégrade et se détruit également souvent plus aisément. D'où le dégagement de l'espace d'un problème « technique », auquel l'histoire se charge d'apporter différentes réponses plus ou moins pertinentes : celui de la *qualité* du document comme rapport entre sa *légèreté* et sa *solidité*. Unique, et même léger – voire surtout lorsqu'il est léger (et donc moins fiable) – il ne voyage, dès lors, que très peu, ne permet pas la comparaison, et n'est accessible qu'à un groupe restreint. A l'inverse, reproductible, le document (et ce, d'autant plus qu'il est léger) se diffuse bien (à condition toutefois qu'il existe un réseau de diffusion... que la reproductibilité incite néanmoins fortement à promouvoir !), autorise les rapprochements et accroît son public.

21. Voire ce que j'appelle ailleurs (voir Robert, 2009) un « point de vue » transversal à de multiples acteurs aux intérêts apparemment localement divergents, mais qui vont néanmoins globalement dans le même sens.

Cependant, la reproductibilité du document entretient une relation complexe avec sa stabilité informationnelle. Il en va en quelque sorte d'un effet de seuil : à faible dose la reproduction incite semble-t-il à la déformation, à forte dose elle parait inversement promouvoir la recherche d'une hypothétique version princeps, parce qu'un travail de collaboration des différentes versions facilite leur purge et la tentative de trouver le texte premier (Eisenstein, 1991) et Hennion et Latour, 1996). L'exemple du livre semble à cet égard probant (voir le chapitre 2).

Enfin, la mobilité peut également prendre le chemin de la réticulation : le réseau diffuse précisément par des voies maîtrisables à des « abonnés » précis (même dans le cas d'un réseau de télé-diffusion). Le réseau constitue un vecteur contrôlable d'une mobilité contrôlée. Il s'enrichit notablement de la légèreté des éléments en circulation, voire de leur reproductibilité.

Grâce à cette double stabilité/mobilité le document peut faire l'objet d'une *transmission* (Debray, 1997) dans le temps autant que dans l'espace. Il peut en quelque sorte passer de mains en mains, produisant un processus d'objectivation sociale (il est un quasi-objet au sens de Serres (Serres, 1983)) et de décontextualisation (Goody, 1979).

1.2.3. *Réversibilité et irréversibilité*

Mobile, le document rentre dans un jeu raffiné avec le couple réversibilité/irréversibilité (Latour, 1992). En effet, rendre les choses plus ou moins réversibles ou irréversibles, rendre le coût de leur réversibilité ou de leur irréversibilité toujours plus élevé offre à ceux qui y parviennent beaucoup de pouvoir. D'ailleurs, il est fort probable que le *pouvoir* ce n'est pas autre chose que cette capacité de jouer sur le coût des réversibilité/irréversibilité – qu'il convient de toujours penser en couple et non séparément.

Il est ainsi possible d'acquérir du pouvoir en rendant le document très mobile : qui veut entrer en concurrence doit donc investir dans une logistique au moins équivalente, porteuse de cette très coûteuse mobilité. On peut également acquérir du pouvoir en rendant le document immobile : lourd, unique et enraciné, la concurrence se paye dès lors de la construction d'une immobilité elle-même coûteuse dans son étrange *logistique de la fixation* (pensons aux Pyramides). A moins, dans les deux cas, de jouer – mais c'est un pari dangereux, risqué et qui, donc, peut rapporter par contre beaucoup – la stratégie du contre-pied : le lourd contre le léger, le léger contre le lourd. Dans les deux cas néanmoins la logistique à mettre en œuvre – un système véritablement concurrent – reste très exigeante.

Mobile et stable, le document permet son accumulation et celle de l'information : constitution d'une mémoire, d'un stock qui ouvre sur le jeu des rapprochements, des comparaisons, des différences et constances. La *concentration* croît d'autant plus que le document est léger ; inversement sa *qualité* en souffre (le papier est beaucoup plus sensible au feu que l'argile). Enfin, la reproductibilité favorise également la multiplication des points de concentration eux-mêmes montés en réseaux, ce qui produit un effet de concentration au carré.

L'accumulation introduit de l'irréversibilité : son coût est toujours élevé. Elle n'est jamais gratuite. La concurrencer sollicite donc des ressources au moins aussi considérables. Mais il s'avère désormais (c'est-à-dire avec l'avènement de l'informatique) possible de rendre ce jeu plus subtil. En effet, l'accumulation n'engendre pas du pouvoir par la seule irréversibilité. Ainsi les banques de données jouent habilement du balancement entre l'indispensable concentration, la masse, et sa variation, son actualisation, donc une certaine réversibilité. Le pouvoir ne s'acquiert plus seulement – voire de moins en moins – en misant sur l'irréversibilité d'une accumulation au coût faramineux, mais en l'hybridant au clignotement continu de la valeur de ses variables. Non plus stock d'états, mais de variables à actualiser ; nécessité donc de jouer à la fois l'irréversibilité (sans quoi il n'y a pas d'effet de masse) et la réversibilité (sans quoi la masse demeure inerte). La *vitesse* introduit une nouvelle réversibilité (l'actualisation) et une nouvelle irréversibilité (aller au moins aussi vite que le plus rapide)[22].

Les différentes technologies intellectuelles, les différents types de documents n'offrent pas la même souplesse face à cet enjeu du pouvoir.

Stabilité, mobilité (transmission) et accumulation : voilà les trois composantes de ce que l'on peut appeler une *Raison logistique,* transversale aux trois autres (Robert, 2005).

1.2.4. *Contrôle et coordination*

Cette raison logistique ne manque pas de produire des effets d'organisation sociale parce qu'elle offre un bon terrain à l'expansion de la logique du contrôle et de la coordination.

En effet, l'un comme l'autre exigent du document qu'il soit stable. Inversement, un document stable constitue un bon support-vecteur au contrôle et à la

22. Où l'on voit que les positions sont relatives : les irréversibilités ne restent telles qu'un certain temps, et se dégradent toujours ; les réversibilités également, qui se figent aussi en irréversibilités. Il ne faudrait pas par ailleurs assimiler le lourd à l'irréversible et le léger au réversible : l'irréversibilité de l'URSS semblait acquise, solidement fondée et pourtant !

coordination, il ouvre même toujours la possibilité de leur expression. La dialectique mobilité/concentration nourrit également celle du contrôle et de la coordination. Le cercle vertueux mobilité/concentration se conforte d'une bonne gestion assurée par ces deux fonctions : afin que n'importe quel document n'entre pas dans la concentration, à n'importe quelle place, que la circulation des documents ne soit pas inutilement redondante ou concurrente, etc. Tout aussi bien le contrôle et la coordination s'alimentent de la tension dynamique entretenue par les deux pôles de la mobilité et de la concentration : sans circulation à quoi servent contrôle et coordination ?

Or, ces deux fonctions jouent considérablement sur les coûts de réversibilité ou d'irréversibilité de tel ou tel processus : les listes de compte des Etats mésopotamiens introduisent une dissymétrie en faveur du Roi (Bottéro, 1987) ; elles ouvrent la possibilité d'un contrôle plus serré des sujets comme une coordination plus poussée des activités de l'Etat. Autrement dit, le sujet qui voudrait s'opposer devrait mobiliser une logistique et une connaissance au moins équivalente. *A contrario*, le livre imprimé permet le contrôle des listes de données astronomiques et assure une meilleure coordination entre savants critiques : il ouvre ainsi la voie à la réversibilité (ou ébranle l'apparente irréversibilité du système légitimé par l'Eglise (Eisenstein, 1991)). Que ce soit pour ou contre le pouvoir institué, la technologie intellectuelle s'offre néanmoins toujours comme une ressource de pouvoir.

Gardons enfin à l'esprit que les technologies intellectuelles produisent un véritable travail d'objectivation par décontextualisation, de telle ou telle situation sociale. En lui appliquant une couche documentaire qui la traduit en données, elles tendent à la déshumaniser en oblitérant le cas concret sous le classement et le nombre, et à confondre volontiers le contrôle de gestion avec le contrôle social.

CHAPITRE 2

Les technologies intellectuelles : un schéma global[23]

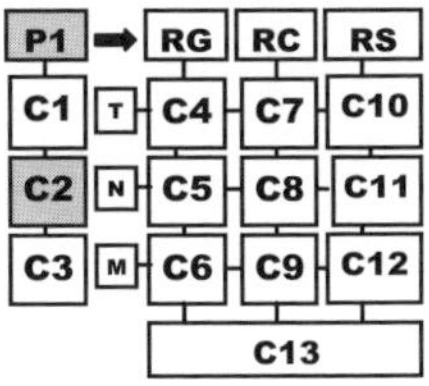

Le chapitre précédent tentait d'offrir une définition générique de *La* technologie intellectuelle, de ses propriétés cognitives « internes » comme de sa sociologie politique « externe ». Rappelons brièvement que cette technologie intellectuelle était appréhendée comme « un outil régulé de gestion du nombre (de la complexité) opérant une traduction par enregistrement de l'événement en document grâce à l'opération de conversion des dimensions ». Ce travail de conversion des dimensions permet de définir trois grandes « raisons » : la raison graphique, la raison classificatrice et la raison simulatrice – articulées chacune autour des trois principes du traitement, de la navigation et de la modélisation. Ce deuxième chapitre voudrait présenter la déclinaison de *La* technologie intellectuelle en différentes technologies intellectuelles, au pluriel donc, construites au cours de l'histoire – dont elles signent d'ailleurs avec l'écriture l'inauguration. Chaque technologie intellectuelle sélectionnée ici répond aux critères de la conversion des dimensions au sein des trois raisons précédemment définies (aux sections 2.1, 2.2 et 2.3). Nous avons pu ainsi accepter dix « outils » comme technologies intellectuelles. D'autres « candidats » potentiels, qui semblent *a priori* également faciles à agréger – comme les mathématiques ou la musique – ne respectent cependant pas les critères retenus et ne devraient donc pas être qualifiés de technologie intellectuelle – nous nous en expliquons à la section 2.4. Nous compléterons notre proposition de modélisation à la section 2.5 avec l'apport d'une démarche que nous avons appelée le modèle CRITIC (Robert, 2009), puis nous nous interrogerons sur la nécessaire tension entre

23. Une première version de ce chapitre est déjà parue dans *Communication et Langages* (voir, Robert 2000b).

modélisation et pensée critique (section 2.6). Enfin, nous soulevons en conclusion la question de la causalité : gouverne-t-elle ou non – et si non, qui occupe son site – la logique à l'œuvre dans notre proposition théorique ?

Présentons d'abord le schéma global, qui fait correspondre à chaque modalité de conversion des dimensions (traitement, navigation ou modélisation) un type de technologie intellectuelle spécifique pour chacune des trois Raisons.

Raisons	**Conversion des dimensions**	**Technologies intellectuelles** **Ecritures** ⟷ **Images**
Raison graphique	T = 1D sur 2D N = 2D sur 2D M = 3D sur 2D	Procédures et diagrammes Cartes Dessins techniques
Raison classificatrice	T = 2D sur 3D N = 3D sur 3D M = 4D sur 3D	Livres Classeurs Encyclopédies
Raison simulatrice	T = 3D sur 4D N = 4D sur 4D M = ND sur 4D	Mécanographie Photo Mécanographie Cinéma Informatique

Tableau 2.1. *La machine conceptuelle des technologies intellectuelles*

Ecritures et Images fonctionnent ici comme des pôles qui attirent de manière privilégiée telle ou telle technologie intellectuelle. Il convient cependant de ne pas conclure de cette attraction à une exclusive. Il s'agit d'une dominante qui n'oblitère pas toute influence du pôle « opposé » : ainsi, les cartes, qui « versent » plutôt du côté Image exigent néanmoins de l'Ecriture qu'elle accroisse leur précision et leur efficacité (aujourd'hui) ou leur aptitude à dire le monde (hier, pensons aux globes de Coronelli par exemple). De même les diagrammes que notre culture nous a appris à voir d'abord comme des écritures (alphanumériques) sont également des images et il n'est pas possible de réduire les livres aux seules écritures. En ce sens, seules l'Encyclopédie et l'Informatique (actuelle) participent pleinement, mais différemment, des deux pôles.

2.1. La raison graphique

2.1.1. *Le traitement (G)*[24]

La raison graphique s'exprime et travaille sur des surfaces à deux dimensions, elle produit des « feuilles » (au sens large). Son Traitement opère une conversion d'une dimension 1 à une dimension 2 : il inscrit sur une surface à deux dimensions ce qui n'en a « qu'une », la langue[25].

Au-delà de la langue, et comme condition *sine qua non* d'existence des technologies intellectuelles « discrètes », nous supposons acquise l'Ecriture. Rappelons que, s'il pouvait sembler évident d'inclure *a priori* l'écriture parmi les technologies intellectuelles, nous pensons néanmoins que sa position est beaucoup plus fondamentale. C'est pourquoi elle doit, avec l'Image, être considérée comme une *méta-technologie* intellectuelle, qui s'offre comme condition de possibilité d'émergence des technologies intellectuelles. Il ne peut, en effet, y avoir de document sans écriture ou image. Mais les technologies intellectuelles, dans et par le travail de chacune de leur forme spécifique les transforment profondément : écriture et image subsistent à chaque fois, mais déformées, repliées/dépliées ou remises en scène, etc. Variation autour de leur potentiel, expression/construction (et découverte) de ce même potentiel[26].

Cela dit, revenons à la langue. Celle-ci exprime une réalité à *n* dimensions, avec *n* renvoyant à l'idée d'une multiplicité, au nombre potentiellement infini des dimensions du monde. Or, la langue ne s'identifie, *a priori*, à aucune d'entre elles en particulier. C'est pourquoi, le mot, qui code la pluralité des dimensions du monde, vaut par convention au minimum, mais également en quelque sorte « logiquement », 0 dimension. Le mot comme point : la langue – comme ensemble lié et dynamique de mots – se déploie linéairement, sur une dimension[27]. L'écriture souffre d'ailleurs du poids de cette linéarité : elle-même s'inscrit souvent sous son horizon et accepte en

---

24. Comme chacun des trois principes est décliné pour chaque Raison, nous avons précisé à quelle Raison il se rattache par une parenthèse : par exemple le traitement en Raison graphique est noté traitement (G), en Raison classificatrice traitement (C) et en Raison simulatrice traitement (S). Il en va de même pour la navigation (G) ou (C) ou (S) et la modélisation (G), (C) et (S).

25. Saussure ne manquait pas de souligner que « le signifiant, étant de nature auditive, se déroule dans le temps seul et a les caractères qu'il emprunte au temps : a/ il représente une étendue, et b/ cette étendue est mesurable dans une seule dimension : c'est une ligne » (Bougnoux, 1993, p. 133).

26. Remarquons que l'interface lecture-écriture est encore fondamentale, ainsi que le support papier, dans la machine de Turing, qui est elle-même au fondement théorique de l'informatique (voir Edwards 1996, p. 241-242).

27. Elle transcrit les relations au sein de cette contrainte linéaire en jouant sur la *grammaire* et la *syntaxe*, sur son organisation donc. Soulignons également que socialement cette contrainte de la linéarité est contournée/relativisée par la mise en *dialogue* inévitable de la langue.

quelque sorte sa loi (ce que souligne a l'envie et radicalise même volontiers un Leroi-Gourhan (1964)). C'est singulièrement vrai de l'écriture alphabétique qui code – et donc suit – les sons de la langue[28] et qui s'écrit de droite à gauche ou de gauche à droite ; *a priori* une écriture picto ou idéographique semble beaucoup plus facilement libérée d'une telle contrainte.

Apprenons au passage que l'effort de promotion des technologies intellectuelles peut donc être lu comme une volonté d'échapper à cette emprise, de travailler avec et sur un nombre supérieur de dimensions. Ainsi, le traitement de l'information de la raison graphique, grâce au passage à un monde de dimension 2 peut s'affranchir de la seule logique linéaire de la langue : l'écriture s'en émancipe et offre la possibilité de ne plus la traduire servilement et de suivre une autre logique – résultat atteint, dès les premiers pas de l'écriture mésopotamienne, par la *liste* selon J. Goody (Goody, 1979) (à laquelle on peut ajouter le tableau et l'arbre), parangon des *diagrammes et procédures*. Car ce qui est en jeu, c'est bien la possibilité de développer de nouveaux critères d'ordres.

2.1.2. *La navigation (G)*

La navigation en raison graphique renvoie moins à une conversion des dimensions qu'à une variation d'échelle au sein d'une même dimension. Il s'agit en effet d'enregistrer sur deux dimensions une « réalité » se présentant elle-même en deux dimensions : de rapporter une surface sur une autre. Autrement dit, il s'agit de prélever une fine pellicule du réel, quand bien même est-elle gondolée ou froissée (et tend ainsi vers la 3D). Voilà le travail du Plan ou de la Carte géographique (au sens restreint d'une carte qui enregistre/traduit directement les éléments visibles d'un paysage – quitte à les symboliser – et non d'une carte thématique – que nous pourrions presque classer avec les dessins techniques). La réduction d'un réel, sensible en quelque sorte (qu'il s'agisse de nature ou de culture – église, poste frontière, etc.), à une image, le rend maîtrisable. Il devient possible de voyager dans ce réel parce qu'il est toujours possible de rapporter le local que l'on traverse au global du pays et du réseau des voies de circulation.

Plus la carte a vocation « scientifique » (au moins dans sa construction si ce n'est dans son utilisation) et plus elle s'affronte à la question de la *projection*. Problème créé par la non-isomorphie de la surface de la terre à celle de la feuille : la terre, elle, est grossièrement sphérique. Aussi, sa surface n'est-elle pas véritablement comprise à l'intérieur d'un cadre de dimension 2 : elle déborde en « épaisseur » en quelque sorte, un peu à la manière d'une tôle ondulée. La surface de la sphère dépliée et celle de la feuille rectangulaire ne correspondent pas. D'où ce problème conséquent et récurrent de mise au point d'un outil véritablement fiable. Notons néanmoins que les marins

28. Historiquement d'abord les consones puis les voyelles.

notamment ne l'ont pas attendu pour se lancer dans l'aventure – mais la surface marine, déficitaire en information « stable » par rapport à celle des terres, les y incitait. Ils ont même joué de ses faiblesses – à l'image d'un C. Colomb qui sut, notamment, utiliser cette incertitude sur l'appréciation du périmètre terrestre (Boorstin, 1986) pour aller toujours plus avant.

2.1.3. *La modélisation (G)*

La modélisation en raison graphique exige de rapporter une réalité vue ici en trois dimensions sur une surface de seulement deux dimensions[29]. La modélisation vient justement de cette « perte », de cette simplification (fort complexe au demeurant). Moins riche que la réalité, le modèle en devient intellectuellement maîtrisable et manipulable : dès lors, il peut aider à faire retour sur cette réalité et à la transformer.

Echelle et « projection » se révèlent (avec la légende trop souvent minimisée) constituer là encore les variables-clés. La solution ne passe pas toujours par l'emprunt au dispositif synthétique de la perspective. En effet, le dessin technique (puis la carte thématique[30]) préfèrent le plus souvent – pour plus de clarté et de commodité – éclater le monde en divers points de vue plutôt que de le soumettre à un seul (où l'esprit analytique de l'ingénieur se reconnaît – malgré ce que l'on dit sur les grands esprits polyvalents de la renaissance – beaucoup plus dans les premiers que dans ce dernier). La perspective ordonnée à un seul œil, à une seule face, en affrontement, est laissée aux « artistes » – et même les dessins des prix de Rome n'exhibent-t-ils pas autant d'élévations que de perspectives ?

De ces listes (mais aussi diagrammes et procédures), cartes et dessins, il conviendra d'interroger la stabilité, la mobilité – c'est-à-dire la légèreté, la reproductibilité et les possibles réticulations – comme les réversibilités ou irréversibilités au soutien desquelles elles sont enrôlées pour produire des effets de pouvoir et d'organisation (ou de réorganisation comme de gestion dans les domaines du politique, de l'économique et/ou du religieux).

---

29. Lorsque le système de calcul passe des bulles d'argile qui contiennent des calculs à une inscription sur la bulle puis sur une surface, il ne s'agit de rien d'autre que de convertir un dispositif en 3D en un dispositif en 2D par une opération d'abstraction qui vaut modélisation. Cependant, cette modélisation n'est pas une modélisation du réel mais du système de représentation lui-même. C'est dire qu'elle signe peut être son avènement. En ce sens elle se situe en *amont* même de la raison graphique. Où nous retrouvons l'histoire (Herrenschmidt, 2007).

30. Ces cartes thématiques ne peuvent visiblement (c'est-à-dire en restant visibles et (donc) utiles) modéliser une réalité supérieure à trois dimensions (espace géographique plus un caractère) (Bertin, 1980), sauf à se multiplier : limite de notre physiologie, dont doit tenir compte toute technologie intellectuelle.

2.2. La raison classificatrice

2.2.1. *Le traitement (C)*

Les supports 2D (surfaces ou « feuilles » au sens large) en matériaux lourds (argile notamment) ou plutôt coûteux (parchemin, voire papyrus) s'assemblent difficilement ou bien s'étendent en rouleaux à l'accès séquentiel limité. Pourtant, il est rare que le document se réduise à une seule « feuille ». Il est rare également que les documents ne renvoient pas l'un à l'autre, ne soient pas complémentaires (ou concurrents éventuellement). Problème donc, d'empilement et de classement des documents.

La raison classificatrice crée les « lieux » d'une réponse pertinente. Par la conversion à la troisième dimension. Rapporter un document en deux dimensions à la troisième signifie la prise en compte de la nécessité de l'accumulation des documents, de l'affichage articulé, cohérent et continu d'un ensemble de feuilles. Codex peut-être, mais surtout livre imprimé sur papier à l'aide d'une machine[31].

Le document n'est pas lui-même incarné par/dans une machine, mais déjà le produit d'une machine.

L'amoncellement des feuilles engendre un effet de « profondeur », l'irruption de la troisième dimension. Le livre est à proprement parler un volume. Le grand nombre de feuilles même incite à sa rationalisation : nombre des pages recueillies, nombre de livres publiés. La multiplication de ces derniers ouvre elle-même sur un nouvel effet de profondeur. Or, cette double profondeur pose un triple problème de gestion : de l'espace interne du livre, des renvois entre livres et de l'ensemble des livres.

Certes, il est possible de laisser la multiplicité divaguer à sa propre richesse, et s'en réjouir. Mais dès lors que l'on envisage le livre comme un outil de communication et de travail, le désordre devient singulièrement pesant et inefficace. Il faut donc gérer l'outil de gestion. Inversement un tel outil n'acquiert un statut d'instrument de gestion performant que parce qu'il peut exporter ses propriétés internes d'organisation.

L'esprit humain ne maîtrise pas aisément la complexité : plus le livre grossit, plus il se multiplie et plus la lecture doit, *a contrario*, en devenir aisée. La reproduction mécanique du document, qui stimule son inflation, stimule également le besoin de rationalisation (Eisenstein, 1991). Le livre va donc être régulé, avant même ou parallèlement à l'accroissement de son rôle régulateur : par la

31. Remarquons que le rouleau résiste à l'expression de cette troisième dimension, car entassé, il s'écrase.

standardisation de la mise en page (paragraphes), par la numérotation (des paragraphes ou des pages), par l'introduction de notes, la création d'index et de bibliographies, etc. Travail sur la forme, essentiel pour l'avènement d'une technologie intellectuelle.

Le traitement de la raison classificatrice se traduit donc par la forme rationalisée du livre imprimé (produit d'une histoire et non tombé du ciel !), qui ouvre la possibilité d'une rationalisation nouvelle des documents, une nouvelle organisation interne et de nouvelles comparaisons.

Le papier s'allie à cette rationalisation pour offrir un état stable au livre. La reproductibilité imprimée induit un effet paradoxal de recherche d'un *texte premier* également stable (Latour et Hennion, 1996 ou Eisenstein, 1991) – et non fonction des versions copiées et déformées par les gloses. Le livre solide et reproduit peut voyager : mobile il joue les réversibilités/irréversibilités et engendre donc de notables effets de pouvoir.

2.2.2. *La navigation (C)*

L'accumulation des livres pose elle aussi un problème crucial de gestion du nombre. Or, une somme de livre – de « lieux-livres » – reste elle aussi un lieu. Aussi convient-il, au fur et à mesure de la multiplication des premiers d'en assurer l'extension et la gestion. Le lieu en question se transforme assez rapidement en une sorte de classeur, un *hyperdocument*.

La bibliothèque[32] existait bien avant l'inflation livresque engendrée par l'imprimerie. Mais celle-ci en exige la multiplication et l'amélioration de son administration. Il s'agit de pouvoir naviguer au sein d'une collection de plus en plus vaste. Il en va de la bibliothèque, mais surtout de ses poisson-pilote : le classement et le fichier.

Il en résulte la production d'un livre de livres si l'on veut, d'un changement d'échelle par lequel chaque livre de la bibliothèque glisse par le truchement de quelques caractéristiques descriptives (historiquement « inventées », telles que le

32. La bibliothèque n'est certes pas le seul classeur ; mais elle constitue le parangon du classeur qui échappe à la seule logique du classement, qui ne se réduit pas à une technologie de classification ; à la différence du musée elle est classement de documents et non d'objets : c'est pourquoi elle entre dans la catégorie des technologies intellectuelles telle que définie ici ; inversement le classement des objets (naturels ou artificiels, techniques (type outil ou machine) ou culturels (type tableau ou sculpture)) ne produit *un effet de technologie intellectuelle* qu'à condition d'être muni, a minima, de ce *micro-document régulateur* que constitue l'*étiquette* ou la *notice*, voire d'un *commentaire* ou d'un *descriptif* (Bredekamp 1996) – voir le chapitre 8.

titre, l'auteur, le dédicataire, l'éditeur, l'année d'édition, etc.) sur une liste récapitulative inscrite sur un catalogue ou portée par un classeur.

Le « lieu » livre est géré par le « lieu » bibliothèque grâce à cet échangeur du fichier-classeur (présenté lui-même sous la forme d'un livre ou d'un meuble – entre le livre et l'immeuble donc), qui étiquette chaque livre et insère son apparente individualité (physique) au sein de trois multiplicités ordonnées (et croisées), celle du fichier lui-même, gouverné par le critère alphabétique des entrées auteurs ou thématiques, celle du tableau de la classification des connaissances (type Dewey) ou celle, enfin, du classement physico-logique des ouvrages dans les rayons.

En ce sens, la bibliothèque constitue une inextricable hybridation de la carte et du territoire : la carte, afin que le lecteur puisse repérer la détention par telle ou telle bibliothèque de tel ou tel ouvrage (offrant telle ou telle caractéristique cognitive (discipline, auteur, etc.) et physiques (dimensions, nombre de pages, etc.)), le territoire – lui-même balisé et construit – pour rapporter le livre au lecteur, à moins qu'il ne soit laissé à sa libre exploration (à l'exemple de la BPI du Centre Georges Pompidou).

2.2.3. *La modélisation (C)*

Carte-territoire, la bibliothèque ne cherche pas à se substituer aux livres, à l'ensemble des livres. Elle propose les signes de leur reconnaissance, non une synthèse de leur contenu. Telle est bien, en revanche, l'ambition de l'Encyclopédie.

L'Encyclopédie est au savoir ce que le dictionnaire est à la langue : l'outil de son arraisonnement, de sa maîtrise. Il ne s'agit plus de traitement, ni de navigation mais bien de modélisation : comment faire entrer un maximum de contenus dans un contenant somme toute impressionnant mais encore raisonnable aux yeux d'un « honnête homme ». L'objectif n'est pas de fournir une carte des livres, mais la quintessence du savoir.

Bien sûr, dans un premier temps, pour des raisons « techniques », l'encyclopédie prend la forme d'un livre. Mais elle est en fait, c'est-à-dire dans son projet, beaucoup plus qu'un livre. Elle aussi est un livre de livres, non de leurs coordonnées, mais de leur contenu. « Lieu » étrange, voire paradoxal du « livre-bibliothèque » : elle rabat, elle replie l'ensemble des livres – c'est-à-dire la bibliothèque – sur un seul livre. Elle aussi suit une logique alphabétique ou thématique (même si l'alphabet ne renvoie plus seulement aux auteurs, donc aux seuls livres, mais à l'ensemble des « objets », signes, hommes et choses ou relations composants le monde).

Mais son *projet* – et déjà sa réalisation – vise d'abord à appréhender le mouvement, le mouvement du savoir, à intégrer ce qui vient de naître, ce qui est mûr ou risque de mourir. Elle est donc potentiellement toujours sur le chantier. Elle ne peut, à l'époque de sa première concrétisation, s'incorporer que dans un livre monumental, statique et lourd (donc peu facilement révisable), alors même qu'elle est censée emporter le mouvement du savoir ! (limite néanmoins compensée par un subtil jeu de renvois). C'est un pari audacieux qui dépasse de loin les propriétés du seul livre, à l'étroit dans ce support, mais qui fait de l'encyclopédie (celle de Diderot ou de Pankoucke) une technologie intellectuelle à part entière – et la première qui sache balbutier le mouvement.

Cette encyclopédie qui plus est ne se limite pas à accumuler les écritures, mais revalorise également – comme rarement depuis – l'image.

Bibliothèque et encyclopédie pratiquent plus l'accumulation que la mobilité. Mais en tant qu'accumulateurs elles ne manquent pas d'utiliser la relative légèreté et la reproductibilité du livre. Même multipliées, les bibliothèques et l'encyclopédie restent lourdes et chères. Elles parviennent néanmoins à faire bouger les choses : vertus de la concentration également, dont la masse travaille elle aussi le sens. Mais ne sont-elles pas moins pataudes qu'on le croit souvent ? Car à ne regarder que leur gigantisme, l'on oublie trop vite qu'elles constituent tout aussi bien des outils puissants d'un court-circuit performant : le rassemblement rapproche les documents (et donc les idées) et par là-même supplée à sa manière au besoin de mobilité. Avec la bibliothèque et l'encyclopédie on peut en effet avoir – presque – tout sous la main : en fait les déplacements au loin (qui alimentent selon B. Latour (Latour, 1989) une large part de la fabrication de la science) n'ont d'intérêt qu'à condition de nourrir un accumulateur qui permet d'en faire l'économie. C'est sa légèreté et sa mobilité (toutes internes) à lui.

2.3. La raison simulatrice

Les raisons des feuilles/surfaces et des lieux/volumes ne sont pas totalement statiques, mais elles n'intègrent pas facilement le mouvement. Si elles portent des dynamiques, elles ne le sont pas par elles-mêmes. C'est pourquoi elles produisent de manière privilégiée de la stabilité – physique ou informationnelle. Produits/productrices de sociétés lentes et longues. Déjà la multiplication des livres et le projet encyclopédique apportent (sur le plan externe pour l'un, interne pour l'autre) une première sensibilisation au mouvement.

Le mouvement, ce que nous appelons la quatrième dimension (et non le temps, car les technologies intellectuelles entretiennent déjà une relation forte au temps, définissent un type de temps – plutôt long nous venons de le voir dans le cas des raisons graphiques et classificatrices) ne peut émerger qu'avec le développement de nouveaux supports, eux-mêmes dynamiques. Des supports *machiniques*, mieux encore, *motorisés* (voir M. Serres cité par Couchot, 1988 et Robert, 2000 et 2004).

2.3.1. *Le traitement (S)*

La photographie peut sembler au premier abord plutôt statique. A la réduire à l'image photo peut-être... et encore. Car la photographie, ce n'est pas seulement le résultat, l'image, mais bien tout ensemble la machine, l'appareil. Une machine qui, en quelque sorte, regroupe ce qui correspondait à l'environnement technique « éclaté » du dessinateur/peintre (feuille ou espace support, outils d'inscription, instrument de mesure ou *camera obscura*, etc.) au sein d'un même appareil. Appareil en ce sens qu'il s'interface directement au corps par le truchement de l'œil et de la main. Toute la technique – dès le début – est rassemblée dans la boite. Boite noire où va s'inscrire *automatiquement* l'empreinte lumineuse sur une surface sensible. Or l'*automata* est ce qui se meut par soi-même (Quéau, 1989), ce qui possède en soi la règle de son propre mouvement – en ce sens, personne ne peut prendre la photo à la place de l'appareil. Mouvement premier de l'automatisme.

Mouvement second, « interne » à l'image, si l'on veut, de ce mouvement-temps qu'elle retient. Même lorsqu'il y a pose : celle-ci ne constitue-t-elle pas un mouvement orienté par/pour l'appareil, en suspension du mouvement spontané de la vie ? Au delà de la pose, la photo – dès lors qu'elle parvient à se dégager de la lenteur des premiers dispositifs, qui laissaient passer le mouvement devant l'objectif sans parvenir à l'interpeller – ne capte-t-elle pas justement le mouvement des choses, ne le surprend-elle pas ? Fixation du mouvement par la *vitesse* et le découpage, le cadrage.

Raison du *cadre* (c'est-à-dire aussi de la focale, de l'angle de prise de vue et de la luminosité) – pour lequel l'on se prépare (pose) – ou qui ne retient que ce qu'il délimite. Décomposition photographique du « réel » – qu'elle invente dans le même geste. Recomposition, à rebours, du mouvement par juxtaposition d'une multiplicité de photos. Raison du cadre – régulateur – par laquelle la photo, que l'on supposerait facilement relever de l'indice, échappe à l'empreinte et construit une simulation du réel. Elle se donne volontiers pour le réel ; on l'y prend tout aussi facilement. Mais elle est en décalage : elle n'est pas fausse, sans pour autant dire la vérité du réel ; elle n'est pas représentation de ce réel sans en être un simple décalque – comme si l'on ne pouvait donner qu'une définition négative de la photographie.

Pour autant le traitement, comme la navigation, en raison simulatrice, ne se résorbe pas dans la seule modalité de l'image. Une nouvelle écriture s'impose, qu'exprime avec force la mécanographie, celle du *codage*. Il n'est pas né avec elle, certes, mais pour la première fois il permet d'engendrer une véritable simulation de l'évolution d'une vaste population (au sens statistique du nombre).

La mécanographie en effet – déjà avec H. Hollerith à la fin du XIXe siècle, et sans programmation – est la première technique susceptible d'absorber un grand nombre et ses variations – le grand nombre et son mouvement. Il fallait pour cela recourir à une machine. Seule sa vitesse lui permet d'assimiler ce nombre et son évolution.

Le phénomène (l'évolution d'une population par exemple) ne court plus loin devant, il est rattrapé et bientôt dépassé. Ainsi le recours à la mécanographie permet-il au Census Bureau américain de suivre l'évolution de la démographie galopante des Etats-Unis du XIXe siècle (Austrian, 1982). Jusque là l'outil de mesure restait toujours distancé. Dès lors, il peut combler son retard et bientôt produire des résultats prospectifs. Le mouvement seul peut traquer et maîtriser le mouvement.

La mécanographie permet de construire une image statistique dynamique d'une vaste population : elle n'en est bien évidemment ni l'indice ni l'icône (Bougnoux, 1991), mais la re-présentation – comme résultat d'une puissante chaîne de traduction (des questionnaires aux chiffres, courbes et tableaux) (Latour, 1985). Processus (de traduction) qui, lui aussi, vaut simulation. Car il ne dit pas tout le réel, mais le synthétise et donc, le mutile – tout en offrant en contrepartie une connaissance de ce réel, qui à son tour participe à l'institution sociale de ce réel.

Au total la mécanographie relève du *traitement* en raison simulatrice parce qu'elle agit sur une somme de cartes perforées. La machine (4D, c'est-à-dire 3D plus le mouvement) traite cette « réalité seconde » des informations codées sur les cartes. Nous pouvons également observer que son produit la fait glisser vers la *navigation* en raison simulatrice puisqu'elle permet d'opérer un repérage au sein d'un grand nombre en évolution. Elle participe enfin pleinement de la raison simulatrice parce qu'elle joue sur le mouvement – celui de l'automaticité de la machine, du phénomène à saisir, ou des variables et des croisements (à vocation analytique-prospective).

2.3.2. *La navigation (S)*

P. Virilio a souligné à juste titre combien l'on oublie que le cinéma est avant tout un *moteur* (Virilio, 1993). Le cinéma n'est dynamique que parce qu'il est motorisé. Si l'image de la photographie est déjà loin d'être figée, le sienne l'est moins encore : même les plans fixes d'un Kurozawa vibrent d'une manière ou d'une autre d'un imperceptible mouvement.

Le cinéma est donc en prise directe avec/sur le mouvement (Deleuze, 1983). Il ne capte néanmoins jamais la totalité de la réalité. Il ne s'y réduit pas. En ce sens, même scientifique ou militaire, il n'épuise pas le réel : il le rejoue sur le mode de l'analogie. Bien évidemment il s'en *rapproche* – tout près, tout contre. Mais il n'est jamais tel quel un prélèvement brut sur le réel. Il en va toujours d'une distanciation – d'une *mise en scène*, même implicite ou involontaire. Construite, l'image cinématographique, montée, épurée, travaillée, est toujours au minimum cadrée.

Montage, cadre et mise en scène ouvrent sur la possibilité de produire des effets de changement d'échelle : le cinéma concentre le réel ou la fiction ou le/la redéploie (dans l'espace et le temps). Le mouvement est ainsi maîtrisé par son ralentissement ou son accélération, son rapetissement ou son élargissement. Autrement dit, le « grand » (dans l'espace ou le temps) reste toujours « petit » et le « petit » relativement « grand » au cinéma – grâce à quoi nous pouvons en quelque sorte naviguer *dans* le mouvement[33].

2.3.3. *La modélisation (S)*

L'informatique, enfin, apporte à la raison simulatrice son outil de modélisation, celui qui peut convertir dans sa boite noire à quatre dimensions un nombre potentiellement, sinon infini du moins très grand de dimensions. Elle ouvre donc aussi bien le haut (n > 4D) que vers le bas (n < 4D).

Machine, l'informatique fonctionne au mouvement (des électrons et de l'information) et produit du mouvement. C'est une technologie de gestion de flux, de contrôle-coordination de flux internes (électroniques et informationnels) en charge du contrôle et de la coordination de flux externes (Robert, 2005). Radicalement plus éloignée de l'indice que la photo ou le cinéma, elle n'entretient plus aucune relation avec une quelconque idée de prélèvement sur le réel. Elle ne lui vole même pas son image. Elle la *transcrit*, la traduit dans son (ses) langage(s) propres : elle la recompose à partir de cette unité minimale du bit. Et grâce au programme-mouvement, elle joue sur les formes – que ce soit à travers l'image ou le

33. La télévision ne pouvait jusqu'à présent constituer une technologie intellectuelle puisqu'il n'y avait pas création d'un document, mais déroulement d'un programme (même la télévision thématique repose sur cette logique). L'émergence du magnétoscope grand public (éventuellement couplé à la TV à la carte) a-t-elle remis en cause ce statut ? Il semblerait que oui : en effet, il peut être considéré comme un outil de gestion individualisée du loisir de masse. La disponibilité d'une émission sur le site Web d'une chaine de télévision va dans le même sens. Mais, même cette télévision là reste cependant d'une faible régulation. Au fond, elle réintroduit la logique du film (document singulier à la durée limitée et la thématique spécifique) et sort ainsi de la pure logique TV – celle du flux (même s'il s'agit d'un flux construit en régie). Autrement dit, la télévision ne peut devenir une technologie intellectuelle qu'à condition d'échapper à sa propre économie.

traitement statistique d'une population (dite à risque par exemple). Elle métamorphose, et par le truchement de cette alliance du bit et du programme, elle peut contrôler précisément les mises en forme et les transformations (Quéau, 1989 et Holtz-Bonneau, 1995). Elle constitue ce que j'appelle un MOTIF, un moteur d'inférence et de gestion de formes (Robert, 2000 et 2009), nous y reviendrons plus en détail dans les chapitres consacrés plus spécifiquement à l'informatique.

Comprenons bien que cet art de la forme (et du contrôle du mouvement de cette forme) ne s'exprime pas seulement au niveau méso de la création d'images (à vocation plus ou moins esthétique) et de textes (administratifs aussi bien que personnels, en ligne (blogs) ou non), mais aussi et peut-être surtout au niveau macro de la gestion de populations (quelles qu'elles soient, de choses, de signes et notamment d'hommes, de femmes et d'enfants). Les groupes sociaux gérés par l'informatique privée ou administrative sont mis en forme – c'est-à-dire découpés, classés, triés, etc. ; travail précis et contrôlé lui aussi au « pixel » social près (l'individu), et qui autorise un contrôle poussé de ces populations.

Cependant la simulation informatique ne se contente pas de transcrire (et donc de coder) la « réalité » (à la construction de laquelle elle participe pleinement) mais elle l'*amplifie*. Car il devient possible d'inventer de nouvelles réalités *virtuelles* – qui renvoient soit à l'application d'une « couche » supplémentaire articulée au réel avec la réalité dite *augmentée*, soit au développement d'une *nouvelle* « réalité » – qui n'existe, ne vit et ne se développe que dans/par la machine. Sous sa forme réseautique, aujourd'hui essentiellement reconnue à travers Internet, elle en vient à *irriguer* la société de manière de plus en plus précise, affectant d'abord le monde professionnel, puis l'univers des transactions avant de pénétrer la sphère domestique.

2.3.4. *Objections ?*

Si l'on peut *a priori* assez facilement accepter de subsumer l'informatique sous le vocable de technologie intellectuelle, l'opération pourrait paraître plus hasardeuse pour la photographie, le cinéma, voire la mécanographie. Or, nous aurons l'occasion de voir (dans les chapitres 12 et 13) que même l'inclusion de l'informatique au sein de la catégorie ne relève en rien de l'évidence supposée et doit donc rester encore pour nous en l'état actuel des choses une question. Autrement dit, entendons bien le schéma global présenté dans ce chapitre comme une première approximation qui demandera – et ce sera tout l'objet des trois parties consacrées à chaque raison – à être précisé. Si la question des relations de l'informatique aux technologies intellectuelles est trop complexe pour être traitée ici, il nous semble néanmoins devoir répondre à quelques objections qui frappent d'emblée les autres technologies de la raison simulatrice.

Si photo, cinéma et mécanographie transforment bien l'événement en document par enregistrement et conversion des dimensions – la fabrication du document est effectivement indéniable dans les trois cas, photographie (et négatif), films, cartes perforées – il semble néanmoins assez juste de souligner que ces outils (ce qu'ils sont bien) sont frappés d'un relatif déficit de régulation – notamment photographie et cinéma. La mécanographie seule, grâce à la précision emportée par le codage de/par la carte échappe à cette objection. Inversement photo et cinéma « souffrent » d'une telle défaillance : car, s'il est vrai que cadrages et montages constituent de véritables régulateurs, ils n'en restent pas moins, sinon primitifs, en tout cas limités dans leurs effets[34].

C'est d'ailleurs par l'investissement de cette brèche qu'ils vont être « détournés » vers l'« art » ou la distraction, ou plutôt que leur reconnaissance sociale privilégie leur capacité à produire un spectacle plus ou moins artistique. Mais ce déficit possède également son atout : il permet à la photo et au cinéma de jouer sur les deux tableaux, sur une double gestion. Gestion précise, minutieuse, scientifique et militaire d'un côté – très souvent minorée, voire oubliée alors que son rôle est considérable sur la techno-science depuis un bon siècle maintenant (Virilio, 1991) ; gestion « molle » des masses de l'autre, par le spectacle justement. Le recouvrement de leur représentation sociale au bénéfice de cette dernière tendrait à les éliminer de la liste des technologies intellectuelles. Pourtant le premier type de gestion incite puissamment à les retenir et montre a contrario que le déficit de régulation est moins marqué qu'on ne pouvait le craindre *a priori*. Il incite par là même à se pencher à nouveaux frais sur le second : photographie et cinéma sortent-elles des technologies intellectuelles parce qu'elles entrent dans notre intimité ou en spectacle ? Nous pensons que non : d'abord parce qu'il en va toujours d'une gestion du nombre (même s'il reste diffus comme dans le cas de la démultiplication des portraits de familiers grâce à la photographie) ; parce qu'il y a toujours fabrication d'un document ; parce qu'il existe toujours un dispositif de régulation (quand bien même son efficacité reste moyenne) ; parce que – et nous y reviendrons plus précisément à la section 2.4 – art et science reposent aussi sur l'utilisation de technologies intellectuelles couplées à des instruments (Latour, 1985 et 1989) ; enfin parce que si nous acceptons la technologie intellectuelle comme outil scientifique, pourquoi – c'est-à-dire au nom de quoi – l'exclure comme instrument de spectacle, sinon par acceptation d'une dissymétrie socialement construite qui conclut, trop facilement, de la différence des registres à la hiérarchie des méthodes, du travail et de la rigueur.

34. Cinéma, photographie ou télévision : notre société ne répugne-t-elle pas à les qualifier de technologies intellectuelles parce qu'elles relèvent d'abord de l'image ?

2.3.5. *Sociologie (S)*

A la raison simulatrice se pose la question de la stabilité des documents produits. Photos, négatifs, films, cartes perforées, voire disques(ttes) magnétiques ou CD, DVD, clé USB, etc. se révèlent en effet fragiles à la longue. Il semble que la mobilité exigée aille jusqu'à remettre en question la stabilité : la recherche d'un toujours plus léger, comme d'une reproductibilité accrue – qui substitue la copie facile à l'original solide – ou la réticulation qui ne peut s'encombrer du lourd (en circulation, car ses réseaux restent, eux, imposants), travaille a une *virtualisation* toujours plus poussée du document. Il n'est plus tangible et directement accessible comme l'était et l'est toujours une photo classique, voire un film ou même une carte perforée : en effet, si celle-ci restait illisible, son information demeurait encore palpable en quelque sorte. Il requiert plus que jamais un lecteur, un décodeur – une exigence qui a commencé avec la « motorisation » du cinéma et de la mécanographie. Replié dans la boite de la mémoire informatique, décomposé, pulvérisé en bits, le document ne s'évapore-t-il pas en tant que tel ? Qu'en est-il de la stabilité du support qui en autorise la conservation, puis la restitution ? Nous ne pouvons ici qu'ouvrir des questions sur lesquelles nous reviendrons dans la dernière partie – et singulièrement dans la section consacrée au document numérique au chapitre 13.

L'accumulation d'information n'a jamais été aussi considérable, sa mobilité également. Mais cet accroissement se paye donc de sa virtualisation machinique. L'information n'est plus seulement inscrite, n'est-elle pas en quelque sorte en réanimation permanente ? D'où sa constitution comme enjeu de pouvoir, comme jamais auparavant (alors même qu'elle en était un déjà considérable) et le travail sur les réversibilité-irréversibilité qui confortent ou détruisent les positions – technologique, économique, voire politique.

Ainsi l'avènement du micro-ordinateur comme outil de démultiplication-démocratisation des centres d'accumulation (et non de négation des centres de pouvoir comme le croyaient certains dans les années 1970) sape-t-il les piliers de la supposée irréversibilité d'IBM et permet d'implanter les « pitons » d'une nouvelle irréversibilité. Jouer contre IBM semblait singulièrement difficile voire impensable lors des années 1970 (voir le rapport Nora (Nora, 1978) par exemple), et nombre de challengers s'étaient effondrés sous le coût exigé. La micro-informatique offre le moyen d'une nouvelle stratégie de contournement par le bas, en jouant la masse contre l'oligarchie, en déverrouillant les remparts marketing et juridique classiques, voire économique et politique – d'où le triomphe de nouveaux acteurs, spécialistes du logiciel et des microprocesseurs.

Ainsi, le réseau Internet accélère-t-il les va-et-vient entre accumulation et mobilité – rendant la mobilité toujours plus mobile et la concentration toujours plus forte et plus rentable. Ce qui laisse supposer que ce réseau appelle par *lui-même*, par sa dynamique propre la logique commerciale. Celle-ci fait sauter les supposés cliquets (bien faibles) d'irréversibilité plantés par les pionniers, et en fiche de nouveaux à son plus grand profit – et ce, d'autant plus facilement que les libertaires américains sont beaucoup plus obsédés par la dénonciation de l'Etat – *big brother* que par un marketing – *big brother* pourtant au moins aussi actif.

La dialectique accumulation-mobilité travaille donc à la valorisation-promotion de la *numérisation généralisée de l'information*. La raison simulatrice accomplit ainsi une conversion généralisée au numérique, photographie et cinéma compris. Par cette technique tout document produit par une technologie intellectuelle à support non-informatique (disons analogique) peut-être récupéré et enregistré ou traité (pensons à la numérisation du livre). Autant dire que cette numérisation représente un enjeu considérable pour les acteurs investis dans le développement des supports analogiques. Toutes les technologies intellectuelles se voient donc sollicitées, provoquées et profondément affectées, voire transformées. Pour la première fois dans l'histoire un support est en voie de les rassembler, voire de les unifier – ce qui ne veut pas dire pour autant que les supports analogiques sont inéluctablement voués à la mort : il faut encore compter avec la spécificité des propriétés de chacun.

Cette numérisation porteuse de l'*unimédia* (Portnoff, 1994) tend toutefois moins à brouiller les pistes, à fondre les technologies intellectuelles dans une vaste panoplie en « mode graphique », qu'à les redynamiser par l'*automatisation* (symbolisée par le cliquage) accrue (mais non encore généralisée) des passages et des articulations : de la « liste » au « livre » ou à la « bibliothèque », il n'y a qu'un « clic », de la « photo » au « cinéma », il n'y a qu'un pas, du texte à l'image également, et ces vastes « listes » que constituent les banques de données peuvent être croisées quasiment à l'infini produisant de nouvelles « listes » ou de nouveaux profils.

La généralisation de la liste-menu ou du classeur-fichier et le couplage du texte (actif par hypertexte) à l'image (fixe ou animée) en hypermédia fait retour sur la carte, le dessin technique, le livre, la bibliothèque, la photo, le cinéma ou le traitement de l'information pour de nouvelles accumulations et de nouvelles mobilités, de nouveaux rapprochements et de nouveaux chemins (voir le chapitre 13).

2.4. Les technologies intellectuelles, l'art et la science

Parce qu'elles ont pour fonction de gérer le nombre, le grand nombre des hommes, des choses et des signes, et plus généralement la complexité, il faut comprendre les technologies intellectuelles comme des outils intrinsèquement politico-économiques. Cette gestion peut avoir recours à d'autres instruments, mais elle ne peut s'exercer sans l'aide des technologies intellectuelles. Gestion privilégiée du nombre (c'est-à-dire de la quantité des « objets » – hommes, signes et choses) par l'Ecriture grâce à la mesure (comptages divers) et à la norme (juridique) ; gestion privilégiée de la complexité (c'est-à-dire du volume et de la densité des relations entre les « objets ») par l'Image (laquelle inclut d'ailleurs le nombre). Discrétisation d'un côté ; globalisation de l'autre. Mais dans les deux cas gestion par la *forme* (l'information) et sa *logistique* (communication-circulation).

Or, nous le savons tous, ces outils n'interviennent pas seulement pour remplir une mission *a priori* étiquetée comme politique ou économique (ou par extension vers ces deux technologies sociétales, de la religion et du droit – voir le chapitre 3). Ne constituent-ils pas également les supports privilégiés – mais non exclusifs – de production de ces catégories et institutions que l'on appelle « art » et « science » ? Pour bien comprendre leur relation à ces deux régimes de représentation, ces deux ordres, il convient de revenir au rapport signe-chose. Nous avons vu qu'il gouverne la définition des opérations de Gestion (lorsque le signe s'adapte à la chose, lorsqu'il la traduit) et de Conception (lorsque le signe anticipe sur la chose). Or, le signe peut également se replier sur lui-même en quelque sorte, s'indexer lui-même plus qu'autre chose (existante ou à créer), se prendre lui-même comme son propre référent, ne renvoyer qu'à lui-même. En ce cas, nous sortons des technologies intellectuelles pour entrer dans le jeu du *formalisme*, de la forme pour la forme. Or, selon des modalités certes diverses, art et science travaillent essentiellement sous l'horizon de ce formalisme, formalisme de l'inspiration (art) ou de la preuve (science).

Ces deux ordres entretiennent une relation étrange avec les technologies intellectuelles. D'un côté, nous l'avons vu, ils dépendent d'elles, comme tout produit, tout résultat dépend des outils qui l'engendrent. Mais d'un autre côté ils fonctionnent comme de puissants attracteurs jouant sur ces mêmes technologies intellectuelles, et ce au point parfois d'en masquer la dimension intrinsèquement politico-économique. Faut-il rappeler à titre d'exemple significatif que le cinéma ou la photographie sont très largement perçus aujourd'hui à travers la catégorie « art » ou distraction, alors même que leur contribution scientifique n'est pas mince et que leur impact politique reste considérablement minoré. L'« art » vient masquer, voire oblitérer la dimension proprement « technologie intellectuelle » du cinéma (voire son caractère industriel – or, les technologies intellectuelles simulatrices notamment, parce qu'elles sont des machines, emportent toujours une industrie). Son usage militaire, réhabilité par P. Virilio, n'est plus marqué que du seul sceau du *détournement*, alors même qu'il exprime avec force les qualités de technologie intellectuelle du cinéma. De même, son activité plus purement commerciale – le film de publicité – exploite également au mieux ces qualités – même s'il tend souvent vers le *maniérisme*.

Par maniérisme nous entendons l'application d'un formalisme – c'est-à-dire d'un renvoi à soi-même – au politique ou à l'économique. Dès lors, notamment grâce au support Image, le politique se montre lui-même, sa gloire et sa puissance (à l'exemple du plan de Paris de Gomboust dédié à Louis XIV, et décrypté par L. Marin (1980[35]), l'économique exhibe ses valeurs (un individualisme de « gagneurs ») à travers ses produits, ses techniques et son mouvement.

A l'inverse du cinéma, la musique ne peut être qualifiée de technologie intellectuelle parce que, même si elle peut être écrite (ou enregistrée sur un support magnétique/numérique), elle ne doit pas ses qualités propres à l'écriture exclusivement. Elle s'exprime, en effet, par la *performance*, toujours antérieure ou postérieure à (voire bien souvent indépendante de) l'écriture. C'est donc la notation musicale elle-même qui pourrait éventuellement être qualifiée de technologie intellectuelle. Ne s'agit-il pas en effet d'un outil scripturaire, d'enregistrement non du son en tant que tel mais de la possibilité de sa reproduction codée (à telle position sur la portée correspond telle note par exemple), sur un document ? Ce document ne convertit-il pas la linéarité du son en un espace à 2D ? N'est-il pas régulé par les outils dans l'outil que constituent la portée, les clés et l'ensemble des indications d'interprétation ? Cette écriture musicale ne permet-elle pas de composer une musique quasiment inconcevable autrement dans sa complexité ? Enfin, la musique n'est-elle pas toujours convoquée lors de la gestion des masses que ce soit par le religieux ou le politique ? Bref, en ce sens la notation musicale semble difficilement récusable. A ce constat, nous n'opposons qu'une objection : cette notation n'en reste-t-elle pas moins un peu moins qu'une écriture, totalement dépendante de cette performance qui est bien, elle, plus qu'une simple lecture ? Autrement dit, l'hypothèse de la notation musicale comme technologie intellectuelle mérite à coup sûr d'être approfondie, mais l'auteur de ces lignes ne peut qu'avouer son incompétence en la matière, c'est pourquoi nous ne nous y attarderons pas au-delà de ces quelques questions.

Le microscope (mais nous aurions pu choisir tout autre instrument d'observation ou de mesure répondant aux mêmes critères, tel que la lunette[36]), *instrument* scientifique ne relève pas plus des technologies intellectuelles malgré ses performances. En effet, il n'a jamais été un outil politico-économique de gestion du

---

35. L. Marin, en effet, l'analyse comme le révélateur d'une alliance entre le pouvoir (absolu) du Roi et le savoir (absolu lui aussi) de la science et des experts bourgeois : où la science dévoile son savoir-faire unique (qui permet d'élaborer un plan vu de dessus – point de vu dominant) et exact au service de la gloire du souverain qui en assure le financement.

36. M. Sicard (1998) montre que la lunette, qui n'enregistre pas, pose d'emblée des « difficultés de communication » (p. 63) et nécessite le recours au lavis et à la gravure : « le lavis reste une œuvre unique ; la gravure, elle, est multipliée, diffusée. Le lavis, témoin de ce qui est vu, est un enregistrement simple ; la gravure est déjà gestion des regards par une administration des signes » (Sicard, 1998, p. 64).

nombre – ni ne peut l'être –, et il n'engendre aucun document (si ce n'est lorsqu'il est couplé à un appareil photo ou un ordinateur[37], mais ce sont bien ces derniers qui enregistrent et dès lors produisent le document et non le microscope). Même l'horloge, dont les résonances économiques et politico-sociales sont indéniables (par la gestion des temps de toutes les activités liées à la révolution industrielle notamment) n'engendre pas de document en tant que tel (Landes, 1987).

De manière plus abstraite, les mathématiques, doivent également être exclues des technologies intellectuelles au sens où nous l'entendons. Car, même s'il est pertinent de rappeler qu'elles possèdent (et proviennent peut-être, à suivre M. Serres, de) quelques applications pratiques à vocation politico-économique, même si elles gèrent le nombre, il n'empêche qu'elles n'ont pas vocation à traduire l'événement en document, donc à le coder, mais d'atteindre à la *Loi* (Serres, 1994). Effet d'écriture pourtant – et donc d'une méta-technologie intellectuelle – les mathématiques sont à ranger *à côté* de ces dernières, comme outil complémentaire.

Autrement dit, les technologies intellectuelles s'offrent d'abord comme les outils d'une *rationalisation*[38] *documentaire du nombre* (par enregistrement et conversion des dimensions). Elles suscitent une rationalisation pratique si l'on veut, de la vie économique et politique de la cité. Elles peuvent également servir de tremplin et de véhicule à des formalismes considérés comme plus rationnels encore (la science) ou aujourd'hui comme beaucoup moins rationnels (l'art). Elles montrent également par la-même la précarité de la notion de rationalité.

2.5. Les technologies intellectuelles et le modèle CRITIC[39]

Les technologies intellectuelles, telles que nous les comprenons ici, n'émergent pas forcément dans n'importe quelle société et ne participent pas au développement de n'importe quel type de société. Toutes les sociétés ne les ont pas inventées/ possédées. Dépourvues de tels outils elles n'en sont pas moins sociétés pour autant. En revanche, leur présence engendre un type de société qui introduit un changement radical moins dans la complexité peut être, que dans l'échelle et la durée. Une société mésopotamienne n'est pas forcément plus complexe qu'une société aborigène australienne, mais la conjugaison état-technologies intellectuelles (et les deux sont toujours liés) permet un changement d'échelle considérable dans l'étendue

37. M. Sicard (1998) souligne qu'au XVIIe siècle « les premières observations surprennent ; la nouveauté de ce regard technique exige la fabrication de dessins et de gravures » (p. 72), sujets à variations et à interprétation ; plus tard « l'irruption de la photographie au sein du dispositif d'observation est une révolution. L'image rend possible le partage du regard » (Sicard 1998, p. 109).
38. Car il n'y a pas de gestion sans rationalisation ni standardisation.
39. Cette section reprend la présentation de la même question par (Robert, 2009).

des espaces administrés et la pérennité de cet état ou de cet empire (ni l'écriture ni les technologies intellectuelles n'offrent cependant l'assurance d'un temps long, mais la durée politique est grandement facilitée par leur usage). Le couple état-technologies intellectuelles transforme également considérablement la granularité du recueil d'une information qui n'a jamais été aussi pléthorique et précise, véritable mémoire de longue durée dont peut profiter le pouvoir central.

Or, pour qu'une société produise des technologies intellectuelles faut-il encore qu'elle ait inventé ou ait reprise une écriture. Parce qu'elles supposent en effet, comme condition *sine qua non* d'existence, l'image et l'écriture. Une écriture qui vient en second, car les travaux d'A-M. Christin nous l'ont rappelé (Christin, 1995), est une variation dans le registre de l'image. Autrement dit, n'oublions pas que l'écriture est avant toute chose une image mais qui, plus que les autres, est habitée par le social, c'est-à-dire par la convention. Et cette convention en arrête le sens, elle le circonscrit et le stabilise. On peut rêver devant les images-imageantes, quand bien même leurs clés symboliques nous échappent, mais on ne peut pour autant les « lire », c'est-à-dire en « décrypter » véritablement le sens sans baigner profondément dans la culture qui leur offre leur signification. On reste en revanche totalement muet devant cette écriture que l'on ne sait pas lire, parce que l'on reste toujours en quelque sorte piégé par le code de l'écriture, qu'on le connaisse ou non. Lorsqu'on ne le maîtrise pas, elle demeure hermétique, close, comme repliée sur elle-même, nous renvoyant à un extériorité qui nous constitue comme étranger. Lire-écrire, voilà en quelque sorte l'interface première, encore inépuisée et que décline toujours l'informatique.

Nos états-nations contemporains, gestionnaires d'un très grand nombre d'hommes (que l'on compte en millions) ont des besoins d'une échelle et d'un « grain » tout autre que ceux d'un état mésopotamien ou égyptien antique. Ils exigent une information à la fois incomparablement plus vaste et beaucoup plus fine. Ils témoignent de manière singulièrement vive de l'existence d'une véritable *fonction macro-sociétale de gestion par l'information graphique* (dans la multiplication de la statistique et autres sondages notamment) (Robert, 2009). Cette fonction macro-sociétale de gestion par l'information graphique était cependant déjà sensible en Mésopotamie et les réponses aussi (preuve en est apportée par les milliers de tablettes d'argile qui sont parvenues jusqu'à nous). Elle l'est beaucoup plus encore aujourd'hui et nos réponses beaucoup plus lourdes, beaucoup plus « équipées », machinisées. *La fonction, elle, reste stable, sa tension est très différente et les réponses à la fois proches (une liste reste une liste) et radicalement différentes (avec l'invention des machines à traiter l'information).*

Aucune des sociétés qui ont inventé l'écriture n'échappe à cette fonction, c'est dire si elle est centrale depuis près de 5 000 ans. Or, si J. Goody a montré, à la suite des archéologues, que l'écriture était un instrument de gestion de la société – ce qui signifie qu'elle s'immisce dans nombre de ses plis – il ne faudrait pas oublier que cet outil a lui-même besoin d'être géré, adapté, mis en forme. C'est pourquoi se pose de fait *un double problème de gestion* de la société *par* l'information graphique et de gestion *de* l'information graphique, et ce, à l'échelle macro-sociétale. Pour le résoudre les sociétés inventent des formes d'écriture, des mises en scène spatiales ainsi que des supports divers et variés – susceptibles d'apporter des réponses socialement construites et jugées socialement pertinentes à cette question de la fonction macro-sociétale de gestion par/de l'information graphique. Ce que, justement, nous appelons ici des technologies intellectuelles. Car *ce sont les outils, à la fois formes et matières, logiciels et supports, de la gestion-rationalisation des réponses que l'on peut donner à la fonction macro-sociétale de gestion-rationalisation par l'information graphique.* Elles participent en même temps à sa pénétration dans le tissu social puisqu'elles permettent d'éviter que ce qui constitue un problème sensible ne devienne un véritable blocage.

Chaque technologie intellectuelle, chaque réponse constitue en quelque sorte un véhicule d'exploration-construction d'une facette de la fonction, c'est-à-dire de la manière dont elle se traduit localement dans une situation singulière comme espace de problèmes spécifique[40]. Ainsi, la délimitation des droits de propriétés sur les terres, problème juridico-politico-économique fondamental dans les sociétés antiques moyen-orientales (comme dans toute société agraire) passe-t-elle par la coutume, le bornage ou leur traduction graphique, le cadastre. La coutume n'est pas forcément stable à long terme, susceptible d'interprétations parfois fluctuantes. Le bornage, fiché en terre est par définition enraciné, reste par là-même local. Le plan cadastral est le seul moyen à offrir à la fois mémoire et globalité. Ces trois solutions à un même problème, soulignons-le, se révèlent donc profondément hétérogènes. Or, elles sont néanmoins proches de cette capacité à lui apporter une réponse pertinente – et c'est pourquoi elles se trouvent soudain rassemblées ici.

Cependant, toute réponse graphique n'est pas forcément pour autant une technologie intellectuelle. Car pour le devenir, il faut qu'elle puisse s'extraire de l'ici et du maintenant, s'extirper du registre du seul local pour être emportée dans un centre d'accumulation (administratif en l'occurrence, le cadastre) pour reprendre le vocabulaire de Latour (Latour, 1989). Lorsque le plan est tracé au bord du chemin par les protagonistes mêmes du conflit d'intérêt, il ne peut s'agir que d'un *effet* de technologie intellectuelle. Car une technologie intellectuelle ne peut être limitée à la situation et/ou intransportable. Bref, cette opération politiquement délicate de la gestion de la répartition des terres peut aussi être effectuée par une réponse graphique qui, cependant ne peut constituer une technologie intellectuelle que sous certaines conditions.

40. Pour plus de détail dans la présentation de ce mode de raisonnement, voir (Robert, 2009).

Il s'agit bien tout à la fois d'une gestion *par* et d'une gestion *de* l'information graphique. Car dès lors que le cadastre est reporté sur papier, il est possible d'effectuer des opérations au bureau, sans forcément se déplacer, comme il est possible de se transporter sur place, plan en main, afin de tenter de résoudre un litige. Une société qui atteint un certain niveau de complexité, qui développe notamment un fort pouvoir central, c'est-à-dire un pouvoir qui gouverne un espace aussi vaste que possible dépend justement de ses moyens de gestion, les moyens d'une logistique administrative qui lui permet de rapporter ici ce qui se passe là-bas. Ce qu'autorise singulièrement une technologie intellectuelle grâce à ses propriétés de stabilité et de mobilité.

Les sociétés extrêmement complexes comme les nôtres ont besoin d'outils, de véhicules de types différents et en grand nombre pour assurer leur propre gestion. Ces outils fonctionnent depuis le XIXe siècle en suivant une logique qui n'est autre que celle de leur *automatisation*. Ils gagnent ainsi en vitesse d'exécution. Cela dit, ils deviennent également eux-mêmes de plus en plus complexes, d'où le développement de l'automatisation de leur propre gestion (nous y reviendrons plus en détail dans les chapitres consacrés à l'informatique). L'informatique, en tant que machine, ne constitue pas seulement un changement de support – ce qui serait déjà en soi considérable – au sein d'un même type, passif, à l'instar par exemple du passage de la tablette d'argile au papyrus. Peut être avait-on changé de type avec la production du papier par des machines, ou encore l'apparition de la machine à produire et reproduire l'écriture elle-même, l'imprimerie, avait-elle considérablement déplacé le curseur au sein de ce type jusqu'à sa limite. Mais même le papier imprimé reste en définitive passif. Ce n'est donc qu'avec l'informatique qu'émerge un nouveau support radicalement différent, véritablement actif, qui enregistre différemment (sans renier le papier pour autant), et constitue une autre manière de machiniser la production du texte elle-même. Mais, parce qu'elle est machine et nouveau support, l'informatique va plus loin en absorbant l'ensemble des technologies intellectuelles auparavant sur papier et en les automatisant à leur tour : la liste, la carte ou le graphique deviennent beaucoup plus faciles à actualiser et à transformer, l'encyclopédie enfin dynamique, les classeurs plus aisés à empiler, ouvrir ou fermer, croiser, articuler, les vidéos à monter et à adapter, les livres à écrire, etc. Ce qui ne signifie cependant pas qu'elle effacerait systématiquement les formes anciennes sur support papier, dont les propriétés restent encore assez souvent différentes : feuilleter un livre est un geste rapide, simple et efficace, que l'on peut difficilement reproduire tel quel (pour autant que cela ait un quelconque intérêt d'ailleurs) sur informatique[41]. Ainsi, de même que la bibliothèque est une technologie intellectuelle en tant que somme de technologies intellectuelles, l'informatique est-elle peut être en quelque sorte une technologie intellectuelle au carré ? Nous reviendrons dans les deux derniers chapitres,

41. Car c'est autre chose que de faire défiler les pages deux par deux par exemple.

spécifiquement consacrés à l'informatique sur cette question-clé, de sa qualification et de ses relations aux technologies intellectuelles.

Cela dit, soulignons que l'informatique n'est en aucune manière la première technologie intellectuelle automatisée : la photographie, la mécanographie et le cinéma l'ont été bien avant elle. Mais elles n'ont aucunement déstabilisé à ce point les technologies intellectuelles sur support classique – notamment papier – à la carte géographique près qui a été plus complétée que véritablement concurrencée par l'apport de la photographie. L'automatisation, pour importante qu'elle soit, n'est pas un critère de distinction absolu, susceptible de susciter à lui seul un classement radicalement à part de l'informatique.

Au total, les différentes technologies intellectuelles peuvent faire l'objet de l'application d'un modèle, que j'appelle le « modèle CRITIC » et que j'ai amplement présenté ailleurs[42]. Elles correspondent parfaitement à cette démarche dans la mesure où :

– elles se distribuent toutes à distance égale de la fonction macro-sociétale de gestion par/de l'information graphique ;

– elles possèdent toutes en commun cette relation à ce tiers qui leur offre leur espace d'expression au sein duquel elles apportent des réponses de formes et de technologies variables (à la fois représentatifs et participant de l'esprit d'une « époque » dans un type de société donné).

C'est pourquoi les technologies intellectuelles doivent être comprises à l'articulation du *processus de conversion* qui les étalonne toutes à l'aune de ses gradations de complexité et de leur mise en équivalence à l'aune de ce *modèle CRITIC*. Ce dernier permet de les situer véritablement sur un plan d'équivalence où aucune n'est fondamentalement « supérieure ou inférieure » à l'autre, seule compte l'hétérogénéité des réponses à un type de problème commun. L'espace problématique dégagé par la fonction de gestion par/de l'information graphique est en quelque sorte traduit par l'opération de conversion des dimensions qui offre ainsi le socle d'une opération commune susceptible de produire une déclinaison de réponses pertinentes. Le processus de conversion (qui correspond, nous l'avons vu, aux quatre opérations de régulation, gestion du nombre, traduction de l'événement en document ainsi que celle de conversion des dimensions) conjugué au plan d'équivalence des différentes réponses permet de respecter les transformations historiques (celles de la diversité des matières-support et des outils de gestion logicielle de l'information graphique – invention des paragraphes, chapitres, index, etc.) sans les ordonner pour autant à une ligne de pente qui convertit volontiers le progrès en un destin – voir figure 2.1.

42. C'est, en effet, tout l'objet de mon habilitation à diriger des recherches (Robert, 2004) et de (Robert, 2009).

Figure 2.1. *La fonction de gestion de/par l'information graphique et ses différents véhicules*

Autrement dit, on retrouve au centre la fonction macro-sociétale et l'opération de conversion (ce qui est commun) et à la périphérie ce qui varie. Une liste (qui se trouve toujours sur un support, tablette d'argile, papyrus, etc., historiquement variable) est une réponse à une facette de la fonction macro-sociétale de gestion *par* l'information graphique (dont le support et la forme spécifique participent *de* la gestion de l'information graphique) qui repose sur une des déclinaisons de l'opération de conversion des dimensions. Il en va de même pour la carte ou le livre. Une bibliothèque est, en tant qu'hyperdocument, un outil de gestion au deuxième degré de la gestion *de* l'information graphique concrétisée sous forme de livres et participe donc indirectement, mais pleinement, à la gestion de la société *par* l'information graphique (car un blocage dans la gestion *de* l'information graphique induit d'inévitables dysfonctionnements dans la gestion *par* l'information graphique). *Le modèle permet donc de penser à la fois, le commun (fonction et opération), les différences (propriétés), la synchronie (car rien n'empêche carte et liste de coexister par exemple) et la diachronie (d'une technologie à l'autre, ou interne à une seule et même technologie intellectuelle, sans tomber, nous venons de le voir, dans la linéarité univoque).*

Les deux axes du processus de conversion et de la fonction macro-sociétale de gestion par/de l'information graphique, articulés autour de l'opération de conversion, se révèlent singulièrement pertinent dès lors que l'on prétend appréhender les technologies intellectuelles non comme des idées, mais bien comme des hybrides matériels/logiciels. *Car il s'agit bien de saisir cette double appartenance des technologies intellectuelles à une classe globale (celle des technologies intellectuelles justement) qui les dépasse, alors mêmes qu'elles ne peuvent exister qu'incarnées dans un support contingent, local, historique.*

2.6. Les technologies intellectuelles et la pensée critique

Dire d'une technique qu'elle est une technologie intellectuelle ce n'est pas montrer qu'elle serait porteuse d'une réflexivité en quelque sorte constitutive. Seule l'écriture, qui, ici, n'est pas considérée comme une technologie intellectuelle, mais bien comme une méta-technologie intellectuelle qui ouvre l'espace même des conditions de possibilité d'avènement de toute technologie intellectuelle, autorise un tel jeu de la réflexivité. Car pour réfléchir à l'écriture on utilise d'autant plus facilement l'écriture que l'on est possédé par une culture de l'écrit. Même le Platon du *Phèdre* ne peut opposer Theut et Thamous et prendre parti pour le second que parce qu'il évolue lui-même dans une culture écrite (Jeanneret, 2000). Et la vieille histoire derrière laquelle il avance ne renvoie-t-elle pas elle-même à l'une des civilisations qui ont le plus anciennement inventé l'écriture dans le bassin méditerranéen ? Ce genre d'argutie autour de l'écriture n'est-elle pas réservée de manière privilégiée à des cultures qu'elle a déjà totalement imprégnées et même largement fécondées ?

En revanche, les technologies intellectuelles, si elles engendrent des effets de type penser/classer (tout en privilégiant le classer sur le penser), si elles constituent des outils indispensables à l'ouverture de la possibilité de ce penser/classer, enclenchent certes un mouvement de retour technique sur elles-mêmes afin d'amélioration/transformation mais ne débouchent en rien sur une pensée forte à leur endroit. Autrement dit, la carte par exemple suscite une réflexion sur sa conception/élaboration technique/pratique, mais pas forcément une pensée de ses enjeux politiques, ni une pensée critique en tant que telle. Ce n'est pas qu'une telle réflexion critique n'existe pas, mais plutôt qu'elle ne provient pas de l'intérieur de la technique. Car, en effet, la pensée critique vient d'ailleurs ; elle émerge d'un mode de problématisation, pas d'une méthode ni d'un outil. Autour de l'outil se développe toujours ce que l'on qualifie dans une première approximation de « réflexion » pratique, qui passe par des échanges dominés par l'oralité (soutenue bien évidemment par des gestes) ou par l'écriture (et plus encore par un mélange des deux ou des trois), sur sa conception, voire ses méthodes de conception. Cette supposée « réflexion » est directement liée à l'outil, elle ne dit que l'outil, elle est un dire entièrement dévoué à l'outil, véritablement impliqué et privé de toute autonomie. Ce dire-là n'est pas un discours, il ne prend pas de distance, il ne questionne pas à proprement parler, pas dans le sens fort en tout cas où il soumettrait l'outil à la question et singulièrement à la question de ses enjeux politiques. Ce dire peut ouvrir l'espace des possibles techniques, porter des options techniques, mais cette logique de l'alternative technique ne produit en rien de la critique et ne doit en aucune manière être confondue avec l'adoption d'une réelle posture critique, qui elle, s'érige sur une problématisation des enjeux politiques de la technique.

Prenons un exemple. On a souvent opposé une informatique des grands systèmes à une informatique légère ou une informatique non ou peu communicante à une informatique de réseaux[43]. La première possède, aux yeux de ses contempteurs, le très grave défaut d'être excessivement centralisée, alors même qu'ils oublient de souligner que cette même centralisation avait, dans sa lourdeur même, pour vertu d'en ralentir et d'en limiter la diffusion. Inversement, la seconde, décentralisée, est présentée comme incomparablement plus accessible. On a pu voir dans ces deux options deux manières radicalement différentes de faire de l'informatique et les renvoyer à deux options politiques elles-mêmes opposées, l'une, étiquetée comme plutôt de droite, volontiers centralisatrice, ordonnée aux grands groupes de l'informatique mondiale, et l'autre, plutôt de gauche, celle des petits, des faibles, qui ont, suppose-t-on, tout à gagner à la décentralisation. Or, cette lecture directement politique des options techniques, c'est-à-dire qui replie sans autre forme de procès le politique sur la technique, sans passer par une véritable étape de problématisation se révèle pour le moins pernicieuse. Car, dès lors que l'on entérine une telle alternative qui possède *a priori* en quelque sorte ses propres clés de lecture, puisqu'elle contraste d'emblée une « bonne » et une « mauvaise » informatique, il devient impossible de s'interroger sur les véritables conséquences et les enjeux de ce qui reste globalement toujours de l'informatique. Car à s'extraire d'un tel piège on pourrait s'apercevoir que l'informatique centralisée restait relativement peu et mal diffusée dans le corps social. Seules certaines des plus grandes organisations, et seulement certaines parties et/ou certaines fonctions étaient informatisées et avec un niveau de détail relativement faible. Or, avec l'avènement de la micro-informatique, puis la réticulation potentiellement généralisée, l'informatique s'est considérablement plus diffusée et à un niveau de granularité incomparable. C'est donc un ensemble

43. Voir ma thèse (Robert, 1994).

d'activités toujours plus large, qui jusque là avait (pu ?) échappé(er) à l'informatisation, qui tombe sous sa coupe et se voit reformaté à l'aune de sa logique. Bref, il n'y a plus dès lors une « bonne » et une « mauvaise » informatique, mais seulement un processus de rationalisation-informatisation qui, selon les terrains, adopte telle ou telle logique, mais toujours la mieux adaptée pour avancer. Autrement dit, il ne faut pas confondre le niveau des options techniques avec le niveau de la problématisation, c'est-à-dire celui des véritables enjeux politiques de l'informatique.

On pourrait faire la même démonstration avec le logiciel libre : on confond encore une fois le niveau des options techniques et le niveau de la problématisation politique, processus qui lui-même repose sur la confusion entre option technique et option technico-économique. C'est pourquoi certains voient dans le logiciel libre une véritable option politique, radicalement différente, alors qu'il s'agit toujours, voire encore plus d'un mouvement de technicisation de la société sur fond d'une absence de toute critique possible puisque le libre se qualifie de lui-même comme positif (« libre » justement, face à l'oppression des grands groupes). La « mauvaise » économie emporte une « mauvaise » technique, alors que la « bonne » technique entraînera automatiquement la « bonne » économie et donc la « bonne » politique – par vertu technique et non problématisation.

Les technologies intellectuelles sont des technologies gestionnaires (souvent couplées à des instruments scientifiques), mais pas des outils de la pensée critique. Or, leur puissance sur le plan de la méthode et de la modélisation risque, intellectuellement, de nous focaliser sur ce seul registre, au détriment de la problématisation. Nous devons donc comprendre ce qu'elles nous apportent et les limites de cet apport. C'est pourquoi nous proposons de modéliser les outils de modélisation, tout en les encadrant par une démarche qui met en avant une logique de problématisation de leurs enjeux politiques. D'où la nécessité d'évoluer dans un espace en tension entre critique et modélisation.

2.7. Conclusion : dépasser la causalité ?

En conclusion à ce deuxième chapitre nous voudrions aborder une question qui ne manquera pas de nous être posée, celle de la causalité. Les technologies intellectuelles des trois raisons entretiennent-elles des relations causales entre elles ? Au sens d'une causalité classique, mécanique dans son principe, il convient de répondre par la négative. Les relations s'avèrent beaucoup plus complexes et subtiles. Nous voudrions nous en tenir en l'état actuel des choses à ce constat : si l'on veut encore parler de causalité (mais est-ce bien utile et pertinent ?), alors pensons-là dans les termes de P. Roqueplo, « s'il y a causalité, c'est entre une technique donnée et les conditions d'émergence des techniques ultérieures. La causalité joue non pas sur l'émergence de cette technique ultérieure, mais sur les conditions de cette émergence » (Roqueplo, 1990, p415). C'est en ce sens que l'on peut prétendre à une quelconque filiation entre les trois raisons. Mais faut-il encore rappeler qu'elles ne s'excluent pas pour autant, et produisent chacune des effets latéraux qui relèvent des deux autres.

Au sein de chaque raison, il en va de liens plus étroits. S'agit-il pour autant de rapports de causalité ? Oui, si l'on entend causalité au sens de Roqueplo ; ou plutôt oui *mais*, car les relations entre Traitement, Navigation et Modélisation se révèlent pour le moins enchevêtrées. Ce qui, à l'aune de la définition de Roqueplo, signifie qu'il est difficile de distinguer qui vaut comme « condition » pour l'autre. Autrement dit, en raison graphique par exemple, peut-on soutenir que la liste constitue un préalable conditionnel à l'émergence de la carte ou du dessin technique ? Elle est certes utilisée comme régulateur (légende), mais ne pèse pas sur la possibilité même de l'avènement de la carte. Une carte régulée (par une légende, une échelle et une trame) est indubitablement plus efficace. Peut-être même ne peut-on véritablement parler de carte qu'avec l'apparition de ces dispositifs de régulation. Mais peut-on toutefois en conclure que la liste a construit un « ensemble de conditions » favorable au développement de la carte ? Il en va de même de la relation de la liste au dessin technique ou de la carte à ce dernier.

En ce sens, la raison graphique se présente comme *basique*. Car la raison classificatrice, elle, répond beaucoup mieux d'une telle causalité. Le livre possède en effet comme condition d'émergence l'existence d'une raison graphique. Donc, au dessous de lui, il faut imaginer non seulement l'Ecriture ou l'Image, mais aussi le jeu de la liste, du tableau et de l'arbre comme organisation visuelle/graphique d'un espace spécifique d'articulation des mots/phrases-choses. Condition nécessaire peut-être mais néanmoins bien insuffisante. C'est pourquoi l'on ne peut cependant sérieusement affirmer que le livre soit né « de là » – ni le classeur, ni l'encyclopédie, qui pourtant ne peuvent prétendre à l'existence sans le pré-requis de la raison graphique (et du livre). Celle-ci semble ouvrir un potentiel, grâce à ses technologies intellectuelles, qui néanmoins les dépasse. Potentiel qui s'actualise par la raison classificatrice autant qu'il la féconde. Parce que si le « milieu » globalement enfanté par la raison graphique offre un ensemble de conditions minimales à l'avènement d'une raison classificatrice, celle-ci fait également retour sur celle-là. Le conditionné revient sur le conditionnant et le transforme : le livre, notamment scientifique, recycle le procédé de la liste – et en ce sens en dépend – mais dans le même geste le réhabilite et le revivifie – la liste devient grâce à lui beaucoup plus productive.

Sans nier l'image (voir l'encyclopédie notamment), la raison classificatrice ne la néglige-t-elle pas quelque peu par rapport à la raison graphique ou la « nouvelle » raison simulatrice ? Là aussi, il semble que la raison graphique ait préparé de long temps le terrain à l'émergence d'une raison simulatrice ; que l'image fixe au traitement de plus en plus sophistiqué ait ouvert la voie à l'avènement de l'image-mouvement. Pourtant la filiation, pour nette qu'elle soit, n'est en rien suffisante car beaucoup d'autres influences (que nous ne pouvons détailler ici) conspirent à la naissance de cette raison simulatrice. Celle-ci d'ailleurs a largement travaillé à recadrer le statut de l'image fixe (technologie intellectuelle ou art).

Au total il nous faut convenir que la causalité, même au sens de Roqueplo, ne constitue pas vraiment un outil pertinent pour notre projet. L'un des intérêts de ce travail ne réside-t-il pas justement dans sa possibilité, sinon de dépasser, du moins d'éviter le recours à une telle catégorie ? Peut-être d'autres relations – que la recherche d'une causalité survalorisée tend à oblitérer – pourraient se révéler plus utiles, notamment ce que nous appelons la relation de *conversion*. Celle-ci joue en effet sur deux niveaux :

– le niveau général de la *conversion des dimensions*. Le lien qui existe entre différentes technologies intellectuelles ne s'établit plus tant ou plus seulement (sans l'évacuer pour autant) en termes de causalité qu'en termes d'étalonnage au long d'un continuum de capacités, celles justement de la conversion des dimensions. Les technologies intellectuelles entretiennent cette relation entre elles – au-delà de leurs formes, de leurs histoires, de leurs relations causales, etc. – d'être des techniques qui, toutes, pratiquent la conversion des dimensions pour traduire l'événement en document par enregistrement. Elles sont proches de cette convergence autour de cet attracteur commun. Il marque leur profonde *contemporanéité* (laquelle n'efface pas pour autant leur(s) histoire(s)) ;

– cette contemporanéité « explique » les effets du deuxième niveau de conversion, la *conversion structurelle*. Nous entendons par là la possibilité de convertir une liste de noms en carte[44] (et réciproquement), ou en dessin technique, un dessin technique en carte (plan) ; des livres en liste (et réciproquement) et bien sûr une bibliothèque en liste ou une carte (ou un dessin technique) en photo ou en film (et réciproquement) ; des livres en bibliothèque ou l'inverse – (encyclopédie), des photographies en cinéma (et inversement), de l'informatique en toute autre forme (car l'informatique ne manque pas de réutiliser les vieux moules de la carte, du dessin technique, du livre, de la bibliothèque, etc., et il ne s'agit pas seulement d'une contrainte sociale liée à l'héritage d'un apprentissage) et réciproquement (car on a multiplié les livres techniques sur l'informatique par exemple).

---

44. C'est ainsi que Ch. Jacob souligne que « la carte offre le principe d'ordre pour décliner la liste : alternative à l'ordre alphabétique, l'ordre géographique est un simple principe d'enchaînement selon les contiguïtés spatiales » (p. 287).

Il en ressort que la présentation hiérarchisée des technologies intellectuelles en trois raisons superposées est peut-être trompeuse ; ne vaudrait-il pas mieux les ordonner au schéma de la figure 2.2 ?

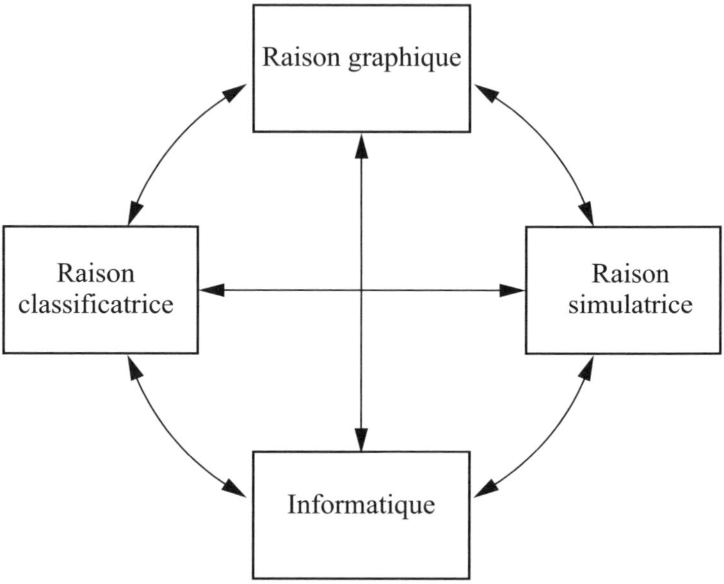

Figure 2.2. *La complexité des liens entre les trois Raisons*

Ici, la raison graphique devient la « base » des raisons classificatrice et simulatrice – ce qui n'exclut pas les relations de réciprocité ; ces trois raisons sont encore à l'œuvre dans une informatique (ici artificiellement détachée de la Raison Simulatrice afin de la poser comme problème) qui, à la fois les transcende toutes et, en retour ne manque pas de les inquiéter, de les travailler et de les transformer.

Mais peut-on aborder ces technologies intellectuelles en soi seulement ? Ne convient-il pas d'abord de les contextualiser, de les réinsérer dans l'ensemble des techniques dont les sociétés se dotent pour assurer leur gestion ? C'est ce que nous allons tenter de faire avec le troisième chapitre de la première partie, consacré aux technologies sociétales.

CHAPITRE 3

Les technologies sociétales

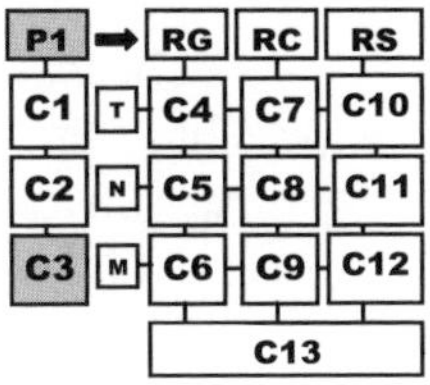

Les technologies intellectuelles, on l'aura compris, ne sont pas les seules à travailler à la gestion de la société. On ne peut donc envisager qu'une théorie générale de ces mêmes technologies fasse l'impasse sur cet environnement global. Pour autant, il ne peut être question, ici, de dessiner ce qui pourrait peut-être devenir un jour une théorie générale des technologies qui tapissent et produisent cet environnement – à savoir les technologies sociétales. En revanche, il s'avère indispensable d'en présenter une esquisse, une première carte globale et donc encore grossière, mais qui s'offre néanmoins comme un référentiel partageable, base d'une discussion susceptible de participer activement à son raffinement, à la production d'un modèle plus détaillé, plus précis. L'exercice, entre généralités et essayisme est certes risqué, aussi, quoique limité, il réclame cette indulgence que revendiquait déjà Pascal : « qu'on ne dise pas que je n'ai rien dit de nouveau : la disposition des matières est nouvelle » (20-696, Brunschvicg, 1976). Autrement dit, tout l'intérêt de ce chapitre réside dans sa typologie.

Nous avons donc pour objectif ici de dresser une taxinomie mal dégrossie de ces technologies sociétales, de ces techniques de gestion – au sens large – de la société. Gestion, entendons le mot comme reflétant une exigence, celle de la mise en forme, d'un surcroît de formalisation. Une mise en forme, ce n'est pas pour autant obligatoirement un carcan strict, la grille pointilleuse d'encadrement de toute activité, elle peut tout aussi bien – voire même plus subtilement encore – s'exprimer à travers des formes molles, en tout cas, assez flottantes, susceptibles de canaliser, sans enfermer, de définir des directions plus que de programmer des opérations précises. Ces investissements de forme, pour reprendre l'expression de Thévenot (1986), durs ou mous peuvent très bien s'appuyer les uns sur les autres, se combiner, se compenser afin d'accroître leur efficacité.

Plus les sociétés sont complexes et plus elles ont recours à des techniques spécifiques de gestion de leur propre auto-production. Plus les sociétés sont détranscendantalisées, moins elles se pensent elles-mêmes comme définies par Dieu ou les dieux, et plus elles éprouvent le besoin de se connaître et de se cadrer elles-mêmes. C'est l'élévation du « connais-toi toi-même » aristotélicien au niveau macro-sociologique. C'est-à-dire fixer les règles du jeu de cette société qui se produit elle-même et les outils qui lui permettent de développer une connaissance la plus précise possible de ce qu'elle est et de ce qu'elle fait, afin peut-être d'en assurer un feed-back régulateur. Ces technologies s'ordonnent autour de deux grands types :

– celles qui sont au service des autres, leurs outils privilégiés :

- les *techniques d'information et de communication*, celles sans quoi rien n'est possible ;

- des technologies de mémorisation, de classement et de comptage construites sur la base des premières, les technologies intellectuelles ;

– les technologies de gestion (au sens large) de la société, réparties en trois espèces :

- à commencer par les technologies de modélisation du monde et de la société, que nous nommons technologies cognitives ;

- les technologies de mise en scène de la société par elle-même, les technologies de la représentation sociale ;

- les technologies de régulation des activités de la société, ce que nous appelons volontiers les technologies de régulation sociale.

A quoi il convient d'ajouter enfin, le glissement de ces techniques à l'état idéologique et leur transformation en *technologies de l'esprit* (expression que nous empruntons à L. Sfez) ou plutôt en *technologies politiques de l'esprit*, pour dire à la fois leur colonisation des esprits et la dimension politique (collective) de cette emprise.

3.1. Les technologies-outils

3.1.1. *Les technologies de l'information et de la communication*

Comprenons ici les TIC au sens large comme l'ensemble des technologies sémio-logistiques (Robert, 2006). Par « sémio » entendons ces divers langages que les sociétés ont inventé pour « communiquer[45] » : des langues, des langages

45. Ce qui ne signifie en aucune manière que ces techniques rendraient la communication limpide et évidente. Je dirais plus volontiers que sur un fond *d'incommunication*, elles permettent d'essayer de la conjurer, d'y faire face, de lui trouver des réponses, toujours partielles et partiales, limitées, tronquées, des réponses qui s'entrechoquent, se déforment, s'écrasent, etc. et grâce auxquelles, parfois, quelque chose semble passer… Sur ces questions

corporels (des gestes et mimique aux techniques corporelles – des manières de marcher à l'habillement), des images (des représentations en 2D ou en 3D – sculpture) et des écritures et codes (du cunéiforme au quipu). Par logistique comprenons les différents supports (de la paroi au papier en passant par le parchemin et en allant jusqu'à l'informatique), centres d'accumulation (bibliothèques, amphithéâtres, administration, etc.) et réseaux (aussi bien sociaux que de télécommunications), vecteurs matériels et institutionnels de la communication.

Sans langues pas de mythes, pas de théâtre ni d'agora ; sans langues ni écriture, ainsi que toute la logistique institutionnelle, pas de droit ; sans la possibilité même de jouer avec et sur l'écriture pas de mathématiques, etc. Bref, ces technologies sont au fondement de la vie en société. C'est dire à la fois la nécessité de les penser en tant que telle alors même qu'il n'est pas possible de les isoler. Car elles sont véritablement tressées avec les technologies sociétales. A ce point que leurs transformations affectent toutes les autres. Et c'est encore plus vrai pour les technologies intellectuelles. Afin d'éclaircir néanmoins les choses on peut, dans ce dernier cas, distinguer entre la dimension sémiotique, qui vient véritablement par en dessous soutenir les technologies intellectuelles, et la dimension logistique. Car nous l'avons déjà souligné, leur développement n'est tout simplement pas possible sans l'acquisition préalable d'une maîtrise minimale de l'image et de l'écriture. Mais cette dimension sémiotique n'existe pas dans quelque espace éthéré, loin des conditions bassement matérielles. Son expression dépend directement de la dimension logistique, qui lui offre les moyens de sa mise en scène sociale, qui la projette dans l'espace social au travers d'une mise en forme qui la rend visible et/ou audible. Les technologies intellectuelles vont donc être singulièrement sensibles aux changements qui vont affecter la logistique des TIC. Que se passe-t-il lorsque l'on bascule du support papier au support informatique ? Que signifie la saisie de réseaux qui étaient essentiellement sociaux par des vecteurs matériels de communication à distance, *a fortiori* informatisés ? Voilà quelques questions essentielles, et qui occuperont les deux derniers chapitres de cet ouvrage.

Pour dire les choses autrement, on peut penser chaque technique qui mêle à la fois image/écriture et support/réseaux à l'intersection des TIC et des technologies intellectuelles. C'est dire que l'on peut la voir soit plutôt comme une technique de communication, soit comme une technique intellectuelle. On peut ainsi penser le livre comme un outil de communication et/ou comme outil de la réflexion. Il en va de même avec l'informatique. D'une certaine manière, toute technique de communication résonne d'un potentiel de technologie intellectuelle plus ou moins actualisé. Et toute technologie intellectuelle possède également un potentiel de communication. C'est pourquoi nous n'isolerons pas leur étude de celle de leur

---

et singulièrement celle de l'incommunication (voir Robert 2005b et 2009, ainsi que la conclusion de cet ouvrage).

sociologie politique comprise comme une analyse des effets de pouvoir de leur logistique (supports, institution et réseaux).

Les technologies intellectuelles travaillent précisément sur l'articulation entre le sémiotique et la logistique ; elles émergent sur ce fond. Ce n'est que dans un nouveau changement de niveau que les technologies de cadrage de la société peuvent se développer, utilisant comme ressources aussi bien les TIC que les technologies intellectuelles. Les technologies cognitives, de régulation sociale ou de la représentation mobilisent les deux pôles du sémiotique et de la logistique comme les différentes technologies intellectuelles au service de leurs activités de modélisation du monde et de la société, de mise en règle ou de mise en scène de la société à elle-même.

3.1.2. *Les technologies intellectuelles*

Comme cet ouvrage est entièrement consacré à ces technologies intellectuelles, il ne peut être question ici d'y revenir en détails – les chapitres précédents comme les suivants nous ont donné et nous donneront amplement l'occasion de développer notre point de vue. C'est pourquoi nous voudrions insister ici sur les différences qui séparent les technologies intellectuelles des technologies cognitives, de représentation ou des technologies de régulation sociales ainsi que sur les relations étroites, voire symbiotiques que ces dernières nouent avec un des ensembles clés de leurs conditions de possibilité.

Il est vrai que les technologies intellectuelles paraissent *a priori* moins ambitieuses que les technologies de régulation sociales, de représentation ou, *a fortiori*, cognitives. C'est peut-être cependant moins l'ambition qui manquerait – pour autant que l'on puisse raisonner en tels termes avec une technologie, cette ambition ne peut être que celle de ses porte-parole – que la stratégie qui différerait. En effet, technologies cognitives et technologies de régulation sociale travaillent d'emblée sur grande échelle ; elles visent soit à englober la société, voire le monde, tout entier sous un seul regard, à les capturer par un seul geste, soit à en dominer de larges portions, de vastes territoires, sur lesquelles elles veulent régner en maître, en satrape. Les technologies intellectuelles procèdent tout autrement, non par guerre de position, de tranchée ou grandes manœuvres, mais par assauts, limités, ponctuels, sur le mode de la guérilla. Leur multiplication et celle de leurs victoires leur permet de gouverner moins des espaces que des fonctions à l'exercice desquelles elles deviennent indispensables – comment gérer sans technologies intellectuelles, listes, tableaux, cartes, etc. ? Comment, aujourd'hui débroussailler l'écheveau du droit sans technologies intellectuelles, classeurs notamment et de plus en plus informatique ? Les technologies cognitives et les technologies sociales plus encore, en sont comme minées de l'intérieur, comme grignotées dans leur substance. Opérationnelles, ces technologies intellectuelles deviennent ainsi incontournables dans le traitement de l'information, son stockage, sa gestion : une infiltration facilitée par leur faible encombrement matériel.

Enfin, le développement d'un nouveau support, informatique, ne rend-il pas cette stratégie de guérilla encore plus efficace ? Nous verrons au dernier chapitre comment cette informatique transforme les technologies intellectuelles. On peut dès maintenant s'interroger sur sa capacité à bouleverser les modes de production des technologies de régulation sociale – et peut-être même des technologies cognitives. Le droit, la gestion – et singulièrement la comptabilité – voire de plus en plus le marketing (avec le marketing de bases de données) ont de plus en plus recours à cet outil comme gestionnaire de leur propre complexité (la pléthore des lois ou des dossiers juridiques par exemple ou bien des données de gestion ou de marché). Mais l'outil qui a en charge l'absorption de cette complexité met en place des logiques qui lui sont propres. Des logiques auxquelles il exige que les technologies de régulation sociale s'ordonnent, perdant par là-même un peu plus chaque jour de leur autonomie. La stratégie des petits pas peut ainsi mener loin. Ces technologies intellectuelles peuvent peut-être devenir encore plus dangereuses lorsqu'elles se transforment en technologies politiques de l'esprit (voir la section 3.5).

3.2. Les technologies cognitives[46]

Ce sont des technologies qui visent à appréhender globalement le monde et la société. Elles procèdent par récits et langages pour les dire et les modéliser. Nous les connaissons essentiellement sous deux formes : les mathématiques et les mythes ainsi que leurs dérivés communs, sciences et philosophies – communs en ce sens que les sciences doivent aussi bien aux mythes qu'aux mathématiques, et que la philosophie doit autant aux mathématiques qu'au mythe.

Les mathématiques sont souvent assimilées à un langage, mais elles proviennent d'abord d'un effet d'écriture (Herrenschmidt, 2007, Bougnoux, 1998, p. 54). Car la construction mathématique n'aurait pu véritablement à ce point s'amplifier au cours des siècles en l'absence d'écriture. L'oralité n'empêche pas le balbutiement d'un premier développement du comptage. Mais les mathématiques en tant que système formel reposent entièrement sur l'aptitude de la méta-technologie intellectuelle écriture à spatialiser l'information et à la stocker. L'idée même de système formel,

46. J'emploie à dessein le terme cognitif, malgré ou plutôt à cause des résonances psychologiques qu'on lui prête souvent. Or, cognitif renvoie à connaissance, laquelle n'est en rien un objet privilégié et encore moins confisqué par une psychologie toujours plus envahissante. C'est pourquoi nous militons volontiers pour cet usage de l'adjectif comme pouvant qualifier des technologies qui prétendent dire le monde et la société à une échelle macro.

de jeu sur/par la forme ne peut advenir qu'à se concrétiser dans un véritable travail d'exploration de la forme, des métamorphoses. Les procédures de déduction et de preuves en dépendent totalement. La géométrie elle-même ne constitue-t-elle pas un jeu de rapports visualisés par le graphique et exprimé par l'écriture ? Comment penser mieux la notion d'équation, de travail sur des égalités, qu'à la voir s'inscrire sur une surface, en balance dynamique autour du signe même de l'égalité ?

Ce qui motive l'exploration de cet espace d'écriture n'est-ce pas une aspiration à la vérité, n'est-ce pas la volonté de retrouver en quelque sorte le « langage » même dans lequel Dieu ou les dieux aurai(en)t créé le monde ? D'où cette naissance mystique chez les pythagoriciens, d'où ce compagnonnage avec les mouvements astrologiques, cabalistes ou hermétiques. Chercher la clé, le code de l'univers et faire des mathématiques c'est aussi pendant longtemps, ne l'oublions pas, un seul et même geste.

Mais les mathématiques plongent aussi leurs racines dans des réalités plus concrètes, plus matérielles. Il s'agit dès lors, de comprendre et modéliser ce qui se passe sous nos yeux. La géométrie, à en croire M. Serres (Serres, 1989) serait née à l'ombre des pyramides, c'est-à-dire précisément dans ces jeux d'ombres et de lumières si tranchés par et autour de ces figures si pures. La géométrie proviendrait également de ces nécessités plus prosaïques de la délimitation des terres, du tien et du mien par les bornes : où les placer, précisément – afin de prévenir ou de régler le litige (Goody, 1986) ?

Filles des cieux ou de la terre, les mathématiques, quoiqu'il en soit, offrent toujours un mode d'intelligibilité, une manière de connaître et de comprendre le monde et la société. On les a cru pendant longtemps seulement performatives dans le cadre de la deuxième (comme outil au service du cadastre ou de la comptabilité par exemple – technologies de régulation sociale), on a découvert, plus récemment, qu'elles permettaient non seulement de restituer le code et le texte du monde (tel que donné par Dieu ou la nature), mais également d'intervenir sur ce monde afin de combiner autrement d'anciens éléments, d'en produire de nouveaux – nouvelles molécules –, de manipuler l'existant – nouveaux matériaux, bio-technologies –, bref d'inventer toute une techno-science active sur le monde – et donc aussi sur la société.

Censées lever l'énigme du monde – technologies cognitives donc –, les mathématiques ouvrent sur la question de la maîtrise de la performativité de leurs signes, dès lors qu'ils participent à la production de machines, dès lors qu'à leur tour on les équipe d'instruments, dès lors, enfin, qu'on les met au travail dans ces machines et systèmes intégrés de machines. Technologies cognitives qui ne renvoient pas seulement au donné, mais s'élargissent sur l'exploration/construction de possibles, les mathématiques perdent leur innocence et fondent cette incertitude, nouvelle sur cette terre, ouverte par notre défaillance dans la maîtrise de nos outils de maîtrise de la nature et surtout de leur conséquences (physiques et anthropologiques).

La magie (Mauss 1950, Durkheim, *Les formes élémentaires de la vie religieuse*, 1912, p. 61-62) se voudrait bien volontiers performative elle aussi, mais de fait, elle ne l'est pas, ou à tout le moins ne possède pas les procédures susceptibles de montrer le contraire. D'ailleurs, une magie qui rendrait publiques et reproductibles ses savoirs et modes de faire, ne serait-elle pas en contradiction totale avec elle-même ? La magie est ainsi vouée par nature à faire croire à sa performativité, non à la prouver – il n'y a que notre société d'incrédulité pour le lui demander. Pourtant, la magie fonctionne bien comme un type de technologie cognitive qui vise à décrypter le ou les codes de l'univers. Là encore, il est question de clé, et d'entrer en sa possession, quand bien même les épreuves de qualification de la compétence se révéleraient différentes de celle des mathématiques. Cela dit, si la production des mathématiques se veut aujourd'hui publique, elle s'est volontiers confondue, pendant longtemps et voilà peu encore, avec un rituel d'initiation à des mystères qui, manifestement, relevaient d'un autre monde. La magie prétend, elle aussi, connaître le chiffre du monde afin de mieux le manipuler – et prendre enfin, la place de Dieu ou des dieux ? Cette magie est une technologie cognitive qui, *de facto*, fonctionne moins par une réelle maîtrise du monde que par une manipulation des représentations de ceux qui acceptent de se soumettre à son cadre d'intelligibilité et de transformation opérationnelle du monde. Ce travail de croyance sur la croyance n'est efficace que dans ce cadre-là (Lévi-Strauss, 1958). Elle exige la participation active de celui sur lequel elle agit – qu'il soit demandeur ou subisse –, car même l'envoûté ne l'est qu'à proportion de sa croyance en l'acte même d'envoûtement.

Le mythe lui, ne prétend pas agir sur le monde, pas directement en tout cas, et moins en subjuguant les hommes qu'en encadrant leurs activités (Lévi-Strauss, 1958). Le mythe dit le monde, l'homme et la société, il propose un cadre dans lequel on se situe ou à partir duquel on se situe. Soit il détermine, en effet, une sorte de programme de l'organisation de la vie des hommes en société, du déroulement de leur vie sociale et familiale, en précisant ce qu'est le bien et le mal et le code de leurs relations avec leur environnement. Soit il cherche à les instruire, en leur offrant matière à réflexion, en leur donnant des modèles complexes d'état sociaux (psycho-sociaux, techno-sociaux et politiques). Dans les deux cas, il leur apporte un éclairage à la fois sur l'avènement et l'histoire du monde, comme sur leur propre origine et leur propre histoire.

Le mythe n'est pas à rapporter à la science – sauf peut-être lorsqu'elle se veut anthropologique et qu'elle aimerait en sauver la spécificité, dans un geste qui désigne par là-même sa fin ou sa régression à l'état d'objet scientifique et non plus de principe actif d'organisation d'une société. Il dit une autre logique d'intelligence du monde, une autre manière de le connaître, un autre rapport au monde (Descola, 2005).

Enfin, conviendrait-il de comprendre dans l'ensemble des technologies cognitives ces deux discours spéculatifs sur le monde : la théologie[47] et la philosophie.

Dire le monde à partir de Dieu, construire un discours dont on prétend qu'il émane directement de Dieu lui-même. C'est cela même la révélation : Dieu nous parle en direct – ou presque. Ou presque, parce que les tables de la loi, Moïse les casse et les réécrit, parce que Jésus parle mais n'écrit pas, parce que Dieu parle à travers Mahomet, qui dicte et n'écrit pas lui-même. Vaste discours d'explication du monde et du mode de fonctionnement de la société, il est supposé isomorphe à ce monde (en tant que déploiement discursif du monde), voilà pourquoi ce dernier doit toujours pouvoir être rapporté au texte et celui-ci en donner la bonne interprétation. Heureusement, tous les théologiens n'ont pas tout à fait la même lecture du texte sacré : des écoles s'affrontent qui détiennent toutes, par définition un peu plus la vérité que les autres. L'espace d'une respiration intellectuelle s'ouvre : la vérité sera chaque jour – en occident tout au moins – un peu moins donnée et un peu plus à conquérir. La technologie cognitive théologique ne monopolise plus désormais l'espace social discursif à elle seule... et ce, grâce à la philosophie.

Car celle-ci, qui déploie aussi volontiers des systèmes intellectuels censés couvrir l'ensemble des problèmes engendrés par l'existence du monde et de la société, s'est toujours construite dans un travail d'opposition, de confrontation de thèses divergentes, dès ses premiers pas en Grèce notamment où s'impose la forme canonique du dialogue. La philosophie platonicienne croit aux vertus de l'échange raisonné, mais pas à celle, perverse, de la méta-technologie intellectuelle écriture. Quant à la philosophie aristotélicienne, ne s'envisage-t-elle pas déjà – notamment dans le domaine politique, sa typologie des régimes et sa recherche du meilleur – comme une manière de technologie de représentation et/ou de régulation sociale ?

47. Théologie et non religion, car ce dont il est question ici, c'est d'abord d'un discours sur le monde et la société, à partir de Dieu et donc sur Dieu lui-même, puisqu'il ne se contente pas de créer le Monde, mais donne un récit de cette création, puisqu'il s'exprime et offre ainsi son point de vue. Dieu invente et le Monde et la représentation du Monde et donc également l'écart qui les sépare et les joint. Il ouvre ainsi la déclinaison des figures d'une herméneutique potentiellement infinie. Au fond, la religion (Durkheim 1912) est une formule, un « système solidaire » (p. 65), portant sur « les choses sacrées » (p. 65), au croisement des technologies cognitives (théologie, « un système d'idées dont l'objet est d'exprimer le monde », p. 611), de la représentation (Eglise) et de la régulation (croyances et pratiques).

3.3. Les technologies de la représentation de la société[48]

Toute société a besoin, tout à la fois, de prendre de la distance par rapport à elle-même et d'assurer sa propre cohésion. Au contraire de ce que l'on pourrait penser à première vue, les deux opérations sont beaucoup moins opposées que complémentaires. Elles s'articulent d'ailleurs au même vecteur : les technologies de la représentation. Des technologies qui offrent quatre types de représentation : l'une plutôt fusionnelle, celle du théâtre grec antique ou du stade – de gladiateurs ou de footballeurs – politique, certes, mais moins par visée que par ses effets ; la deuxième, plus raisonnée – mais qui n'empêche ni les coups de gueule ni les mouvements de foules – celle de l'hémicycle (à l'exception toute britannique, mais qui peut exciper de son antériorité) de nos démocraties parlementaires ; la troisième, plus récente et souvent plus fusionnelle parce qu'elle affecte directement les masses, celle des médias ; la dernière enfin, carrément raisonnable parce que calée sur un usage systématique des technologies intellectuelles, celle des images statistiques et des sondages – politique elle aussi, quoique moins visiblement que la précédente, et tout aussi indispensable à nos démocraties du grand nombre[49].

La première propose une véritable mise en scène de la société par elle-même. Dans et par la représentation, la société se présente à elle-même sous la forme d'une compression spatiale – le lieu de la représentation – et d'une synthèse de ses jeux – les thèmes mêmes des représentations. L'espace spécifique (même s'il n'est pas fonctionnellement dédié, mais recycle un lieu déjà largement investi par ailleurs), comme les thématiques permettent de mettre la société à distance d'elle-même, non plus de l'extérieur comme le fait la théologie, non plus par le regard hétérogène de Dieu, mais bien de l'intérieur, la pratique endogène du miroir, qui concentre et focalise. Ainsi, le théâtre grec qui, dans l'espace singulier qu'il ménage, permet à la société grecque de se donner en spectacle à elle-même, à la fois différente puisque souvent caricaturée, et la même, puisque, loin de s'y perdre, elle se retrouve dans cette caricature. La société grecque exhibe ses logiques et leurs travers. Elle investit ici une certaine violence qui se canalise par la même. Une violence qu'elle

48. Car il ne s'agit pas des technologies de représentation du monde, mais bien seulement de celles de la société. Ce qui n'est en rien nier la dimension sociétale des instruments scientifiques par exemple (Latour, 1989).

49. Faut-il classer ici les science sociale ? Car elles participent effectivement à leur manière à la représentation de la société par elle-même. Cependant, une véritable science sociale se doit d'être critique, elle n'est pas seulement une chambre d'enregistrement du réel, ni un outil d'engagement dans le jeu tourmenté de ce réel, elle travaille dans le registre de cet équilibre instable de la ligne de crête, de l'entre-deux, ni véritablement dedans, ni véritablement dehors. Car il leur faut instituer un dehors à partir duquel elles peuvent regarder sur le mode scientifique et donc objectiver le dedans. En ce sens, elles ne sont pas des techniques ni des technologies, même de la représentation, elles participent d'un autre ordre sans que les cloisons soient forcément étanches néanmoins : ce qui permet aux bureaucraties statistiques de l'état ou aux sociétés de conseils de flirter avec elles afin d'asseoir leur légitimité.

n'éradique pas, mais édulcore, amortie dans cet exercice – déjà souligné par Aristote – de la catharsis. Par ce défoulement, elle resserre aussi les rangs.

On y donne également à voir l'autre, lui aussi caricaturé et d'autant plus autre. Contre cet autre se refait l'unité, contre sa différence se nie celles qui parcourent et déchirent encore la cité. De même, aujourd'hui au football, dans le creuset des stades, se forge aussi une manière de lien social, voire politique – qui certes désespère les adeptes d'une représentation politique plus raisonnée, mais n'en existe pas moins –, où s'atténuent les différences sociales et raciales alors que s'exaspère la différence à l'adversaire. On peut parler de fusion, peut-être éphémère, mais qui restitue une logique fort ancienne.

La société n'a pas de miroir où se regarder, alors elle invente ces lieux étranges où, à la fois, elle se voit et se fabrique. C'est ce que, avec quelque condescendance, l'on appelle des lieux de spectacles, des lieux où la société se donne à voir à elle-même, où elle s'interroge sur elle-même, sur sa complexité, ses qualités et défauts ou bien s'oublie dans sa propre fusion.

Il en va également dans la religion d'une dimension représentationnelle qui croise celle des technologies cognitives théologiques. Car celles-ci ne restent pas seulement paroles ou textes, elles s'incarnent aussi dans des lieux, des gestes, des rassemblements où les paroles et les textes sont ainsi autrement mis en scène. Ainsi, de l'église, lieu où se donne à voir à elle-même l'ecclésia, la foule des croyants, égaux devant Dieu mais pas toujours devant le prêtre, qui se rassérène ou s'étiole à se voir si nombreuse ou si faible, qui se dit à elle-même qu'elle est ce qu'elle est en terme de valeurs, de comportements licites ou non, etc. Ainsi, de ces hauts lieux, plus près de Dieu, par les saints ou les apparitions de la vierge, qui expriment physiquement cette proximité, où l'on se rend en pèlerinage, marquant les routes de signes d'appartenance, où l'on défile en procession (Goody, 2003) occupant un espace encore plus vaste que celui du seul lieu saint, en foules nombreuses pour que les troupes se subjuguent elles-mêmes par ce nombre, pour aiguiser la ferveur, abaisser les barrières de la raison, laisser la contagion produire ce que l'on appelle la foi collective toujours ouverte sur cette « hystérie » sans laquelle le miracle ne peut avoir lieu.

Lorsqu'une société n'est plus pilotée ni par le mythe ni par la religion, lorsque ces technologies cognitives de programmation de la société perdent de leur aura, alors peuvent émerger de nouvelles technologies, moins puissantes et moins ambitieuses, qui visent moins à l'algorithme qu'à la mise en scène de la société par elle-même, à cette fonction miroir de la représentation. C'est aussi dans cette perspective que nous devons penser ce que nous nommons littérature ou peinture.

Phénomène récent, somme toute de quelques siècles, la littérature cherche à récupérer le texte mythologique comme production littéraire – ce qu'il n'est qu'accessoirement et dans la tradition grecque et non « primitive » –, alors, qu'à l'inverse elle n'hésite pas parfois à proposer des solutions globales aux problèmes de gestion – au sens large – de la société, sous forme d'utopie – dans une sorte de nostalgie de la logique de programmation du mythe ou de la religion. Cette littérature fonctionne sur le mode non d'une représentation fusionnelle par la présence physique des protagonistes, mais d'une représentation fusionnelle diffuse – qui ne passe plus par la concentration spatiale, mais la diffusion d'une technologie intellectuelle, le livre –, dont l'objet peut encore être le collectif (à l'image de la littérature sud-américaine) ou sombrer dans le psychologisme (à l'instar de la littérature française d'aujourd'hui ?).

Arracher l'étiquette « art » accolée à la littérature et à la peinture n'est pas un geste simple, ni facilement reçu. Il ne s'agit bien évidemment pas de nier que l'une comme l'autre puissent produire un effet de sens qui excède celui qu'elles emportent comme technologies de gestion de la société, mais au contraire de leur restituer pleinement cette dernière dimension dont on les ampute trop souvent. Ainsi, le peintre n'est pas que le reflet d'une société, il participe pleinement à sa production en la donnant à voir à elle-même. Cet « art de dépeindre », finement analysé par S. Alpers (Alpers, 1990), s'il est spécifiquement hollandais dans sa manière, ne l'est plus dans sa fonction. Car, le peintre hollandais peint cette Hollande bourgeoise, ses ports, ses marchands, ses échevins et leurs vases ou leurs assiettes, mais aussi ses vaches ou l'étal d'un boucher, c'est-à-dire ce qu'il a devant les yeux. Il raconte moins des histoires à vocation mythologique qu'il ne décrit avec précision, avec savoir-faire, ce que font les hommes, les animaux ou les choses sous la lumière de ce monde-ci. Le peintre italien lui, un peu moins directement il est vrai, donne tout autant à voir la relation que sa société entretient avec les anciennes figures mythologiques, avec Dieu et l'église, comme avec ces corps qui, pour la plupart, envahissent de leur nudité les voûtes des lieux saints, il exhibe cette emprise du spectacle du pouvoir religieux ou temporel. Selon S. Kern (Kern, 1983), la peinture de la fin du XIXe au début du XXe siècle montre une obsession, largement partagée par la littérature, la science ou la technique, mais aussi la politique et l'économique pour la vitesse et le changement des formes. La peinture enregistre et participe à la production d'un monde qui bouge, se transforme et modifie les points de vue – celui que l'on découvre du train, de l'automobile, de l'aéroplane ou de sa place de cinéma. Mais le peintre est tout contre ce changement, si près qu'il s'y confond, voilà pourquoi il a fallu attendre si longtemps pour comprendre ce que disait le cubisme, le futurisme ou le surréalisme. Et même délestée du monde, la peinture qui ne renvoie qu'à elle-même, qu'à l'acte de peindre, en dit encore beaucoup sur la société qui l'engendre.

La représentation fusionnelle s'alimente et se nourrit d'une logique des passions que la représentation à proprement parler politique, sans la nier pour autant, tend néanmoins à canaliser, à maîtriser – contre une pratique dite démagogique de la politique, qui elle, vise d'emblée ces passions et leur usage comme levier politique. Cette représentation politique a pour ambition sinon de résoudre, du moins d'offrir des solutions, à la fois théoriques et concrètes, au problème politique le plus fondamental, à savoir la gestion de la relation de l'Un et du Multiple. Comment relier le nombre d'hommes, *a fortiori* le grand, voire très grand nombre d'hommes au pouvoir ? Par l'espace et/ou les médias, mais également par le traitement du nombre lui-même – statistiques et sondages.

Comme le souligne Durkheim, « pour que la société puisse prendre conscience de soi et entretenir [...] le sentiment qu'elle a d'elle-même, il faut qu'elle s'assemble et se concentre » (Durkheim, 1912, p. 603). L'espace de l'Agora en Grèce ancienne, où se réunit en assemblée le peuple d'Athènes, et l'espace de l'hémicycle de notre parlement où se rassemblent nos députés incarnent et reflètent la démocratie dans les deux cas. Mais leur différence se lit dans celle qui sépare un (relativement) petit nombre en délibération directe, d'un grand nombre qui ne peut pas être présent et délègue inévitablement l'expression de la volonté générale à quelques-uns. Se règlent en ces lieux – aussi bien à l'Agora qu'à l'hémicycle – les modalités, fluctuantes, de la discussion et de la délibération. Condition de la délégation ici, l'élection n'intervient en Grèce qu'*a posteriori* et le plus souvent par tirage au sort. Soit donc on (ou plutôt se) convoque le multiple afin que, par un effet d'entonnoir il crée cet « Un » qui reste toujours pluriel et révocable et auquel tous les membres du multiple participeront un jour ; soit, par l'élection, sort du multiple un tout petit nombre de représentants professionnels qui vaudront pour les autres.

Les monarchies savent également avoir recours à l'espace pour maîtriser le rapport Un/multiple. Ici, l'Un est premier, ou plutôt se pose comme tel. Et s'il n'est pas entièrement dégagé du multiple, c'est parce qu'il lui doit, quoiqu'il en ait, sa légitimité. En France, sous l'ancien régime, le multiple est représenté par ces trois ordres (nobles, clergé, tiers) qui sont censés (presque sur le mode mythologique, en tout cas idéologique) structurer le tissu social. Ils siègent aux états généraux, si rarement convoqués sauf pour asseoir la légitimité à lever un peu plus d'impôt. Mais intéressons-nous ici à la cour du roi, et plus singulièrement à celle que Louis XIV a instituée. Car la cour, mais aussi Versailles et ses jardins, sont, de multiples manières, des outils de représentation (Revel, 1997 et Himelfarb, 1986). Représentation de la société en son ensemble par ces nobles qui valent pour tous les autres membres par la spécificité de leur sang (croient-ils) et par leur « bon goût » comme leurs « bonnes manières » – la cour, en cela, donne le ton à l'avènement d'une civilisation (au sens d'Elias) proprement « française » ; représentation du grand nombre de nobles par ce petit nombre qui est accepté à la cour, c'est-à-dire enfermé dans son espace social et physique. Cette représentation par emboîtement, se double d'un autre type de représentation, celle qu'offre le roi de son propre pouvoir. Car le roi donne (c'est-à-dire rend) à la cour (qu'il retient) le spectacle de son pouvoir absolu. La vie du roi est pour une large part publique, transparente, offerte aux regards. Cette visibilité est provocante, elle appelle donc le commentaire de tous les gestes et paroles du roi, qui deviennent ainsi tout un livre de signes à décrypter. Versailles est le théâtre de cette mise en scène de rationalisation des passions – l'intrigue, l'émotion doivent toujours rester maîtrisées par l'étiquette. Versailles et ses jardins, où peut littéralement exploser la dimension proprement théâtrale du pouvoir, par ses jeux d'eaux, de lumière et de sons. Des jardins que le roi aimait à faire visiter lui-même – comme en témoigne le premier guide, écrit de sa main.

Depuis un peu plus de deux siècles maintenant, l'espace ne joue plus seul ce rôle de vecteur de l'articulation de l'Un et du multiple. Les médias ont désormais pris le relais – sans s'y substituer totalement pour autant. Les médias de masse offrent ainsi – avec les statistiques et les sondages – un visage à la société de masse. Celle-ci y trouve un miroir. La représentation démocratique se double ainsi d'une représentation plus fusionnelle dont le XXe siècle a montré qu'elle pouvait verser aussi bien dans le renforcement de cette démocratie – à l'exemple des Etats-Unis de l'entre-deux-guerres – que dans sa contestation la plus radicale – à l'instar du nazisme ou du stalinisme (Bertho-Lavenir, 2000). Presse, radio, télévision, voilà les instruments à travers lesquels notre société se présente à elle-même, se voit et non se pense. Car il s'agit de refléter et non de comprendre. Un reflet qui plus est mobile, c'est-à-dire qui renvoie à la société sa propre mobilité, la légitime comme normale et l'accroît d'autant plus. C'est pourquoi, ces technologies font plus partie des technologies de représentation que des technologies intellectuelles – les techniques audiovisuelles ne pourraient prétendre au statut de technologie intellectuelle, nous aurons l'occasion d'y revenir, qu'à condition de reposer sur une régulation beaucoup plus forte et de moins sacrifier à la logique du flux qu'à celle du document.

Les statistiques et les sondages ont massivement recours aux technologies intellectuelles pour traiter l'information de plus en plus pléthorique dont nos modernes démocraties ont besoin pour se connaître elles-mêmes. La statistique et les sondages travaillent directement sur le grand nombre et sur un mode fondamentalement démocratique puisqu'elles reposent sur le principe de l'égalité des unités en jeux : réduit à l'unité de dénombrement, tout homme est l'égal de tout autre (Reynié, 1989). Les distinctions sociales tendent à se fondre dans l'anonymat de la masse. Certes, on peut aussi, à l'exemple d'un Galton, chercher à travers le calcul à instituer comme naturelles des différences construites socialement. Mais le mouvement de fond, lié à la croissance de l'état et ses outils administratifs (encore lente au XIXe siècle, beaucoup plus rapide au XXe siècle), va beaucoup plus dans le sens de la recherche de cet homme moyen de Quételet, pure et bien improbable création statistique. Quoiqu'il en soit, le nombre, au sens du comptage, offre une vue du nombre, au sens de la multiplicité, aux qualités de synthèse et de synoptique inégalées. La statistique donne à voir cet invisible du très grand nombre ; elle permet de l'évaluer, de le soupeser, de le comparer (dans l'espace ou le temps) (Desrosières, 1993). Lorsque les enquêtes s'affinent elle permet également de guider des politiques publiques de réduction de la précarité de la vie des plus pauvres : maladies et mortalité sont moins des fléaux envoyés contre les pêcheurs que le fruit d'une sous-alimentation et d'un manque d'hygiène publique et domestique. On pourra montrer que le suicide renvoie moins à une réalité psychologique que sociale, on dressera des cartes de la durée moyenne de vie, des impôts comme de la prostitution.

Bref on voudra bientôt tout mesurer et tout dénombrer. Mais sait-on pourquoi ? Parce que l'on croit enfin posséder des images, des représentations « vraies » des « faits » tels qu'ils sont. On aurait non de l'idéologie, mais le réel, convoqué non dans sa superficialité trompeuse, mais dans ce qui échappe au regard lui-même, dans ce qui le constitue au plus profond, dans sa vérité. La représentation pourrait enfin acquérir cette légitimité scientifique qui lui fait tant défaut ; la société pourrait se connaître, précisément, et se gérer, en l'absence même de Dieu. Les plus scientistes, les plus positivistes, en attendent qu'elle participe ainsi à déterminer les valeurs, voire fixer les buts et finalités de cette société. Or, nous savons désormais qu'une telle idée peut s'avérer dangereuse, car il existe aussi des rationalisations délirantes – dont le spectacle désolant a été offert aussi bien par le nazisme que le stalinisme. Les technologies de représentations ne devraient même pas mener à l'institution de règles – elles ne devraient pas devenir des technologies de régulation sociale donc – mais seulement nourrir les processus décisionnels – qui, eux, combinent des systèmes de règles, des dispositifs de représentation (des plus mous aux plus durs), et des technologies intellectuelles.

On le voit d'une manière encore plus crue peut-être avec ces sondages qui, de façon récurrente, ponctuent notre quotidien. Ils prélèvent dans le très grand nombre un échantillon qui vaut pour le tout et donnent à entendre non ce que font les gens, mais ce qu'ils pensent de telle ou telle question. Le sondage ne décrit pas un état de fait, mais offre une synthèse des représentations sociales de tel problème. Il est donc un outil de représentation au second degré, de représentation de représentations. Bien évidemment, comme tout outil et plus encore que tout autre peut-être, il n'est pas neutre : c'est dire qu'il ne recueille d'opinions que déjà cadrées par le thème de l'enquête et orientées moins par le fond que la manière de poser les questions (sans parler du moyen de communication – face-à-face ou téléphone, ou du lieu où se livre la réponse, etc.). Le média qui annonce les résultats, les commentaires, les comparaisons vient encore à la fois perturber et produire le message, le sens. Ne rêvons donc pas d'une méthode enfin neutre – elle n'existe pas et ne peut pas exister, sauf à produire un monde qui lui soit entièrement compatible, et par là-même bien effrayant. Sachons reconnaître plutôt les possibilités et les limites de nos outils : le sondage n'est pas à bannir, mais à utiliser avec tact et modération, comme un instrument de représentation – indispensable à une société « détranscendantalisée » et qui, donc, éprouve d'autant plus le besoin de se connaître elle-même, ce qui signifie connaître également ce qu'elle pense d'elle-même et/ou des problèmes qui l'agite –, et non comme une technologie de régulation sociale. En ce sens, le sondage n'a pas à nous dire ce que nous devons faire ou penser, quand bien même la pression dans le sens d'une telle interprétation reste forte. Il n'a pas pour vocation à prescrire des règles et encore moins à fixer des valeurs ou des finalités. A l'instar de la statistique, il est censé alimenter un processus décisionnel multicritères, où concourent technologies de régulation sociale, technologies de la représentation, et technologies intellectuelles, sans prévalence, ni domination.

3.4. Les technologies de régulation sociale

Les technologies de régulation sociale ont pour fonction sinon pour objectif de définir des règles globales (le droit ou la monnaie, notamment) ou locales (comptabilité, normalisation, etc.) susceptibles d'être appliquées aux activités s'exerçant dans le cadre d'une société – et plus singulièrement celui de nos sociétés complexes. Elles œuvrent dans le registre du prescriptif.

Il est une règle qui, par définition – tout au moins dans nos sociétés occidentales – recouvre l'ensemble de l'espace social, c'est la règle de droit. Produite par une autorité (légitime ou non, par discussion raisonnée ou non), elle s'impose soit par la force de l'énonciation d'un impératif appuyé sur la violence physique effective ou potentielle, soit par un jeu autour de sa transgression, la dénonciation de cette transgression et le règlement par la discussion et le jugement du litige. Le droit détermine les entités civiles supposées minimales d'une société (familles et/ou individus par exemples) et les règles de leurs relations (entre familles et individus, règles de filiation, de mariages, de divorce, etc. ; entre familles et/ou entre individus, règles de contractualisation, etc.). Il fixe également quelles sont les entités politiques, leurs fonctions, leur mode de légitimation, l'étendue des prérogatives, la durée des charges, etc., et les règles de leur relations. Enfin il définit les instruments de règlement des divers litiges qui travaillent les systèmes de relation. Le droit permet à la fois de fixer et/ou d'inventer des statuts et des modalités d'échanges (de valeurs, biens ou femmes). Il me dit qui je suis – légalement et seulement sur ce plan – et ce que je peux faire avec les autres (notamment passer contrat, me marier ou divorcer, fonder une association ou une entreprise, etc.). Il pose le système de règles susceptible d'offrir une solution supposée socialement satisfaisante (à un moment donné, dans un espace donné) lors des différends.

En son cœur travaille un couple aux relations complexes (au sens de Morin, c'est-à-dire à la fois, concurrentes, antagonistes et complémentaires) : l'obligation et le consentement. L'autorité absolue (qui se croit fondée sur elle-même) exige de rabattre le second sur la première, en ce sens qu'elle suppose que son obligation contient déjà un consentement. La loi se fonde sur un consentement (acquis par l'acclamation ou l'élection dans le droit politique ou la signature dans le droit civil) qui autorise par délégation la mise en œuvre d'une obligation (susceptible de léser localement et ponctuellement une minorité). Enfin, le contrat emporte à la fois, dans le même mouvement, dans le même geste, obligation et consentement : par le contrat on consent comme on (s') oblige.

Ce droit peut être plus ou moins coutumier ou plus ou moins écrit. Il fait donc lui-même plus ou moins appel à ce que nous avons présenté comme une méta-technologie intellectuelle, l'écriture (Goody, 1994 et Latour, 1992). Il peut tout aussi bien, dès lors qu'il entre dans un procès d'écriture, recourir, autant que de besoin, à des technologies intellectuelles (listes, cartes, photos, etc.) pour se mettre en scène, ou bien pour participer au difficile exercice de la preuve (d'où l'appel au document sous toutes ses formes et à la signature). Ce droit écrit constitue un formidable outil de décontextualisation de la confiance. La relation de confiance ne s'incarne plus seulement dans un réseau d'échange de paroles, d'êtres et de choses, mais d'écrits qui certifient, on l'a déjà vu, leur présence passée, mais encore lisible et donc « activable » aujourd'hui (Giddens, 1994).

C'est également la question de la confiance qui se trouve à la racine même de la possibilité de la monnaie. Car si la monnaie se veut un outil de l'équivalence générale, elle ne peut s'imposer dans cet exercice qu'à condition d'être à la fois un outil de confiance (c'est-à-dire dans lequel on a confiance) et qui génère de la confiance. Outil de confiance, car elle cristallise en quelque sorte la confiance que ses utilisateurs vouent à son émetteur. Elle exige, en amont d'elle-même, cet investissement dans l'organe d'accréditation, de certification qui la produit. Outil qui, à son tour, diffuse cette confiance, élargie cette confiance déléguée, car posséder de la monnaie c'est dès lors accéder au circuit de l'échange. D'où, à l'inverse la production comme « Autre », de celui qui n'y participe pas. C'est parce qu'elle est un outil d'inclusion qu'elle est aussi un outil d'exclusion et de défiance. Dès lors qu'un système monétaire s'est instauré, il devient quasiment impossible d'en sortir, tout droit de retrait est suspendu *de facto*. Mais au sein de l'espace que ce système dessine, les choses et non les hommes deviennent potentiellement équivalentes (et c'est là toute la différence avec le droit qui travaille toujours sur les hommes d'abord (et seulement dans un deuxième temps sur les choses qu'ils possèdent ou non) et qui, à travers le contrat, pose une équivalence, largement factice il est vrai, entre eux). Car les hommes peuvent être riches ou pauvres et néanmoins échanger encore grâce à la plaque tournante monétaire : ce qui est mis en équivalence dans ce geste, ce ne sont pas les hommes – mêmes s'ils le croient ou que l'on cherche à leur faire croire –, mais bien les choses qu'ils échangent (et cela peut être leur corps) ou la monnaie et telle ou telle chose[50].

La présence même de la monnaie induit un système de règles de l'échange – quel qu'il soit, hérité ou inventé. En ce sens, elle est socialisée-socialisante. On ne peut faire monnaie tout seul. Et la monnaie « privée » semble un oxymore, comme en deçà d'elle-même. Car un espace privé qui s'impose une monnaie se transforme d'emblée en espace politique. Un espace privé n'a justement pas besoin de monnaie, puisqu'il repose sur une confiance qui ne s'exerce pas par le truchement d'une technologie, monétaire ou autre (Giddens, 1994). La monnaie est publique et renvoie inévitablement au politique : car dès lors qu'un puissant quelconque cherche à imposer sa monnaie, alors il sort de chez lui et fait acte politique. Cet acte politique concerne la monnaie elle-même, puisqu'elle symbolise son pouvoir, autant qu'elle le légitime. Il renvoie également à une politique des échanges, une politique des objets. Car les objets, les « choses » si l'on veut sont profondément incommensurables directement entre elles. Les choses sont en quelque sorte dispersées, disséminées, renvoyées à elles-mêmes, à leurs qualités propres ou à un mode d'existence profondément local. Elles vivent dans un monde infra-politique. Autrement dit, les choses n'accèdent à la sphère politique qu'avec l'avènement de la monnaie. Car en installant la monnaie entre toutes les choses, au milieu et à distance égale de toutes les choses, celles-ci deviennent mesurables, peuvent faire l'objet d'une commune mesure, qui les rapproche et les lie, fonde leur être ensemble. L'on voit, encore une fois, que l'économie ne peut être lue que comme politique, la politique des choses, qui introduit une régulation sociale indirecte, qui ne dit pas à tel homme qui il est (droit), mais ce qu'il a (et parfois ce n'est que sa force de travail). Ce qui, dans les deux cas, ne nous dit que très mal ce qu'il vaut.

Encadré 3.2. *Pourquoi la monnaie n'est-elle pas une technologie intellectuelle ?*

On aurait pu, en effet, volontiers penser que la monnaie était une technologie intellectuelle : ne constitue-t-elle pas un outil, un outil régulé, qui permet d'arraisonner les évènements économiques, les transactions ? Cependant, la monnaie ne produit aucun document. Elle s'appuie certes sur un support – même lorsqu'elle semble dématérialisée comme aujourd'hui, elle requiert encore le lourd appareillage des réseaux qui la porte –, mais ce support n'est pas la trace documentaire de la transaction. Une lettre de change possède un bien plus fort coefficient de technologie intellectuelle. Une facture également, qui repose sur la grille d'organisation des données du tableau. Qui plus est, la monnaie ne s'appuie pas sur une opération de conversion des dimensions, puisqu'elle propose au contraire un autre principe, celui de l'équivalence généralisée.

50. C. Herrenschmidt souligne également que la monnaie dit « le rapport entre les choses » (Herrenschmidt, 2007, p. 338).

Au-delà des technologies globales du droit et de la monnaie, il existe, c'est-à-dire que nos sociétés complexes ont eu besoin de créer, des outils aux vertus plus limitées, censés encadrer une activité ou plutôt un type d'activité donnée. Nous prendrons deux exemples, l'encadrement des activités de production et d'échanges des biens et services et l'encadrement des activités de mise en forme de l'espace.

On gérait bien avant que l'on invente la « gestion » elle-même ou les disciplines de gestion : la comptabilité, nous avons eu l'occasion de l'évoquer, est née avec les premiers balbutiements de l'écriture, contemporains des premiers pas de l'état (Goody, 1986). La comptabilité c'est certes, compter, comptabiliser, c'est-à-dire à la fois, diviser en postes et sommer, mais c'est aussi, implicitement ou explicitement élaborer les règles de la production des comptes – ainsi avec cette première mise en forme par Lucas Pacioli au XVe siècle, suivi depuis par une multitude de méthodes jusqu'à nos plans comptables actuels (Degos, 1998). Fixer les règles du savoir compter pour savoir ce que l'on compte, maîtriser ce que l'on introduit dans la machine comptable et surtout maîtriser ce qui en sort. La comptabilité est d'abord perçue comme une activité technique, voire un travail de matheux – et il est vrai que l'ouvrage de Pacioli est une *Summa de arithmetica* –, mais cette technique de traitement de l'information, et qui a souvent recours aux technologies intellectuelles de la liste et du tableau, embraye directement sur le social ou plutôt s'inscrit pleinement dans le social, ne s'en détache pas. Ainsi, l'activité du grand marchand italien du XVe siècle est-elle à la fois familiale encore, puisque son réseau de relais dans le vaste espace méditerranéen repose sur les liens familiaux, sur cette confiance liée au sang, économique aussi puisqu'il manipule de l'argent ou des lettres de change et politique enfin, puisqu'il trafique inévitablement avec l'infidèle sous privilège et participe à la vie de sa cité (Braudel, 1979). Mais tout cela ne tient que parce que son entreprise tient, et celle-ci se développe d'autant mieux qu'il voit clair dans ses affaires, grâce à ce premier outil de gestion – sa comptabilité. Technologie de régulation sociale donc.

Quelques siècles plus tard, alors que la révolution industrielle bat son plein, que la révolution politique s'emporte encore dans de puissants soubresauts, une troisième révolution se met en place, plus silencieuse et non moins importante – une révolution que James Beniger appelle la *Control revolution*, révolution de/dans/par la régulation (Beniger, 1986). Une régulation qui convoque ou suscite une multitude d'outils, de moyens qui, malgré leur diversité apparente, ont tous en commun de procéder par ce *feedback* qui restitue l'homéostasie, au moins momentanément, grâce au bouclage, et singulièrement grâce à un retour d'information. On gère ainsi mieux l'incidence de la croissance phénoménale de la production sur la distribution grâce aux statistiques, au télégraphe électrique, mais on bute bientôt sur le goulot d'étranglement d'une consommation traditionnellement frugale. Il s'agit donc d'assurer la dynamique de son développement, non plus seulement de produire plus, de distribuer plus, mais de consommer plus, bref d'inventer les outils de connaissance (afin de mieux vendre) et d'incitation à la consommation – ce que nous appelons aujourd'hui marketing et publicité (Tedlow, 1996). Ces deux techniques visent à définir les règles de la création non *du* mais *des* marchés ; car il y a moins un marché que des marchés, avec certes, des points communs (la forme globale du cycle de vie d'un produit), et leurs spécificités dans l'espace, le temps, les cultures, etc. Des techniques qui partent directement du social, afin d'en connaître les habitudes de consommation comme l'aptitude au changement, afin de revenir au social – et de constater sa capacité à s'adapter comme à résister (réponse que l'on réinjecte dans le système de connaissance-action du marketing-publicité). Il s'agit bien d'une technologie de régulation.

Dernier exemple que nous empruntons aux sciences de gestion : la normalisation. C'est un processus encore plus récent dans sa version « démocratisée » – même si ses premières armes datent du XIXe siècle dans les domaines des télécommunications et de l'électrotechnique. Cette normalisation se traduit par un lourd travail d'écriture : d'écriture dans le processus de production des normes, d'écriture de la norme elle-même, et par exemple, dans le cadre d'une démarche qualité, d'écriture, en aval, des procédures employées par l'entreprise. Cette frénésie d'écriture – au sein même d'un monde en changement, comme s'il s'agissait aussi de le freiner, en tout cas de le stabiliser – vise à la production de règles censées mener au « bien faire » dans l'élaboration ou la distribution de biens et de services. Il s'agit d'un savoir-faire estampillé que l'on peut exhiber, revendiquer comme une manière de diplôme, afin de prouver sa compétence à un partenaire occasionnel avec lequel on ne dispose pas de temps pour régler la relation : la normalisation et la certification pallient à ce manque de temps et d'interconnaissance en substituant au relationnel comme test de confiance le marquage, le blason de la norme (ISO). Celle-ci vaut comme témoin de confiance : technologie d'autant plus sociale qu'elle prend la place même du social ?

La gestion du territoire donne lieu également à une floraison de technologies de ce type. Le cadastre est à coup sûr la plus ancienne, que permet, grâce au concours de technologies intellectuelles telles que le plan, la liste, le tableau, le fichier et aujourd'hui l'informatique de préciser – c'est-à-dire de donner avec précision – le statut de telle ou telle parcelle de terrain. Ceci suppose auparavant un lourd travail de découpage, d'enregistrement et du suivi de son évolution. Il s'agit de dire exactement à qui appartient telle terre : de distinguer clairement – si besoin est, et ce dernier commence de fait souvent avec ce geste même – ce qui relève du domaine public du domaine privé, et, au sein de celui-ci le « tien du mien ». Partager les terres en un temps – que nous perdons il est vrai progressivement de vue – où elles font l'essentiel de la richesse, constitue un geste à la portée sociale, politique et économique considérable. Geste technique, geste social, c'est tout un.

Plus récemment, au fur et à mesure que la croissance de nos villes industrielles nous échappait, alors même que nous perdions une certaine compétence à produire de fait la ville, notre société a inventé ce que nous appelons désormais l'urbanisme. L'art d'aménager les villes : où de nobles esprits proposaient des règles, bien souvent contradictoires, susceptibles s'assainir les modes de vie en organisant mieux l'espace. Des partis pris d'aménagement, de grands principes régissent ces procédures de structuration : le rapport centre/périphérie, le zonage, c'est-à-dire la spécialisation des espaces, la place des espaces verts, celle des moyens de circulation, sans parler de la propriété du sol. Des règles de droit viennent aujourd'hui définir et sanctionner les procédures de production des espaces de la ville, régler l'élaboration des documents censés régir les espaces (déterminer leur statuts – constructible (*versus*) non constructible par exemple – et leur éventuelles évolutions – le reclassement d'une zone), prévoir l'avenir par une démarche prospective (notamment en matière de réseaux souvent intercommunaux). Ces documents, on s'en doute, recourent volontiers aux technologies intellectuelles de la liste, du tableau, et du plan surtout – aujourd'hui en voie d'informatisation. Il s'agit de techniques là aussi, mais de techniques de l'aménagement – et le mot dit bien son caractère familial – de cet espace commun où se construit et se joue notre vie, privée, transactionnelle ou professionnelle et plus encore politique. Comment ne pas conclure à la technologie de régulation sociale ?

3.5. Des technologies politiques de l'esprit

L. Sfez introduit la notion de « technologie de l'esprit » dans sa critique de la communication (1988). Il entend par là quatre figures qui travaillent et avec lesquelles travaille la communication actuelle : le réseau, le paradoxe, la simulation et l'interaction. « Chacune, précise-t-il, avait sa séduction particulière et portait sa propre révolution. Le réseau s'érigeait contre l'arbre (linéaire), le paradoxe contre le principe de non-contradiction, la simulation contre l'ontologie, l'interaction contre la causalité linéaire et le sujet tout puissant. Mais les choses se corsent quand toutes les séductions opèrent à la fois, sur n'importe quel sujet... ou encore si l'une de ces notions prétend gouverner toutes les autres qui s'y résorbent » (Sfez, 1998, p. 262). Autrement dit, les professionnels du discours, des journalistes aux sociologues en passant par les ingénieurs, psychologues et autres scientifiques, se prendraient volontiers au piège de ces quatre figures. Celles-ci coloniseraient leurs textes ; et cet envahissement vaudrait comme symptôme de leur emprise sur nos modes de pensée.

Ce qui nous intéresse dans cette idée de technologie de l'esprit, c'est d'abord cette opération par laquelle des outils d'analyse deviennent au fond des *métaphores*, des métaphores suffisamment vives pour parasiter l'ensemble des discours, les miter, les habiter et s'en nourrir. La métaphore n'est plus là pour décrire sous une forme dynamique le monde, mais à l'inverse, c'est le monde qui est là pour nourrir la dynamique de la métaphore. C'est cette métaphore là qui devient une véritable technologie de l'esprit.

Voilà le danger qui guette les cinq types de technologies sociétales que nous avons déjà rencontrées : leur transformation en métaphores idéologiques susceptibles de s'emparer des modes collectifs d'organisation des discours et des catégories légitimes (et donc tout aussi bien de l'action). Elles deviendraient alors de véritables technologies *politiques* de l'esprit.

Les technologies de régulation sociale dégénèrent en technologies politiques de l'esprit :

– lorsque les règles élaborées par les technologies de régulation sociales ne fonctionnent plus comme des instruments de régulation contingents, discutables, adaptables, mais qu'elles se crispent dans leur supposée irréversibilité, qu'elles excipent de leur technicité pour récuser comme illégitime a priori toute critique qui ne serait pas elle aussi technique ;

– lorsqu'elles refusent que l'on remonte aux principes qu'elles sont censées exprimer afin de vérifier leur réelle capacité à les assumer ;

– lorsque la règle se rigidifie en absolu.

Les technologies de représentation de la société se pervertissent en technologies politiques de l'esprit :

– lorsqu'elles pensent pouvoir se passer de cette société comme source de leur légitimité – à l'exemple de députés qui croiraient pouvoir se dispenser du vote du peuple et fonder leur légitimité sur eux-mêmes ;

– lorsqu'elles glissent de l'enregistrement-restitution à la présentation-prescription – à l'instar d'une administration du chiffre qui fixe d'autorité les objectifs à atteindre, laissant au réel le soin de suivre... ou de tricher ;

– lorsqu'elles sautent d'une position de miroir du réel à cette posture d'où elles proposent une image de ce que la société devrait être – telle l'utopie littéraire, qui certes, libère de la tyrannie du quotidien, mais pour lui substituer un univers où la liberté se confond avec une organisation stricte, voire carcérale ;

– lorsqu'elles tournent sur elles-mêmes, substituant à la ronde de leurs images celles de la réalité ; lorsqu'elles prétendent non plus rapporter et cadrer le réel au plus juste de leurs propriétés, mais en définir, à partir d'elles-mêmes, les grandes orientations, voire les valeurs et les finalités.

Les technologies cognitives versent du côté des technologies politiques de l'esprit :

– lorsqu'elles tendent à l'idéologie, à se présenter comme seules détentrices de LA vérité, lorsqu'elles se croient et veulent faire croire qu'elles sont le seul discours vrai ;

– lorsqu'au lieu de dire le monde, elles en viennent à le replier sur leur propre discours ;

– lorsqu'au lieu d'aller à sa rencontre, elles le rabattent sur elles-mêmes.

Des technologies aussi fondamentales que les TIC, qui habitent le social de part en part, se dégradent en technologies politiques de l'esprit :

– lorsqu'elles en viennent à s'ériger, mais cette fois en quelque sorte par en haut, en vérité de ce même social ;

– lorsqu'elles portent une véritable idéologie qui prétend opérer une lecture exclusivement communicationnelle de la réalité trouvant dans la communication la « bonne solution » aux problèmes et dysfonctionnements qui, inévitablement, la travaillent ;

– lorsqu'il en va d'un impératif de communiquer pour communiquer, comme si l'outil devenait une fin en soi ;

– lorsque s'impose un supposé nécessaire consensus mou qui disqualifie comme régressive toute expression sous la forme du conflit d'une réalité pourtant véritablement violente ;

– lorsque bientôt s'efface le site même à partir duquel la posture critique peut travailler à relativiser l'advenu (le réel) comme un possible parmi d'autres qui, eux aussi, méritent peut-être plus encore d'être explorés.

Les technologies intellectuelles, des outils donc, tournent à la métaphore et à la technologie politique de l'esprit :

– lorsqu'elles croient pouvoir devenir des buts en soi plus que des moyens d'exploration ;

– lorsque l'outil de gestion devient une fin en soi au nom duquel le réel doit se reconfigurer afin d'entrer en adéquation avec ses catégories, glissant ainsi de la gestion à ce que nous appellons la « gestionnarisation » ;

– lorsque des instruments de traitement de l'information, de navigation ou de simulation ponctuels, au service d'une question précise, soit en viennent à se substituer à la détermination de finalités et de valeurs (peut-être parce qu'on le leur demande), soit en viennent moins à modéliser le monde qu'à se le réapproprier, à le phagocyter, à ne plus le donner à voir autrement qu'à travers leur propre écran.

Borges a montré ce moment où la bibliothèque – que l'on regarde avec condescendance aujourd'hui, comme bien peu agressive, si peu dangereuse – devient à elle seule le monde lui-même. Il a souligné ce moment où cette bibliothèque, qui accueille dans le monde les livres qui parlent du monde, envahit le monde au point d'en prendre possession, au point où il n'est – au plus – qu'un souvenir livresque. Le même écrivain a également évoqué en un court texte ces cartes d'un empire méconnu qui le recouvraient tout entier, au point de s'y confondre ; des cartes dont la production et l'entretien coûtaient si cher qu'elles finirent néanmoins par se déliter, s'effondrer et crouler en ruines (voir le chapitre 5). Aujourd'hui, se pose la question de savoir si l'informatique, la « machine univers » comme l'a appelé P. Lévy il y a quelques années peut, elle aussi, prétendre conduire une telle opération. L'informatique peut-elle subjuguer le monde – et singulièrement grâce à ces quatre technologies repérées par L. Sfez, du réseau (Internet), du paradoxe (le cyberespace accessible en temps réel en tout point), de la simulation (la multiplication des images de synthèses) et de l'interaction (généralisation du jeu vidéo) ? N'étant pas prophète nous nous contenterons d'essayer de comprendre comment elle inquiète les technologies intellectuelles telles que mises en scène par leurs supports traditionnels.

3.6. Conclusion

Les technologies cognitives n'ont pas vocation à la modestie, nous l'avons vu. Elles visent à rien moins que d'offrir à la société qui les produit et les accueille un outil global d'intelligibilité du monde et d'action sur le monde et cette société. Les technologies cognitives voient large, ample, puissant. Elles travaillent au niveau de la totalité et/ou de la loi au sens scientifique du terme, de règles universellement appliquées et applicables. Elles n'en dédaignent pas pour autant le détail, mais il n'est pas premier, il émerge du travail global, en vient le préciser, l'approfondir, l'adapter au cas particulier ou plutôt à des types de cas particuliers. Autrement dit, même le détail, même le singulier est pris sous l'orbe de la loi, cadré et soupesé à son aune, il n'en est que l'expression locale ou la spécification. Il n'échappe pas à la loi, il la décline.

Les technologies de la représentation montrent – mais ce qu'elles exhibent peut toujours cacher quelque chose d'autre ou l'oblitérer. Elles montrent et ne dévoilent donc pas obligatoirement pour autant. Elles montrent et visent un effet de sidération. Elles l'obtiennent ou cherchent à l'obtenir de trois manières radicalement différentes, cohérentes avec leur propre hétérogénéité. Elles sidèrent d'abord – pour celles qui relèvent d'une logique de l'image – en donnant à voir dans un mouvement global, simultané qui entrave l'analyse, elles médusent par cette synoptique qui produit un véritable effet d'aveuglement informationnel – par où commencer la lecture, qu'y voir, etc. Elles sidèrent ensuite – pour celles qui relèvent d'une logique du chiffre – en multipliant les niveaux et les outils de traitement de l'information, en accumulant les étapes d'agrégation ou en amoncelant des quantités astronomiques de données quasiment brutes : que faire, que dire face à ces chiffres, les contester requiert un savoir considérable, en produire d'autres, concurrents, exige une logistique au moins égale et donc très coûteuse. Elles sidèrent enfin – pour celles qui relèvent de la parole – par cette aptitude à manier avec finesse, à propos et vivacité ces figures de rhétorique qui subliment un argumentaire pauvre en un argument pertinent, stigmatise la moindre erreur de l'adversaire en faute grave, prouvent avec de simple soupçons ou emportent la conviction par l'émotion plus que la démonstration. S'y opposer exige là encore une compétence puisée à un capital social et culturel dont la constitution réclame du temps, une logistique et de l'argent.

Les médias vont peut-être plus loin encore, en enchevêtrant, en mixant ces trois modes de sidération.

Lorsque ces technologies de la représentation s'érigent en règles alors elles versent facilement dans une technologie sociale qui use volontiers de leur capacité de sidération comme nouveau fondement à la régulation. La communication peut ainsi naître, comme technologie sociale autonome, justement de ce glissement de la représentation à la règle, de la confusion de la mise en scène (qui montre un certain état des choses) à la prescription (qui dit ce que l'état des choses doit être). Cette même communication peut déraper vers la technologie politique de l'esprit lorsqu'elle se présente comme modèle de la société, comme fondement de nouvelles valeurs et de nouvelles finalités. La statistique peut également facilement verser dans la bureaucratie, lorsqu'elle tend à devenir à elle-même son propre référent, lorsqu'elle devient une fin en soi à laquelle il faut se plier. Enfin, elle peut sombrer dans la technologie politique de l'esprit lorsqu'elle prétend juger le réel à sa seule aune, le sommant de se conformer à ce qu'il devrait être selon elle.

Les technologies de régulation sociales, plus proches de la loi des hommes, plus éloignées des lois de Dieu ou de la nature que les cognitives, apparaissent plus comme constitutionnelles, à l'instar d'une colonne vertébrale, que principe de vie ou d'organisation génétique. Et si on les présente parfois comme le fruit d'une volonté, s'exprime plus volontiers encore cette tendance – qui affecte avec plus de force les technologies cognitives – qui vise à les naturaliser, à les oublier comme construit. Et souvent leur théorisation oscille entre reconnaître, voire revendiquer cette issue sociale, cette production au croisement du discours d'hommes aux idéaux différents et cette naturalisation qui les donne comme évidentes, comme semblables à ce qu'elles devraient être, finies, livrées clés en main, à adopter, à prendre telles quelles et non comme fruits de rapports de force, à critiquer, adapter, réviser, transformer, voire reconstruire, bref, à notre service et non l'inverse. La tendance à confondre leur aptitude à objectiver certaines relations ou réalités sociales avec une quelconque objectivité est largement renforcée par les corps d'experts qui en soutiennent le développement autant qu'ils leur offrent une source inégalable de légitimité.

Comme la grenouille qui voudrait bien devenir aussi grosse que le bœuf, ces technologies de régulation sociales aspirent volontiers à régir l'ensemble du social : ainsi, le droit aurait volontiers pris la place de la théologie et traduit toute la logique sociale dans son langage jusqu'à épuisement. Parfois, la gestion – c'est-à-dire là aussi ses porte-parole – prétendrait-elle tout autant à la primauté que lui conférerait sa relation quasiment conjugale avec la notion d'efficacité – aune à laquelle toute chose devrait être mesurée selon elle pour être digne d'existence. De même, la communication verse-t-elle tout aussi aisément dans le discours globalisant de la conversion de tout problème en problème de communication. Or, que toute question sociétale ait un volet communicationnel, sans doute, mais qu'il en vienne à vouloir oblitérer, délégitimer, voire évincer tout autre discours, n'est-ce pas là pécore qui pourrait bien exploser un jour (et qu'il nous faut bien, en attendant, dégonfler quelque peu) ?

Les technologies intellectuelles, au sein d'un tel paysage, semblent, à première vue, beaucoup plus sages. On peut, en effet, y voir des technologies somme toute modestes, opérationnelles, et incarnées dans des outils spécifiques. Modestes, parce qu'elles ne prétendent pas recouvrir tout le social, parce qu'elles œuvrent en son sein à développer le penser/classer, mais sans tyrannie. Opérationnelles, parce qu'elles sont limitées dans leur champ de compétence et d'intervention, incarnées dans des outils spécifiques, qui certes peuvent par redondance multiplier leur point d'application, mais toujours maîtrisés. Vision idyllique, qui ne correspond pas, nous aurons l'occasion de le montrer, à la réalité.

Les technologies sociétales travaillent toujours autour du couple réversiblité/ irréversibilité : soit elles embrayent sur une réversibilité – lorsque se développe une nouvelle religion, que s'impose un nouveau corps de règles, de nouveaux outils ; soit elles assoient une certaine irréversibilité – par une institutionnalisation, c'est-à-dire la reconnaissance de la puissance des experts qui les portent et les servent et par leur aptitude à absorber pour partie (parfois large) la confiance diffuse qui fait tenir une société, au bénéfice de leurs réseaux.

Ces technologies-là, nous les appelons sociétales, non pour marquer une différence radicale qui laisserait penser que les techniques « dures » seraient moins liées au social mais bien au contraire afin d'affirmer leur caractère technique, mais d'une technique qui serait au service du social et non l'inverse.

Car toute technique – la sociologie des techniques l'a abondamment souligné – est déjà sociale dans ses modes de production comme dans ses modalités de diffusion ou ses points d'application. L'électricité est ainsi le fruit de rapports de force, de jeux dans lesquels les solutions techniques sont enrôlées afin de faire triompher, espère-t-on, un point de vue, et elle se développe dans le cadre de macro-systèmes techniques – articulés à leurs propres experts, leurs propres règles – et qui la branchent à notre quotidienneté (Gras, 1993). Ce n'est qu'après un long, voire très long détour d'inventions, de choix des modes de production et de diffusion (détour qui est loin de se réduire à de la pure technique nous venons de le voir) qu'elle retrouve, mais pas toujours, le social comme point d'application.

Il n'y a donc pas la technique d'un côté, le social de l'autre, deux sphères indépendantes et étanches, mais un subtil enchevêtrement des deux, un dosage fin et qui, cependant, fait toute la différence.

Avec les technologies sociétales, ce n'est plus la « technique technicienne » qui s'équipe en social, si l'on peut dire, pour fonctionner – car pour exister et vivre elle doit être portée par des intérêts, s'insérer dans des jeux de pouvoir, des rapports de séduction, etc. ; c'est le jeu social qui s'équipe en technique pour fonctionner – car sa dynamique repose aussi sur la création et l'échange d'objets, sur le montage de projets collectifs, leur gestion, toute une multiplicité d'écritures (et leurs supports), de bureaux, de salles de réunions, d'outils de communication, de comptage, etc. Bref, ce qui sépare les technologies sociétales des autres, c'est moins une différence de nature qu'une question de précession entre la « technique » et le « social » : ici, c'est le social qui instrumentalise la technique, là c'est l'inverse.

Il arrive que des glissements mènent à des renversements. Il est ainsi des projets de techniques « dures », techniciennes, qui ne » prennent pas » – comme on le dit du ciment. B. Latour a montré (voir Aramis, 1992) comment le système de transport Aramis n'a pu résister au jeu des contraintes sociales et notamment à l'argument rédhibitoire de la trop forte promiscuité. Aramis est ainsi resté lettre morte. Inversement, il est des cas de techniques sociétales qui dégénèrent. Le camp, mode d'organisation militaire du nombre sur un espace (dé)limité, en vogue déjà bien avant les célèbres camps de l'armée romaine, a été dégradé et déshonoré en camp de concentration, machine à tuer à l'échelle industrielle. Ici, l'équipement technico-organisationnel a fini par dévorer le social et l'humain.

Parmi les technologies sociétales, ce sont peut-être les technologies intellectuelles, parce qu'outils, parce que les plus incarnées dans des supports matériels, qui proposent le plus long chemin entre elles-mêmes et le social. Et pourtant, nous allons le voir en détail maintenant, elles en viennent toujours à s'y colleter et à le travailler avec des effets politiques non négligeables.

DEUXIÈME PARTIE

La raison graphique

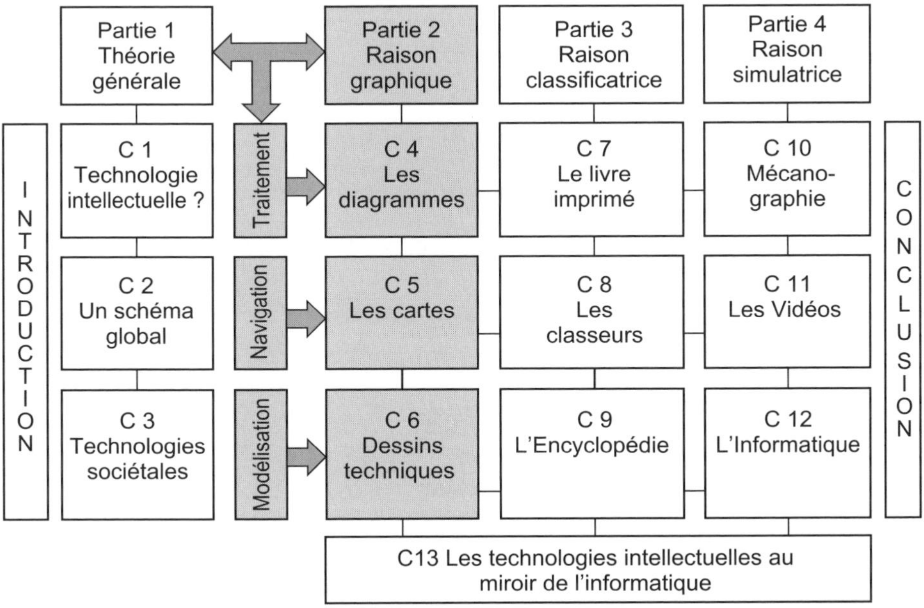

INTRODUCTION DE LA DEUXIÈME PARTIE

Le graphique est capable du continu dont la parole est incapable ; il emporte sur elle en évidence et en précision. C'est elle, sans doute, qui lui commande d'exister, qui lui donne son sens, qui l'interprète ; mais ce n'est plus par elle que l'acte de possession mentale est consommé. On voit se constituer peu à peu une sorte d'idéographie des relations figurées entre qualités et quantités, langage qui a pour grammaire un ensemble de conventions préliminaires (échelles, axes, réseaux, etc.) ; pour logique, la dépendance des figures ou des portions de figures, leurs propriétés de situation, etc.

Paul Valéry, *Introduction à la méthode de Léonard de Vinci* (1894), *Léonard et les philosophes* (1929), p. 163.

La Raison graphique : nous empruntons bien évidemment cette référence au célèbre ouvrage de J. Goody (Goody, 1979). Il nous servira de guide tout au long de cette partie, et singulièrement lors du chapitre 4 consacré aux diagrammes et procédures. Nous avons déjà vu que nous nous en distinguions en ceci que nous ne retenons pas l'*écriture* comme technologie intellectuelle, mais comme *méta-technologie intellectuelle*, c'est-à-dire comme fondement – avec l'image – de toute technologie intellectuelle possible. On a pu reprocher à la *Raison graphique* une manière d'idéologie rationalisante, car à vouloir dépasser le grand partage entre « eux et nous », à travailler à l'élimination d'une différence intrinsèque en quelque sorte entre la pensée sauvage et la nôtre, Goody tendrait à absolutiser les propriétés d'une écriture aux conséquences supposées *inévitablement* rationalisatrice. Il en irait également d'une *déraison graphique* (Christin, 1995), toute aussi prégnante et vive. Ainsi, la graphique ne mènerait plus directement à la raison. Nous pensons qu'il s'agit là d'un faux débat[51]. Tout simplement parce que l'appréciation de ce qu'est une raison ou une déraison dépend de la position relative des observateurs : il est possible de dresser des listes ordonnées à un principe qui fait sens dans une culture mais pas dans une autre. D'Alembert lui-même nous rappelle qu'« il

51. En revanche ni Goody ni Latour ne nous expliquent pourquoi certains peuples en viennent à inventer les moyens de ce qui désormais vaut comme grand partage : en ce sens ils déplacent le problème, sans le résoudre pour autant.

reste (donc) nécessairement de l'arbitraire dans la division générale » (d'Alembert 1965, p. 61) du savoir.

Ainsi, toute déraison graphique introduit-elle également son ordre, qui n'est en rien déraisonnable en soi, mais bien par rapport à une norme. Un inventaire à la Prévert par exemple n'est pas l'effet d'une déraison graphique, ni même la perversion d'une raison graphique : c'est bien l'effet même du procédé de la liste qui, dans sa sécheresse, réduit, par exemple, l'énumération des rois à une pure dérision. C'est elle qui produit cette compression des siècles et la résorption des gloires et des frasques en une fastidieuse suite de nom. Mais ce n'est pas elle qui accomplit le décalage cognitif par lequel s'insinue le sentiment du dérisoire : mais son insertion dans une œuvre à vocation poétique-politique (et non pas encyclopédique ou historique). *La Bible* elle aussi multiplie les listes de noms, non dans un esprit critique, mais au contraire afin de renforcer les légitimités – d'abord généalogiques – et afin de montrer l'immensité du nombre et des temps : la liste concentre, et par là-même exprime le gigantesque. Nous militons donc pour une approche « raisonnable » de la raison graphique : celle-ci ne mène bien évidemment pas à *La* Raison, mais soutient l'avènement de multiples raisons satisfaisants les critères de rationalité de nombreuses et différentes sociétés locales. Listes et tableaux, cartes et dessins techniques introduisent donc toujours un effet d'ordre : même la carte la plus « imaginaire » qu'il nous soit possible de contempler, même la plus apparemment abstraite à nos yeux (la carte en T du Moyen Age par exemple[52]), emporte une manière d'organiser le monde qu'elle décrit (et la carte en T propose effectivement une telle structuration, liée à *la Bible*, quand bien même l'esprit scientifique qui serait le nôtre refuserait de souscrire à sa « véracité »). Ne reconnaît-on pas un dessin technique à ce qu'il se construit autour d'un ordre *explicite* – parce que tout dessin introduit *déjà* un ordre au moins implicite ? Cela dit, nous nous attacherons de manière privilégiée à appréhender les *effets de gestion socio-politique et économique* de la raison graphique. Ce qui exclut *a priori* beaucoup plus l'« art », qui n'utilise le plus souvent, nous venons de le voir, la liste qu'à titre de révélateur/déstabilisateur de la logique de l'Autre (le pouvoir), que la « science » qui a souvent recours à un tel outil : le formalisme scientifique n'apparaît ainsi qu'au terme d'une longue chaîne de traductions aux effets latéraux politico-économiques indubitables, alors que le formalisme artistique « prend » beaucoup plus vite, il est un court-circuit. Les effets gestionnaires des technologies intellectuelles (quelles qu'elles soient) pèsent beaucoup plus sur la « science » que sur l'« art » : un poème-liste est déjà connoté artistiquement bien avant qu'une liste de diagnostics médicaux fondent une véritable science médicale. Nous allons d'abord nous pencher sur les procédures et diagrammes (chapitre 4), puis sur les cartes (chapitre 5), avant de nous intéresser aux dessins techniques (chapitre 6).

52. Cette carte propose une vision du monde connu de l'époque en Europe centrée sur une Méditerranée représentée à la verticale, positionnant l'Est en haut (le plus important selon la bible, à savoir la terre sainte), le Sud (l'Afrique) à droite et le Nord (l'Europe) à gauche.

CHAPITRE 4

Procédures et diagrammes

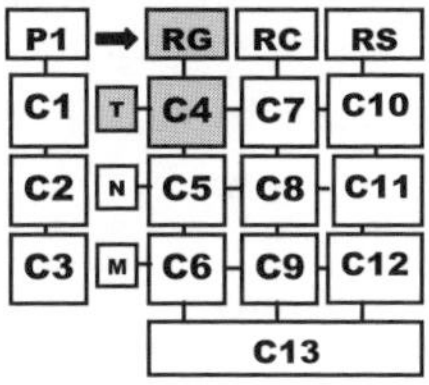

La grande invention de rendre les lois sensibles à l'œil et comme lisibles à vue s'est incorporée à la connaissance, et double en quelque sorte le monde de l'expérience d'un monde visible de courbes, de surfaces, de diagrammes qui transposent les propriétés et figures dont, en suivant de l'œil les inflexions, nous éprouvons, par la conscience de ce mouvement, le sentiment des vicissitudes d'une grandeur.

Paul Valéry (1894, p. 163)

J'ai dans un premier temps intitulé ce chapitre « Listes et tableaux », et les deux restent effectivement pleinement représentatifs de ce que j'entends par procédures et diagrammes. Procédure[53], pour dire un travail de récapitulation et d'organisation de données et d'opérations susceptible de donner lieu à une « activation », à un faire-faire. Ainsi la liste, à commencer par la simple liste des courses que nous pratiquons tous, récapitule un ensemble de noms/objets, elle les organise souvent en fonction des pièces de la maison (cuisine, salle de bain, chambres, garage, etc.) et elle nous permet de déléguer ce faire soit à nous même, mais ailleurs et plus tard, soit à quelqu'un d'autre. Diagramme[54], pour dire là encore un travail de récapitulation et d'organisation de données, mais qui, cette fois, les met en scène, ordonne leurs relations et les donne à voir. Ainsi, le tableau permet-il de collecter des données – c'est une banque de donnée –, de les organiser en fonction de critères de classement et les affiche dans une saisie qui permet d'articuler à la fois le global

53. Le dictionnaire Le Robert définit la procédure comme « ensemble de règles d'organisation d'ordre administratif pour parvenir à un certain résultat ».

54. Le dictionnaire le Robert définit le diagramme comme « tracé destiné à présenter sous forme graphique le déroulement ou les variations d'un ou plusieurs phénomènes ».

– l'ensemble du tableau – et le local – telle donnée. Mais la liste n'est pas le seul type de procédure : la recette, l'ordonnancement et le programme en constituent les trois grands autres types. Mais le tableau n'est pas non plus le seul type de diagramme : c'est pourquoi nous distinguons également des digrammes en axes, en graphes, des diagrammes circulaires et de Wenn. Comme toute technologie intellectuelle les procédures et diagrammes ne sont en rien seulement des idées, elles existent à travers et par leur mise en espace sur un support ou un ensemble de supports susceptibles de se compléter (une procédure d'ordonnancement s'inscrit aussi bien sur des feuilles A4 ou A3 que des tableaux muraux parfois immenses et aujourd'hui un ou des écrans d'ordinateur).

Le tableau 4.1 offre une vue synoptique de ces différents types de procédures et diagrammes.

Procédures Récapitulation et organisation de données et/ou d'opérations Activation (faire-faire)	**Liste**	Ensemble de substantifs/choses. Ensembles d'opérations autonomes (des choses à faire). Mémoire statique.
	Recette	Ensemble d'opérations liées logiquement et appliquées à des situations concrètes.
	Ordonnancement	Ensemble d'opérations appliquées à des choses dans le cadre d'un contrôle temporel strict.
	Programme	Ensemble d'instructions précises portant sur des données, dans le cadre d'un contrôle temporel strict et une logique déclinant conditions, successivité et itération.
Diagrammes Récapitulation et mises en relation de données Visualisation (faire voir)	**Tabulaires**	Répartition spatiale de données en lignes et colonnes. Classement quantitatif (poids) ou qualitatif de variables discrètes.
	En axes	Positionnement et mesures de données dans l'espace défini par l'intersection de deux axes perpendiculaires (type repère orthonormé). Possibilité de visualiser (points et courbe ou histogramme) une évolution temporelle de ces données. Représentation d'un ou plusieurs nuages de points sur deux ou plusieurs axes (type analyse factorielle).

	En graphes (« Diagraphes[55] »)	Ensemble de nœuds, lignes et flèches. Parcours conditionnés dans l'espace et le temps ou l'espace abstrait d'un problème. Si topologie = étoile et maillage = réseau. Si hiérarchie et héritage (généalogie/chronologie) = arbres. Feed-back/bouclages. Formule ouverte : triangle, schématisation chimique, etc.
	Circulaires	Partition proportionnelle (camembert). Symétrie radiale (modèle en rayons).
	De type de Wenn	Opérations sur des ensembles (inclusion, réunion, intersection). Hiérarchie (« cible »).

Tableau 4.1. *Typologie des procédures et diagrammes*

Il est bien évidemment possible d'utiliser les diagrammes pour rendre visible des procédures et, inversement, d'utiliser les procédures pour inscrire les diagrammes dans des processus à la fois techniques et sociaux. Enfin, il est possible de combiner les diagrammes entre eux grâce à des procédures spécifiques afin de produire ce que l'on peut appeler des schémas.

4.1. Les procédures

La liste habite les différents types de procédures, aussi bien la recette que le programme ou l'ordonnancement. Elle constitue en quelque sorte l'opération de base des procédures ou pour dire les choses autrement, elles en procèdent toutes. C'est pourquoi nous commencerons par elle et nous en approfondirons tant les propriétés que les enjeux de société.

55. Je propose d'appeler les diagrammes en graphes des « diagraphes », quand bien le mot existe-t-il déjà pour désigner « un instrument grâce auquel on peut reproduire l'image d'un objet, par le principe de la chambre claire » (Dictionnaire Le Robert).

4.1.1. *La liste*

4.1.1.1. *Qu'est-ce qu'une liste ?*

4.1.1.1.1. La liste et l'ordre

J. Goody montre que listes et tableaux sont liés à des manipulations d'écriture. Jeux d'écriture, listes et tableaux constituent des dispositifs de triage de l'information scripturaire. Avant même le report de la linéarité de la langue sous la forme de la phrase, l'écriture autorise l'expression d'une toute autre logique, non plus sonore, donc séquentielle, mais visuelle et spatiale. Elle ne suit pas un *ordre* moulé sur le déroulement langagier. Elle lui permet de s'en détacher de s'en autonomiser et d'acquérir – ou développer/exprimer – de nouveaux critères à son fondement. Goody souligne que la liste « facilite – c'est le plus important – la mise en ordre des articles par leur numérotation, par leur son initial ou par catégories » (Goody, 1979, p. 150). L'ordre est immanent à la liste : elle ne le recouvre pas, ni le récuse, au contraire, elle l'exhibe. Elle est d'autant plus liste qu'elle le montre et le revendique.

La liste crée un nouveau monde, non plus continu, mais contigu : elle discrétise ce qui apparaît comme lié, comme fondu. Plus précisément, elle fonctionne comme un regard jeté sur la complexité du monde et qui le restitue sous forme de points-mots (de dimension zéro). Matière qu'elle va travailler à recomposer dans son espace propre (2D). Un espace qui crée, tant intellectuellement que sociologiquement, un véritable *plan d'équivalence* – abstrait – entre tous les objets-mots regroupés[56]. Et c'est bien par ce détour, par cette réduction aux points-mots, qu'elle constitue un traitement – par redéploiement spatial de ces points – et non une modélisation.

Version forte : la liste sépare, elle coupe, détache et regroupe selon une autre logique que celle de la *situation*. Dans une cour de ferme le chien peut être physiquement proche du tracteur, et qui peint une telle « réalité » représente cette proximité. La liste, elle, décontextualise et substitue à l'ordre des situations celui d'un critère abstrait de rapprochement : regroupement de l'ensemble des animaux d'un côté et des machines de l'autre, classés par types et/ou ordre alphabétique et/ou arithmétique (quitte à les rapprocher ultérieurement sous une catégorie supérieure). Déconstruction du local et reconstruction d'un schème cognitif applicable à toutes les situations analogues (global).

Dans une version faible, la liste peut également permettre de passer d'une situation, c'est-à-dire un certain type de classement pratique (celui des produits de consommation alimentaire dans le placard) à une autre situation (le classement

---

56. Une bibliographie crée toujours un tel plan d'équivalence, en incluant ou en excluant certains livres ; l'auteur indique par là-même avec qui il entre en dialogue.

pratique du magasin) : il en va là encore d'un procès de décontextualisation, ou plutôt de décontextualisation/recontextualisation, mais qui cette fois ne joue pas contre la situation, mais bien entre deux situations, afin, justement de les réarticuler.

4.1.1.1.2. L'ordre et le nombre

Logique de l'inventaire : la liste est pratiquement close, délimitée en tout cas, et cependant ouverte. Elle concentre ce que le temps répand. Elle actualise ce qu'il efface. Le nombre se perd dans le temps, la liste le recueille. Il croît avec le temps qui passe, la liste l'accueille. Elle ne le bloque pas dans le seul passé, mais l'articule au présent, voire au futur, ou plutôt elle permet de les (ré)inventer : le passé est passé à l'aune de la modification même de la liste ; elle permet de s'y replonger et de confronter ses informations à celles du présent. Le futur s'inscrit en creux comme transformation potentielle de la liste.

Cependant, le nombre ne nous échappe pas seulement dans le temps, mais également dans l'espace. Or, nous l'avons vu, la liste absorbe la complexité de la situation locale d'une part, comme celle de l'ensemble des situations locales analogues d'autre part. La description d'un paysage, d'une population d'objets peut-être potentiellement infinie parce que l'information qu'en dégage un système d'observation complexe comme celui de nos sens se révèle elle-même (presque) infinie : la liste parvient à saisir une telle complexité parce qu'elle se dégage de la logique du point de vue (même lorsqu'elle permet de passer d'une situation à une autre, c'est-à-dire d'un point de vue à un autre, elle les met momentanément en suspend). Car la liste ne parvient à maîtriser le nombre qu'en le recréant : elle ne vise pas tant la représentation, ou l'épuisement simultané de la réalité, que son éclatement en éléments distincts au nombre limité (même s'il est parfois très grand) et leur recomposition à l'aune d'un critère abstrait (pensons à cette méga-liste que constitue le dictionnaire) ou pratique (pensons à nos achats).

4.1.1.1.3. Le nombre et le document

Si la liste dépend de l'écriture, elle n'en dépend pas moins du support qui lui offre la surface de son déploiement. La liste, inventaire du passé ou du présent (simultanéité), n'appréhende le réel qu'à le reporter sur un dispositif d'enregistrement, car elle n'a d'intérêt qu'à dépasser la mémoire orale. La complexité de toute situation locale, la multiplicité des événements/objets qui la compose se réagence sous la forme du document. La liste ne réussit comme opération intellectuelle de saisie du nombre qu'à l'expresse condition de laisser trace sur une surface matérielle : c'est elle qui lui donne le moyen et l'aise de sa performance, sans quoi elle perd sa mémoire longue et étouffe dans l'étroitesse d'une mémoire vive, clignotante. L'opération n'est pleinement efficace qu'à condition de ne pas fonctionner comme le simple décalque d'un exercice purement mental : elle doit utiliser l'espace de la surface d'inscription, qui, même limitée, ou tronquée en plusieurs « feuilles » s'avère toujours supérieure à la mémoire des hommes. Elle acquiert à la fois amplitude, précision et durée.

L'efficacité même de la liste repose donc avant toute chose sur son aptitude à ramener un monde complexe à *n* dimensions à un monde d'objets-mots dispersés, disséminés, un nuage de points (chacun de dimension zéro), puis à le convertir en une accumulation raisonnée en deux dimensions. Elle invente la multiplicité éclatée des événements et la réordonne au format d'un document, elle capture l'éphémère dans l'inscription, elle ouvre le jeu des ressemblances/différences morphologiques (Goody, 1979, p. 176) producteur de nouvelles visions du monde et/ou de la langue elle-même (en introduisant le proto-dictionnaire (Goody, 1979, p. 149)).

4.1.1.2. *La liste et le pouvoir*

Lorsque nous parlons de listes, nous ne faisons pas référence à l'idée de la liste comme réalité mentale antérieure à son expression matérielle-logicielle. Il s'agit bien des listes qu'il a été, est et sera possible de constituer au cours de l'histoire, de listes « réelles » si l'on veut. L'idée même de la liste n'est en rien indépendante de sa concrétisation : l'une vient avec l'autre (et réciproquement). En ce sens, la liste n'est pas réductible à l'inscription de l'idée de liste sur une surface qui en serait par là-même indépendante, et donc contingente[57]. Certes, le support s'use, et plus encore, il est susceptible d'être remplacé par un nouveau matériau. Il serait faux pour autant de conclure de la diversité des supports à celle de l'existence d'une idée de liste *a priori* autonome. Ceci s'explique d'abord parce que, malgré leurs différences, les matériaux utilisés peuvent très bien posséder néanmoins des propriétés communes suffisantes à l'expression de la liste ; ensuite, parce que leurs spécificités peuvent également introduire des propriétés nouvelles, ou recomposer les proportions des anciennes. Ainsi, les listes restent-elles des listes tout en évoluant au grès de leurs surfaces d'inscription.

4.1.1.2.1. Statues et outils

Inventaire dans le temps ou l'espace, nous avons vu que la liste apporte une nouvelle mémoire, délocalisée, ordonnée et persistante. Or, la durée est directement fonction des qualités des matériaux employés[58]. Il est possible d'écrire une liste sur une paroi rocheuse, ou bien sur une grande pierre (tel le « code » Hammourabi), ou bien sur des tablettes d'argile, sur du papyrus ou du papier. Dans les deux premiers

57. Même (voire surtout ?) une liste orale dépend étroitement de ses deux supports, le corps individuel et le corps social.

58. Et certes d'un projet. Mais projets et supports se donnent en quelque sorte mutuellement : la liste des courses inscrite sur le tableau, dans la cuisine, renvoie à un projet à moyen terme de l'ordre d'une à deux semaines le plus souvent, la « même » liste reportée sur une feuille de papier, déjà modifiée dans ce changement de support (on ajoute ou on enlève des choses) renvoie le plus souvent au très court terme – la journée.

cas le document est beaucoup plus stable que dans les trois suivants. La résistance du matériau assure son intégrité physique, sa taille également. Le document s'adresse à un collectif. Plus fragiles, les tablettes d'argiles supportent néanmoins beaucoup mieux les atteintes du temps ou les accidents (feu, eau, etc.) que le papyrus ou le papier. L'histoire semble aller dans le sens d'un allégement considérable des supports pour autant qu'ils ne sacrifient pas leur stabilité. Que savons-nous, en effet, de la capacité de nos supports informatiques à véritablement traverser les siècles ? Que retrouveront les archéologues du futur de nos mémoires numérisées ?

La liste colossale, signe d'un ordre (celui d'un roi, d'un dieu ou d'une République), expose cet ordre au collectif. Elle lui parle et fixe certaines limites et/ou certains droits. Sa portée, notamment dans le cas du « code » d'Hammourabi semble beaucoup plus symbolique que pratique – ce qui ne préjuge cependant en rien de son efficacité. La liste sur petit format remplit une mission de gestion quotidienne d'une fonction politique, économique ou médicale (Bottéro, 1987) : elle recense des mouvements d'hommes (Goody, 1986), de signes et de choses ou elle récapitule des diagnostics. Elle déleste la mémoire et soutient le jugement. Elle n'est stable qu'à proportion de ces usages : elle n'a pas à exprimer le temps d'une fondation, une quasi-éternité, mais celui, moyen, d'une administration, ou court, de l'exercice d'un art. Le document doit, dès lors, enregistrer et absorber les transformations de toute vie : c'est pourquoi sa fiabilité ne peut dépendre de la seule stabilité, mais doit aussi compter avec la mobilité.

4.1.1.2.2. Mobilités

Lorsqu'elle est « statue » (Serres, 1987), la liste fonde son extrême stabilité sur son immobilité. Elle est forte d'être gigantesque et faible d'être unique. Petite, discrète – au double sens du terme – elle acquiert une réelle mobilité. Plus elle est légère, et plus elle peut être mobile : les tablettes d'argiles, que l'on retrouve pourtant disséminées dans tout le Proche-Orient, n'en demeurent pas moins beaucoup plus lourdes que papyrus ou le papier.

Si la reproductibilité constitue une autre figure de la mobilité, il ne faudrait néanmoins pas en conclure trop hâtivement qu'elle varie inévitablement proportionnellement à la légèreté. Pendant longtemps en effet, il était plus facile de reproduire une tablette par moulage qu'un papyrus, parchemin ou papier par copie manuscrite. Pourtant, et avant même l'avènement de l'imprimerie qui va en faciliter la reproduction, la solution la plus légère a prévalu – ceci devait donc plus que compenser cela.

Toutefois, la mobilité ne tient pas exclusivement aux qualités des matériaux, mais également de la structuration des réseaux de diffusion, donc de l'organisation économique et politique. Il en va de fait, au Moyen-Orient ancien, d'une relation de renforcement mutuel entre l'Etat, sa logistique et son outil de traitement privilégié de l'information, à savoir la liste. Autrement dit, la liste, quoique inscrite sur un support relativement pondéreux, circule néanmoins beaucoup parce que les Etats – et l'économie – sont fortement structurés, leur réseaux de relations, internes et externes, comme de transports s'avèrent des plus efficaces. Inversement, la liste, parce qu'elle permet de développer des contrôles précis des mouvements d'hommes, de signes et de choses, donne une véritable consistance à la gestion de l'Etat, ouvre de nouvelles coordinations entre échelons hiérarchiques ou géographiques distincts et consolide ainsi en retour l'appareil d'Etat, lequel développe ses relations – internes et externes – et ses moyens logistiques. Autrement dit, dès cette époque, cette logistique, politico-économique repose, entre autre, sur l'utilisation d'outils performants de traitement de l'information.

4.1.1.2.3. Cumuls et coûts

Ainsi, la liste qui suit le mouvement de l'échange et des transformations politiques, se multiplie-t-elle au grès de leurs évolutions. De la liste, on passe facilement à une accumulation de listes : une telle concentration facilite grandement les contrôles et rend à la fois, leur coût interne plus faible et externe plus élevé. En effet, au-delà même de l'autorisation politique du droit de remontrance, celui qui veut s'opposer au contrôle doit fournir des contre-preuves au moins aussi solides, c'est-à-dire une accumulation réglée de listes dont l'élaboration exige une compétence spécifique, de l'argent et du temps. Autant dire que la contestation de l'Etat n'est en rien gratuite. Les listes offrent à leurs détenteurs à la fois la légitimité d'une certification de la mémoire (objectivée à défaut d'être objective) et un coût d'opposition considérable. En ce sens, elles participent à la création de situations dissymétriques et difficilement réversibles.

Il ne faudrait pourtant pas en conclure pour autant que l'accumulation de listes joue inévitablement le seul jeu du pouvoir en place : nous aurons l'occasion de voir que l'avènement du livre imprimé réhabilite l'efficacité des listes de données astronomiques, et ce, au détriment du pouvoir de l'Eglise.

4.1.2. *La recette, l'ordonnancement et le programme*

4.1.2.1. *La recette et l'ordonnancement*

La recette se définit comme une liste d'éléments et des opérations que l'on est censé pouvoir effectuer sur eux – de la recette culinaire, Goody dit qu'elle « comprend toujours deux aspects : la liste des ingrédients d'une part, les instructions sur la marche à suivre d'autre part » (Goody, 1979, p. 233). Elle introduit ainsi la liste au monde du mouvement : la liste perd sa statique, elle devient moteur d'une recomposition projetée du réel, elle le virtualise dans la synthèse de sa formule et le redéploie dans son actualisation. N'est-ce pas pour cela que les formules sont toujours quelque peu magiques ?

Entre la recette et le programme vient s'intercaler la procédure d'ordonnancement. Celle-ci a connu une amélioration décisive au XIXe siècle aux Etats-Unis. Le développement de l'infrastructure ferroviaire a considérablement modifié le profil de la distribution des marchandises. Elle est, en effet, passée dès la fin du XIXe début XXe siècle à un véritable modèle de masse. Les entreprises de vente par correspondance étaient bien évidemment en première ligne. Ainsi, chez Sears « c'était la division des opérations qui avait concrètement la charge de coordonner les flux de marchandises depuis l'atelier du fabricant jusqu'à la boîte aux lettres du client. Et c'est cette division qui faillit sombrer dans le chaos [...] » (Chandler, 1988, p. 260). L'entreprise apporta une réponse sur deux plans complémentaires : d'une part le déploiement d'une logistique plus efficace (à base de convoyeurs, monte-charge, etc.) et d'autre part, le développement d'un système d'ordonnancement sophistiqué. Il « était fondé sur un calendrier complexe, à l'application rigoureuse, permettant d'exécuter en continu des commandes portant sur des articles fournis par des départements différents » (Chandler, 1988, p. 261). Une procédure dont l'efficace repose pleinement sur l'utilisation de la raison graphique, à savoir un traitement spatialisé de l'écriture.

4.1.2.2. *L'algorithme et le programme*

Avant même que ne s'impose le programme informatique, la logique cherchait depuis longtemps une méthode universelle de résolution de problème. Elle s'incarna dans la notion d'algorithme (du nom d'un mathématicien persan de langue arabe, Muhammad ibn Musa Al-Khuwarizmi, aux VIIIe-IXe siècle) qui, selon P. Breton « pourra être défini comme l'ensemble complet des règles permettant la résolution d'un problème donné » (Breton, 1987, p. 48). Cette démarche sera approfondie et systématisée par A. Turing au XXe siècle, avec sa célèbre « machine » (1936), qui était machinique plus par les procédures appliquées que par sa concrétisation matérielle, puisqu'il s'agissait d'une « machine de papier » comme le disait Turing lui-même, soit à proprement parler une *machine graphique* (mue par le cerveau, les yeux et les mains). Ce même A. Turing est à la base du développement du premier langage de programmation informatique sur le Manchester Mark 1.

Laissons Jean Lassègue, spécialiste de Turing, présenter cette machine : elle « possède une *capacité de stockage externe* qui se présente sous la forme d'un *ruban* de longueur indéfinie, divisé en cases sur lesquelles sont portés des symboles. La machine est dotée d'une *tête de lecture-écriture* capable d'observer le contenu des cases du ruban, de se déplacer le long du ruban dans un sens ou dans un autre et de s'arrêter sur une case. Toutes les actions sont régies par une *table d'instructions* qui indique quelle action entreprendre – écriture ou mouvement. L'observation d'une case (sa lecture) entraîne soit l'effacement de son contenu, soit l'écriture de celui-ci. A chaque pas de temps, la tête de lecture-écriture observe une case et une seule. Le couple formé par l'état interne de la machine à un moment t et la case observée définit une *configuration* de la machine. [...] La machine effectue alors ce qui est prescrit par la table [d'instructions] et produit un résultat [...] » (Lassègue, 2006, p. 73[59]). Cette machine concrétise donc le principe même de l'algorithme « qui opère une transformation de symboles fournis en entrée en symboles lisibles en sortie, au moyen d'une succession d'états discrets qui sont tous définissables à l'avance » (Lassègue, *op. cit.*, p. 73). Le ruban est de peu supérieur à une dimension, il est à peine plus qu'une ligne, sans s'y réduire pour autant. C'est donc un espace à 2D, mais qui reste étonnamment prisonnier de la linéarité puisque la tête de lecture-écriture ne peut qu'avancer ou reculer le long des cases. C'est la table d'instruction, liste 2D, qui donne sa dynamique à la machine. Nous sommes bien en Traitement de la Raison graphique.

Mais qu'est-ce qu'un programme informatique au fond ? A suivre P. Breton « un programme sert à transformer un problème vivant et concret en une suite de procédures logiques et abstraites formulées de telle sorte qu'une machine effectuant uniquement un petit nombre d'opérations logiques puisse les traiter sans erreur et sans incertitude » (Breton, p. 165). Pour excellente qu'elle soit une telle définition reste elle-même bien abstraite. Car le programme, ne l'oublions pas, est aussi le produit d'une écriture et d'une logique spatiale. La logique tout court s'appuie directement sur les propriétés de stabilité et de repentir de l'écriture, voire sur l'usage de diagrammes tabulaires, qui permettent l'expression même de la combinatoire. Le programme, tel que nous l'entendons ici (c'est-à-dire dans ce chapitre), est avant tout un produit d'écriture sur un support essentiellement papier ou un support informatique, réduit à un jeu à deux dimensions seulement.

4.1.2.3. *Pouvoir de faire et de faire-faire*

Recette, procédure d'ordonnancement et programme permettent non seulement de mémoriser des données – à l'instar de la liste – mais moins dans un but descriptif ou purement récapitulatif qu'afin de pouvoir développer un faire, activer un faire-faire. La recette de cuisine ne fait pas le gâteau en tant que tel, la procédure d'ordonnancement n'absorbe pas le gonflement des ventes en tant que tel, et la programmation ne fait pas plus l'application. Il faut, dans les trois cas, que le dire-faire soit exécuté parallèlement, que les ingrédients soient effectivement mélangés, que les marchandises circulent, que les instructions soient suivies.

La liste est un dire récapitulatif plutôt statique : elle dresse, et au passage invente, un état du monde – elle permet de se référer à un état du monde ancien ou d'en fixer le changement, voire d'envisager ce qu'il pourra être. Elle dit toujours : voilà l'état de x en t (quelle que soit l'époque). Elle ne prétend pas participer

59. C'est J. Lassègue qui souligne ce que j'aurais sinon souligné moi-même.

directement au changement de l'état du monde, elle l'accompagne. Les choses sont découpées puis fixées comme données, elles peuvent être combinées autrement ou retrouvées. Et même dans cette liste des « choses à faire », les actions, discrétisées, isolées les unes des autres (et non réarticulées entre elles comme dans une recette), semblent en quelque sorte optionnelles, non obligatoires (car on peut remettre à demain d'aller chez le coiffeur, mais rarement de terminer telle recette de cuisine). Au plus permet-elle de rapporter et regrouper certains éléments dispersés – la liste des courses –, comme de s'assurer, par rétrospection, que ce qui devait être fait l'a bien été – la *checklist* –, ou que certaines choses pourraient/devraient l'être (au conditionnel plus qu'au futur).

Changer le monde, ajouter quelque chose au monde, voilà bien, en revanche, l'ambition du dire-faire – de la recette, de la procédure d'ordonnancement ou du programme. Il incline donc au mouvement. Car le dire-faire vise d'abord à l'action, c'est un dispositif d'embrayage qui fait coller les deux réalités hétérogènes du dire et du faire (et relativise par là-même cet *a priori* d'hétérogénéité). Il n'est pas le mouvement *dans* la raison graphique, mais bien le mouvement *par* la raison graphique.

La recette accompagne le faire par le dire, elle le guide à la fois dans la succession des différentes opérations à effectuer comme dans l'appréciation des qualités et des quantités mises en œuvre. Elle définit également un espace et un temps de travail. Le dire énonce abstraitement les conditions d'émergence d'une situation. Le faire possède encore cette large marge de manœuvre de la mise en œuvre concrète, fonction de la disponibilité, du savoir-faire, etc. de chacun. Le dire-faire de la recette ne peut donc assurer l'égalité (en qualité) des produits finis ; à tout le moins la suivre doit en moyenne mener à un produit lui-même moyen – elle assure, au mieux, contre le pire, mais ne peut pratiquement pas l'empêcher.

Il en va donc d'un pouvoir, mais potentialisé. Pouvoir de faire – virtuellement magique donc, car à suivre la formule il est facile d'imaginer qu'elle mène au pouvoir absolu de tout faire – mais qui dépend néanmoins de l'habileté préexistante de celui qui le manipule. Le dire-faire concentre, par l'écriture, un savoir-faire qui ne s'actualise en pouvoir-faire qu'à s'exprimer dans une performance directement dépendante de la compétence de celui qui l'exerce.

La procédure d'ordonnancement ouvre l'espace d'un véritable contrôle temporel des mouvements : ceux-ci étaient menacés, nous l'avons vu, par le « chaos » selon A. Chandler, c'est-à-dire par leur mélange, leur collision, leur confusion. Le dispositif d'ordonnancement parvient à lutter contre ce chaos en réinjectant de l'ordre (qui fait quoi, à propos de quoi et à quel moment agir), de la distance (temporelle : tout ne se fait pas en même temps, il y a des priorités), de l'orientation (d'où viennent les choses, ou vont-elles, et à quelles dates) de la coordination (lorsque des actions sont menées en parallèle, c'est, au minimum, qu'elles ne sont pas incompatibles, voire qu'elles seront ultérieurement complémentaires). Une telle maîtrise permet de travailler avec des écarts serrés, mais qui ne sombrent pas – sauf, justement, accident (mais c'est aussi à cela qu'on le reconnaît) – dans la confusion. Elle ne peut être indépendante d'une organisation tout aussi stricte des flux dans l'espace. A ceux qui la maîtrisent, cette procédure offre un rare pouvoir d'efficacité (faire plus, voire mieux également, dans un même ou plus court temps), un rare pouvoir d'organisation dans l'organisation (qui se traduit par leur spécialisation dans un service des méthodes).

Le programme informatique récupère si l'on veut les propriétés de la recette et de la procédure d'ordonnancement, mais il introduit ou systématise la logique du « si... alors », qui se traduit :

– par la logique de l'alternative ;
– et/ou celle de l'itération.

C'est ainsi que s'immiscent à la fois, le possible et la répétition, mais cadrés, canalisés, maîtrisés. Si le temps reste peut-être globalement linéaire, il accueille néanmoins des bifurcations (bientôt parallèles) et des retours (qui permettent de recommencer la séquence). Sur ce fond se dessine le pouvoir de traiter par itération un grand nombre d'opérations automatiquement. Se découpe également le pouvoir d'exploration par la variation des valeurs de certaines variables d'un modèle : pouvoir de donner en quelque sorte un semblant de réalité à ce qui échappe à nos sens, le très grand nombre et le possible. Mais c'est un pouvoir dont l'expression dépend directement de la puissance du support technologique grâce auquel il peut être mis en œuvre. Autrement dit, le dire-faire du programme est subordonné à la machine comme la recette l'est à son metteur en scène humain. Dernier avatar de la raison graphique – un programme peut très bien s'écrire à l'aide d'un simple papier et d'un crayon[60] – ce dire-faire ne peut pleinement s'épanouir qu'avec l'avènement de la raison simulatrice, avec la machine 4D – qui, en retour s'en nourrit totalement.

4.2. Les diagrammes

4.2.1. *Qu'est-ce qu'un diagramme ?*

Par diagrammes entendons « graphiques », l'ensemble de ces représentations graphiques qui travaillent à la fois à récapituler des données et à rendre compte de leurs relations par le dessin – donc en jouant pleinement sur l'espace bidimensionnel de la surface d'inscription. Nous comprenons, rappelons-le, parmi ces diagrammes,

60. La machine de Turing ne repose-t-elle pas fondamentalement sur cette technique apparemment bien frustre ?

les tableaux, les axes (repères orthonormés), les diagraphes (les arbres et les réseaux), les diagrammes circulaires et de Wenn. Je vais essentiellement focaliser mon attention sur les trois premiers.

4.2.1.1. *Tableaux, repères, arbres et réseaux*

4.2.1.1.1. Le tableau

« Une des caractéristiques de la forme graphique – souligne J. Goody – c'est de tendre à disposer les termes en rangées et en colonnes, c'est-à-dire linéairement et hiérarchiquement, de manière à assigner à chaque élément une position unique qui définit sans ambiguïté et en permanence sa relation aux autres » (Goody, 1979, p. 133). Le tableau, vaut *a minima* comme redoublement par symétrie d'une liste (en tant que forme et non contenu). Et par ce geste, il ferme un peu plus le monde de la liste, l'autonomise en quelque sorte : la double entrée tend à spécifier encore un peu plus, plus précisément. Il systématise l'aptitude classificatrice du traitement de la raison graphique.

Cependant, au contraire de ce qu'avance J. Goody, un tableau n'est pas obligatoirement hiérarchique : ce qui est au-dessus n'est pas obligatoirement supérieur mais indique une précession dans le temps ou une différence. Ainsi, dans un calendrier présenté sous forme de tableau la position des différents jours ne préjuge en rien d'une quelconque supériorité : le lundi vient avant mais n'est pas supérieur au mercredi, ni le 3 janvier au 12 août. Et si certains jours sont connotés socialement comme supérieurs, c'est-à-dire plus importants – le 14 juillet en France ou le 25 décembre ou Pâques pour les chrétiens – ce n'est pas le résultat du « travail » du tableau, mais bien celui d'une culture.

Un tableau peut aussi bien accueillir une logique qualitative qu'une logique quantitative. Et dans les deux cas, il peut y avoir expression d'une hiérarchie ou non.

Avec la logique qualitative, il s'agit de distribuer dans l'espace d'une proximité des objets dont on veut montrer qu'ils possèdent plus de liens entre eux qu'avec « le reste du monde ». La relation peut-être hiérarchique, à l'instar d'une inclusion, ou non, à l'instar d'une opposition. Quoiqu'il en soit l'espace lui-même sert à traiter l'information. Un espace, fruit en l'occurrence, soit de regroupements d'au moins deux ensembles d'« objets », soit de lignes de partage, qui séparent là encore au moins deux objets.

La logique quantitative distribue des mesures (des comptages, des rangs, etc.), discrètes, isolées et non continues. Aussi proches que soient les valeurs d'une variable l'intérêt de les exposer sous la forme d'un tableau réside justement dans la volonté de voir et/ou de montrer ces variations. Inversement un tableau peut également montrer la stabilité des valeurs d'une variable au cours du temps, mais là encore il s'agit d'une même valeur, singulière.

Parce qu'il joue *à la fois* sur la ligne et la colonne (alors que la liste simple s'ordonne à la seule colonne, voire à la seule ligne lorsque plusieurs item se suivent) le tableau croise au minimum deux critères, qui assurent chacun une fonction de rapprochement et de différenciation. Il rapproche tout ce qui se situe dans la même colonne et devient ainsi totalisable dans une opération arithmétique par exemple ; il rapproche tout ce qui prend place sur la même ligne – différentes valeurs d'une même variable par exemple. Il introduit cette différence soit par la ligne qui distingue divers postes en comptabilité par exemple, soit par la colonne qui distribue les différentes valeurs selon différentes dates. Rapprochement et différenciation : le tableau on le comprend est avant tout un formidable outil de comparaison.

Le tableau, en définitive, est efficace parce que – à l'instar de tous les diagrammes d'ailleurs –, il met en scène l'information : soit il vérifie la pertinence des critères de rapprochement-différenciation choisis, soit il permet de les inventer, de les faire remonter du classement tabulaire lui-même. En ce sens, mais nous y reviendrons (voir la section 4.2.1.2), le tableau « parle » (Dagognet, Latour)[61].

4.2.1.1.2. Repères orthonormés

On aurait pu ici parler de courbe, mais celle-ci nous semble d'abord représenter le résultat d'un travail de traduction de données tabulaires sur un repère orthonormé, plutôt qu'un point de départ – d'ailleurs, le repère peut aussi bien accueillir un histogramme comme moyen de la mise en forme de ce résultat. Elle ne constitue donc pas la classe, mais seulement un exemple, canonique cependant (voir plus bas). Le repère orthonormé est directement lié à la mesure. Il a pour vocation de rendre dans l'espace à deux dimensions de la surface les relations qu'entretiennent les valeurs d'une variable notamment avec le temps. On peut certes, travailler avec une autre dimension que le temps, mais le repère orthonormé se prête singulièrement bien à sa visualisation, c'est-à-dire à la visualisation de l'évolution d'un phénomène dans le temps – autrement dit encore des positions relatives des valeurs de la variable en fonction du temps.

Le repère orthonormé fait apparaître ce que l'on ne voit pas, le temps. Il le montre sur un mode synoptique, synthèse d'une série de points ou ondulation d'une ligne, à moins qu'il n'accumule des tranches. Il objective le temps et par là-même le fabrique. Il synthétise quelque chose que l'on ne voit pas plus : l'évolution d'un

61. Comme le souligne C. S. Peirce dans son langage, « une des grandes propriétés distinctives de l'icône [et le diagramme chez Peirce est bien une icône] est que par son observation directe peuvent être découvertes concernant son objet d'autres vérités que celles qui suffisent à déterminer sa construction » (Peirce, *Ecrit sur le signe*, 1978, p. 150).

phénomène dans ce temps construit. Et là encore, il soutient cette opération fondamentale : la comparaison. Il suffit de superposer les courbes – sans trop les multiplier pour une question de lisibilité – pour littéralement voir les évolutions différentielles.

G. Didi-Huberman donne une origine aristotélicienne et médiévale de la courbe : « puisque la grandeur accompagne" le temps et puisque le temps mesure" le mouvement, il devient compréhensible que la science physique, puis physiologique, ait tenté la géométrisation conjointe du temps et du mouvement, à travers une figuration graphique que la scolastique parisienne du XIVe siècle aura promu, Oresme étant le premier à représenter un « changement continu » sous la forme d'une courbe graphique, bien avant que Descartes et Galilée n'en donnent les principes modernes » (Didi-Huberman, 2004, p. 191).

Cependant le développement véritablement scientifique des courbes ne se produit que fin XVIIIe siècle en Grande Bretagne. C'est en effet W. Playfair qui, à suivre l'historien D. Headrick, aurait utilisé les diagrammes, et singulièrement les courbes « as a major medium of communication » (Headrick 2000, p. 125)[62]. Or, Playfair « was not a scientist but [...] a self-taught publicist and adventurer » (Headrick, 2000, p. 125). Il écrit en 1786 « the commercial and political Atlas, containing forty-four hand-colored graphs. All but one of these were line graphs, with the horizontal axis representing time and the vertical axis showing English economic data [...]. Playfair's graphs were the first to use economic data. Unlike Priestley's charts, which were essentially linear, Playfair's were two-dimensional » (Headrick, 2000, p. 125). A ses yeux, le recours aux diagrammes devient indispensable, car « as knowledge increases among mankind, and transactions multiply, it becomes more and more desirable to abbreviate and facilitate the mode of conveying information from one person to another, and from one individual to the many » (Cité par Headrick 2000, p. 127). Mais Playfair, avec ses graphiques, ne se contente pas de montrer, il effectue également des inférences, quitte, comme le souligne D. Headrick à se tromper dans ses conclusions. Où l'on voit pour la première fois véritablement se dessiner une économie et son évolution temporelle ; ce qui lui donne chaire et vie en tant qu'économie et notamment économie nationale. Où l'on cherche à tirer de ces diagrammes plus que ce que l'on y a mis, dans une exploration intellectuelle dont les erreurs ne sont que le signe des tâtonnements inhérents à l'innovation. Si cette démarche n'a guère convaincu en Grande-Bretagne, elle a, en revanche, trouvé écho sur le continent, et singulièrement auprès du grand savant allemand Alexandre Von Humbolt pour qui « statistical projections which speak to the senses without fatiguing the mind, possess the advantage of

62. Headrick souligne également que le premier à avoir véritablement compris et utilisé les graphiques sur un plan scientifique au XVIIIe siècle est le chimiste Joseph Priestley (Headrick, 2000, p. 124).

fixing the attention on a great number of important facts » (Headrick p. 129, traduit par mes soins).

Le XIXe siècle sera le siècle de l'automatisation du tracé des courbes, avec parmi tant d'autres exemples, un Ch. Babbage qui envisageait de munir ses machines d'un dispositif de sortie, un traceur de courbes (Ligonnière, 1987, p. 102), susceptible d'offrir directement (c'est-à-dire sans intermédiaire, afin de réduire les erreurs) le résultat sous forme graphique. Un E.J. Marey se fera également le promoteur infatigable d'une méthode graphique (sur laquelle nous revenons plus en détail au chapitre 9), qui visait à « transposer un phénomène, une force, une pression, un mouvement dans [...] une image très simple, constituée principalement de lignes continues et souples, plus accessible à la perception et à l'observation que le phénomène lui-même » (Frizot, cité par Didi-Huberman, 2004, p. 194).

4.2.1.1.3. L'arbre

L'arbre se situe au croisement de deux logiques, celle de la généalogie et celle de la classification.

Généalogique, l'arbre obéit au principe de l'héritage : d'une branche à l'autre se transmet quelque chose. Quelque chose passe et persiste un peu dans autre chose. Car celui qui hérite n'est plus tout à fait celui dont il hérite. Immanquablement un écart, aussi léger soit-il, creuse une différence, aussi minime soit-elle. Quelque chose passe, mais se transforme et porte la transformation. L'arbre dit cela, cette descendance qui à la fois reçoit et toujours modifie ce don pour se construire. L'arbre montre une *dérive*, faible ou forte, rapide ou lente. C'est pourquoi, il symbolise si bien la vie – arbre de l'histoire naturelle ou arbre familial.

Cet arbre vaut également comme mémoire : il se descend ou se remonte et montre sur le mode synthétique du synoptique ce qui se disperse dans le temps et dans l'espace. On sait qui l'on est parce que l'on sait d'où l'on vient (hommes, lieux et dates) : cette mémoire identifie et porte l'identité comme elle en soutient la revendication. Nous y reviendrons.

Outil de classification, l'arbre s'articule au principe de division hiérarchique (souvent, mais non exclusivement dichotomique). Soit la division hiérarchique conserve la notion d'héritage : le résultat est par exemple le produit d'un « mariage » et d'une séparation – à l'exemple de l'enfant par rapport aux parents, défini par là même comme membre de la famille X. Soit la division hiérarchique est pure : x est membre de l'une des classes d'un ensemble de classes hiérarchisées (un organigramme dans une organisation quelconque). Enfin, cette division hiérarchique peut se prolonger dans une logique purement classificatrice : x est membre d'une classe d'égaux (elle-même subordonnée), il possède une spécificité qui le range dans une sous-section de cette classe (il est simplement différent).

L'arbre est une vieille figure de l'organisation des connaissances (et nous le retrouverons lorsque nous réfléchirons à l'encyclopédie), entre mémoire et classification, la mémoire au service de la classification et la classification au service de la mémoire. A en croire W. Ong, « the very existence of print soon favored the production in great quantity of dichotomized or binary outlines structured as today's binary computer flowcharts ». A ses yeux le pédagogue Pierre de la Ramée (Ramus) au XVIe siècle a élaboré « probably the most spectacular binary representations produced by print [...] in the hundreds of editions of printed books featuring dichotomized (that is, binary) outlines of human knowledge [...]» (Ong, 1998, p. 17).

Comme le souligne M. Carruthers, à propos de deux poèmes écrits par Théodulfe d'Orléans au VIIIe siècle, dont l'un présente un arbre de la connaissance : « le schéma n'est pas seulement un rappel mnémonique de l'organisation des arts libéraux et des rapports qui s'établissent entre les différentes branches [...] : il est une structure conçue pour permettre un savoir et une réflexion plus poussés[63] » (Carruthers, 2002b, p. 268), pour que l'« intelligence humaine s'élève » à en croire Théodulfe lui-même.

4.2.1.1.4. Réseaux

Par réseaux, il convient d'entendre les diagrammes représentant des parcours connectant des nœuds par des arcs[64]. Il s'agit ici d'un mode de représentation et non d'infrastructures. Si le « relief » de l'arbre est marqué par la hiérarchie (qui implique au moins deux niveaux), celui du réseau, qui lui n'existe que sur un seul niveau, est indexé par la concentration (il y a des nœuds qui connectent beaucoup de lignes) et par le débit des flux.

Le réseau peut ainsi être en « bus », sans nivellement hiérarchique et la différenciation de ses points liée aux différences de débits dans l'espace (à l'exemple de tel arrêt de bus ou de métro ou peu de gens montent ou descendent alors que le prochain enregistre des échanges considérables) ou le temps (le même arrêt peut connaître des niveaux variables de fréquentation en fonction des moments dans la même journée).

Le réseau peut également être en « étoile », sans nivellement hiérarchique *a priori* non plus, la différenciation des points s'opère dès lors par des différences de concentration (certains nœuds sont de véritables échangeurs) et de débit.

---

63. Quoique M. Carruthers s'intéresse d'abord aux images mentales et à la culture orale du Moyen Age, sa conclusion semble s'étendre d'évidence aux figures graphiques.

64. La notion de réseau a donné lieu à une très vaste littérature (pour deux approches synthétiques – et aux bibliographies nourries – parmi d'autres, (voir Parrochia, 1993 et Robert, 2005). C'est pourquoi nous avons choisi d'articuler ce développement autour d'une typologie et d'une référence fondamentale en philosophie de la communication, M. Serres.

Enfin, le réseau peut être « maillé ». Il est totalement dépourvu de hiérarchie. Il relie n'importe quel point d'un ensemble de points interconnectés à n'importe quel autre par au moins deux solutions. Il ouvre également la possibilité d'effectuer des bouclages, des itérations et/ou des parcours conditionnels. Des effets de relief peuvent être dessinés là encore par des effets de concentration et de débit en certains points.

M. Serres a donné, mieux que nous ne saurons jamais le faire, une définition forte du réseau : « imaginons, dit-il, dessiné dans un espace de représentation, un diagramme en réseau. Il est formé, pour un instant donné (car nous verrons amplement qu'il représente un état quelconque d'une situation mobile), d'une pluralité de points (sommets) reliés entre eux par une pluralité de ramifications (chemins). Chaque point représente soit une thèse, soit un élément effectivement définissable d'un ensemble empirique déterminé. Chaque chemin est représentatif d'une liaison ou rapport entre deux ou plusieurs thèses, ou d'un flux de détermination entre deux ou plusieurs éléments de cette situation empirique. Par définition, aucun point n'est privilégié par rapport à un autre, aucun n'est univoquement subordonné à tel ou tel ; ils ont chacun leur puissance propre (éventuellement variable au cours du temps), ou leur zone de rayonnement, ou encore leur force déterminante originale. Et, par conséquent, quoique certains puissent être identiques entre eux, ils sont, en général, tous différents. De même, pour les chemins, qui, respectivement, transportent des flux de déterminations différents, et variables dans le temps. Enfin, il existe une réciprocité profonde entre les sommets et les chemins, ou si l'on veut, une dualité. Un sommet peut être regardé comme l'intersection de deux ou plusieurs chemins [...] ; corrélativement, un chemin peut-être regardé comme une détermination constituée à partir de la mise en correspondance de deux sommets préconçus [...] » (Serres, 1969, p. 11).

4.2.1.2. *Les diagrammes et l'ordre*

Dans sa *philosophie zoologique* de 1809 Lamarck soutient que, « le but d'une distribution générale des animaux, n'est pas seulement de posséder une liste commode à consulter mais c'est surtout d'avoir dans cette liste un ordre représentant le plus possible celui de la nature » (Tassy, 1998, p. 31). A suivre P. Tassy, « comme Lamarck admet que les espèces se sont transformées au cours du temps et selon les contingences (milieu, climat, etc.), il n'est pas [...] interdit de considérer [son] schéma dichotomique comme la préfiguration de l'arbre phylogénétique moderne » (Tassy, 1998, p. 30).

Si produire de l'ordre c'est introduire une relation réglée entre les éléments d'un ensemble, alors les diagrammes constituent de remarquables outils de création d'ordre. Soit le diagramme entérine une relation et la montre, soit il permet de tester l'existence d'une relation. Il fonctionne dans les deux cas comme un dispositif heuristique de mise en évidence de cette relation.

Les diagrammes reposent toujours sur une mise en rapport *a minima* spatiale. A moins de considérer que l'espace permet à des relations de s'exprimer. Quoiqu'il en soit, l'espace ouvre un travail sur une large série de couples :

– proximité (*versus*) lointain,

– inclusion (*versus*) exclusion,

– présence (*versus*) absence,

– croisement (*versus*) parallélisme,

– se situer ou non sur une même ligne,

– superposition ou non,

– symétrie ou non,

– périodicité ou non,

– divergence (*versus*) convergence,

– petite (*versus*) grande échelle,

– grandeurs (« grand » (*versus*) « petit » – aussi relatives que puissent être par ailleurs ces grandeurs),

– etc.

Comme on le voit, ces relations spatiales rendent comptent de relations logiques, à moins que ce ne soit l'inverse et qu'une part des relations logiques ne fassent qu'exprimer des relations avant tout spatiales. Ainsi, Augustin Augier, botaniste du début du XIXe siècle a-t-il, selon P. Tassy, « comprit la valeur heuristique de l'arbre en tant que construction picturale : [...] on pourrait, écrit-il, [grâce à cet arbre botanique], à l'aide des rapports de proximité et d'analogie, apercevoir aisément les lacunes formées par l'absence des genres et espèces de plantes que l'on n'a pas encore découverts » (Tassy, 1998, p. 40).

Mais en mettant de l'ordre ou en exprimant un ordre, les diagrammes, comme les listes d'ailleurs, vont plus loin encore, car ils produisent également de l'ordre. Or, ordre « révélé », ou ordre produit, dans les deux cas les diagrammes agissent comme des outils de traitement spatial de l'information. Bref, comme le souligne avec force B. Latour, « [...] Mendeleiev apprend de son tableau plus qu'il n'y a mis » (p. 14 – Latour, dans *Les vues de l'esprit*). Il reprend en cela une thèse déjà défendue par F. Dagognet, qui montre, à longueur de textes, le travail du tableau, et plus globalement des représentations graphiques, dans la construction même de l'état aux XVIIe-XVIIIe siècles en France (Dagognet, 1979, p. 90 à p. 119), de la médecine au XVIIIe-XIXe siècle (Dagognet, 1984c, p. 165 et suivantes), de l'histoire naturelle linéenne (Dagognet, 1979, p. 21), du succès de l'encyclopédie, de l'avènement de la géologie, etc. Autrement dit, les diagrammes « parlent », ils ajoutent de l'information au monde. Leur procès de transformation interne ouvre sur un potentiel de connaissances nouvelles, à condition non seulement de les construire, mais également d'apprendre à les interpréter. Car, s'ils parlent – et là nous nous éloignons quelque peu de F. Dagognet, nous devons tout aussi bien apprendre à les entendre.

4.2.1.3. *L'ordre et le nombre*

Aux XII-XIIIe siècles, en Italie, « la diversité des unités de production et de service et la complexité croissante des transactions [devient telle que] [...] les techniques évoluent vers la comptabilité en partie simple, caractérisée par la naissance des comptes, ensemble de tableaux comptables cohérents rattachés à un type d'opération ou à une unité d'exploitation » (Degos, 1998, p. 40). A la fin du XIVe/début XVe siècle, un marchand comme Francesco Datini lègue quelques 500 tonnes de documents, dont 100 000 lettres échangées de 1370 à 1410 avec ses principaux associés (Degos, 1998, p. 51) ! Il n'est donc pas étonnant qu'à la fin du XVe siècle un moine, un intellectuel, Lucas Pacioli en vienne, dans le cadre de sa *Summa de arithmetica*, à présenter les premiers rudiments de la comptabilité dite en partie double, base de la comptabilité moderne (Degos, chapitre 4). La comptabilité se fonde sur (et fonde) un certain nombre de règles, qui se traduisent par des tableaux synthétiques et synoptiques, qui participent directement à absorber le nombre toujours grandissant des « événements », des mouvements à enregistrer.

Encadré 4.1. *Comptabilités simple et double*[65]

« La comptabilité médiévale la plus simple revenait à dresser sur un unique registre une liste chronologique des opérations » (Herrenschmidt, 2007, p. 332) ; puis « elle évolua vers la comptabilité en partie simple » qui, à l'ordre chronologique ajoute « des comptes spécifiques, par l'écriture en colonnes et tableaux, où l'on distingua les débits et les crédits, les profits et les pertes » (Herrenschmidt, 2007, p. 333). Enfin, Pacioli présenta en 1494 à Venise sa *Summa de arithmetica*, traité de mathématique qui contient un précis de comptabilité aux principes nouveaux.

En effet, Pacioli propose au marchand de distinguer trois livres : le Mémorial, le Journal et le Grand Livre. « Le Mémorial [...] est un livre public [...], ses pages sont numérotées, les opérations enregistrées dans l'ordre chronologique avec leurs dates ». Le Journal constitue selon Pacioli qui s'adresse directement au marchand, « ton livre secret », « il est rédigé, à intervalles réguliers, à partir des données fournies par le Mémorial, ses pages sont numérotées, les dates indiquées » (*op. cit.*, p.334). Mais les informations du Journal sont classées par postes et distinguent ce qui relève du débiteur et du créditeur. « Le premier poste est l'inventaire, ventilé sous les rubriques Caisse et Capital, [dont Pacioli

65. Cet encadré s'appuie sur Herrenschmidt, 2007, chapitre 8.

souligne que] « par Caisse, on entend ta propre caisse, ta bourse. Par Capital, on entend l'ensemble de tes biens. Le capital doit toujours être porté comme créditeur [...] et la caisse comme débitrice » (cité par *op. cit.*, p. 334). Mais, le Grand Livre puise ses données dans le journal par réécriture : ses « pages sont numérotées, les articles datés », et il « est ouvert et clos par année civile ». Et Pacioli de préciser : « sache que pour tout article que tu as écrit au journal, il te faut en faire deux au Grand Livre, soit l'un au débit et l'autre au crédit [...] car le jour même où naît un débit naît aussi un crédit » (cité par *op. cit.*, p. 335).

Autres temps, autres lieux, autre discipline, mais le problème reste le même : B. Bensaude-Vincent nous apprend ainsi qu'au XIXe siècle, « la chimie se trouve confrontée à la difficulté de gérer une démographie galopante de substances » (Bensaude-Vincent 1989, p. 452). Ce à quoi répondra, non sans tâtonnements ni difficultés, le tableau périodique des éléments de Mendeleiev. Enfin, faut-il encore souligner l'immense travail de mise en tableaux et courbes effectué par l'administration de la statistique depuis le XIXe siècle notamment : ne s'agit-il pas directement d'élaborer par là-même les outils de gestion de ce que A. Desrosières (1993) appelle une « politique des grands nombres » ?

La généalogie « bourgeoise » est en soi à la fois un travail du grand nombre (de monsieur-tout-le-monde pour autant néanmoins qu'il en ait la curiosité et le temps) et un travail sur le grand nombre d'ancêtres (et que la mémoire, même familiale, a du mal à « tenir » au-delà de trois ou quatre générations). Cette généalogie permet aux familles de se construire une assise sociale dans l'espace et le temps (de la généalogie comme partie du capital social). Mais avant que ne s'épanouisse cette généalogie « bourgeoise », il existait une première pratique au service de la noblesse. Or, « les généalogistes des ordres du roi et les juges d'armes n'avaient pas pour mission de répondre à la curiosité de ceux qui voulaient retrouver leurs ancêtres ou enrichir leur mémoire familiale, mais de vérifier les ascendances des quelques 20 000 familles nobles pour leur confirmer le droit d'être reçues à la cour, d'envoyer leurs enfants dans les académies royales [...] de bénéficier d'une multitude de privilèges fiscaux ou autres » (Burguière 1997, p. 3888). On définit ainsi un « petit grand nombre », susceptible d'exhiber sa différence sociale et d'en assurer la rentabilité politique. Cette généalogie est un outil au service de ce petit grand nombre, mais également un outil de construction sociale de ce sous-ensemble privilégié de la société.

Lorsqu'en science, naturelle ou de la décision, les arbres se multiplient c'est encore pour faire face à la croissance du nombre, à la multiplicité des possibles. Et lorsque l'on développe de nouveaux modèles de la décision, à vocation plus systémique, c'est la figure du réseau que l'on invoque alors, à travers les graphes de la recherche opérationnelle ou les procédures de la Rationalisation des Choix Budgétaires (RCB, inspirée du PPBS (*Planning*, *programming*, *budgeting system*) américain – (Sfez, 1981)). L'arbre ou le réseau réduisent cette forme singulière d'incertitude, celle qu'engendre le grand nombre en expansion.

Prenons l'exemple du PERT. Au milieu des années 1950, la Navy lance un projet de missile balistique nommé Polaris. La gestion du projet a été confiée au tout nouveau Special projects office (SPO) en 1955. En 1957, comme le souligne T. Hughes, « le SPO a commencé à sentir qu'il était débordé par l'information qui arrivait. La coordination et le contrôle se révélaient extrêmement difficiles à maîtriser » (Hughes, 1998, p. 853). Une équipe composée d'experts de Booz, Allen et Hamilton (Société de recherche opérationnelle), de la Navy et de Lockheed a été chargée de proposer une nouvelle méthode d'approche des questions de coordination/programmation. En quelques mois ils ont élaboré le PERT (*Program Evaluation Review Technique*). Le PERT « donne [...] une représentation graphique des interactions synchroniques et du développement diachronique d'un projet complexe. [...] [il offre] le portrait graphique d'un diagramme de flux, ou encore d'un diagramme de réseau dynamique » (Hughes, p. 854). Le PERT permet d'identifier ce que l'on a appelé un « chemin critique », calculé par des ordinateurs. Car « s'il n'y avait aucune marge dans une opération, celle-ci tombait dans le chemin critique, ce qui voulait dire que si l'opération n'était pas achevée au moment attendu, des étapes critiques devraient être retardées » (Hughes, p. 854).

Bref, les diagrammes et leur invention sont largement suscités par une inflation du nombre, d'événements quelconques (comme le nombre des transactions), de « choses » (comme les éléments chimiques) ou d'hommes (comme avec la statistique ou l'arbre généalogique). Ils parviennent à la stabiliser pour partie, mais par là-même, assurant ses conditions de possibilité, en relance la croissance quantitative.

4.2.1.4. *Le diagramme et le document*

Les diagrammes, on l'aura compris, n'existent bien évidemment pas dans l'absolu. Les tableaux, pas plus que les arbres ou les réseaux (encore une fois, ici, au sens d'une représentation graphique du terme et non d'une infrastructure) ne flottent dans un quelconque éther d'où ils descendraient pour notre bien par la vertu d'une science dont la puissance ne peut que s'augmenter d'un tel exploit. Ces diagrammes s'inscrivent sur des surfaces plus ou moins lisses, plus ou moins stables, plus ou moins fiables : tablettes, papyrus, parchemin, papier et aujourd'hui des écrans d'ordinateur.

Un travail à la fois sur le document et de production de ce même document qui passe également par une mise en scène de l'information. Nous l'avons déjà souligné : une technologie intellectuelle, c'est inextricablement simultanément un support et l'information qu'il accueille ; mais c'est aussi à un deuxième degré toute une manière de mettre en scène l'information sur un même support – sous forme de tableau, de repères orthonormés, d'arbres ou de réseaux par exemple, dans le cadre de la raison graphique.

Ses recherches sur la classification des éléments ont mené Mendeleiev à proposer une loi périodique et à synthétiser ses travaux dans une représentation graphique. Or, nous explique B. Bensaude-Vincent « autant Mendeleiev a fait preuve de fermeté et de confiance dans l'énoncé de la loi périodique, autant il cherche et tâtonne pour la construction du tableau périodique. Il a d'abord hésité entre tableau et spirale [...]. Pour la forme à donner au tableau il hésite plus longtemps » (Bensaude-Vincent 1989, p. 464). Il en vient à réaliser deux tableaux, l'un compact, l'autre éclaté. « Chacun, écrit B. Bensaude-Vincent, présente des avantages et des inconvénients. Mendeleiev n'a pas trouvé le tableau idéal » (p. 465). On peut d'ailleurs se poser la question plus générale de savoir s'il peut réellement exister, par définition, une représentation graphique idéale. Ne s'agit-il pas toujours d'objets qui, au mieux, se rapprochent à un moment donné de ce dont on a besoin et de ce qui peut être considéré par les normes en vigueur à l'époque comme satisfaisant ? Si, comme le prétend l'adage, la perfection n'est pas de ce monde, elle ne gouverne donc pas plus celui des technologies intellectuelles. Celles-ci ne peuvent que constituer un outil, dont la construction est certes la plus rigoureuse possible, mais toujours en l'état d'une technique et d'une situation cognitive et sociale donnée. Ou sinon, on en revient à la notion « d'idée ». Or, une technologie intellectuelle se caractérise par sa capacité à produire un document : objet daté, produit d'un temps et d'un espace, même s'il est porteur de ce quelque chose qui le dépasse et lui permet de perdurer à la fois dans le temps et dans l'espace. Ce supplément d'âme si l'on veut, et qui la porte vers l'idéel n'est en rien un input, une condition de possibilité, mais bien un *output*, le fruit, le résultat d'un travail.

Le document est ainsi le lieu où le diagramme arraisonne le nombre à sa manière, afin de le mettre en ordre. Mais le nombre, labile, est habile à se faufiler : on croit enfin le tenir, le cadrer, l'enfermer, qu'il parvient à déjouer la surveillance. Le nombre fait toujours retour. Lorsque le document l'appréhende, il ne l'épuise pas pour autant, il ne l'évince même pas. Car le nombre surgit à nouveau, sous la forme d'une inflation documentaire – que classeurs et informatique, nous aurons l'occasion d'y revenir ont pour charge d'absorber, jusqu'à la prochaine crise de surcharge. Gestion (de l'Etat notamment, mais aussi de l'entreprise) et science ont multiplié, depuis un peu plus de deux siècles, les documents chargés de graphiques censés prendre la réalité à leur filets : multiplication à la fois des diagrammes, qu'il faut compresser dans de nouveaux diagrammes, eux-mêmes producteurs de nouveaux documents, et des documents eux-mêmes, qu'ils faut stocker et traiter en nombre toujours plus grand. Alors que nous allons maintenant aborder la question de la relation des pouvoirs et des diagrammes, n'oublions pas cet effet pervers non négligeable, qui reste sous-jacent aux deux autres, pouvoir de l'inflation, pouvoir de rendre les choses un peu plus difficilement réversibles dès lors qu'elles existent en nombre, en grand nombre... un nombre dont le coût d'éviction devient rapidement astronomique.

4.2.2. *Diagrammes et pouvoirs*

Les diagrammes ouvrent sur deux types de pouvoir, pouvoir de la mémoire, chronologique ou simultanée et pouvoir de la mesure. Ces pouvoirs expriment les propriétés des deux figures de la comparaison, telles que définies par M. Foucault (Foucault, 1966) : « il existe deux formes de comparaison et il n'en existe que deux : la comparaison de la mesure et celle de l'ordre ». « Comparer deux grandeurs, écrit-il, ou deux multiplicités [il entend par là les grandeurs discontinues], exige de toute façon qu'on applique à l'analyse de l'une et de l'autre une unité commune [...] La mesure permet d'analyser le semblable selon la formule calculable de l'identité et de la différence » (Foucault, 1966, p. 67). « Quant à l'ordre, précise-t-il, il s'établit sans référence à une unité extérieure [...] ici comparer et ordonner ne font qu'une seule et même chose [...] » (Foucault, 1966, p. 66-67).

4.2.2.1. *Pouvoir de la mémoire*

La mémoire se présente sous trois formes : l'une privilégie la chronologie – sans forcément s'y réduire comme nous le montre l'arbre généalogique qui articule chronologie et classement ; l'autre privilégie le mécanisme de la mémoire lui-même – et chez Lulle se projette volontiers dans des diagrammes, arbres et tableaux ; la dernière enfin, privilégie le classement – elle fonctionne sur le mode de la capture de la simultanéité.

4.2.2.1.1. L'arbre généalogique

Les technologies intellectuelles participent à un mouvement de décontextualisation de la mémoire. Une mémoire familiale tient par la circulation/répétition (toujours quelque peu déformée) d'un récit au sein du réseau familial – inversement, on peut aussi identifier ce réseau comme l'ensemble des personnes qui portent et se transmettent ce récit. Les technologies intellectuelles introduisent le document au sein d'une telle dynamique. Et même la mémoire familiale s'en trouve transformée. Le développement de la pratique généalogique correspond, selon Burguière, à un développement des « techniques d'exploration des documents et de mise en forme de la mémoire » (Burguière, 1997, p. 3881). La mémoire familiale ne peut prendre de l'ampleur tant dans l'espace que dans le temps sans avoir recours à « des traces écrites » (p. 3889). Ces traces écrites portent la mémoire bien au-delà des lieux où l'on vit actuellement – et permettent ainsi de recomposer une trajectoire géographique autant que sociale – et bien au-delà des vivants (ou des morts) que l'on fréquente aujourd'hui. Elles possèdent qui plus est une vertu essentielle, nous l'avons déjà vu : celle d'authentifier, celle de porter à distance dans le temps et l'espace la confiance. L'arbre généalogique ne constitue en l'affaire qu'un outil – moins important peut-être que le droit – mais un outil qui offre l'immense mérite de synthétiser les recherches sous un format synoptique, qui condense les trajectoires dans l'espace et le temps au sein d'une représentation qui donne à voir à la fois les positions, les rangs, les relations d'héritage. Un outil que l'on peut exposer comme une toile ou une tapisserie, ou faire circuler. Un outil de gestion de ce petit grand nombre de la famille comme de sa position au sein de l'ensemble, beaucoup plus vaste, des familles d'une région et/ou d'un groupe social.

4.2.2.1.2. Les diagrammes de Raymond Lulle

Cette figure de l'arbre nous la retrouvons, mais cette fois dans une perspective moins terre-à-terre, à l'œuvre dans cet *Ars memorativa* de Raymond Lulle au XIIIe siècle. L'art de la mémoire depuis l'Antiquité – tel qu'exposé par l'auteur anonyme de l'*Ad Herenium* au premier siècle avant J.-C. par exemple – vise à amplifier artificiellement les propriétés essentielles de la mémoire en recourant aux lieux et aux images. « Les lieux ressemblent beaucoup à des tablettes enduites de cire ou à des papyrus, les images à des lettres, l'arrangement et la disposition des images à l'écriture et le fait de prononcer un discours à la lecture » (Yates, 1975, p. 18). Ces lieux, pour l'essentiel, sont des lieux véritables que l'orateur connaît bien (même si l'on peut également utiliser des lieux fictifs). Ils se présentent sous la forme d'une série de lieux que l'on peut à loisir décliner vers l'aval ou l'amont à partir de n'importe lequel d'entre eux. Des lieux distincts, bien éclairés mais pas trop. Ces lieux, on l'a compris, vont accueillir les images. Celles-ci relèvent de deux types : images pour les choses et images pour les mots. Comprenons cependant, avec F. Yates, que « les « choses » constituent le sujet du discours, les « mots » le langage dont ce sujet est revêtu » (Yates, 1975, p. 21). Le lullisme introduit deux courbures dans cette tradition : d'une part « ce que Lulle propose de mémoriser à l'aide du traité de mémoire qu'il a mis au point, ce sont en fait les principes, les termes et les opérations de son Art » (Yates, 1975, p. 199). Cet art de la mémoire se présente en fait comme une sorte de machine qui, dans le cadre de sa propre clôture opérationnelle – c'est-à-dire l'ensemble des questions et réponses *a priori* acceptées par le système –, peut toujours faire correspondre une réponse à une question. Il s'agit moins d'un art de mémorisation de ce qui est donné, que d'un outil d'exploration de sa propre complexité. On croit ainsi pouvoir atteindre la vérité par la logique. Cet art de la mémoire a pour objectif de se mémoriser lui-même. D'autre part, et cela nous intéresse encore plus directement ici, cet art repose sur l'usage de l'arbre. L'arbre de la mémoire « est une sorte de système de lieux. L'exemple le plus remarquable en est *l'Arbor scientiae*, dans lequel le savoir universel est schématisé par une forêt d'arbres [...] » (p. 201). L'arbre constitue à la fois une « exposition schématique de l'art [de la mémoire] (p. 199) » et un outil mnémotechnique d'aide à la mémorisation de l'art de la mémorisation.

Enjeu, ancien donc, d'une mémoire artificielle qui se double ici d'une première esquisse d'une intelligence artificielle qui, en l'occurrence croit en l'égalité de la logique à la vérité. Mais avant que l'on invente nos modernes outils de traitement de l'information, cette recherche sent quelque peu le souffre, proche de la cabale, et de l'occultisme notamment, toujours au bord de cette hérésie qui condamna un Giordano Bruno au bûcher.

4.2.2.1.3. Le « tableau » de Foucault

La troisième forme de mémoire s'exprime singulièrement sous la forme du classement. Elle s'investit dans ce que M. Foucault nomme « l'espace du tableau » (Foucault, 1966, p. 87), c'est-à-dire cet espace de signes qui articulent « l'ensemble de la représentation en plages distinctes séparées les unes des autres par des traits assignables ; ils autorisent ainsi l'établissement d'un système simultané selon lequel les représentations énoncent [...] leur voisinage et leurs écarts – donc le réseau qui, hors chronologie, manifeste leur parenté et restitue dans un espace permanent leurs relations d'ordre. Sur ce mode peut se dessiner le tableau des identités et des différences » (p. 87 et 88). Le tableau auquel fait référence Foucault doit s'entendre comme un mode général d'appréhension du monde, fondateur d'une épistémè nouvelle. En ce sens, il a pratiquement recours à des instruments qui recouvrent à la fois la figure de l'arbre et celle du tableau au sens strict.

Foucault n'hésite pas, dans son propre tableau de l'histoire naturelle au XVIIIe siècle à rapprocher les deux frères ennemis, Buffon et Linné, par la vertu de la structure. En effet, à l'en croire, « Buffon et Linné posent la même grille ; leur regard occupe sur les choses la même surface de contact ; les mêmes cases noires ménagent l'invisible ; les mêmes plages, claires et distinctes, s'offrent aux mots » (p. 148). Certes, on oppose le système et la méthode. Le premier se focalise sur le caractère – si, comme Linné, on choisit pour note caractéristique « toutes les parties différentes de la fructification », une différence de feuille, ou de tige ou de racine ou de pétiole, devra être systématiquement négligée – ; le second fonctionne par soustraction : « [...] rien de ce qui a été mentionné dans la description première ne doit être répété dans la seconde. Seules sont mentionnées les différences ». Quoiqu'il en soit, selon Foucault, « méthode et système ne sont que les deux manières de définir les identités par le réseau général des différences » (p. 157). Des différences qui apparaissent d'autant mieux que l'on emploie des dispositifs graphiques de leur mise en évidence, arbres et tableaux (*Tous les savoirs du Monde*, 1996, p. 256) peut-être parce que, comme le souligne P. Corsi (*Tous les savoirs du Monde*, 1996, p. 212), « pour Lamarck, comme pour plusieurs admirateurs ou collaborateurs de Buffon [...], les positions prises contre Linné n'empêchaient pas d'utiliser des éléments classificateurs, tirés avec plus ou moins de liberté, de la taxinomie linnéenne ».

4.2.2.2. *Pouvoir de la mesure*

Mesurer, c'est pour notre société rapporter à un tiers qui, par sa seule position d'extériorité, dirait la vérité : l'unité commune. Unité commune à laquelle on voudrait ramener toute chose au XIXe siècle, en surprendre la vérité non pas tant dans l'acte même de leur comparaison terme à terme, que de ce rapprochement à ce nouvel étalon, le même. On voudrait tout mesurer, et d'abord, l'homme, avec Quételet, les Annales d'hygiène ou Bertillon, à des fins de connaissance, de progrès sanitaires ou de police. Une mesure qui, elle aussi peut ouvrir sur une mémoire, dès lors que l'on normalise et que l'on stocke sur une période suffisamment longue.

Alors on produit des chiffres, beaucoup de chiffres, de plus en plus de chiffres. Et pour ce faire, parce que les chiffres ne se récoltent pas comme l'eau de la rosée le matin sur les feuilles, il faut construire les institutions administratives chargées d'élaborer ces questionnaires et/ou ces comptages d'où sortiront ces précieux chiffres. Tout chiffre est ainsi le produit d'un découpage du réel, d'une manière spécifique de l'interroger, de le regarder. Toute mesure est le fruit de la définition d'une unité de mesure et d'un travail d'invention et de collecte de ces chiffres.

Mesures du territoire, de la population et de leurs productions : ces mesures sont politiques, même lorsqu'elles se révèlent économiques. Ces mesures de la puissance permettent de se revendiquer comme le plus grand (d'où la course aux Empires ?), le plus peuplé ou le plus dense, le plus riche ou celui qui produit le plus par habitant. On peut ainsi toujours inventer une mesure » objective » qui satisfasse son ego. Les médias déjà relaient de tels chiffres, de telles images qui en deviennent d'autant plus politiques, parce qu'elles ne sont pas seulement fabriquées par l'Etat mais que les masses des démocraties balbutiantes s'y reflètent et construisent par là même ou renforcent leur identité.

Ces mesures, ces chiffres s'entassent d'abord dans une multiplicité de tableaux maniables ou d'une rare aridité. Ces tableaux peuvent faire l'objet de manipulations que l'on apprend progressivement à maîtriser : on peut en extraire des sous-tableaux, les agréger à d'autres, les comparer, etc., et chaque fois obtenir un gain d'information – jamais moins. Ce gain est bien évidemment un gain théorique car rien ne certifie que la manipulation ait réellement été pertinente – mais même en ce cas on a exploré une voie, dont on peut infirmer la validité. Il en va de ce que F. Dagognet appelle une « transformation » (Dagognet, 1984c, p. 117) dans un espace de concentration, de « condensation » (*op. cit.*, p. 115). Une transformation qui possède cette vertu : « le nombre, s'il est bien traité, peut révéler un surplus ou des innovations » (*op. cit.*, p. 113).

Mais les tableaux bruts restent difficiles et longs à déchiffrer, aussi travaille-t-on au XIXe siècle à « l'introduction de la méthode graphique dans le domaine de la statistique et l'application de plus en plus fréquente de ce complément important des tableaux statistiques est due aux congrès et aux expositions qui ont accompagné leurs dernières cessions »[66], souligne un témoin de l'époque. Méthode graphique, c'est-à-dire, au-delà donc des tableaux eux-mêmes, des repères orthonormés (porteurs essentiellement de courbes) ainsi que des cartes (voir le prochain chapitre). Ces outils éclairent la prise de décision en montrant ce qui n'est pas visible, en inscrivant dans le registre de la visibilité ce qui jusqu'à présent lui échappait : le décideur voit mieux et plus loin, il est équipé d'un outillage que ses éventuels contradicteurs ne possèdent pas – le coût de l'opposition en est d'autant plus élevé ou déplacé vers la simple idéologie non fondée.

Ce qui est en jeu dans ce travail de mise en statistique, de mesure généralisée, de concentration dans les grilles du tableau et même dans les outils de mise en scène graphique de l'information – susceptible d'en améliorer la lisibilité – c'est une tension vers l'objectivité. Objectiver le social à travers des procédures et des outils, un équipement technique capable d'apporter une connaissance à vocation scientifique – au-delà des discours à connotation (dès lors d'autant plus) idéologique, tel que celui de l'économie politique du début du XIXe siècle (ce qui incitera ultérieurement l'économie et la sociologie à s'équiper – et la première de plus en plus lourdement et au détriment de la pertinence de ses problématiques – à leur tour).

Avec le XIXe siècle nous entrons dans un monde du grand nombre, grand nombre d'hommes, grand nombre de marchandises produites et en circulations. Nous entrons dans un monde d'une plus grande complexité : jamais l'on n'avait ainsi connu d'entreprises censées gérer une telle complexité que celle qu'atteignent très rapidement les sociétés de chemins de fer – gestion de réseaux de plus en plus vastes, de mobiles lancés à grandes vitesses, d'un nombre croissant de passagers et de marchandises, etc. Jamais l'on n'avait rencontré de démocratie du grand nombre, en pleine expansion démographique et censée répondre au « connais-toi-toi-même » au niveau, cette fois, macro-sociologique. Gérer ce nombre, gérer cette complexité passe avant tout par le développement d'un équipement de gestion, dont ces modestes tableaux et courbes, ces modestes technologies intellectuelles, qui, par la synoptique, la mesure et la mémoire participent efficacement à son absorption. Une absorption qui ne vaut pas résorption, en ce sens, et nous aurons l'occasion d'y revenir, que les technologies intellectuelles offrent par là même les conditions de stabilisation d'une croissance, autorisent un effet de palier, où l'on reprend son souffle, avant que de repartir, avant de relancer la machine de la complexité. Ce qui suscite, à un autre niveau, la nécessité de produire des outils encore plus puissants, plus efficaces, qui relèvent plus encore que de la raison classificatrice – même s'il convient de stocker l'immense production de documents papier engendrés par l'inflation statistique –,

66. *Cahiers Science et Vie*, n°28, décembre 1978, p. 14.

de la raison simulatrice – d'où, aussi, ce glissement, partiel, vers le support mécanographique, puis informatique (voir la troisième partie) ?

Mais auparavant nous allons voir que procédures et diagrammes (et singulièrement les listes et les tableaux) entretiennent de subtils liens avec les deux autres volets de la raison graphique, cartes et dessins techniques.

CHAPITRE 5

Les cartes

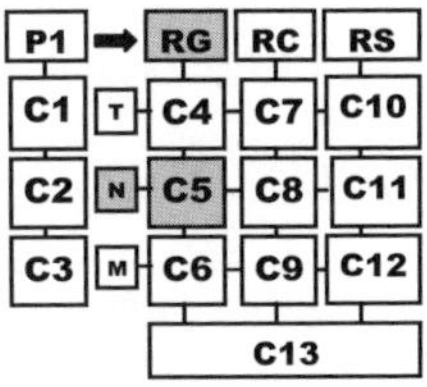

La carte rejoint l'outil et le symbole dans la même instrumentalité : elle est une prothèse intellectuelle et visuelle (Jacob, 1992, p. 50).

Nous préférons parler de matérialisation et de construction d'une image plutôt que de représentation de la terre : c'est à notre avis le seul moyen de soustraire la carte aux définitions tautologiques et d'introduire une problématique minimale dans le discours positiviste dominant de l'histoire de la cartographie (Jacob, 1992, p. 136).

Christian Jacob, *L'empire des cartes* (1992)

Si la liste participe de la raison graphique, c'est bien parce qu'elle travaille le traitement de l'information sous forme *topo-logique* : elle joue en effet sur une recomposition des voisinages pour engendrer des effets de sens – singulièrement par substitution d'un voisinage selon des critères abstraits à celui des situations. L'information n'en reste pas moins discrète. Avec la carte, nous glissons du domaine de l'écriture à celui de l'image. Or, cette dernière emporte une logique du global et de la simultanéité, sans sacrifier néanmoins à la représentation comme décalque de la « réalité ». Il ne s'agit plus seulement de traiter de l'information, c'est-à-dire *des* informations, distinctes et bien identifiées – ou que l'on croit telles ou que l'on a construites comme telles –, mais d'appréhender un tout dans sa complexité. Ce tout, la carte le rend intelligible et maîtrisable, en en indexant la position, en en restituant la forme et en en symbolisant les réseaux (nœuds et chemins). Elle favorise ainsi la navigation (maritime ou terrestre).

Il y a comme une énigme de la carte à l'échelle de l'histoire et du monde, à la fois si évidente, si indispensable et pourtant en définitive si rare. Une énigme de la présence même de la carte : pourquoi faire des cartes, qu'est-ce que cela signifie à propos de notre monde et de notre rapport au monde ? Une énigme du mode d'existence de la carte : où commence-t-elle, où la commencer, où finit-elle, où la finir ? A ces questions fondamentales la science ne répond pas véritablement, pas de manière suffisamment vive en tout cas. Pour les aborder il faudrait tout à la fois l'âme d'un poète et d'un philosophe, parce que la carte fait rêver – mais pourquoi ? –, parce que la carte fait méditer – mais sur quoi ? Heureusement pour nous le guide, un peu sorcier de l'intelligence, d'un tel détour existe, il s'appelle Jorge Luis Borges.

5.1. Borges : le passage à la limite de la carte

5.1.1. *L'Aleph*

Borges a écrit un texte envoûtant, parce qu'il nous glisse en quelque sorte sous la voûte même de l'énigme du monde, *L'Aleph*. Ce titre résonne de l'étrangeté d'un ailleurs, parce qu'il vient d'ailleurs. Car L'Aleph, cette lettre qui « pour la cabale [...] signifie le *En Soph*, la divinité illimitée et pure » (p. 209), désigne un point aux propriétés pour le moins singulières, puisqu'« il est l'un des points de l'espace qui contient tous les points » (p. 201). Autrement dit, il est « le lieu où se trouvent, sans se confondre – précise Borges – tous les lieux de l'univers, vus de tous les angles » (p. 201), à quoi l'on a envie d'ajouter et à toutes les échelles possibles et à toutes les époques ? En ce point, lorsqu'on l'atteint, explique le héros de Borges, « ce que virent mes yeux fut simultané : ce que je transcrirai, successif, car c'est ainsi qu'est le langage » (p. 205). Que se passe-t-il en ce point ? Advient ici la présence absolue du monde à lui-même. Mais c'est une présence qui ne sombre pas dans l'entassement ou le magma informe ; elle échappe à la confusion. Elle est l'ensemble des singularités, prises toutes ensemble comme tout, mais néanmoins respectées comme singularités.

Dans ce point-monde-ci la carte, par définition, devient inutile. En ce point de l'Aleph donc, la carte est vouée à une véritable obsolescence fonctionnelle. Ou plutôt, comme ne manque pas de le souligner Borges, « le monde inférieur est le miroir et la carte du supérieur » (p. 209). Ainsi la carte existe-elle, mais c'est notre monde lui-même. Il devient ainsi la carte métaphorique d'un monde plus vaste et plus parfait – mais dès lors le monde-carte n'a plus besoin de carte. Dans les deux cas, la carte s'évanouit en tant que telle. Premier passage à la limite : lorsque l'on maîtrise tous les points de l'espace (pour autant qu'il se compose de points) ou que l'espace est totalement co-présent à lui-même, alors la carte s'absente en même temps que les conditions de possibilité même de sa fonction. C'est donc bien *parce que* notre monde ne pratique pas cette co-présence à lui-même que la carte devient à la fois possible et dès lors qu'on l'invente, utile, voire indispensable.

5.1.2. *L'Empire*

Borges a écrit un autre texte beaucoup plus directement inspiré par la carte elle-même : « En cet empire, l'art de la cartographie fut poussé à une telle perfection que la carte d'une seule province occupait toute une ville et la carte de l'Empire toute une province. Avec le temps, ces cartes démesurées cessèrent de donner satisfaction et les collèges de cartographes levèrent une carte de l'Empire, qui avait le format de l'Empire et qui coïncidait avec lui, point par point. » (*Histoire universelle de l'infamie*, texte intitulé « De la rigueur de la science », p. 107).

Que ce passe-t-il ici ? La carte-grenouille devient aussi grosse que le bœuf-monde, elle envahit et bientôt recouvre le territoire en son entier. Après tout, pour être vraiment précise, la carte ne devrait-elle pas être le décalque parfais de ce que, dès lors, elle re-présente, c'est-à-dire présente à nouveau, mais sur le mode graphique ? Redoublement du monde, cette carte, bien encombrante, sorte de voile ou de toile monumentale ou de nouvelle couche sédimentaire, ne se comporte plus comme un outil de connaissance. Elle ne réduit rien, puisqu'elle reproduit fidèlement le territoire à l'échelle 1. Pourquoi dès lors ne pas envisager même une carte qui soit plus vaste encore que le territoire, qui, décidément, le déborde de toute part, qu'il faudrait plier et replier ? Elle ne modélise pas, puisque le souci d'exhaustivité exige que rien ne soit perdu, que l'information ne simplifie pas le réel, mais s'acharne au contraire à le retrouver tel quel – ce qui laisse supposer une banque de données quasiment infinie au service de sa fabrication. Elle ne se transporte pas, par définition, puisqu'elle est déjà là, partout présente à sa manière, c'est-à-dire non sur le mode du point qui ouvre sur tous les autres, mais localement par portions et morceaux.

La volonté de précision scientifique en vient ainsi à tuer tout usage de gestion véritablement efficace, puisque non seulement cette carte n'accélère pas les déplacements mais les ralentit par sa seule présence. Cette carte n'offre pas plus une connaissance synthétique du territoire, réellement distincte de ce dernier. Aussi près qu'elle veuille coller au territoire elle ne parvient toujours pas à l'embrasser vraiment, elle en reste toujours à la fois une carte (au singulier) qui n'en possède jamais toute la richesse, mais une carte qui embarrasse le territoire. Car, soit elle l'occupe et le couvre au point de l'étouffer, soit elle s'y inscrit littéralement, lorsqu'elle s'effondre sous le coût de sa propre maintenance, comme monument ou comme scorie. Bref, et deuxième passage à la limite, cette carte n'est plus fonctionnellement une carte. Symbole de la puissance de l'empire, son étreinte en devient fatale. C'est bien *parce que* nos cartes restent à échelle d'homme, parce que réduites elles réduisent que nous pouvons les utiliser.

Ces deux fictions borgesiennes nous permettent de pratiquer cet étrange exercice d'une expérience de pensée, d'une sorte de simulation : que ce passe-t-il, pour la carte, lorsque l'espace-temps se résorbe en un seul point où tout est là et pourtant sans se confondre, lorsque l'on peut être à la fois ici et là-bas ou ailleurs en même temps ? Que ce passe-t-il, pour la carte, lorsqu'elle en vient à s'étendre, immense, lourde et pesante au-dessus du territoire, l'occultant peut-être, lorsqu'elle devient véritablement monumentale, requérant pour sa maintenance une logistique puissante et coûteuse, lorsqu'elle devient aussi difficile à maîtriser et entretenir (physiquement et informationnellement) que le territoire lui-même ? Elle s'absente ou sombre dans l'obsolescence.

Or, le monde dans lequel nous vivons s'inscrit justement sous l'orbe de cette impossibilité à la loi de laquelle il nous assigne, d'être à la fois ici et là bas en même temps : l'homme nu ne parvient pas à desserrer cette injonction paradoxale. Voilà ce que nous appelons justement le « paradoxe de la simultanéité » (Robert 2004, 2005, 2009 et la conclusion générale ici-même) : cette contrainte qui nous gouverne et qui donne par définition un statut de fiction à l'Aleph borgesien. Or, nos cartes et nos cartographes, heureusement, ne poursuivent pas cette obsession de la carte qui dévorerait le territoire : elles restent des outils que l'on peut utiliser pour représenter ses croyances, pour valoriser un pouvoir, se repérer ou pour connaître, toutes opérations symboliques et/ou cognitives engendrées par des supports concrets d'information. Mais comment parviennent-elles à un tel résultat ?

5.2. Qu'est-ce qu'une carte ?

La raison graphique impose son ordre au monde, le rend pensable et l'offre à une série d'opérations inimaginables jusqu'alors : la mesure, le partage.

Jacob, *op. cit.*, p. 177.

5.2.1. *L'ordre cartographique*

Une carte n'est jamais gratuite, elle introduit toujours un ordre. Même une carte hautement symbolique, exclusivement symbolique, comme la carte dite en « T » du Moyen Age, carte gouvernée plus par la doctrine chrétienne que par une quelconque fidélité au « réel », signifie l'ordre du monde tel que l'envisage cette doctrine : un ordre subordonné aux actes (c'est-à-dire au verbe) de Dieu et au texte de *la Bible* donc. Les « vraies » cartes, celles qui visent à faciliter la navigation, emportent elles aussi la mise en ordre du monde. Car à vouloir coller un tant soit peu au réel, on l'invente toujours.

L'histoire de la carte peut ainsi se lire à l'aune du développement des outils qui renforcent cet ordre, cette régulation. Mais dès lors, cette histoire n'est plus vraiment linéaire. Car l'antiquité connaissait déjà la grille, la projection et l'échelle qu'un certain Moyen Age, sous la pression de la *Weltanschauung* chrétienne, oublia pendant de longs siècles (Boorstin, 1986). Ptolémée, connu surtout pour ses travaux astronomiques démentis par les découvertes de la Renaissance, était aussi –et les deux sont liés – géographe. Or, son travail en ce domaine, malgré les limites de son information, se révèle intellectuellement très avancé. Il faut attendre le besoin entraîné par les expéditions portugaises notamment, et leur organisation minutieuse par Henri le navigateur, pour connaître l'embrayage d'une véritable révolution de l'étude cartographique. Nous y reviendrons.

Comme le souligne Jacob, « la carte est un espace orthonormé, un cadre de rangement potentiel où l'on peut stocker un nombre maximal de lieux, nombre dont les limites sont celles de la lisibilité du dessin comme de la richesse toponymique de l'espace cartographié » (*op. cit*, p. 161). Car la carte moderne repose sur une *grille* qui permet d'en assurer la fiabilité métrique. Une grille qui « succède » à la rose des vents des marins, avant d'être dépassée par les méthodes de la triangulation géodésique. Elle est également dotée d'une *échelle*, qui garantit le respect des proportions. Elle dépend aussi d'une méthode de *projection*, censée ajuster le report de tout ou partie d'une sphère sur une « feuille » plane. Enfin, elle possède une *légende* qui en facilite la lecture en codifiant les représentations symboliques des « objets » réels.

Structurée par ces quatre régulateurs, la carte joue de manière singulièrement efficace son rôle de gestionnaire de la complexité.

5.2.2. *La complexité du monde*

La carte tente d'arraisonner cette complexité en travaillant sur les *formes* du monde et la *symbolisation* de ses objets.

On ne peut tracer la forme de ce qui n'est que variation. C'est pourquoi les formes du monde sont d'abord celles des continents, des terres, stables à l'aune d'une vie d'homme. A défaut de maîtriser d'emblée toute la richesse du monde, on en inventorie les contours. A défaut de pouvoir dénombrer les éléments d'un ensemble, on en délimite l'enveloppe.

La carte est l'outil privilégié de cette vaste *opération d'enveloppement du monde*. Elle permet ce premier tâtonnement, du repérage d'un bord, d'une lisière : les cartes des XVe-XVIe siècles traduisent à merveille ce premier geste qui produit en creux, ce reste du monde, vide et comme un appel à l'exploration[67]. La carte

67. Et les figures qui la peuplent encore « bien loin d'être des illustrations [...] tels des fragments de récits, marquent dans la carte les opérations historique dont elle résulte. Ainsi, le

systématique, c'est-à-dire systématisée par ses dispositifs de régulation, n'accepte plus un remplissage *a priori* du monde. Elle dessine l'attente, en enregistre la suspension... et signifie pleinement la conscience d'une complexité du monde telle qu'une vision doctrinale ne peut plus la résorber dans une clôture théorique.

Progressivement les « blancs » se comblent sous un travail – aux enjeux politico-économique plus considérables encore que scientifiques (pour autant que ceux-ci puissent exister sans ceux-là) – d'accroissement du volume de formes reconnues à échelle constante, et surtout d'affinement des formes sous l'effet de la multiplication des échelles. Des détails ainsi apparaissent au fur et à mesure que l'appareil se perfectionne et que les documents s'accumulent. Au point que, aujourd'hui, à en croire E. Tufte « very few statistical graphics achieve the information display rate found in maps » (Tufte, 2007, p. 168).

Cependant, la complexité du monde ne peut être absorbée par la seule attention aux formes. Ou plutôt, à partir d'une certaine échelle, les formes se distribuent entre fond et objets – qui se manifestent dès lors comme entités distinctes, discrètes. Leur profusion interdit qu'on les cartographie tous. Inversement, leur répétition autorise leur possible réduction au symbole : chaque ville, malgré ses spécificités, formelles et sociales, devient, par exemple, un point (plus ou moins gros, mais peu importe ici) ; chaque lieu de culte se marque – pour le cartographe occidental – d'une croix, etc. Les choix restent arbitraires, mais inévitables. La carte se couvre également de mots – et ce, très tôt, avec la diffusion des portulans. L'écriture spécifie, identifie notamment les lieux : en les nommant elle leur restitue de leur personnalité, de leur singularité, compensant ainsi l'effet d'anonymat produit par la symbolisation[68] ; mais elle assure aussi leur distribution différentielle, le local dans le global, ou plutôt elle permet de redéfinir le global comme une dissémination de localités, elles-mêmes plus ou moins reliées en réseaux. La carte articule ainsi deux logiques, celle de la géographie, d'une répartition spatiale des voisinages et éloignements (en réplique de la « réalité »), et celle plus abstraite de l'appartenance à une classe (celle des villes de tel ou tel type par exemple).

Les réseaux émergent sur la carte entre formes et symboles : forme des fleuves, formes des routes, symboles des voies de circulation et des relais. Les réseaux relient en fait forme et symbole, ils participent des deux espèces : forme par leur graphe, symbole par leur type (route ou voie de chemin de fer) et leur nœuds (gares, échangeurs, etc.). Ils offrent la structure dynamique du monde (à quoi il faut se

voilier peint sur la mer dit l'expédition maritime qui a permis la représentation des côtes » (De Certeau, 1990, p. 178).

68. Elle assume ainsi cette fonction d'ancrage mise en évidence par Barthes, et qui « consiste à arrêter cette "chaîne flottante du sens" qu'engendrerait la nécessaire polysémie de l'image, en désignant le « bon niveau de lecture » (Joly, 1993, p. 96).

garder cependant de trop facilement le réduire), celle qui oriente les navigations, ou plutôt leur ouvre un ensemble de *possibles prévisibles*. La carte comme document-inventaire qui embraye sur le projet.

5.2.3. *Le document synoptique*[69]

Le Moyen Age ne connaissait pas la carte terrestre, celle qui guide un déplacement – tout au plus en sa fin, vit-on apparaître des portulans, à vocation maritime et commerciale. Pourtant, les hommes du Moyen Age bougeaient, au grès des chantiers par exemple, car nombre de métiers – notamment ceux de la construction – demandaient aux compagnons un exercice itinérant une fois le gisement de travail épuisé. Ils bougeaient également au grès des pèlerinages ou des échanges marchands (foires de Champagne par exemple). Alors comment procédaient-ils pour se repérer ? Ils n'appréhendaient pas l'espace à travers son analogon, mais par le truchement beaucoup plus abstrait de l'*itinéraire*, c'est-à-dire d'une liste d'étapes et de repères, agrémentée de quelques indications d'hôtellerie ou d'édifices importants à visiter, voire de dangers à éviter. La liste reflète directement la contrainte de séquentialité liée à l'itinéraire : il en va d'une homologie, l'une et l'autre correspondent à une suite de noms. L'espace est ainsi un ensemble de trajets, de trajectoires orientées et encadrées par un point de départ et un point d'arrivée (et non la dissémination d'un ensemble de nœuds), dont le positionnement relatif mutuel n'est pas hiérarchisé par la spécification d'un point de vue (ou plutôt comme intégration virtuelle de l'ensemble des point-de vue/trajectoires).

La carte introduit un nouveau document, synoptique, global, qui ne repose pas sur les points de vue particuliers, mais sur ce point de vue singulier qui n'appartient de fait à personne, celui du point haut, celui de Dieu au fond... ou du pouvoir comme position théorique. Nous y reviendrons. A moins qu'elle ne s'offre en partage et « se prête à des usages collectifs, standardisés, répétitifs et reproductibles » (Jacob, *op. cit.*, p. 250), car dès lors qu'elle n'est pas confisquée « la carte n'est jamais un objet isolé, indépendant d'une volonté de communication, de transmission de savoir, d'un projet sémiotique au sens large. La carte murale, la carte dans le livre, la carte dans le métro ou dans l'église, au bord du chemin ou à bord du navire, autant de situations de communication » (Jacob, *op. cit.*, p. 138).

L'ensemble des événements, lieux locaux spécifiques ou trajectoires, s'intègre par le truchement de ce surplomb. Le global n'est plus seulement un patchwork de singularités locales, il les réarticule, les lie, les tient – sans les nier pour autant. Dès lors, il devient possible, en changeant d'échelle, de passer du local au global et inversement.

---

69. L. Marin parle de la capacité totalisante de la carte (Marin, 1980).

Document, et quel qu'en soit le support ou la destination, la carte enregistre l'état d'une représentation (même dogmatique), le conserve et le réfléchit. Elle est une mémoire moins analytique que synthétique. Ou plutôt, elle balance entre ces deux pôles : elle peut atteindre une précision considérable, parfois un dépouillement dont la rigueur la pose en auxiliaire du droit, mais elle peut tout aussi bien se voir surchargée de signes connotatifs à l'adresse du pouvoir, ou s'élever au niveau du symbole. Entre logique et symbolique, elle constitue une mémoire singulièrement dynamique : sèche ou bariolée elle emporte toujours cette capacité à réactiver le souvenir ou à lancer le projet.

Car l'image, plus que l'écriture, incite au *projet* : souvent flou ou vague au départ, il se prête en effet beaucoup mieux à son encadrement par une forme qu'à une improbable décomposition analytique. La forme ouvre sur le possible par ce qu'elle laisse en suspens ou parce qu'il est plus facile de la reprendre dans sa globalité pour la déformer, la reformer. Ainsi, la carte – non dogmatique – laisse en blanc les espaces d'une exploration à venir, ou sa souplesse s'offre au crayon de l'urbaniste chargé de modeler un espace et d'envisager les solutions les plus viables.

5.2.4. *Surface*

Jusqu'au XIXe siècle la carte représente un monde quasiment sans relief. Le premier travail s'exerce d'abord sur le raffinement de la forme. En ce sens, elle traduit une réalité en deux dimensions sur une feuille elle-même en deux dimensions.

La vaste entreprise menée par plusieurs générations de Cassini aux XVIIe-XVIIIe siècles, porte cette exigence à son acmé. L'effort scientifique, technique et logistique, aboutit en effet à la production d'une forme la plus parfaite de la France mais guère utilisable pour autant. C'est pourquoi le travail est remis sur le métier dès le XIXe siècle : il faudra, là encore, plus d'un demi-siècle pour compléter la carte d'Etat-major au 80 000e. Mais même l'adjonction d'un relief précis, laisse la carte appréhender d'abord une *surface* – même si elle est ondulée, plissée, voire pliée. En ce sens, elle reste toujours superficielle. Elle capte une fine pellicule du réel.

Lorsque l'on tente de représenter la troisième dimension[70], dès lors que l'on s'intéresse par exemple au sous-sol, soit la carte reste également une surface, sous le sol, comme si l'on avait arraché une peau pour en découvrir une nouvelle, soit elle

---

70. Des hachures, trop figuratives encore, aux courbes de niveaux, très abstraites, soit le trait cherche à exprimer le relief en essayant de le faire sortir, de l'extraire visuellement de la carte (ce qui le rapproche du tableau peint), soit il accumule des courbes toujours fondamentalement plates, qui ne disent le relief que sur le mode de la pure convention.

laisse la place à la coupe, elle-même toujours en deux dimensions, surface non plus horizontale mais verticale si l'on veut, ou bien l'on dessine en perspective un « modèle » qui n'est plus une carte. Celle-ci semble condamnée, par définition – et c'est ce qui en fait toute la richesse – à cette irrémédiable superficialité.

Les cartes thématiques ne changent rien à l'affaire, et montrent même la richesse d'une telle contrainte. Il se révèle en effet totalement inefficace d'essayer de rendre plus de deux caractères sur une carte : car nous explique J. Bertin si elle reste lisible, elle en perd sa *visibilité* (Bertin, 1980). Autant dire que l'on convertit une machine synthétique en machine analytique et que l'on en ruine ainsi la performance. Une carte joue toujours d'un rapport entre quelque chose (de concret ou d'abstrait, tel monument ou bien tel item – mariage, divorce, ouvriers, cadres, vignoble ou chimie, etc.) et son lieu d'implantation. On cherche donc toujours à connaître soit la géographie d'un caractère, soit quel caractère on trouve ici ou là. Au-delà, la visibilité se brouille : où l'on voit sur les techniques même les plus en pointes les limites des technologies intellectuelles, articulées, pour *leur* et donc *notre* efficacité à notre système de perception-cognition[71] ; où l'on constate également que la carte, même thématique, reste piégée par la logique des deux dimensions.

5.2.5. *La « carte » des cartes*

Quel que soit le type de carte, il peut être positionné sur la figure 5.1. ci-dessous et qui constitue en quelque sorte une « carte » des cartes (qui, de fait, est un diagramme).

Toute carte en effet trouve place au croisement de ces deux axes : celui qui caractérise le type de carte (symbolique (*versus*) scientifique) et singulièrement son mode de production et sa précision, et celui qui caractérise le mode de représentation adopté (figuratif (*versus*) conventionnel). On peut même indiquer les transformations des cartes, qui se traduisent par un déplacement sur le schéma (voir les flèches en pointillé). Ainsi, les cartes thématiques sont-elles à la fois les plus scientifiques (dans leur mode de production) et les plus conventionnelles (dans leur mode de représentation). Elles sont donc aussi les plus abstraites (une carte du chômage par département fait émerger au registre de la visibilité ce qui est à proprement parler invisible). Les cartes topographiques visent à rendre les formes d'un pourtour et d'un relief au plus près de celui-ci, elles en conservent inévitablement une contiguïté par ressemblance avec leur objet ; mais elles s'efforcent de le rendre dans le cadre d'une mesure à vocation scientifique.

---

71. Au-delà, se pose la question – qui ne relève peut être pas seulement de la science-fiction – de leur possible autonomisation par rapport à notre propre système de perception-cognition et leur réticulation (complémentaire) entre technologies qui, dès lors, seraient seules à pouvoir s'entre-lire et s'entre-écrire.

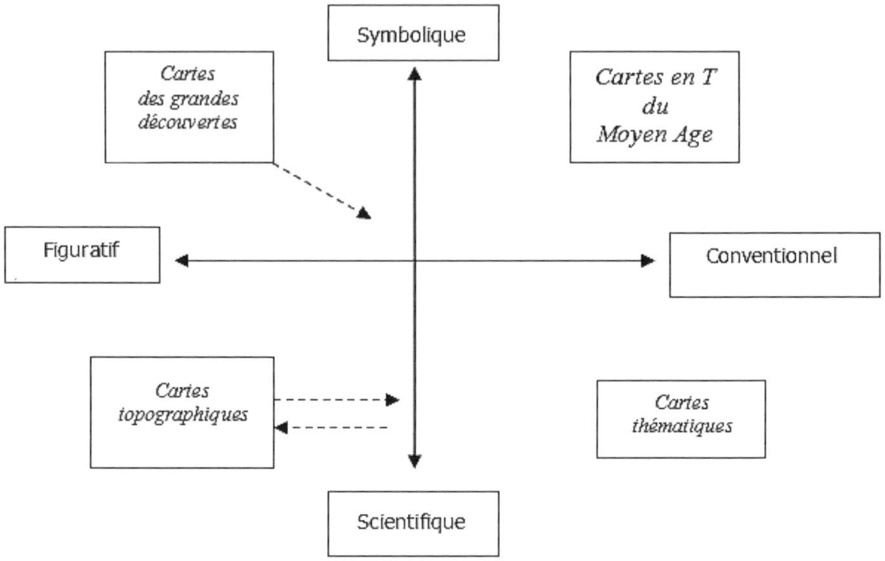

Figure 5.1. *Le diagramme de positionnement des différents types de cartes*

Plus la représentation du relief devient abstraite, passant des hachures qui essaient de rendre la pente, au système de courbes de niveau, plus la carte topographique glisse vers le conventionnel. Remarquons qu'avec le développement des représentations photographiques de la topographie, la carte tire à nouveau vers le figuratif (d'où le double fléchage). Les cartes en « T » du Moyen Age renvoient à la vision chrétienne et biblique du monde, qui est à la fois pleinement symbolique et parce qu'elle conduit à placer l'Est (c'est-à-dire la Terre Sainte et le paradis) en haut de la carte tout aussi conventionnelle.

Enfin, lorsque les cartes des grandes découvertes s'ornent encore de ces navires, bien reconnaissables, ou de ces animaux, que l'on voit peut être pour la première fois, et qu'elles indiquent ces *terra incognita* ouvertes au désir de l'exploration, elles relèvent à la fois de la figuration et du symbolique. Mais progressivement il est vrai, elles vont glisser vers le scientifique et le conventionnel. Quant à ces cartes de l'à-peu-près qui peuplent nos publicités, ne correspondent-elles pas à la version faible et marketing du symbolique, parce qu'elles sont aussi représentatives dans leur fausseté même du flou de notre idéologie de la communication ?

5.3. La carte et le pouvoir

La carte serait alors un instrument de gestion et de régulation de cette vie collective, du fonctionnement de la communauté [...] : elle est un objet politique.

(Jacob, *op. cit.*, p. 45 et 51)

Instrument de navigation symbolique (telle que la carte en « T » du Moyen-âge), la carte affirme et perpétue la stabilité d'une forme idéale bien au-delà des qualités physiques du support de son inscription. C'est d'ailleurs pourquoi elle est, en ce cas, si peu carte et tant symbole.

Car la carte, selon son matériau, n'emporte pas les mêmes usages sociaux (et réciproquement). Carte chargée de montrer au moins autant la gloire d'un pouvoir que l'information qu'elle véhicule, elle atteint souvent de respectables dimensions, lorsqu'elle ne se mue pas en globe. Ceux que Coronelli a construits pour Louis XIV restent encore aujourd'hui imposants : ils sont faits pour durer, à l'image du prestige du roi, qu'ils expriment et confortent (*Cartes et figures de la terre*, 1980). Carte statue si l'on veut, lourde et monumentale.

Moins exceptionnel – quoique Coronelli fit d'autres globes plus petits, *Le plan de Paris* de J. Gomboust (1652), ingénieur du Roi, est remarquablement décrypté par L. Marin : « le géomètre des espaces cartographiés supporte le Prince et les lieux de sa puissance. L'ordre de la règle métrique fonde l'ordre de la norme et de la loi, mais il s'y assujettit aussi bien. L'un permet la connaissance de l'autre, mais le second autorise les opérations du premier par une réciprocité et un échange où les pouvoirs des deux s'exercent dans leurs justes limites » (Marin, 1980, p. 53). Le savoir et le pouvoir fondent leur réciproque stabilité à travers celle de la présence du plan – qu'ils assurent à leur tour. Cette carte-tableau est majestueuse pour et par ce qu'elle représente, la capitale du royaume de France, elle-même symbole de ce « royaume, le plus florissant de toute la terre, le corps propre du premier et plus puissant Roi du monde » (p. 53).

5.3.1. *Explorations*

Cependant, les cartes du pouvoir, qui l'exhibent, le magnifient mais également le régulent (par le savoir), restent bien encombrantes, elles ne facilitent pas l'exploration ou le commerce. Pour cela il convient de dessiner d'autres cartes.

L'exploration emporte comme condition nécessaire, non pas l'usage de cartes de lieux inconnus qui, par définition, font défaut, mais une relation de bouclage entre le voyage et la cartographie. Le premier permet de dresser des relevés, de noter les repères de la progression dans la découverte. Mais il n'est utile et D. Boorstin (1986) le souligne avec justesse, que s'il rapporte ces signes vers ce que B. Latour nomme des centres de calcul (1985), des lieux d'accumulation et de traitement de l'information. Là, à Lagos au Portugal sous Henri IV, ou à Saint-Dié dans les Vosges, de véritables laboratoires cartographiques, trient, rapprochent, articulent, critiquent les informations, et dressent de nouvelles cartes, de nouveaux atlas. Dès lors, le marin peut partir à nouveau, doté d'un nouvel outil à chaque fois plus précis, qui *réduit l'incertitude* – sans l'éliminer pour autant bien évidemment. Les portugais ont été les maîtres de ce travail de fond, organisé, rationalisé, systématisé, porté sur trois quarts de siècle. Les résultats sont à la hauteur du courage et de la chance qu'ils ont sollicités : ils atteignent enfin l'Inde en contournant l'Afrique, et en reviennent. Les cartes embarquées demeurent enfermées dans la cabine du commandant : elles restent fragiles et secrètes, car pour acquérir mobilité elles se réduisent et s'allègent, et devenues mobiles elles doivent être protégées de la dégradation comme de l'indiscrétion ou du vol.

L'atlas, sur un plus long terme, rassemble les connaissances dispersées entre une multiplicité de cartes : il procède lui-même de l'accumulation, sans refuser pour autant la diffusion. L'atlas reste lourd et cher, mais il parvient néanmoins à bien se vendre. On note même au XVIIe siècle un véritable engouement pour l'atlas dans les salons (Jacob, 1992). Toutefois, son acquisition engage pour longtemps et introduit ainsi un effet d'irréversibilité aux conséquences parfois considérables. Ainsi, lorsque Waldseemüller se rend compte que son attribution de la découverte de l'Amérique à Amerigo Vespucci est peut-être pour le moins quelque peu intempestive, la diffusion de son atlas est telle que les éditions suivantes corrigées (Boorstin, 1986, p. 243) ne parviendront pas à enrayer la reconnaissance du nouveau continent comme « Amérique ».

La carte emporte donc ses propres effets de pouvoir, elle joue sur le couple réversibilité/irréversibilité.

5.3.2. *Le pouvoir des cartes*

La carte sert souvent à définir et marquer les limites et frontières. Le cadastre détermine la surface et la propriété des sols, base sur laquelle il devient possible de calculer l'impôt foncier. La carte, comme référence, permet à la fois l'exercice d'un contrôle étatique sur une population et la gestion de litiges (fonction de coordination sociale). Instituer une frontière, c'est instituer l'espace d'une souveraineté, donc réguler les entrées-sorties d'hommes ou de marchandises par un processus de contrôle et de coordination : or, la carte constitue l'un des outils essentiels de fixation et de reconnaissance de la frontière (Robert, 2005).

La carte possède cette capacité à dire les limites, à les montrer et à les certifier par laquelle elle participe à l'instauration d'un effet d'irréversibilité. Le coût – juridique ou polémologique – de contestation de la frontière (ou de toute limite) est considérablement élevé grâce à cette authentification.

Outil de la preuve et du contrôle, la carte, dans les régimes autoritaires, rend l'imputation de la charge de la preuve au plaignant quasiment insupportable : en effet ce type de pouvoir n'hésite pas à confisquer et même à truquer les cartes à son seul bénéfice. La certification joue donc *a priori* en faveur du pouvoir et renforce la dissymétrie de la situation. Dresser des cartes à vocation scientifique (les seules reconnues de nos jours, ou presque) requiert encore aujourd'hui un investissement considérable qui, bien évidemment, n'est pas à la portée d'un citoyen isolé.

Le monopole ou la rétention des cartes soulignent l'aptitude que leur suppose le pouvoir totalitaire à introduire des effets de réversibilité. Leur diffusion, en effet, n'existe que dans les pays les plus démocratiques (quoiqu'il subsiste des cartes cachées pour des raisons d'état ou économique). Or, elles constituent – sans qu'on en ait véritablement suffisamment conscience – un des vecteurs essentiels de la liberté, non plus seulement théorique mais pratique, d'aller et venir où et quand bon nous semble. Se retourner contre cette liberté revient donc également à supprimer toutes les cartes qui la soutienne... mais il y a fort à parier qu'elles entreront, nombreuses, en résistance.

Un régime tel que celui de l'ex-URSS craignait singulièrement ces ferments de contestation et en rationnait sérieusement la distribution (*Lacoste*, 1987). Axiome donc : à petite dose la carte entretient l'irréversibilité supposée du régime autoritaire-totalitaire, à forte dose elle se transforme en outil de la réversibilité du régime totalitaire et de renforcement de l'irréversibilité espérée de la démocratie. Dans tous les cas ses effets de pouvoirs se révèlent considérables.

B. Latour (1989) conte avec élégance cette étrange rencontre entre Lapérouse et les autochtones des îles Sakhaline au XVIIIe siècle. Lorsqu'il aborde ces terres pour la première fois, il ne peut savoir de quel rivage il s'agit puisque les cartes en sa possession ne les répertorient pas. C'est par son voyage qu'elles vont s'enrichir de leur localisation. Comme le souligne Latour « le 13 juillet 1787, Lapérouse est plus faible que ses interlocuteurs ; il ne connaît pas la forme de la contrée, ne sait pas où aller ; il est à la merci de ses guides. Dix ans plus tard, le 5 novembre 1797, le vaisseau anglais qui aborde la même baie sera beaucoup plus fort que les indigènes car il disposera de cartes, de descriptions, de carnets de bord, d'instruction de navigation [...] » (p. 353). Entre temps, se sont accumulées en Europe de multiples informations concernant ces îles et la région. Accumulation dont la condition *sine qua non* réside dans la capacité de Lapérouse – entre autres – à ramener, à rapatrier de nombreux documents, qui sont, en Europe, rassemblés, confrontés, critiqués, articulés. Ainsi, grâce à un formidable travail effectué par l'intermédiaire de ces outils que constituent les technologies intellectuelles (listes, tableaux, livres, bibliothèques et cartes) et les instruments scientifiques (horloges, astrolabes, etc.) de l'époque, une différence se creuse entre les uns (européens) et les autres (asiatiques). La carte notamment synthétise cette aptitude à porter et à approfondir cette différence : elle symbolise à elle seule l'acquisition d'une *compétence logistique* susceptible d'introduire des effets d'irréversibilité notables.

Que se passe-t-il désormais ? Grâce à sa carte globale, l'européen débarque dans une contrée inconnue (de lui). Avec un peu de chance (plus que n'en a eu Magellan par exemple) il recueille des informations qu'il parvient à ramener en Europe dans un centre de traitement qui, à terme lui procure de nouvelles cartes, globalement et localement plus complètes. Ces cartes lui permettent de repartir pour un tour... C'est donc toute une logistique qui se met en place entre accumulation et mobilité, dont la carte devient en quelque sorte l'un des poissons pilotes (avec quelques autres appareils de mesures, qui eux captent l'information, qu'elle enregistre) et l'un des stimulants les plus efficaces. La carte participe à l'institution de cette dissymétrie par laquelle l'autochtone ne maîtrise que le local, alors que les européens qui reviennent (et au fur et mesure que s'accroissent les connaissances, même ceux qui abordent un rivage pour la première fois « reviennent » en quelque sorte), s'ils dominent peut être le local toujours moins bien, font plus que compenser ce déficit par leur connaissance du global, toujours plus poussée. Aussi, pendant presque deux siècles, la relation, fixée à ces pitons d'irréversibilité, s'est-elle unilatéralisée : les uns allaient chez les autres, mais l'inverse n'était pas vrai.

Enfin, nous l'avons déjà vu, la carte peut devenir un miroir du pouvoir. Elle glisse, ainsi que nous l'avons défini en première partie, vers le *maniérisme* : elle symbolise un pouvoir qui se glorifie (entre autre) dans sa représentation cartographique ; autrement dit, la carte qui fait allégeance au pouvoir ne puise sa légitimité que dans ce qu'elle exhibe. Il en va en quelque sorte d'une auto-fondation : elle montre les signes de la transcendance et ne renvoie qu'à eux seuls, et non à un réel externe, réduit à l'état d'alibi. Alibi en effet que le Paris-référent du plan de Gomboust : celui-ci n'a d'autre vertu que de présenter les signes de la puissance royale (transcendance politico-religieuse) et ne renvoie qu'à eux seuls. Où la carte se replie sur elle-même puisqu'elle trouve en elle-même sa propre légitimité. Tout est internalisé, même les spectateurs, nous apprend L. Marin par cinq figures de nobles, bourgeois et gens du peuples ! Or, par cette opération la carte fonctionne comme une sorte de piton autonome d'irréversibilité : c'est pourquoi elle reste prégnante encore aujourd'hui, susceptible de nous happer dans son actualité toujours vivante, celle de « tombeau du Roi » (Marin, 1980, p. 54).

5.4. Conclusion : l'atlas

Nous avons essayé de montrer que *chaque carte,* dans son individualité, relève irrémédiablement d'une logique de la surface à deux dimensions. Pourtant, les cartes existent souvent en groupe, en troupeau pourrait-on dire : les atlas. Or, ceux-ci produisent un effet assez remarquable, fruit lui aussi de l'accumulation – à condition toutefois qu'ils n'accueillent pas que des cartes de même échelle, et cette condition est essentielle[72]. M. Serres a décrit avec le talent que l'on sait cet effet engendré par la superposition de multiples cartes d'un « même » espace à différentes échelles : « et maintenant, prenez la carte de cette anse et de ce cap, rade foraine. Elle n'est pas assez précise, dites-vous, pas assez découpée. Levez alors une meilleure carte, d'une échelle plus raffinée. Je n'en suis pas content, dites-vous. Levez une troisième carte. Et ainsi de suite. Bientôt, pour la rade ou l'anse, [...], vous aurez empilé un grand nombre de graphes, nombre qui peut croître autant que vous voulez. Considérez cette variété feuilletée, ce livre. [...]. Chacun de ces feuillets, dites-vous, est une représentation de la rade. Elle est relative, elle est fausse, et nous devons nous en méfier. [...]. Mais [...] que dire du volume infini feuilleté que voici ? Et que dire du parcours transscalaire qui pique droit tout à travers du livre. [...] ce parcours est une courbe qui construit, en le remplissant, un autre espace encore [...] » (Serres, 1980, p. 112). Fractale : ces cartes amoncelées disent une réalité fractale, nous dit M. Serres, entre deux dimensions – la vérité gît-elle dans l'entre-deux ? A l'interface de l'empilement des surfaces s'esquisse l'appel à la troisième dimension, celle que cherche à intégrer ce que nous nommons la modélisation.

C'est pourquoi « la carte permet de voir quelque chose qui, autrement, [aurait été] invisible. On voit ainsi ce que les cartes ont de commun avec d'autres « images » [...] – à savoir les dessins qui servent à fixer ce que révèle le microscope et qui, sans celui-ci resterait caché » (Alpers, 1990, p. 232).

72. Tout Atlas est en fait travaillé par un double mouvement : d'un côté, un effort d'unification – mettre les cartes de diverses régions du globe à la même échelle –, et de l'autre, un effort de diversification – en multipliant les cartes d'échelles différentes d'une même portion de l'espace (ce sur quoi nous insistons ici, avec M. Serres).

CHAPITRE 6

Les dessins techniques

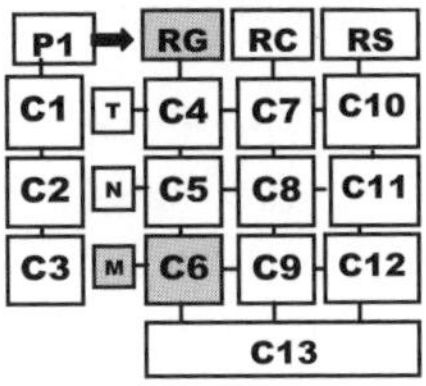

Objets matériels et fabriqués, les images possèdent des caractéristiques mémorielles, des aptitudes à la transmission de savoir et de savoir-faire au même titre que les silex taillés d'André Leroi-Gourhan. Figurations, enregistrements, elles renvoient à un extérieur sans lequel elles n'existeraient pas et dont elles nous donnent des nouvelles. Enonciations, elles affirment leur propre existence par leurs seuls caractères matériels et esthétiques. Symboles, elles révèlent ce qui unit. Traces, elles offrent accès tant à leur objet, qu'à leurs propres dispositifs techniques ou institutionnels de production ou de diffusion.

Sicard, *La fabrique du regard* (1998, p. 264)

On pourrait supposer que le dessin technique ne tient au fond qu'une place relativement marginale dans le développement technologique. Or, « Ivins [...] has pointed out that technological innovation was blocked for ancient Greeks because they lacked a reproductive capacity for pictorial information » (Henderson, 1999, p. 25). C'est dire que conserver et transférer dans le temps et l'espace cette information peut engendrer des effets considérables. C'est dire également que les moyens mis en œuvre dans ces opérations s'avèrent fondamentaux et que leur usage ne relève en rien de l'évidence, mais bien d'un long apprentissage, de la mise au point de ce que Henderson (après Alpers) nomme une « visual culture : a way of seeing that simultaneously both reflects and shapes how members render the world » (*op. cit.*, p. 25). C'est pourquoi nous allons d'abord chercher à comprendre ce qu'est un dessin technique avant que d'en aborder la sociologie.

6.1. Qu'est-ce qu'un dessin technique ?

6.1.1. *Art et technique*

Le premier geste à accomplir lorsque l'on aborde le dessin technique, n'est-ce pas d'en tracer la différence avec le dessin d'art[73] ? Non tant pour distinguer/ confronter deux irréconciliables, mais afin de spécification. Non pas pour opposer, mais afin de relativiser une tendance à la hiérarchisation au détriment du dessin technique. Montrer que ce qui les sépare n'est pas tant ce fossé imaginaire que l'on creuse entre les deux absolus de l'Art et de la Science, mais une faible différence dans la manière moins de se construire que de s'exhiber.

Un dessin technique se reconnaît d'abord par sa forte régulation[74]. Celle-ci s'exprime singulièrement dans les productions du XXe siècle par une forte structuration, une codification précise, une normalisation poussée. Mais dès le Moyen Age – et les quelques dessins laissés par les maisons d'œuvres des cathédrales le montrent – une constante apparaît : le dessin technique se présente dans une extrême concision, dans un travail poussé d'épuration du trait. Un dessin technique vise à la clarté et non à la profusion – si ce n'est à retrouver une certaine profusion dans la codification elle-même comme le laisse voir certains dessins industriels contemporains. Historiquement, il ne semble pas forcé de dire après lecture de la remarquable étude d'Y. Deforge (1981), que le dessin ne devient technique qu'à travers un mode de présentation qui tend à le montrer comme en retrait de lui-même en tant que dessin pour mieux l'exhiber comme construit réglé.

N'est-ce pas tout le combat d'Alberti au XVe siècle, qui s'oppose à l'usage des ombres par les architectes ? D'où cette proposition, qui est aussi une arme : « tandis que le peintre s'efforce, sur la surface plane de l'image, de rendre visible le relief

73. N'oublions pas que le dessin technique, en tant qu'image, a également dû faire face à un véritable refus de l'image comme critère d'élaboration d'une science vraie. De Linné à Bachelard, faire de la science c'est récuser l'image trompeuse et par trop singulière.

74. C'est pourquoi nous ne retenons pas la première catégorie (« designers's drawings, early sketches and notebooks ») de la typologie avancée par Henderson (1999, p. 36). Il ne s'agit pas de négliger la place des brouillons, mais de recentrer la définition autour de son noyau dur, articulé autour de cinq types (et surtout des quatre premiers) :

– « project drawings : formalized early sketches that show proposals that have been produced according to rules and conventions [...] ;

– production drawings [...] that display all aspects of design for use in actual production ;

– presentation and maintenance drawings [...] made after the product is finished for use by the customer ;

– technical illustrations [...] for popular books that use some conventions of engineering drawing » (Henderson, 1999).

des objets à l'aide des ombres, des lignes et des points de vue, l'architecte ne s'occupe pas des ombres, mais laisse voir les élévations à l'aide des plans comme quelqu'un qui ne veut pas voir juger son œuvre selon l'apparence de la perspective, mais selon la vraie *divisio* fondée sur la *ratio* » (cité par Recht, 1995, p. 57). Le XIXe siècle reste encore travaillé par une telle dichotomie qui, en France, se cristallise autour des œuvres de Viollet-le-Duc et de Choisy : « le premier recourt à une véritable mise en scène pour faire revivre le Moyen Age et satisfaire son besoin tout romantique d'images. Le second, plus analytique, invente la représentation axonométrique pour faire apparaître à la fois le plan, l'élévation, le volume intérieur et la masse extérieure du bâtiment » (Recht, *op. cit.*, p. 18).

Le dessin technique prend en effet sa force dans ce travail de production d'une supposée objectivité. Travail qui creuse cette place singulière qui se situe *fictionnellement* à égale distance de l'ensemble des acteurs et des « décideurs » intervenants sur le chantier[75] (la qualité de « décideur » dépendant justement de cet accès au document, nous y reviendrons). Pour le comprendre il convient donc de le replacer dans la perspective d'une conduite de *projet*. Quasi-objet (Serres 1983), le dessin technique qui circule entre les protagonistes symbolise cette fiction d'objectivité sans laquelle les parties ne renvoient jamais qu'à elles-mêmes, dans un infini processus tautologique. Pour sortir – ou éviter, ou limiter – cet effet « dialogue de sourd », il est indispensable de créer cet objet commun – au moins aux « décideurs ».

Le contrat, en droit, est d'abord requis pour fixer une référence commune, à laquelle les parties pourront se référer (justement) en cas de litige. Prise sur les obligations et sur le temps, le contrat – lui aussi quasi-objet – devrait permettre l'identification des responsabilités. Le dessin technique, qui l'accompagne, œuvre dans le même sens. Une cathédrale gothique ne se construit pas en un jour, ni même sous l'exercice d'un seul « architecte[76] ». Clergé et bourgeois sont parties prenantes. Il en va d'un financement aux sommes considérables. L'affaire ne se traite donc pas sans engagements, sans contrats, ni dessins. Certes, les uns et les autres restent somme toute simples à l'aune de notre technologie sociale juridique et de la puissance de nos modes de représentations informatisés. Mais le cœur du problème est déjà le même : concevoir la possibilité d'un accord et assurer sa persistance dans

75. Ce qui lui permet de fonctionner comme un « conscription device » au sens où l'entend Henderson (*op. cit.*, p. 60), à savoir un dispositif qui « enlist the participation of any who would take part in the design or prodution process » ?

76. « L'architecture gothique, à la différence de celles qui l'ont précédée, exige une organisation rationnelle du chantier, une division et une économie particulières du travail. C'est pourquoi une hiérarchie se dessine dans le chantier d'où se dégage la figure de l'architecte qui devient le véritable concepteur du projet, responsable devant le client et devant ses ouvriers » (Recht, 1995, p. 10).

le temps. Or, remplir ces deux conditions exige que l'on construise cette « objectivité » sans laquelle chacun en est réduit à son propre point de vue.

Cette place de l'« objectivité » ne peut fonctionner qu'en vertu d'une capacité à limiter les contestations. Elle s'alimente donc d'un processus qui vise, sinon à révoquer du moins à dompter ou limiter l'inévitable – et productif à son heure – fouillis du brouillon, la confusion des ratures et à l'acquisition d'une clarté, d'une limpidité marquée par un travail de distinction et d'identification. C'est pourquoi, dès l'époque gothique, « le dessin aura deux fonctions : il doit communiquer au chantier la forme définitive du projet [...], mais avant tout, il est soumis au client – l'évêque ou le chapitre – qui le ratifie et en assure le financement » (Recht, p. 14) ; autrement dit, outil d'argumentation, il doit convaincre.

Plus la division du travail sera avancée, plus le dessin sera amené à circuler entre des acteurs aux compétences hétérogènes, et plus il nécessitera de représenter cette « objectivité » par une standardisation de sa mise en forme et par une complexification de la codification. Car le dessin technique ne parle de lui-même qu'à condition d'être pourvu de tout un langage qui redouble le dessin au sens strict. Message dans le message sur le message. Le dessin en soi ne dit pas l'appartenance (de tel détail à tel objet ou de tel objet à tel processus) ni les mesures : d'où l'adjonction d'un système de chiffrage et de mots, voire même d'une symbolisation (à l'exemple de la visse (Deforge, 1981)). Le dessin technique c'est donc cet ensemble de figures dépouillées régulées par des codes (cotes[77], légende et échelle) exhibés comme tels. En ce sens, le dessin technique ne camoufle pas la structure sur laquelle il repose. Il ne cache pas les règles de sa mise en forme sous un quelconque carénage.

Et c'est bien dans cette posture essentielle qu'il creuse et révèle sa différence avec le dessin d'art. Car, au contraire de ce que l'on pourrait être trop hâtivement incité à penser sous la pression de cette qualité d'art, ce dessin-là n'est pas seulement laissé au bonheur de la seule inspiration. Les peintres ont de tout temps cherché à élaborer des outils qui facilitent leur tâche – et singulièrement depuis qu'ils visent non plus à l'exercice d'un travail symbolique (montrer une hiérarchie céleste ou sociale), mais à la représentation du réel. En ce sens, le dessin dit d'art est déjà et pleinement technique. La perspective ou plutôt les perspectives, *perspectiva naturalis* ou *artificialis*, qu'elles s'ordonnent aux « rayons » de la pyramide visuelle d'un observateur, ou bien aux lois de la géométrie euclidienne au-delà du seul point de vue (lois que la première respecte d'ailleurs), constituent des outils (avec la *camera obscura* également) qui ont participé à fabriquer le regard moderne

77. Leur usage est ancien puisque les dessins d'architecture italiens sont le plus souvent cotés dès le XIVe siècle – alors que tel n'est pas le cas des dessins septentrionaux (Recht, 1995, p. 58).

dominant de l'Occident jusqu'au début du XXe siècle. Un XXe siècle qui a plus déstabilisé que récusé cette perspective, car son évacuation de la peinture l'amène néanmoins à gouverner une large part de notre urbanisme ou de notre paysage publicitaire (Sauvageot, 1994). Cependant, cet instrument s'efface derrière le tableau. Il n'a pas à se présenter à travers la représentation, même s'il la présente sous une forme singulière. Il porte la représentation à sa manière, mais n'a pas à se manifester comme tel. Si la perspective reste lisible, elle ne doit pas devenir pour autant visible.

Rares sont les tableaux qui l'expriment quasiment pour elle-même. Tout au plus retiendra-t-on ces quelques perspectives urbinates, analysées avec le soin, le brio et l'érudition que l'on sait par H. Damisch (Damisch, 1993). Elle semble en effet se révéler dans ces cités idéales aux lignes si pures, et qui résonnent de la quasi-absence d'hommes et de bêtes. Certes, ces vues semblent interpeller leur spectateur et lui dire : regarde la perspective en acte ; mais faut-il encore toute la subtilité de la magistrale étude de Damisch pour en extraire quelque signes – on en reste sinon à l'impression, à l'intuition. Bref, rien n'est explicite, le tableau n'exhibe pas l'outil de sa régulation.

Ainsi, le dessin d'art n'est-il pas antinomique du dessin technique, il se fonde également sur un effet similaire de technologie intellectuelle. Cependant, il dépasse celle-ci dans ce travail de recouvrement de son outil de fabrication. Une technologie intellectuelle est un outil et se présente/s'affiche comme tel, dès lors qu'on cherche à en effacer l'usage, l'on tombe soit dans le maniérisme – tel que nous l'avons défini – soit dans le formalisme (artistique ou scientifique – le tableau qui « oublie » la perspective sur laquelle il est construit ou les mathématiques qui s'oublient comme écritures ou comme figures).

6.1.2. *Les vues*

Toi qui prétends qu'il vaut mieux assister à des dissections que de regarder des dessins, tu serais dans le vrai s'il était possible d'observer sur un seul sujet disséqué tous les détails que les dessins montrent.

Léonard de Vinci (cité par Sicard, 1998, p. 22)

La carte, avons-nous souligné, puise son efficacité dans son aptitude à la synthèse, à la synoptique. Le dessin technique, quoique image, joue considérablement moins sur cette caractéristique que sur une capacité à hybrider synthèse et analyse[78].

---

78. Alors qu'historiquement on a peut être plus valorisé la synthèse, à l'image d'un Vasari qui écrivait que « le dessin [...] ayant son origine dans l'intelligence, extrait d'une multiplicité

L'image en effet ne peut échapper à la première, et le dessin technique pas plus que tout autre. En ce sens, il montre des figures complexes comme des formes co-présentes à elles-mêmes. Sa description les ramasse dans ce seul geste global de la forme, elle ne les dilue pas dans un vaste discours linéaire. A la limite la forme se résume elle-même, sans avoir à déplier chacun de ses tours et détours, variations, accidents, récurrences, rapports et relations constitutives.

Cependant, le dessin technique n'est pas l'esclave de la forme. Il ne cherche pas, à l'inverse du dessin d'art, à l'exprimer comme un tout unique, et non décomposable[79]. La perspective est une manière de saisir le réel, qui l'ordonne essentiellement à un seul point de vue, tout en le présentant comme entier, plein : elle exige du spectateur qu'il croit dans le tout de l'objet, alors même qu'elle ne lui en offre qu'une vision tronquée, partielle et déformée. Le dessin technique ne s'asservit pas au principe d'unicité du point de vue[80]. L'objet – et c'est bien en cela qu'il y a modélisation – est susceptible d'un éclatement en multiples points de vue : analyse. Chaque vue est, à la fois, synthèse, parce que chaque figure est une image, mais également analyse, parce que chacune correspond à une décomposition virtuelle de l'objet en autant de regards différents.

La complexité du réel est appréhendée par ce double dispositif renforcé par le travail de la régulation. Celle-ci soutient l'analyse par les mots et le code, par une logique discrète, mais également en maîtrisant le nombre par le truchement de la mesure et du chiffre. La régulation symbolique permet également d'intégrer les différentes vues par la procédure de l'alignement : l'objet dispersé retrouve virtuellement dans l'esprit du concepteur et/ou du lecteur un modelé et sa globalité. C'est bien cette propriété qui permet de desserrer l'un des problèmes fondamentaux du procès de construction, à savoir articuler le plan et l'élévation. L'exemple de l'architecture gothique est à cet égard singulièrement significatif. Car en effet, par rapport à l'art roman, « la superstructure se complique et nul ne peut, à la lecture d'un plan au sol, connaître l'élévation d'un édifice. C'est sans doute pour cette raison que s'est développé le dessin d'architecture qui, avant le milieu du XIIIe siècle, ne semble pas avoir joué un rôle déterminant. Un certain nombre de conventions graphiques est mis en œuvre pour permettre au dessinateur de

d'objets particuliers un jugement général ; il est comme la forme ou l'idée de tous les objets naturels » (Recht, 1995, p. 127).

79. Comme le souligne Recht, « plan et élévations [...] donnent de l'édifice [...] une image éclatée : pour rendre l'objet architectural parfaitement lisible, ils le décomposent. La représentation perspective cherche au contraire à préserver la forme dans sa globalité [...] » (Recht, 1995, p. 15).

80. C'est, à en croire B. Latour (1986, p. 24), Desargues et Monge qui, en inventant la géométrie descriptive, permirent au dessin technique de se libérer de la perspective linéaire.

condenser en un seul dessin des données relatives au plan et à l'élévation » (Recht, 1995, p. 91).

Parce qu'il communie sous la double espèce de la synthèse et de l'analyse, le dessin constitue un remarquable instrument de conception et de prospective. La forme – synthèse – permet en effet dans un premier temps de ne pas avoir à trop se soucier du détail. Elle offre ainsi une première approche grossière mais globale. La forme, souple, peut toujours faire l'objet d'une reprise, d'un repentir. Elle ouvre sur le possible. La régulation intervient pour apporter des précisions sur les contraintes, mesures, tailles, poids et échelles, les spécifications fonctionnelles, la clarté des réseaux, etc. Ainsi, le projet navigue-t-il entre globalité et localité, et l'oscillation n'a rien, *a priori*, de linéaire : un détail peut remettre en question l'organisation général d'un objet ou d'un système, lequel re-dessiné peut amener le concepteur à réviser le détail en question, voire à le supprimer dans une nouvelle configuration, etc. Mais c'est bien la souplesse du dessin qui, entre analyse et synthèse, soutient le processus.

6.1.3. *Récapitulation et conception*

Un chantier notamment ou une opération chirurgicale, s'affrontent à la multiplicité des événements locaux qui les constituent et doivent les maîtriser. Il s'agit dans les deux cas d'un travail d'équipe, où pourtant le dessin n'intervient pas de la même manière. En effet, un chirurgien ne consultait pas ses planches d'anatomie en cours d'opération[81]. Le dessin a donc traditionnellement pour lui valeur pédagogique. C'est un outil pour apprendre, ou faire de la recherche, c'est un outil d'exploration d'un existant (le corps) mais pas un instrument de conception/réalisation. A l'inverse, l'ingénieur ou l'architecte utilisent le document pour créer un objet qui n'existe pas, ou pour contrôler son avènement[82]. Le document du chirurgien enregistre les événements passés, il institue un savoir. Le document de l'ingénieur ou de l'architecte cherche à obtenir une prise sur les événements futurs, ou à rapporter les événements actuels à une référence afin de constater et de tenter de comprendre les variations, les décalages. D'un côté, le document ressemble à une carte, il recense un certain nombre de composantes et en montre les positions relatives (complété par la physiologie qui réintroduit la dimension fonctionnelle). De l'autre, le document inscrit le plus précisément un état

81. Ce rapport à l'image, lié au support papier, est bien évidemment en train de changer aujourd'hui. Car l'imagerie médicale tend à produire de plus en plus d'images qui donnent à voir en direct l'intérieur du corps qui est opéré (micro-caméra). Nombre d'images sont également des reconstitutions/reconstructions numériques du corps, à partir desquelles il devient possible de proposer des hypothèses de diagnostics et/ou de préparer une intervention par simulation (voir le chapitre 13).

82. Il le convoque également plus tard, pour en assurer la maintenance ou l'évolution.

possible d'un système potentiel et anticipe sur sa fonctionnalité. Dans les deux cas cependant le document joue comme réducteur d'incertitude.

Par la fixation et l'enregistrement, le document peut affronter l'irruption intempestive de l'événement : celui qui voit – le corps ou l'objet – l'a déjà vu grâce au dessin ; celui qui a vu – le corps ou l'objet – peut le comparer à l'état de son savoir : l'écart n'est plus dès lors un impensable, mais une différence dont on cherche à connaître la cause afin de la réduire – ce qui définit une démarche, sans préjuger de ses résultats.

Le dessin, par sa mixité, arraisonne un haut degré de complexité de la réalité : il peut récupérer la liste comme la carte, le traitement comme la navigation tout en les dépassant.

6.1.4. *Modélisation*

Le modèle va au-delà de la seule énumération des attributs et qualités d'un objet ou de la représentation de sa seule surface, il vise à en offrir une véritable quasi-maquette. La contrainte à laquelle il s'affronte inévitablement et qu'il doit travailler à desserrer, réside dans le report d'une réalité en trois dimensions sur une feuille à deux dimensions seulement. La modélisation procède notamment de deux opérations complémentaires : simplifier pour accroître la lisibilité. Simplifier par suppression d'éléments à l'exemple de Villard de Honnecourt (Recht, p. 28) ou par réduction, d'échelle et de propriétés, car « elle dépouille l'objet représenté de toute une somme d'informations pour n'en retenir que quelques-unes » (Recht, p. 132). Lisibilité augmentée par l'application des principes de symétrie (à la limite on ne dessine que la moitié d'une façade, et l'autre par duplication (Recht, p. 134) et de frontalité (qui ramène tous les éléments en relief d'une façade sur le plan de la feuille (Recht, p. 135).

Nous avons vu comment le dessin d'art parvient à maîtriser cette contrainte en recourant à la perspective. Celle-ci en effet, constitue d'abord un puissant outil de capture et de rendu de la troisième dimension sur le plan. Nous avons également vu les limites de cet outil : singulièrement son ambition totalisante à partir d'un point de vu unique. Or, le dessin technique lui, évite le plus souvent la perspective : le dessin anatomique lorsqu'il en reste dépendant – parce que pratiqué d'abord par des « artistes » qui l'ont fondé ou ont été élevés dans sa révérence – perd en qualités descriptives, en précision, en utilité, en scientificité, bref régresse en tant que technologie intellectuelle ; le dessin d'architecture et plus encore le dessin de machines (ou de pièces mécaniques) lui, préfère le plus souvent l'éclatement en vues (élévations, plans, coupes, vue de dessus, de côté, etc.). Ce dernier en effet, substitue à l'intégration des trois dimensions au sein d'une seule figure – qui paye ce tour de force par une subordination à un point de vue unique –, la multiplicité des figures et des points de vue. Statique de la dépendance à un seul point de vue d'un côté, dynamique de sa multiplication de l'autre, comme si l'observateur tournait autour de l'objet ou que ce dernier opérait ces rotations qui lui permettent de présenter telle ou telle face – zoomant ou non sur tel détail. La modélisation – quelle que soit la Raison – naît d'abord de cette capacité à produire cet effet dynamique.

La modélisation peut également verser dans ce que nous appelons ici le formalisme/maniérisme lorsqu'elle devient en quelque sorte un but en soi. Où l'on dessine pour dessiner et non afin de construire. Où le dessin d'architecture se suffit à lui-même, s'accomplit comme son propre projet. Version faible si l'on veut, lorsqu'à partir du XVIe siècle les éditions imprimées du texte de Vitruve sont accompagnées d'un nombre de plus en plus considérable d'images dont Recht souligne qu' » en vérité, il ne s'agit pas à proprement parler d'illustrations, mais de véritables gloses, de développements graphiques qui proposent une interprétation moderne du texte romain » (p. 119)[83]. Version forte au XVIIIe siècle avec les Boullée, Ledoux ou De Legeay, qui proposent de véritables fictions architecturales de plus en plus grandioses et de moins en moins vraisemblables, substituant à un dessin d'objectivation un dessin de suggestion.

6.2. Dessins et pouvoirs

6.2.1. *Traductions*

Pas plus que toute autre technologie intellectuelle, le dessin technique ne peut s'abstraire de son vecteur concret. Un dessin est peut-être aussi une idée – avant ou après son tracé –, mais ce qui nous intéresse ici surtout, c'est son inscription : il ne vaut véritablement que par elle. Cette inscription ne l'exprime pas, elle le fait exister.

La Renaissance écrivait plutôt *dessein* que dessin. Elle trahit par là-même la relation profonde de ce dernier au projet. Pour autant, encore une fois, il convient de se garder de conclure à la préexistence du projet sur le dessin. Sans la nier, il y a fort à parier que le dessin donne au moins autant vie au projet que l'inverse[84]. Psychologiquement, il est possible que le dessin puisse relever de l'idée préalable ; sociologiquement, le projet n'est que ce qu'on en montre, le dessein se réduit au dessin. Ce qui circule ce sont des feuilles au trait, ou ce sur quoi l'on se penche en

83. Palladio propose même « de reconstituer [grâce au dessin], à l'aide de sa propre syntaxe architecturale, une villa antique telle que la décrit Vitruve » (Recht, 1995, p. 130).

84. Autrement dit, « c'est grâce au dessin que l'architecture peut traduire son idée et lui communiquer des formes visibles [...] » (Recht, 1995, p. 46).

groupe ou tour à tour, c'est bien un tracé sur pierre, bois ou papier et aujourd'hui informatique.

Il y a donc le projet, global, de faire quelque chose, que l'on scelle d'un contrat par le droit – accompagné éventuellement d'un dessin qui lui donne corps, un premier visage, une première forme. Puis il y a le projet, local, de la chose à produire/construire, précisée par un ou des dessin(s) plus détaillé(s), plus directement pratiques. Dans les deux cas le dessin se doit d'une certaine stabilité :

– stabilité d'un document qui est aussi un outil d'aide à la décision, à l'exemple des dessins de la cathédrale de Strasbourg qui, « avant de servir aux ouvriers du chantier, étaient destinés à être exposés, discutés et conservés » (Recht, p. 41), ou bien à l'image des dessins du campanile ou du baptistère de Sienne, « moins destinés à des architectes ou à des hommes du chantier qu'aux délibérations des citoyens qui constituent les commissions de fabrique » (Recht, p. 66) ;

– stabilité du document censé porter une mémoire, d'architecte en architecte si besoin est dans le cas de la construction d'une cathédrale, et assurer les parties sur le parti. Mais stabilité néanmoins souvent limitée au temps du chantier : rares demeurent les documents tels que ceux conservés au musée de l'œuvre à Strasbourg des dessins du projet de la cathédrale ;

– stabilité du document qui circule sur le chantier de mains en mains – aux moins celles, peu nombreuses en définitive même aujourd'hui, des chefs et architectes. Stabilité des dessins gravés à même le sol ou les murs, à l'échelle, pour faciliter la construction de telle pièce de charpente ou tel élément architectural. Tracés (et gabarits) en prise directe sur le travail et l'œuvre et non décalés comme ceux de l'architecte. Tracés globaux, légers, tracés locaux, lourds ; signe d'un côté, indice/empreinte de l'autre. Du projet au concret une chaîne de traductions : faire une cathédrale (contrat), donner forme au projet (dessin d'architecture), détailler le signe en empreintes, « fondre » le matériau à cette aune.

6.2.2. *Circulations*

A en croire M. Serres, il n'y a pas de collectif sans circulation d'un quasi-objet ; mais il n'y a pas plus de quasi-objet sans collectif au sein duquel circuler. Lorsque l'artisan est encore relativement maître de son travail il incorpore les schèmes cognitifs de ses opérations constitutives. Plus la division du travail intervient, plus il devient indispensable de produire des intermédiaires que l'on charge d'assurer les solutions de continuités. C'est ainsi que l'on éprouve l'irrésistible besoin de créer un document porteur de cette objectivité qui dit très bien la séparation de l'objet et du corps, qui produit du collectif autant qu'il lui permet de tenir. C'est pourquoi derrière la révolution industrielle, dès le XVIIIe siècle en Angleterre, ou plutôt les différentes révolutions industrielles du XIXe siècle, se cache tout un peuple de dessins, de plus en plus nombreux. C'est ainsi que « le XIXe siècle vit une nouvelle progression géométrique : le nombre des dessins imprimés doubla sans doute tous les dix ans jusqu'à être multiplié par mille, passant des millions aux milliards » (Ferguson, 1986, p. 189).

L'artisan était co-présent à lui-même et donc a l'intelligence (intellectuelle et physique) de son travail. Substituez le multiple à l'un, dès lors se pose un inévitable problème de coordination et de contrôle qui dépendent de la circulation de documents « objectivés » mobiles (eux-mêmes modèles de l'objet « objectivé »). Le collectif ne tient que de cette circulation, mais celle-ci en retour le creuse et l'amplifie... d'où une croissance tendancielle du volume de documents au moins proportionnelle à la division du travail[85].

Le document, division du travail, et donc division spatiale du travail oblige, doit être mobile, passer d'un bureau l'autre, du bureau à l'atelier, d'un atelier l'autre. Porte-parole dirait B. Latour, le dessin se transporte sur les lieux et remplit trois fonctions : communiquer[86], notamment entre niveaux hiérarchiques différents et surtout entre méthode et atelier, coordonner le travail (tant verticalement qu'horizontalement)[87], et contrôler (*a priori*) l'effectuation du travail (en l'encadrant par des normes)[88].

L'efficacité de cette circulation dépend notamment de la légèreté du support du dessin technique : d'où sa réduction tendancielle à la feuille de papier (ou la liasse de feuilles), suffisamment claire, résistante et légère. Mais elle renvoie également à un travail poussé de standardisation des codes utilisés, de façon à limiter les bruits dans la communication et les erreurs d'interprétation. Bref, la légèreté et la standardisation des « reproductions imprimées de dessins [...] multiplièrent les "énoncés graphiques exactement reproductibles" (Ivins, 1953) [...] [qui] furent essentiels au développement et à la diffusion de la science et de la technologie occidentale » (Ferguson, *op. cit.*, p. 185).

---

85. Y. Deforge soulignait ainsi voilà bientôt trente ans que « l'on avance le nombre de un million de plans pour les 100 000 pièces d'un Airbus » (Deforge, 1981, p. 119).

86. « In the world of engineers and designers, sketches and drawings are the basic components of communication ; words are built around them » (Henderson, 1999, *op. cit.*, p. 1).

87. « Coordination and conflict take place over, on and through drawings » (Henderson, *op. cit.*, p. 1).

88. « L'étape décisive qui mena à l'utilisation des dessins pour contrôler la production fut franchie au début du XXe siècle par l'industrie automobile américaine » : chaque pièce de la Ford T (1908) était précisément dessinée et le processus de production accompagné de « feuilles d'opération » (Ferguson, 1986, p. 201). C'est pourquoi, depuis cette époque, l'accès aux dessins régit le « control over the form that knowledge will take, control over the use or nonuse of that knowledge, the control of workers and work [...] » (Henderson, 1999, *op. cit.,* p. 134).

Légèreté et standardisation facilitent également l'accumulation. En effet, la mobilité n'a d'intérêt que croisée avec la sédimentation : les dessins constituent ainsi de véritables banques de données de formes, que l'on compare et raffine (techniquement et stylistiquement ; voir les carnets de Villard de Honnecourt ou ceux de L. de Vinci, même s'il s'agit d'abord de banques de données personnelles). Banques de données internes à l'entreprise (Deforge, 1981) et plus encore banque de données publique de la concentration des *brevets* (toujours accompagnés de dessins). Celle-ci permet d'assurer l'authentification sociale de l'innovation comme innovation. Or, la labellisation n'est que le produit de l'observation d'une différence, laquelle n'émerge qu'au contact du nombre. C'est bien l'accumulation et le travail de comparaison qu'elle autorise et soutient qui légitime la validation sociale de l'innovation par le brevet.

6.2.3. *Le coût de la contestation*

Le dessin technique est historiquement lié au politique et notamment à la construction de l'état, car ce sont aussi les ingénieurs du Roi qui vont le développer, ingénieurs des ponts et chaussées et surtout les ingénieurs militaires. Et l'on doit au meilleur d'entre eux, Vauban, une réflexion, jamais coupée de l'action, tant sur l'art d'assiéger les villes, de protéger les frontières, de réformer la fiscalité ou de décrire la géographie, l'économie et la démographie d'une région. Cartographie, statistique et dessins techniques sont ici abondamment mobilisés.

Car le Commissaire aux fortifications est déjà véritablement un ingénieur, soucieux de technique, décrite de manière simple et rigoureuse, et d'évaluation des coûts. La présentation des « Machines et outils qui doivent se trouver dans le parc », de son *Traité des sièges* (1704, ouvrage confidentiel, il ne sera publié qu'en 1737) offre un tableau, par lignes et colonnes, d'exposition des seuls objets, gabions (panier d'osier rempli de terre), mantelet (protection mobile à l'abri de laquelle avancent les sapeurs) ou autre brouette, en vues de devant, de derrière, ou de côté, avec leur noms précis et l'échelle, alors que les dessins qui accompagnent *l'Introduction à la fortification* de Nicolas de Fer relèvent encore d'une mise en scène, en perspective, où l'homme intervient dans l'opération technique. Ce traité de Vauban articule textes, images didactiques, cartes et plans ainsi que des tables de calculs (pour l'utilisation des mines ou la construction des lignes). Bref, un attirail impressionnant de technologies intellectuelles.

Plus généralement les projets de création de places de Vauban (fruits d'un travail d'équipe, car le château de Bazoches prenait volontiers des airs de bureau d'étude, mais toujours sous la ferme direction du maître) comportaient « une introduction, où l'ingénieur décrivait la situation de la place, indiquant les distances précises des villes voisines, le relief, l'assiette de la place, ses ressources humaines, agricoles et commerciales, la fortification existante. A la suite venait le [...] « projet des ouvrages à faire » [...], détaillé en articles numérotés avec des références à la nomenclature utilisée sur les plans d'accompagnement. [...] Chaque article était accompagné d'une estimation chiffrée et un total récapitulait l'ensemble des sommes demandées. [...] Des plans d'ensemble et de détail, des profils, des élévations et des dessins de bâtiments accompagnaient les projets » (Barros, Salat et Sarmant 2006, p. 95-96). Vauban travaille ainsi dans une perspective de rationalisation : rationalisation des procédures administratives (avec la fixation de règles de passation des marchés notamment), et rationalisation technique, avec la détermination d'un code d'utilisation des couleurs sur les plans (en rouge, l'achevé, en jaune le projeté) ou le recours à des modèles gravés de casernes (plan, élévation et coupe) diffusés auprès des ingénieurs des différentes places (Barros, Salat et Sarmant, *op. cit.*, p. 98).

Les nombreux mémoires que rédigea Vauban avaient une indéniable fonction rhétorique : il fallait convaincre un Louvois, un Colbert ou bien encore le Roi lui-même. Convaincre que sa manière d'assiéger était la meilleure ; convaincre que dresser une véritable ceinture de fer aux frontières serait véritablement efficace (et permettrait ainsi de protéger ce qu'il appelait le « pré carré »). D'autant plus que les projets de Vauban, certes stratégiquement potentiellement utiles, coûtaient néanmoins très cher. Il fallait donc de la pédagogie, et comme le souligne Thomassin, son secrétaire, les ministres, « lui faisaient continuellement des demandes de s'expliquer par des plans, des profils, et des mémoires détaillés et raisonnés jusqu'aux plus petites choses » (cité par Barros *op. cit.*, p. 93). Louvois résistait souvent.

Convaincre le Roi et ses ministres, c'était convaincre l'Etat, et dès lors embrayer sur un mouvement difficilement réversible (la stratégie de la France dépendit de cette ceinture de fer jusqu'au XIXe siècle) et d'autant plus difficilement contestable… sauf par Vauban lui-même peut être, qui ne crut jamais dans la nécessité d'alimenter Versailles avec un nouvel aqueduc, ou qui soutint fermement la nécessité de rétablir l'édit de Nantes ! Si les mémoires et plans techniques d'un Vauban pouvaient s'imposer au Roi, qui, en reconnaissance de sa compétence le fit Maréchal, ses idées les plus politiques ne pesaient guère devant un Louis XIV.

Le dessin technique, s'il permet la négociation entre experts lors de sa création, intervient singulièrement comme outil de limitation de la contestation, dès lors qu'il a été approuvé. « Objectivé », en effet, le dessin technique rend le coût de la contestation très élevé, et par là-même introduit un effet d'irréversibilité. Car ce que dit Sicard à propos du dessin scientifique est également valable pour un dessin technique : « un dessin d'observation est plus difficilement remis en cause qu'un texte. Une figuration joue parfois mieux qu'un écrit un rôle de certification. Et l'authentification de ce qui est vu est aussi celle de ce qui est su » (Sicard, 1998, p. 58).

Car le dessin technique emporte avec lui le bureau d'étude qui l'a mis au point, et au-delà, ses techniques de calcul, ses modes de représentations, eux-mêmes largement partagés (souvent après de longues batailles d'experts) par l'ensemble d'un milieu professionnel. Car le dessin technique symbolise également l'autorité hiérarchique. Car, enfin, le dessin technique *cache* autant qu'il ne dévoile : il masque notamment le processus global de production à l'exécutant local (l'ouvrier) – dont la contestation dès lors peut techniquement s'annuler de ce qu'il ne sait pas. Cela ne veut bien évidemment pas dire que le dessin a obligatoirement raison, mais qu'il lui est beaucoup plus facile d'avoir le dernier mot, parce que le contester, c'est aussi remettre en question de puissants acteurs, donc de puissants intérêts (et réciproquement).

Entre décideurs le dessin technique représente, c'est-à-dire vaut pour, la parole qualifiée de l'expert (d'ailleurs celui-ci ne se repère-t-il pas à ce type de production ? Qu'est-ce qui fait et signifie l'architecte plus que le dessin ?). Le dessin, comme projet global, est placé entre les décideurs, et ce statut est acquis par le droit d'accès que l'on détient à ce dessin plus que l'inverse encore : il certifie l'engagement de l'architecte, par exemple, et l'acceptation de cet engagement par les autres parties prenantes. Mémoire, il veille. Or, celui qui voudra contester, à tort ou à raison, devra compter avec lui, et ne l'emportera qu'à condition de le mettre de son côté, à moins qu'il ne puisse mettre la main dessus, car pour protéger son pouvoir de toute contestation, le technicien en vient parfois à le supprimer.

Ainsi, dans l'étude de cas canonique de la sociologie des organisations « le monopole industriel » les ouvriers d'entretien ont-ils éliminé les plans et notices d'entretien (Crozier, 1977, p. 119). Ce qui participe de leur maîtrise d'une zone d'incertitude, car ils sont les seuls désormais à véritablement contrôler la technique, puisqu'ils l'ont intériorisée. Crozier et Friedberg y voient le signe de la transformation de la panne d'un statut de donnée technique en donnée sociale. Certes, mais ne peut-on pas également y lire l'acquisition d'un pouvoir parce que le partage et le contrôle par les supports graphiques ne sont plus possibles ; ne peut-on y lire *a contrario* le rôle politique des plans et notices – car sinon, pourquoi s'empresser de les faire disparaître ? A trop vouloir construire leur théorie sur ce qui sépare le système d'action concret de l'organigramme n'ont-il pas négligé la place de ces techniques d'écriture, de ces technologies intellectuelles-là ? Les ouvriers d'entretien, dans leur geste même n'avouaient-ils pas cependant leur conscience profonde du rôle crucial qu'elles pouvaient jouer concrètement?

Pourquoi a-t-on inventé le *brevet* ? Quel type de société en a besoin ? Une société où l'authentification de la *propriété* (et qui donc a inventé cette notion) ne peut s'effectuer par la seule reconnaissance publique tacite d'un savoir commun partagé dans la fréquentation quotidienne (Plasseraud et Savignon, 1986). Une société socialement trop complexe et dont les objets deviennent eux-mêmes trop complexes techniquement et leurs enjeux financiers de plus en plus considérables pour que l'attribution de propriété relève de la seule évidence d'un vivre ensemble. L'espace-temps dilaté requiert des relais, des intermédiaires, chargés de faire preuve, de certifier au nom de la société par le truchement de l'Etat. Le brevet en est un, discours et dessins, tamponné et oblitéré. Lui-même authentifié pour mieux porter l'authentification. Brevets étiquetés, accumulés, archivés et qui, par là-même assurent la régulation de la production et de l'imputation d'innovation[89]. Accepté, enregistré, le brevet vaut « piton » d'irréversibilité : on ne peut, tel quel, le copier, le plagier, sous peine de poursuites, mais seulement le dépasser techniquement par une autre solution[90]. Refusé, le projet qui aspirait à l'irréversibilité est soudain renvoyé au néant – au moins économico-technicien. Le refus sanctionne le déficit d'originalité comparée et joue la réversibilité d'une manière abrupte et sèche. Le dessin technique participe donc pleinement de ce pouvoir de sanctification sociale de l'innovation, de sa légitimation. Ce qui suscite le pouvoir induit de ceux qui peuvent soutenir un effort de recherche susceptible de produire des dessins et des brevets.

6.3. Conclusion : conception et pré-vision

Le dessin ne se résorbe donc pas dans son seul avatar « artistique ». Il est même possible d'affirmer que l'usage social du dessin technique se révèle d'un impact autrement considérable. Ce qui est en jeu en effet, au-delà de l'effet d'apprentissage que nous avons souligné notamment à propos du dessin anatomique, c'est la possibilité d'expression de la fonction de *conception*. Or, celle-ci n'est envisageable et praticable qu'à partir du moment où l'on maîtrise un outil de modélisation. La projection dans l'avenir, déjà facilitée par l'intervention de la liste, d'une mémoire-stock classificatrice, stimulée par l'apparition des blancs sur des cartes par ailleurs de plus en plus précises, restait néanmoins limitée. Le dessin technique, fortement charpenté et régulé, lui offre de nouveaux espaces d'investigation, grâce à son aptitude à rapporter, à rabattre un objet en trois dimensions sur une feuille en deux dimensions seulement. Il devient dès lors possible de supposer l'objet dans toute sa complexité, à proprement parler de le *pré-voir*. Car nos sens et notre culture veulent que nos yeux dominent et monopolisent quasiment nos facultés de conception : celles-ci restent largement dépendantes du regard et privilégient donc tout outil qui travaille sous l'horizon de l'image. Ce qui explique la promotion technico-économique du

---

89. Car, comme aime à le souligner Henderson (*op. cit.*, p.107), « the mundane interactions of actors, machines and paper construct technological innovation ».
90. A moins d'en récuser le jeu et de travailler sciemment au plagiat.

dessin technique, non qu'il absorbe le tout de la conception, mais il l'oriente par sa globalité et son modelage de la forme : il reste nécessaire de le compléter par des mots, et singulièrement des listes (*checklists* notamment) qui permettent de soigner le détail, voire des cartes et des plans qui, en architecture, permettent de situer et de contextualiser le projet.

6.4. Conclusion de la deuxième partie : l'unité de la raison graphique

La raison graphique assure son unité sur deux plans : d'abord par les liens que chacune de ses trois technologies intellectuelles entretiennent entre elles, ensuite (et surtout ?), parce qu'elle travaille toujours sur une surface, une feuille à deux dimensions.

Listes, cartes et dessins techniques ne sont pas étrangères les unes aux autres. Mieux encore, il est toujours possible de convertir l'une d'entre elles en chacune des deux autres. Bien évidemment l'opération ne va pas sans perte, ce qui fonde leur spécificité, et explique pourquoi elles ne peuvent se réduire à l'une d'entre elles. Cependant, s'il y a perte en chaque cas, elle n'en est pas pour autant identique : l'on perd plus de convertir un dessin en liste, qu'une liste en dessin, une carte en liste qu'une liste en carte, un dessin en plan qu'un plan en dessin. D'où une hiérarchisation relative que traduit la répartition en trois volets, traitement, navigation et modélisation (elle-même fonction de la capacité à convertir les dimensions).

A surface-support égale la liste est moins riche informationnellement que la carte ou le dessin : traduire l'une ou l'autre en liste risque, à la limite, de tendre vers l'infini... comme toute traduction de l'analogique en logique discrète, à moins de simplifier, de réduire, de rationaliser, d'échantillonner comme le font les télécommunications avec un signal. Passer de la liste à la carte ou au dessin emporte une large part de reconstruction plus ou moins fictionnelle : il s'agit en fait de restituer la continuité éclatée par la discrétisation. Les opérations de conversion, on le voit, sont donc toujours possibles, mais n'entraînent pas toujours le même coût ni le même résultat.

La raison graphique fonde également son unité sur un même travail : rapporter une réalité à une surface – une feuille – de dimension deux. Cette « même » tâche se décline néanmoins sous trois modalités – celle des trois principes et des trois technologies intellectuelles – qui signent encore une fois une hiérarchisation : la richesse du document est fonction de sa capacité à rapporter une réalité de dimension supérieure à la sienne – le document (de dimension deux) qui rapporte une réalité de dimension inférieure à deux, se révèle moins riche que celui qui rapporte une réalité de dimension deux ou trois.

Ainsi, unité n'implique pas uniformité (il en va bien de chaque technologie intellectuelle avec ses qualités propres), ni unicité (il y a en effet trois technologies intellectuelles non entièrement substituables).

Son unité, la raison graphique la marque face aux deux autres raisons, classificatrice et simulatrice. En ce sens, elle est moins *graphique* parce qu'elle ne serait pas classificatrice ni simulatrice – nous avons vu en effet qu'elle emporte des effets de l'un et l'autre type –, mais parce qu'elle s'exprime sur cette *base* restreinte de la surface de dimension deux, sur la feuille, qui appelle le jeu du graphe, de l'écriture-image. Enfin, la raison graphique est moins raison parce qu'elle rationalise ou qu'elle exprimerait *la rationalité* que parce qu'elle se joue de cette contrainte de la feuille, de la surface à deux dimensions.

Pas plus que les trois technologies intellectuelles de la raison graphique ne se nient mutuellement, les trois raisons ne s'annulent entre elles : la raison classificatrice n'évacue pas la raison graphique, bien au contraire, celle-ci en constitue en quelque sorte la condition de possibilité, elle introduit seulement une nouvelle dimension et un nouveau degré de liberté[91].

91. Au sens physique du terme, et non métaphysique.

TROISIÈME PARTIE

La raison classificatrice

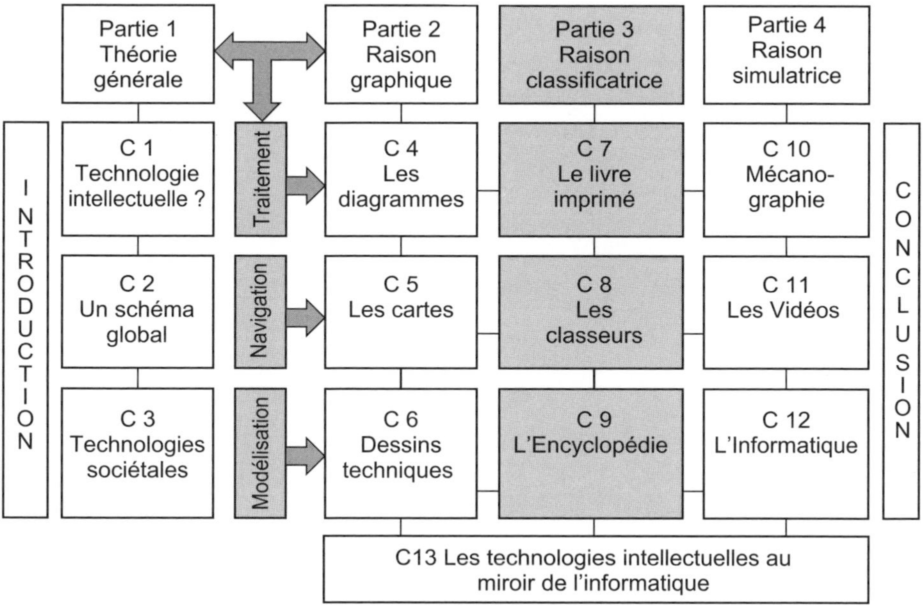

INTRODUCTION DE LA TROISIÈME PARTIE

Comment pourrait-on classer les verbes qui suivent : cataloguer, classer, classifier, découper, énumérer, grouper, hiérarchiser, lister, numéroter, ordonnancer, ordonner, ranger, regrouper, répartir ?

G. Perec, *Penser/classer* (1985, p. 154)

Perec a élaboré ce que l'on peut appeler une véritable poétique ironique du classement. A le lire, nos efforts de classement semblent pour le moins voués à l'inachevé, au dérisoire, à l'obsolescence, à la relativité, à l'impuissance, au surhumain, au délire, à l'obsession, etc. Mais l'attention qu'il lui porte reste néanmoins peut-être le meilleur signe de son importance. Il est facile en effet de souligner le ridicule de la prétention à tout classer, petites et grandes choses (et déjà *en* petites et grandes), de dénoncer le travers pervers du collectionneur, de récuser la dimension politique d'une attitude fondamentalement totalitaire, de soupçonner que le classement cherche à lutter contre la mort. Mais quelle société ne classe pas, jamais ni rien ? Le classement ne constitue-t-il pas un des propres de l'homme ? L'acte du classement ne part-il pas de ce constat élémentaire que tout se disperse, que l'entropie toujours menace, à moins de lui opposer un travail constant et sans relâche de mise en ordre... auquel tout classement participe pleinement. Il en va peut-être de cette idée préalable, mais surtout de cette aptitude fondamentale de l'intelligence humaine à regrouper, à trier, à tisser des liens dans tous ses gestes, tous ses actes. C'est cette aptitude cognitive fondamentale qui engage aussi bien le corps que l'esprit, les choses que les mots et bien évidemment les signes et leurs supports.

Perec s'interroge fort justement : « Que me demande-t-on au juste ? Si je pense avant de classer ? Si je classe avant de penser ? Comment je classe ce que je veux penser ? Comment je pense quand je veux classer ? » (Perec, 1985, p. 154). Penser/classer sont donc à penser – et donc à classer – ensemble, en boucle, sans précession, sans hiérarchie même. Mais il convient d'aller plus loin encore : les outils avec lesquels on pense/classe doivent eux-mêmes être soumis à semblable opération de relativisation. On ne peut pas dire que l'on pense d'abord, qu'on élabore en premier une idée que l'on concrétise ensuite dans/par un outil, ou qu'à l'inverse l'idée ne procéderait que du seul emploi de l'outil, comme une manière d'en tirer la conséquence. Idée et outil se forment mutuellement. Aussi, le classement s'engendre autant des dispositifs concrets qui l'incorporent, qu'il les suscite.

Nous avons déjà vu le travail du schème classificateur sur/par les technologies intellectuelles de la Raison graphique de dimension deux. Nous allons maintenant découvrir son expression privilégiée : son jeu sur et par la troisième dimension. La Raison classificatrice, on le sait, prend directement appui sur la Raison graphique. C'est pourquoi elle s'intéresse :

– non seulement aux feuilles, mais à une somme, une accumulation raisonnée de feuilles, « hyperdocument » dont le plus célèbre s'appelle « livre imprimé » (chapitre 7) ;

– à l'entassement lui-même raisonné des « hyperdocuments » en « classeurs », dont le plus connu est la bibliothèque (chapitre 8) ;

– et enfin à la synthèse des hyperdocuments en un hyperdocument au carré, l'encyclopédie (chapitre 9).

Trois « lieux », meubles et immeubles, trois technologies intellectuelles représentant respectivement le Traitement, la Navigation et la Modélisation en Raison classificatrice.

Chapitre 7

Le livre imprimé

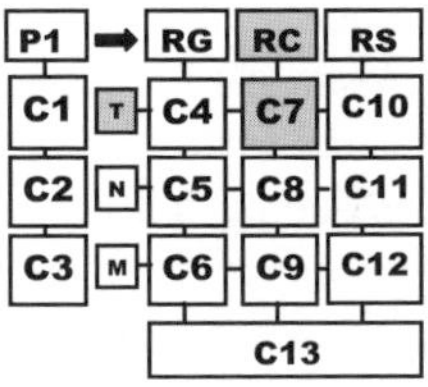

Un livre est un écrit (qu'il soit composé à la plume ou au moyen de caractères, en beaucoup ou en peu de pages, voilà qui est indifférent ici) qui présente un discours que quelqu'un tient au public au moyen de signes linguistiques visibles.

Kant, *Qu'est-ce qu'un livre ?* (1796)

Ce qui intéresse Kant c'est d'abord la dimension juridique – et donc politique – du livre. Le livre est un discours, construit et cohérent, que l'on ne tient pas par devers soi, mais que l'on expose au regard et à la critique de l'autre. Or, ce livre peut faire l'objet d'une contrefaçon et ainsi quelque peu se perdre et son auteur avec. Rendu public, à proprement parler publié, il convient que le lecteur y ait accès et que ce livre s'offre à sa vue. Cette visibilité suppose donc une matérialité, un support qui, justement, donne à voir les signes à lire. Or, ce livre peut aussi bien prendre forme sous la plume du copiste que sous la presse de l'imprimeur. Double instabilité qui donne toute sa légitimité et même encore toute son actualité à la question que pose Kant : qu'est-ce qu'un livre ?

7.1. Qu'est-ce qu'un livre ?

Préciser que le livre dont il est question ici est imprimé n'est à nos yeux, et à la différence de Kant, en rien marginal et mérite quelque réflexion. Car il existait déjà des « sommes de feuilles reliées » avant que l'imprimerie ne s'en empare. Ces manuscrits constituaient de véritables technologies intellectuelles, ni des proto-technologies intellectuelles ni des techniques déficientes en attente de leur plein accomplissement.

Cependant, c'est bien l'imprimerie qui met le mieux en évidence le processus de conversion et singulièrement l'opération de conversion telles qu'elles ont été définies au chapitre 1. C'est bien l'imprimerie qui exhibe avec la plus grande force l'ensemble des propriétés et des qualités qui fondent la technologie intellectuelle livresque, et singulièrement cette caractéristique fondamentale de la *régulation*. Autrement dit, comme le souligne l'historien lui-même « les formidables capacités du codex ne seront pleinement exploitées qu'au XVIe siècle, deux générations après Gutenberg : sa logique recouvre la logique double de la massification documentaire et du développement des systèmes de référence » (Barbier 2000, p. 27). Car il est vrai que le déficit de régulation du manuscrit le limite à une moindre gestion de la complexité, à une moindre efficacité dans la conversion de l'événement en document, à un usage moins performant de la conversion des dimensions. Or, un tel constat ne doit en rien nous autoriser à le juger uniquement à l'aune de ce qui lui succède : une perspective purement historique ne devrait pas le réduire à un manque ou à une aspiration étouffée, car ce texte recèle déjà un réel travail d'organisation et il produit d'indéniables effets cognitifs. Pour autant, le pas que lui fait franchir son impression – car, dans un premier temps l'on se contente de reconduire les textes anciens tels quels –, puis la mise sur le marché de nouveaux livres ne peuvent être pour autant négligées, effacées ou disqualifiées, car il en va d'un mode radicalement nouveau de production du livre, un mode *machinisé* qui le projette littéralement dans notre modernité technicienne. N'en concluons néanmoins pas trop hâtivement à l'irruption d'un livre imprimé d'emblée complet, armé de pied en cap, produit fini tombé du ciel. Sa construction va prendre du temps (cent à cent-cinquante ans au moins) : d'où cette phase de transition que constitue celle de *l'incunable*[92], sorte de manuscrit imprimé qui reporte la vieille forme sur la nouvelle, retardant d'autant l'émergence de nouvelles propriétés.

Au total, il convient de penser moins en termes de livre qu'en termes d'un ensemble de formules, de diverses technologies intellectuelles si l'on veut qui permettent toutes à leur manière de mettre socialement en scène la fonction macro-sociétale de gestion *par* l'information graphique au sein d'une forme singulière. Mais il s'agit également d'en assumer une facette, celle de la nécessité de gérer un texte vaste et complexe, qui peut s'agrémenter d'images et se compléter de tableaux ou de listes. Le texte le plus lourd que l'occident ait eu à publier et à transmettre n'est autre que celui de *la Bible*, texte le plus souvent tronçonné en plusieurs morceaux. Ce texte, au Moyen Age, donna lieu à l'édition d'immenses livres manuscrits aux coûts très élevés (De Hamel, 2002), véritables monuments[93]. N'est-ce pas *La Bible* que Gutenberg s'attacha à publier en

92. Au sens large, puisque au sens étroit le terme, qui signifie « berceau » (Blasselle, 1997, p. 64), renvoie aux livres imprimés publiés avant 1501 dans quelques 250 villes européennes (Blasselle, 1997, p. 85).

93. Monuments, parce que « dans l'imagination visuelle du Moyen Age, la taille indique le « statut » (De Hamel, p. 66), parce qu'elles pouvaient peser quelques 22 kilos, consommer la peau de quelques 155 veaux et d'autant plus monuments – et quelque part moins livre –

premier ? Obligation morale et politique certes, mais qui fut un défi technique tout aussi bien. Il serait bien évidemment excessif de prétendre que l'imprimerie a été inventée *pour* résoudre une crise de surcharge dans la gestion de cette fonction de gestion par l'information graphique mais il est indéniable qu'elle a permis, à terme, d'opérer un véritable changement d'échelle dans la production non seulement de livres mais également de brochures, tracts et autres documents administratifs. Autrement dit, si l'on reprend le diagramme présenté au chapitre 2 (figure 2.1), le « livre » constitue une réponse parmi d'autres aux problèmes que pose la fonction de gestion de/par l'information graphique.

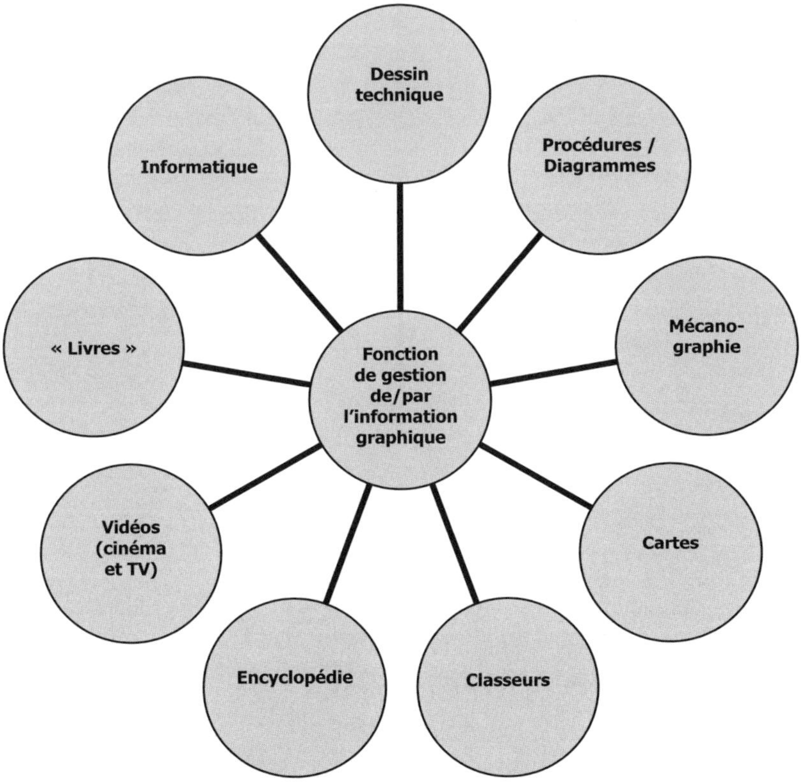

Figure 7.1. *La fonction de gestion de/par l'information graphique et ses différents véhicules*

qu'elles se révèlent peu lisibles à l'usage parce que, paradoxalement, les caractères étaient très petits (De Hamel, p. 76).

C'est pourquoi il convient de zoomer en quelque sorte sur la solution « livre », afin d'en découvrir toute la richesse, c'est-à-dire celle de ses différentes formules.

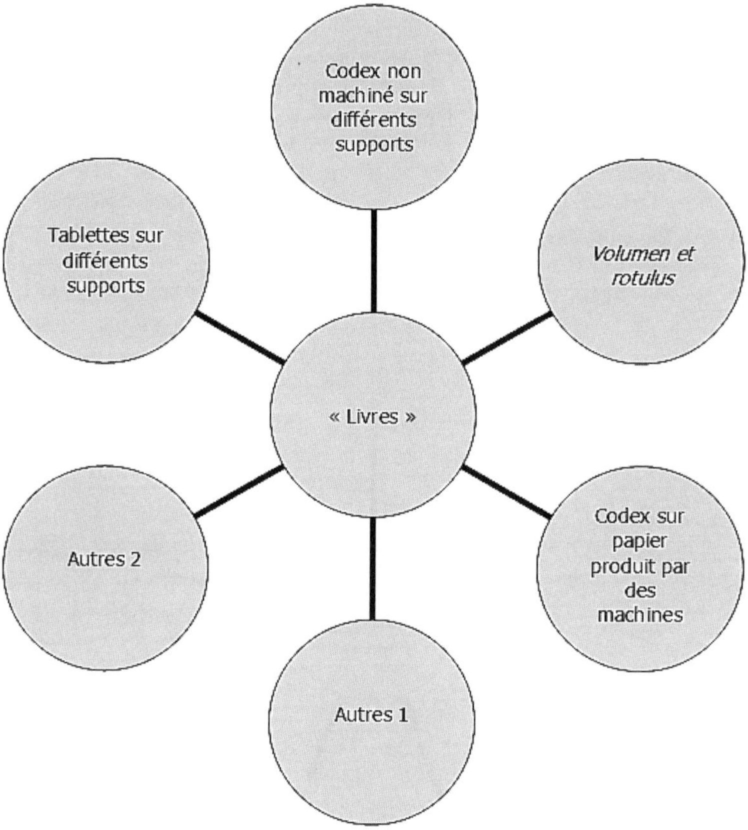

Figure 7.2. *Les différentes formules du « livre »*

La notion de « livre » renvoie à la stabilisation d'une formule singulière d'une forme codex sur un support papier produite par des machines. Or, les autres formules, non machinées (codex sur parchemin, *volumen* ou *rotulus* sur papyrus, tablettes d'argiles, etc.) ont occupé une place considérable dans l'histoire. Les hommes ont écrit pendant plus longtemps sur ces supports et dans ces mises en forme qu'à l'aide de l'écriture machinique de l'imprimerie. Ils ont porté les textes sacrés comme les opérations comptables pendant des millénaires. Notre processus de modélisation ne les aborde pas dans leurs supposés déficits en tant que Livre (c'est-à-dire codex sur papier produit par des machines), car ce ne sont tout simplement pas des livres en ce sens là. Il s'agit bien de véhicules différents d'exploration-construction d'une même fonction, testés par différentes sociétés à différents moments. Si déficit il y a, c'est, nous l'avons vu, en tant que technologie intellectuelle. C'est un déficit relatif qui révèle une faiblesse dans la capacité de régulation. C'est pourquoi nous n'allons pas nous intéresser ici au livre imprimé comme à une formule-maîtresse qui en dirait la vérité, c'est-à-dire celle de leurs manques mêmes, mais bien comme à une solution parmi d'autres qui exige elle aussi d'être pensée dans sa singularité – en l'occurrence celle d'un mode machinique de production du livre.

7.2. Tablettes, *volumen* et codex

Le ciel disparut comme un livre qu'on roule.

Apocalypse VI, 14 (cité par Carruthers, 2002b, p. 198)

7.2.1. *Tablettes d'argiles et* volumen *(papyrus)*

On a retrouvé des milliers, voire des dizaines de milliers de tablettes d'argiles du Moyen-Orient ancien. Or, ce support est relativement fragile. C'est dire si son utilisation pendant quelques millénaires et sur un espace plutôt vaste qui s'étend de l'actuel Iran à la Méditerranée, a été massive, si ce n'est au sein de l'ensemble de la société, au moins entre les mains des couches supérieures, clergé, bureaucrates et marchands, toutes occupées à mieux gérer leurs activités. Le papyrus joua le même rôle en Egypte dès les débuts du troisième millénaire (Goody, 1986, p. 39). Plus léger il permit assez tôt le développement de texte plus « littéraires » (d'abord religieux).

Or, on aurait pu supposer qu'il aurait fallu attendre un support infiniment plus léger et maniable comme le papier pour que se développent les premiers balbutiements de la rationalisation des activités politiques et économiques. Il n'en est rien. Car, comme le souligne J. Goody « au sens limité du terme « rationnel » que la thèse de Weber implique, les économies « rationnelles » et d'une manière plus générale les activités « rationnelles » furent instituées grâce à l'avènement non pas du capitalisme en Europe mais de l'écriture en Mésopotamie quatre mille ans et demi auparavant, ou plutôt grâce aux développements que le fait de savoir lire et écrire impliquait » (Goody, 1986, p. 182). Autrement dit, tablettes et papyrus, dans leurs contextes propres remplissent de manière efficace leur mission, avec leurs propriétés singulières (celles du matériau par exemple, abondant, tant en Egypte qu'en Mésopotamie) et leurs contraintes (de poids, de volume ou de fragilité par exemple). Elles permettent manifestement d'explorer-construire de manière performante la fonction macro-sociétale de gestion de/par l'information graphique, tant dans les sphères (liées) du religieux, de l'économique que du juridico-politique.

Ainsi, comme « au début, l'écriture fut employée, en Mésopotamie, pour la tenue des livres [de compte], plutôt que pour consigner par écrit des mythes et des rituels » (Goody, 1986, p. 60) il s'ensuivit que « la nécessité d'une « rationalisation » [...] s'affirm[a] bien davantage dans les cultures écrites où le seul fait de dresser des listes de divinités sur des tablettes ou des monuments, cré[a] un ordre hiérarchique [...], [et permit de] les classer en fonction de leurs rôles et relations spécifiques et de définir un panthéon par conséquent beaucoup moins flexible et moins ambigu » (Goody, 1986, p. 43).

L'économie mésopotamienne est d'abord une économie politique, car « à ses débuts, l'économie en Mésopotamie reposait sur le temple, plutôt que sur des artisans travaillant à leur propre compte, bien que ceux-ci aient existé, et cette centralisation rendait nécessaire des registres du personnel et des registres d'entrées et de sorties » (Goody, p. 81). Ainsi, en matière de gestion du personnel « on note les morts, les absences ou les remplaçants engagés pour suppléer un employé malade » (Goody, p. 82). L'écriture joue directement sur le rapport au temps puisqu'elle « rendait possible une augmentation de la capacité de stockage de la mémoire, ce qui pouvait permettre de suivre et d'effectuer un plus grand nombre de transactions au même moment » (Goody, p. 74). Qui plus est, « il n'était pas nécessaire qu'à une opération isolée [...] corresponde une autre opération, du moment que les « livres » s'équilibraient sur le long terme ; c'est-à-dire que le cycle potentiel des réciprocités reconnues était étendu ou bien encore que l'asymétrie était pleinement reconnue » (Goody, p. 74). Cette même écriture modifie de manière tout aussi décisive la relation à l'espace, puisqu'elle permet d'introduire un nouvel équivalent général qui transforme profondément le rapport entre logistique physique (celle des marchandises) et logistique informationnelle (celle du billet à ordre) (Robert, 2005). Car en effet, « le voyageur qui commençait son voyage avec un chargement de grain pouvait le vendre dans une ville quelconque située sur sa route, recevant en échange une tablette validée, dont la valeur était exprimée en cuivre ou peut être en argent. Celle-ci permettait d'acheter – à l'endroit où il se trouvait ou ailleurs – un article d'une même valeur qu'il pouvait vendre avec bénéfice dans une étape ultérieure de son voyage » (Goody, p. 76), il pouvait également échanger son billet contre un autre billet.

Par l'écriture, la procédure de règlement des conflits devient véritablement ce que nous appelons le droit. C'est pourquoi elle « encourage dans le monde antique l'ascension d'une classe de juriste spécialisés ainsi que l'enseignement du droit » (Goody, p. 85). Alors que la gestion des terres dans une économie essentiellement agricole était des plus sensibles, l'intervention du juriste et de l'écriture permettaient de définir précisément les surfaces (cadastres) et les obligations (contrats). S'appuyant sur le droit, tout en le dépassant, le politique utilisait volontiers l'écriture, car elle « était, en effet, à l'origine un instrument servant à communiquer les ordres plutôt qu'à enregistrer les idées. Elle est absolument indispensable pour l'organisation et le commandement » (Goody, p. 88). Dans le domaine des relations internationales, l'écrit « est doué de plus d'autorité qu'un simple messager » (Goody, p. 111).

Plus globalement, nous ne pouvons que pleinement souscrire à la fine analyse de J. Goody lorsqu'il conclut volontiers que « l'écriture constitue une dimension [...] du pouvoir de l'Etat (puisque effectivement il n'existe pas de cultures écrites sans l'état), non seulement du point de vue de la bureaucratie centrale, mais aussi [et à plus long terme] de l'idéologie (le pouvoir potentiel d'une idéologie écrite étant semblable à celui d'une religion écrite) et du point de vue [et ce, dès l'antiquité] du contrôle de la population au moyen du recensement, de la taxation, etc., d'une manière ou d'une autre le pouvoir de l'état pénètre la maison elle-même » (p. 98).

La tablette et son écriture cunéiforme n'offrent pas un dispositif très efficace de transcription et de déploiement d'histoires à raconter, que ce soit celles des dieux ou celles des rois. Le texte y est quelque peu à l'étroit comme engoncé dans un support dont il ne peut que s'échapper. En revanche, le rouleau de papyrus, qui se déplie parfois sur plusieurs mètres, offre un espace d'expression incomparablement plus ouvert à la narration. Les récits ont en effet besoin de beaucoup d'espace, c'est pourquoi ils en viennent à s'inscrire soit sur les murs et piliers de temples – comme en Egypte ancienne où les hiéroglyphes fonctionnent comme une écriture monumentale, c'est-à-dire liée au monument lui-même, projetée dans l'espace et à l'échelle qu'il déploie ; soit sur ce support incomparablement plus léger, manipulable, transportable du rouleau de papyrus où peuvent s'étaler un livre des morts ou la vie hagiographique de tel roi – papyrus qui va donner lieu au développement d'une nouvelle écriture, plus cursive (hiératique puis démotique).

Le *volumen*, dans le monde romain, est un rouleau fabriqué à partir de bandes de papyrus importées d'Egypte. Il est écrit d'un seul côté (ce qui limite ses capacités de stockage) en utilisant un calame. Le plus souvent l'auteur n'écrit pas lui-même, il dicte à un scribe, à un secrétaire. Rouleau horizontal, le *volumen*[94], lors de sa lecture, occupe les deux mains à la fois, l'une déroule, l'autre enroule. La fenêtre ainsi dégagée, la page, reste somme toute réduite à une ou deux colonnes, double contrainte qui limite d'autant un travail simultané d'écriture de commentaires. « Un rouleau de plus de trois feuilles (soit une dizaine de mètres) était très difficile à manier » (de Hamel, p. 48). Il s'avère également difficile de travailler sur plusieurs rouleaux en parallèle. Rassemblés dans des bibliothèques les rouleaux sont munis à leur extrémité d'une étiquette afin de pouvoir les repérer. Le *volumen* va rester l'outil privilégié du monde romain jusqu'à ce que son éclatement entre ses deux pôles d'orient et d'occident ne coupe la route d'approvisionnement en papyrus au cours des III et IVe siècles (Barbier, 2000).

94. Vertical, le rouleau est appelé *rotulus* ; verticalité que nous retrouvons avec le déroulement de nos écrans sur ordinateurs.

Le *volumen* se rapproche ainsi fonctionnellement de notre livre, sans avoir pour autant forcément besoin d'être jaugé à partir de ses propriétés ou plutôt sans que la comparaison verse obligatoirement dans la seule liste de ses déficiences (impossibilité du feuilletage, moindre surface globale, etc.), car nous avons vu que les mondes grec et romain ont eu massivement recours au rouleau alors qu'ils connaissent – et même les égyptiens avant eux – la possibilité d'utiliser le format de ce que nous appelons « livre », le codex. Autrement dit, le rouleau de papyrus permet également d'explorer-construire une fonction identitaire (celle à travers laquelle un peuple, un état, un gouvernement, une dynastie ou plus généralement, un groupe social se reconnaît) de manière manifestement performante, alors même que nous avons sûrement perdu, par absence d'usage, la capacité à en identifier et donc à en apprécier certaines propriétés – peut-être que l'enroulement/déroulement possédait les vertus symboliques d'un passage auquel nous ne sommes plus sensibles et que le codex feuilleté ne met plus en scène ? A moins qu'une civilisation encore essentiellement orale ait trouvé au fond équilibrée une technique qui permet d'en compenser les défaillances sans lui faire réellement concurrence ?

Il ne s'agit pas pour autant de récuser l'opération de comparaison, mais de mieux la cadrer et d'éviter de systématiquement l'orienter en faveur de ce qui suit. Autrement dit, même une technique n'est pas forcément socialement plus pertinente et même performante parce qu'elle semble techniquement plus efficace (et pour autant que les deux puissent être véritablement isolés). Quand bien même le codex donne accès à de nouvelles propriétés, le rouleau ne doit pas être vu comme en attente de son accomplissement dans sa transformation ou comme une sorte de transition nécessairement boiteuse et incomplète : il est tout à la fois effectivement moins performant en tant que technologie intellectuelle, mais tout aussi pertinent en tant que solution technique singulière, riche justement de cette singularité même, de tout ce qui fait qu'il n'est pas – mais cette fois sur le mode positif qui révèle ce qu'il est – un codex, riche d'être la concrétisation de l'exploration-construction d'un possible (c'est-à-dire à nos yeux saturés de livres-codex, d'un autre possible).

7.2.2. *Le codex non machiné*

Le principe du codex est ancien, deux planchettes de bois ou plus tenues ensemble par des liens de cuir, souvent enduites de cire. On y note, comme sur nos ardoises, des comptes ou des listes sans valeur durable. Il va donner lieu à un livre non plus enroulé, mais plié et relié, dont les pages sont en parchemin, en peau de mouton (matière animale et non plus végétale comme le papyrus). Cette peau est longue à préparer (plusieurs mois sont nécessaires) et elle reste chère – c'est pourquoi, souvent on la grattera afin de laisser place à un nouveau texte (c'est le principe du palimpseste). On peut écrire sur les deux faces – ce qui accroît d'autant les capacités de stockage. Il favorisera l'émergence d'une écriture cursive minuscule, plus simple d'usage. Le lecteur peut déployer deux pages devant lui et peut le feuilleter : la consultation se révèle plus aisée que celle d'un papyrus. Posé sur un lutrin ou une table il devient possible de prendre des notes : l'écriture peut dès lors accompagner la lecture. Regroupés dans des bibliothèques – qui sont d'abord de simples armoires – on les range à plat, le titre inscrit sur le dos reste visible, ce qui facilite l'identification du livre (Barbier, 2000).

On pourrait supposer qu'il s'imposa d'emblée, tellement ce support nous est familier et tellement nous avons oublié les autres. Or, même à Rome, son usage fut lent et progressif et il lui fallut quelques quatre siècles pour remplacer le rouleau. Et s'il fut inventé, à en croire Martial dans les années 80, pour diffuser les œuvres littéraires, ce n'est qu'à travers sa rencontre avec le christianisme qu'il prit véritablement son essor (« 158 des 160 fragments chrétiens avant le IVe siècle sont des codex » (Mélot 2007, p. 21 ; De Hamel, p. 48). N'oublions pas qu' » à l'époque de la persécution romaine les chrétiens étaient plutôt pauvres et le codex était d'un coût moindre, parce qu'on utilisait les deux côtés du papyrus[95] » (De Hamel, 2002, p. 49). Grâce au codex on pouvait plus facilement comparer les pages et les marquer.

Encore sous Charlemagne le « codex reste [néanmoins] un objet rare et très onéreux » (Barbier, 2000, p. 33). C'est pourtant une époque d'innovations, notamment grâce à l'abbaye de Saint-Martin de Tours, avec l'apparition de la minuscule Caroline, d'une première séparation des mots, d'une raréfaction des abréviations (qui s'étaient multipliées parce que le coût élevé de la matière première du parchemin incitait à économiser la place), et l'émergence d'une première ponctuation. Progressivement ce que F. Barbier appelle « la mise en livre » se modifie : les gloses (les commentaires) se multiplient, elles vont rendre d'autant plus indispensables les « dispositifs de repérages » (Barbier) des différents textes qui s'imbriquent sur une même page ; sans être marqué par une page singulière où s'afficheront titre, auteur et dates, le livre commence par un *incipit*, sorte de seuil, de même que des divisions internes sont parfois marquées par des lettres initiales de « plus grand module » (Barbier).

Ce livre est, jusqu'au XIe siècle au moins le produit d'un monastère : il se procure la matière première du parchemin (encore une fois, très onéreuse, ce qui suscite la pratique du palimpseste), le prépare pendant plusieurs mois, puis en assure la mise en page, en réglant les marges et les lignes à la pointe sèche ou à la mine de plomb (c'est l'opération de réglure), enfin le ou les copistes peuvent intervenir avant la rubrication (Barbier, p. 31), les enluminures et éventuellement la reliure.

---

95. Car les premiers codex furent en papyrus, cassant et lourd, progressivement remplacé par du parchemin.

A partir du XIIe siècle, la production de manuscrits connaît une croissance continue, liée à l'essor des villes et de l'administration. Car ces villes voient se multiplier les universités, dont les professeurs et les étudiants sont de « grands » consommateurs de livres, cadenacés dans les bibliothèques afin d'éviter les vols. Ce sont également les professions juridiques qui se développent au service des villes et de la puissance royale progressivement consolidée. Les livres sont désormais fabriqués dans les villes par des spécialistes qui sont de plus en plus des séculiers, voire des femmes.

Les formats évoluent, le livre n'est plus seulement une sorte de monument comme pouvait l'être cette bible géante que commandait un monastère carolingien, ils deviennent plus maniables. « L'effort de clarification » (Barbier, p. 46) se poursuit avec la systématisation des systèmes de ponctuation (notamment aux XI-XIIe siècle), l'apparition des pieds de mouche pour marquer les paragraphes (¶), la systématisation de la réglure, la numérotation des feuillets (la foliotation) ou des pages (la pagination) qui se répand au XIIe siècle et enfin, l'élaboration de tables et d'index.

Mais c'est surtout avec le XIIIe siècle que tout bascule. Ce qui se traduit de manière symptomatique dans la forme même du Livre par excellence, *La Bible*. Ces changements, Ch. De Hamel les résume en quatre temps : « la taille des pages se réduit, la bible tient en un seul volume organisé selon un ordre de livres déterminé, de nouveaux textes sont ajoutés [...], le texte est divisé en chapitres numérotés » (De Hamel, 2002, p. 117). Et de conclure, dans un écho à notre posture théorique « les frères y virent immédiatement un symbole, un objet physique en trois dimensions qui représentait et contenait la totalité de la parole divine » (*op. cit.*, p. 133).

C'est au XIIIe siècle également que se mettent en place « des méthodes de classement de l'information permettant une consultation rapide. Suite logique de textes, numéros de chapitres, concordances alphabétiques, tables des matières, titres courants, etc., étaient autant de caractéristiques des livres de l'époque, en particulier des textes destinés à l'enseignement » du droit canonique et de la théologie notamment (De Hamel, p. 129).

Enfin, rupture décisive selon R. Chartier, « l'apparition du *libro unitario* selon l'expression d'Armando Petrucci [...], le livre unitaire, c'est-à-dire un livre où se noue le lien entre l'objet matériel, l'œuvre (au sens d'une œuvre particulière ou d'une série d'œuvres) et l'auteur » (Chartier, 2005, p. 36). Car jusque là, hormis pour les corpus juridiques peut être, régnait volontiers le mélange entre des œuvres écrites à des dates différentes, relevant d'« auteurs » et de genres également différents.

Là encore, il ne faudrait pas voir le codex non machiné à travers le seul prisme du livre imprimé, comme une manière de préparation, de mise en train, en quelque sorte appelée sur le mode d'une téléologie par l'imprimerie. Ce qui ne signifie toujours pas récuser l'opération de comparaison, mais bien la nécessité de la raisonner. Le codex manuscrit n'est pas un sous-livre imprimé : il n'est tout simplement pas du tout un livre imprimé. Autrement dit, le livre imprimé n'est en aucune manière son horizon. C'est pourquoi, il convient à la fois de penser ses déficits en tant que technologie intellectuelle, notamment en matière de régulation, qui sans être absente, nous venons de le voir, reste moins poussée, et sa singularité en tant que solution technique qui a su satisfaire bon an mal an les exigences de son époque (ou de différentes époques). Là encore il faut savoir la comprendre et j'allais dire l'admirer, dans sa spécificité, comme modalité possible et originale d'exploration-construction de/par la gestion de l'information graphique de la fonction macro-sociétale identitaire (éminemment politique puisqu'à travers elle une société se pense et s'administre – en l'occurrence, au Moyen Age, grâce aux textes théoriques ou pratiques des pouvoirs ecclésiastique ou royal).

7.3. Le livre imprimé : propriétés

L'impression est une opération qui requiert une machine qui combine une presse, une forme et du papier. C'est ce système qui conditionne l'expression des propriétés du livre imprimé. La presse est un héritage de techniques anciennes d'écrasement, de pressage (de fruits tels que le raisin ou les olives). La forme, c'est-à-dire le support concret de l'impression, composée d'un assemblage de caractères mobiles, reste à inventer – nous allons y revenir. Le papier, lui, vient d'arriver d'orient. Rien n'aurait été fondamentalement possible sans ce que H.-J. Martin qualifie de « nouveau support de la pensée » qui, « venu de Chine par le canal des Arabes [...] avait fait son apparition en Europe depuis deux siècles pour devenir d'un emploi général et courant à la fin du XIVe siècle » (Martin, 1958, p. 40). Un papier de chiffon[96], plus solide que le parchemin, produit, en amont même de l'imprimerie, par des machines, des moulins automatisés grâce à l'énergie hydraulique[97].

---

96. Et qui le restera, avec de nombreuses innovations (dont le Vélin au XVIIIe siècle), jusqu'au passage au bois au XIXe siècle lors de l'industrialisation de sa production (Biasi, 1999).

97. La papeterie est donc une industrie avant même ce que l'on appelle sa véritable industrialisation au XIXe siècle (lorsque des machines à vapeur produisent des bobines de papier continu), car dès le XVIIe siècle, elle doit fournir annuellement quelques 450 à 900 000 rames de papier (Martin, 1958, p. 55).

7.3.1. *Structuration*

Un livre imprimé n'est pas seulement un recueil de « feuilles ». Il en marque aussi – et peut-être surtout – l'organisation. Le travail de l'imprimerie tend en effet à objectiver le texte : elle procède à une véritable décomposition/re-composition du texte en ces éléments les plus petits, caractères et espaces mobiles (Holtz-bonneau 1995). Or, ces éléments possèdent une réalité concrète, pesante et métallique, celle de la casse. Le texte transite ainsi par cette phase essentielle où il devient un objet, dur et lourd.

La typographie saisit le texte dans une double tension, entre le local (l'élémentaire) et le global (la page) d'une part, entre l'objet solide et la mise en forme (le « logiciel » si l'on veut) d'autre part. Les deux premiers pôles offrent la possibilité de jouer sur la souplesse et la précision du moléculaire mobile, inscrit néanmoins dans un cadre pré-calculé, pré-vu comme forme globale s'imposant à la fois comme contrainte et espace d'expression (au talent du typographe). Ce travail ouvre la possibilité d'un contrôle auparavant impensable de la mise en page, donc de la relation concret/abstrait.

La grande innovation, celle qui libère toutes les couches supérieures de régulation, c'est donc d'abord la création du caractère mobile en métal : il gouverne en effet à la fois la mise en forme du texte et sa reproductibilité. Mais il ne joue pas seulement sur le paramètre technique, car la mécanisation, en multipliant les copies, abaisse également le coût de la reprise et du raffinement de la mise en page. Au total, il définit les conditions économiques et technologiques d'une maîtrise incomparable du texte dont témoignent la systématisation d'outils de régulation logicielle comme la séparation des mots, la ponctuation, la distinction des paragraphes, les notes, la numérotation, l'apparition du sommaire et du titre, l'invention des fonction-auteur ou éditeur, la création d'index et de bibliographies. Car l'ensemble de ces éléments, qui nous semblent désormais constitutifs du livre, « évidents », indispensables, ne lui sont en rien naturels. Certes, l'imprimerie incite à leur invention, mais celle-ci s'inscrit dans la durée.

Le processus d'objectivation (souplesse moléculaire et reproduction mécanique) favorise le détachement des mots les uns des autres : ne convient-il pas désormais de calculer à l'avance la justification et de jouer sur les blancs ? La multiplication du texte et sa diffusion au-delà de cercles érudits n'incite-t-elle pas à la lisibilité ? Un même souci de clarté entraîne la définition d'une ponctuation plus précise, plus conventionnelle aussi. La tension local-global suscite le regroupement des idées-force en paragraphes distincts : on voit ici le lien direct qui noue matériel et logiciel. Comme le souligne H.-J. Martin, « désormais, le paragraphe constitue une unité de pensée s'offrant au regard du lecteur un peu à la manière d'une image [...]. Le texte peut [...] marquer plus nettement non plus une discussion avec retours en arrière [comme dans la scolastique médiévale et ses gloses], mais la progression d'une pensée logique [caractéristique de l'humanisme] » (Martin, 2003, p. 43).

Comptage des paragraphes ou des pages, la numérotation dépasse le premier niveau de la seule organisation spatiale du texte, et l'ouvre à une véritable possibilité de navigation et de repérage. Une fonction à laquelle participe également :

– le sommaire, qui recense les parties de l'ouvrage et synthétise son découpage (c'est-à-dire rassemble ce que ce dernier éclate) ;

– le titre qui se présente souvent d'abord comme un quasi-résumé de l'œuvre (qui donc, lui aussi, resserre ce que le volume du livre dilue) ;

– les fonctions auteur et éditeur/libraire que le livre imprimé par sa diffusion (et la publicité qu'il leur offre) participent pleinement à instituer ;

– les index, notes et bibliographies qui recréent de véritables réseaux transversaux (interne pour le premier, externe pour le troisième, à l'interface des deux pour le second) qui ouvrent de nouvelles voies d'exploration sur ce monde complexe que constitue le livre et sur l'environnement plus complexe encore de l'ensemble des livres dont il se nourrit (liens déjà du type hypertextuels) ;

– enfin, la fonction de repérage social dont témoigne la présence de la dédicace et du dédicataire-protecteur sous l'Ancien Régime.

7.3.2. *Rationalisation*

Le livre imprimé fonctionne donc comme un outil de rationalisation : il épure le texte des gloses médiévales qui trop souvent l'encombrent, il le structure, il l'ordonne, et s'offre par là-même comme un excellent instrument de maîtrise de la complexité[98].

Malgré ou plutôt à cause de la reproductibilité, le livre, s'il démultiplie globalement le volume d'informations (et bien souvent la redondance), travaille en fait localement plutôt à économiser l'information : il permet de sélectionner la plus pertinente (quel que soit le thème abordé, même « frivole ») et de la traiter formellement à l'aide de son dispositif de régulation.

---

98. Il faut garder à l'esprit que cette tendance à la rationalisation à moyen-long terme commença logiquement par ce que Henri-Jean Martin appelle « un gigantesque désordre dans la présentation des textes ». Ainsi, la reprise telle quelle du texte du Moyen Age de Saint Thomas, dépourvu des repères de couleur qui le structuraient, devenait illisible. Ce n'est donc que dans un deuxième temps, et en réaction à ce désordre que s'imposèrent effectivement uniformisation et normalisation (Martin, 2003, p. 36-37).

Machine à « inventer », à intégrer les textes, à les articuler, à les effiler, à les rapprocher, à les combiner ou à les répéter, le livre accueille également des listes et des cartes ou des dessins qu'il reproduit bruts dans un premier temps, rationalisant de manière perverse puisqu'il en vient souvent à réemployer la même figure dans l'illustration de situations différentes, à l'image de ces villes qui possèdent toutes la même silhouette schématisée (Eisenstein, 1991). La correction vient du nombre lui-même : la multiplication des erreurs d'attribution les rend de plus en plus visibles et bientôt intolérables et condamnées. Le *feedback* de rationalisation d'une perversion de la rationalisation ne vaudrait-il pas auto-régulation ?

Ainsi, le livre arraisonne-t-il la complexité, d'une part grâce à une rationalisation de sa propre complexité formelle (c'est-à-dire à la fois matérielle et « logicielle ») qui le laisse néanmoins suffisamment riche pour absorber une représentation de plus en plus complexe du monde ; et d'autre part grâce à sa propre démultiplication : à la source souvent unique, il substitue une multiplicité, à l'information accessible qu'à un seul ou un petit nombre, il oppose une information partagée, comparable, critiquable.

7.3.3. *Canon*

Lorsque l'on pense à la forme canonique du document en nos sociétés occidentales, celle-ci prend généralement la forme *a minima* de la brochure imprimée ou mieux encore du livre imprimé. Avec lui, le document semble acquérir une sorte de respectabilité : voilà la forme qui peut le mieux convertir l'événement en document.

Soit donc d'un côté l'histoire telle qu'elle va, grouillante, trépidante ou parfois fort lente, mais toujours en bouillonnement, vaste maelström ou mouvement brownien. De l'autre, le livre d'histoire, même hagiographique, même d'histoire-bataille : il in-forme l'informe, il organise le dispersé, il structure l'invertébré. Au minimum, il trace une ligne, un lien, même exagérément linéaire. Bref, à l'entrée un désordre manifeste, à la sortie un ordre, toujours, même minimal. Entre les deux ? La machine du livre et de l'écriture, qui se saisissent de l'événement, de l'unique, du singulier, et le rassemble, le regroupe, le classe, l'étiquette, bref, l'organise en un document justement.

Pris dans le tourbillon du temps les événements virevoltaient, bientôt oubliés, sauf à s'inscrire dans une mémoire collective orale (et donc extrêmement sélective et volatile) ; captés par le livre, ils acquièrent une certaine pérennité et en bien plus grand nombre : la mémoire artificielle (mais profondément sociale) du livre soutient une meilleure authentification des « faits » (qui est bien évidemment loin d'être parfaite) grâce à laquelle l'on peut construire mieux et l'histoire et le droit.

Par son volume, son épaisseur, sa densité, le livre emporte le temps avec lui : il ne se consomme pas très rapidement, il réclame un effort de lecture, mais il forme l'esprit par sa propre organisation et l'enchaînement des idées qu'il propose. C'est pourquoi il remplit avec le plus d'efficacité cette fonction essentielle du document : donner leçon, exhiber un modèle, valoir démonstration (du Latin *documentum*, enseignement, leçon, modèle, démonstration nous précise J. Picoche (1979)). Canonique donc.

7.3.4. *Feuilleté*

Si le livre se feuillette, c'est parce qu'il est un feuilleté, c'est-à-dire, physiquement, une accumulation de feuilles. Cet empilement constitue l'une de ses caractéristiques les plus fondamentales. Car avec lui, la feuille échappe à un monde de dimension deux pour s'introduire à un univers de dimension trois.

Tout le texte n'est pas là sous vos yeux, seulement la page du dessus. Et pourtant, tout le texte est bien présent, derrière, en profondeur, accessible rapidement par une procédure non séquentielle : le feuilletage (justement). Présence-absence cruciale du texte : l'affichage est globalement permanent, mais la visibilité toujours réduite (à la page). L'accès est doublement aisé : l'affichage constant autorise un butinage toujours fructueux (même pour constater que l'ouvrage n'est pas intéressant), et la recherche d'informations précises facilitée lorsque (et à condition que) la régulation soit forte, donc que le livre dispose de l'ensemble de ses outils de repérage interne (et de connexion au réseau des livres-renvois).

Document canonique, le livre est en fait un *hyper-document*, c'est-à-dire un « lieu ». Un lieu existe en trois dimensions : voilà l'avantage décisif du livre sur la simple feuille, il possède une véritable profondeur, par le truchement de laquelle il intègre une densité d'information inégalée jusqu'à il y a peu (et encore par des dispositifs d'accès séquentiels peu autonomes). Le livre est à proprement parler un outil de *reliure* : il relie effectivement les feuilles dispersées en les cousant ou bien en les collant, et ce, en amont même de toute saisie des pages dans la reliure protectrice au sens classique, qui recouvre plus qu'elle ne relie[99]. Et pour ce faire, auparavant il les plie – en une ou en deux fois notamment dans ces ouvrages non coupés[100] : c'est un implicateur de feuilles et d'informations. Toute feuille

99. Cette reliure-là n'est pas donnée par l'imprimeur, mais par le libraire ou un relieur spécialisé, ce qui lui permet de voyager moins lourd et donc moins cher et de s'adapter aux désirs du client (Blasselle, 1997 p. 78).

100. C'est justement l'opération de pliage de la feuille d'imprimerie qui donne le format des livres, dans ces vieilles expressions désormais incompréhensibles : *in-folio*, *in quarto*, *in octavo*… car, comme l'explique Henri-Jean Martin, « l'*in-folio* est un volume dans lequel la feuille est pliée une fois ; sur chaque feuille sont donc imprimées quatre pages (deux de

d'imprimerie étant pliée au moins une fois, elle implique, c'est-à-dire contient au moins quatre pages, qu'elle relie physiquement et intellectuellement (car du même côté de la feuille se trouvent par exemple les pages 1 et 4). Le *pliage* constitue ainsi le mode de traitement le plus fondamental du livre, c'est lui qui assure la conversion de deux à trois dimensions, des surfaces en lieux.

C'est d'ailleurs ce pliage qui permet au livre de *concentrer* dans son volume une surface totale qui, dépliée devient impressionnante : ainsi un livre comme *Le rivage des Syrtes* (publié chez Corti) au format (plutôt petit) de 14 cm x 19 cm x 320 pages ; lorsque l'ensemble de ses pages sont étendues côte à côte, elles forment une surface de 85 120 cm^2 (8,5 m^2), soit un carré d'environ 2,9 m x 2,9 m (ou un ensemble de presque 9 rouleaux (de 15 cm de haut) de 5m de long (14 x 320 = 4480 cm = 44,8 m). C'est dire que le livre offre une densité incomparable d'informations et/ou de savoir.

L'usage du livre, lui, nous amène à circuler dans un espace qui oscille entre deux et trois dimensions, entre chaque feuille et leur compilation. On sent là aussi poindre un univers « fractal » que concrétise pleinement le réseau des renvois de l'index et de la bibliographie ou des notes, qui plonge verticalement en abîme à travers les pages.

7.4. Livre et pouvoirs

7.4.1. *Objet*

Chaque manuscrit d'un même texte est substantiellement différent des autres copies. Chaque exemplaire d'un livre imprimé, à l'usure de la matrice près, est identique à n'importe quel autre. Logique, locale, d'un « livre » au fond toujours formellement unique ; logique, globale, très vite atteinte, de la standardisation formelle, d'une certaine uniformité.

Cette stabilité de la forme du livre imprimé est garantie par l'application de la fonction de régulation sur le nombre engendré par la reproductibilité. A quoi servirait en effet la rationalisation de l'« un » ? Le petit nombre, horizon du manuscrit, n'incite que peu à son adoption. Elle ne devient pertinente et rentable, qu'avec le grand nombre. Inversement, la gestion de ce grand nombre se facilite des économies qu'elle entraîne. Economies financières puisque l'on réutilise les formes, ou plutôt un jeu, un éventail de formes (qui n'en est pas fermé pour autant à l'innovation graphique) pour différents produits – jusqu'à la perversion, nous l'avons vu, du réemploi par exemple d'une même vue de ville pour illustrer

---

chaque côté) ; dans un *in-quarto* la feuille est pliée deux fois et contient huit pages [...] ; et ainsi de suite (Martin, 1958, p. 100).

différents sites géographiques. Economies cognitives aussi puisqu'il devient beaucoup plus facile de (re)connaître une forme standardisée et répétée, plutôt que de multiples manières individuelles (ce qui n'élimine pas pour autant les spécificités), puisque le contenu lui-même gagne à cette familiarité qui devient en quelque sorte le canon de sa composition, même manuscrite – une double économie cognitive qui facilite grandement l'apprentissage.

Le livre de papier et de cuir ou de carton, forge également sa stabilité dans celle de ses matériaux. Il stabilise et noue des matières, résistantes même lorsqu'elles restent « pauvres », des formes internes, progressivement rationalisées, grâce aux outils de sa fabrication, qui produisent l'impression, la pression de l'empreinte. Même l'encre requise par le processus d'impression exige une certaine qualité susceptible d'assurer pérennité. Enfin, la reliure – étape que l'imprimeur n'assumait pas et encore souvent séparée même de nos jours[101] – enferme le livre en quelque sorte à l'intérieur d'un corps, d'une peau qui à la fois en assure l'unicité en tant qu'objet et l'interface avec le « monde » (protection et publicité).

Fondamentalement, le livre puise sa stabilité à ces deux sources, stabilité matérielle et stabilité « logicielle », que lui offre l'« objectivation » de sa fabrication mécanique. Car le livre est un objet, et l'un des premiers dont la production soit à ce point mécanisée puis industrialisée.

Imprimé, le livre abandonne ainsi majoritairement sa dimension statuaire – le grand livre immobile, luxueusement relié, lourd de ses pierres précieuses autant que de ce dont il témoigne : le sacré – pour acquérir une manière de légèreté qui lui ouvre une toute autre socialisation.

7.4.2. *Réseaux*

Bien évidemment, les premiers incunables ne ressemblent en rien à nos livres de poche. Mais *La Bible* de Gutenberg pouvait-elle ne pas être quelque peu monumentale ? D'abord parce qu'il s'agissait de *la Bible*, ensuite parce qu'elle était la première à être imprimée, et surtout parce qu'elle s'appuyait sur des modèles, anciens, eux-mêmes plutôt imposants – E. Eisenstein (1991) insiste sur la conformité des premiers incunables au canons traditionnels –, enfin, parce qu'il était somme toute plus simple techniquement de faire « gros » que petit.

Il faudra ainsi plus d'un siècle pour atteindre une certaine « maturité ». Cependant, même s'il ne le manifeste pas, un principe essentiel est très rapidement à l'œuvre, dont nous avons vu qu'il est l'une des clés de la réussite de l'entreprise : la

101. A ses débuts, le livre était le plus souvent commercialisé sans reliure.

mobilité du caractère. Cette maturité n'adviendra qu'avec l'avènement, en appui sur cette base de la mobilité interne, d'une véritable mobilité externe.

Celle-ci dépend bien évidemment plus encore de la reproductibilité qu'emporte l'imprimerie. Le livre-statue épouse par définition une place et une seule. Le bouger relève de circonstances exceptionnelles ou d'une procédure rituelle témoignant de la singularité du moment commémoré. Le livre-objet ne réfère plus au sacré – où s'il le fait, ce n'est plus du tout dans les mêmes termes : il met en quelque sorte ce sacré à la disposition de chacun, il le démocratise et en assure la gestion au quotidien (à l'instar de la Bible protestante). Le livre devient en quelque sorte un objet pratique, bientôt familier : et les livres se multiplient sur les sujets qui se vendent le mieux, parce qu'ils apportent un supposé savoir « pratique » ou qu'ils racontent quelque événement ainsi devenu célèbre ou qu'ils soutiennent au jour le jour une activité professionnelle (celle du juriste notamment). Reproduit, réédité, le livre par sa multiplicité même, par son nombre, acquiert mobilité et se diffuse.

Il se diffuse d'autant plus qu'il devient de plus en plus léger et que s'organisent les réseaux de sa distribution. E. Eisenstein (1991) nous apprend que le livre ne se fait pas seulement léger par obéissance à un objectif pédagogique de vulgarisation. Les imprimeurs-éditeurs le réduisent d'abord pour satisfaire le confort des grands de ce monde amenés, pour des raisons professionnelles, à se déplacer fréquemment et longtemps, notamment les diplomates. Bien souvent humanistes et fins lettrés – ne devaient-ils pas manier avec dextérité les subtilités de la langue et les mécanismes juridique et politique, comme savoir convaincre leur partenaires ? – ceux-ci aimaient s'entourer de livres : et c'est d'abord à leur intention qu'un Alde Manuce par exemple crée ses premiers *in octavo* (Boorstin, 1986, p. 521).

Beaucoup plus nombreux et légers – en moyenne – qu'auparavant, rééditables à un coût bien moindre, les livres vont stimuler l'expansion des réseaux de leur développement. Réseau des imprimeurs-libraires d'abord ou ultérieurement seulement libraires : car la multiplication des livres – pour autant que le pouvoir politique l'autorise – devient une activité proto-capitaliste florissante. Et E. Eisenstein montre que le développement d'une littérature somme toutes assez lointaine des idéaux protestants dans les pays ayant épousé cette foi, ne doit rien au théologien mais bien tout à l'entrepreneur dont les marchés internationaux se nourrissent notamment des livres mis à l'index par le Vatican et qu'il s'applique donc à éditer avant toute chose, fort d'une telle publicité. Paradoxalement, le profit dépend de l'état d'un jeu de renvois en miroir entre tolérance et intolérance.

Mais notre auteur souligne également que l'espace même de l'officine de l'imprimeur est un lieu de rencontre. En effet, son travail requérait aussi bien celui de multiples traducteurs-érudits (lorsqu'il entreprenait notamment la publication d'une bible polyglotte), de typographes, techniciens et ouvriers du livre ou de correcteurs, etc., bref, toute une population bigarrée, souvent accueillie sous le toit même de l'imprimeur, mêlant métiers et origines géographiques diverses – unie néanmoins par le latin. Mener une telle entreprise nécessite de rassembler les qualités diverses d'« intellectuel », d'hommes de métier (manuel), de commercial ou de juriste. Si le livre circule en Europe, les hommes le font également – et ceci explique aussi pour partie cela.

Ils se rencontrent de manière privilégiée dans ces points de concentration-dispersion des grandes foires de Francfort où toute l'Europe vient s'approvisionner. L'imprimerie naît en Allemagne et son négoce commence également dans ces villes de tradition commerciale. Et Francfort régnera tant que régnera le Latin, tant que les frontières linguistiques ne se refermeront pas sur les langues vernaculaires. Or, « l'une des nouveautés les plus originales qu'on doive aux foires de Francfort est la publication de catalogues », c'est-à-dire de listes des livres que les éditeurs étaient susceptibles d'offrir (Martin, 1958, p. 326). Outil marketing, qui met une vieille technologie intellectuelle, la liste, au service d'une nouvelle, le livre.

Mais ce monde des imprimeurs, surtout celui des premiers temps, à Venise notamment, proche des humanistes et dont la boutique constitue un véritable laboratoire d'échanges et d'idées, reste toutefois limité à un nombre extrêmement restreint de personnes. Ce n'est pas par ce biais que le livre peut toucher le plus grand nombre. Il y parvient cependant en suivant deux voies fort différentes. D'une part, il faut compter avec l'impulsion qu'offre la réforme en rendant la lecture domestique de la bible obligatoire : le père de famille devient également pour celle-ci son pasteur. Eisenstein va même jusqu'à dire que la fonction apostolique est désormais déléguée en pays protestant à l'imprimeur. N'est-ce pas un juste retour des choses que cette promotion du livre (quoiqu'elle se restreigne à un seul livre et mène parfois à l'intolérance) puisque celui-ci a assuré une formidable publicité aux mouvements réformateurs ? En effet, le Moyen Age était depuis longtemps secoué par de pareilles ambitions réformistes, mais jamais elles ne purent s'appuyer sur un outil d'une telle efficacité que l'imprimerie. Si celle de Luther a réussi, c'est aussi parce qu'elle a rencontré un vecteur performant.

Car « des presses de Wittenberg sortent, aussitôt réimprimés dans toute l'Allemagne, des livrets maniables, légers, mais de typographie claire, aux titres nets et sonores, inscrit dans de beaux cadres ornés à l'allemande, sans date ni adresse d'éditeur, mais en tête de l'ouvrage, le nom retentissant, Martin Luther, souvent aussi le portait gravé du réformateur, permettant à chacun de connaître ses traits » (Martin, 1958, p. 406). N'oublions pas que les seuls livres de Luther ont pu représenter plus du tiers des écrits allemands vendus entre 1518 et 1525 (Martin, p. 406).

Aux XVII-XVIIIe siècle le livre, même en pays catholique, et bien au-delà de la seule Bible, devient l'objet d'un vaste commerce de colportage (Martin, p. 305), qui le rend accessible à une part croissante de la population – pour autant qu'elle sache lire bien évidemment ; mais peut-elle apprendre si elle ne fréquente jamais le livre ? Le livre, porté par ce marchand piéton, pénètre au plus profond des campagnes : et même s'il ne s'agit bien souvent que d'almanachs et plus rarement de volumes de la bibliothèque bleue, il n'empêche qu'ils offrent une exposition réelle de la population au livre. Même si la barrière de la lecture demeure, le livre fait néanmoins partie du paysage quotidien, presque à portée de main ou de bourse – son existence ne relève plus en tout cas d'un inaccessible mythique.

Enfin, dernier réseau que nous voudrions aborder ici, mais sur lequel nous ne nous attarderons pas puisque le prochain chapitre lui est consacré, celui des bibliothèques. D'abord privées, elles ne se sont que très lentement ouvertes au grand public, réservées pendant longtemps à un public choisi de spécialistes. Outil de gestion de l'accumulation des livres, sa mobilité n'est pas tant celle – très récente – d'un éventuel prêt entre bibliothèques, que celle des livres eux-mêmes en son sein. Rangés, classés, étiquetés, les livres peuvent circuler assez vite, et favorisent ainsi un travail intellectuel de rapprochement, de comparaison, critiques, etc.

7.4.3. *Contrôle et coordination*

Pendant longtemps, l'histoire de la « révolution copernicienne » s'est contentée de louer la trempe des génies dont la seule intelligence et clairvoyance avait su combattre l'opacité moyenâgeuse ! S'il n'est bien évidemment pas question aujourd'hui de récuser les qualités intellectuelles de ces grands hommes, un certain nombre d'auteurs en sont néanmoins venus à relativiser le modèle du génie à l'état pur. Car le génie tout nu n'existe pas : il *doit* inévitablement, même à ceux auxquels il s'oppose et, quoique de manière plus feutrée, au moins autant au renouvellement de son équipement. Ainsi, les Tycho Brahé, Copernic, et Galilée vont être très utilement secondés par le développement du livre imprimé. La remise en cause du savoir ancien de Ptolémée comme de la doctrine de l'Eglise, passe donc par le travail de la presse.

Il n'en va pas seulement d'un *usage* nouveau, mais bien plutôt de la fabrication d'un matériel nouveau et des aptitudes cognitives qu'il recèle. L'imprimerie, nous l'avons vu, produit un texte mieux ordonné et plus clair, et surtout permet pour la première fois de multiplier les sources simultanément accessibles sur un sujet donné. Le chercheur, au lieu de disposer d'un seul ouvrage, peut ainsi en confronter plusieurs. Et de cette comparaison minutieuse peuvent « sauter aux yeux » si l'on peut dire, des différences et des contradictions, qui ne manquent pas de stimuler sa curiosité.

A ceux qui ont constaté – sans pouvoir l'expliquer – que les premières transformations de l'astronomie précèdent en fait l'apparition des premiers instruments fiables, tels que la lunette d'observation, E. Eisenstein répond qu'elles proviennent d'un mouvement embrayé par l'expansion de l'imprimerie. Le constat d'incompatibilité des données rapprochées grâce à leur diffusion par l'imprimerie, n'amène-t-il pas ainsi Tycho Brahé à reprendre systématiquement un travail d'observation à l'œil nu ?

Le livre imprimé incite donc le chercheur à s'engager dans un laborieux travail de contrôle : des données héritées, de celles produites par ses collègues ou de ses propres observations. Mais cette activité de contrôle se double inévitablement d'une activité de coordination : car le contrôle naît de la confrontation et vise à assurer une coordination/compatibilité entre les données. Celle-ci supposée acquise, il convient encore de convaincre les pairs, donc de diffuser l'information produite (ainsi que son mode de production), afin de lancer un nouveau cycle de contrôle et de coordination par les collègues.

Le développement de la lecture privative de *La Bible* en pays protestant va dans le même sens. En effet, cette lecture substitue au contrôle et à la coordination sociale du groupe véhiculée par l'intermédiaire du prêtre en chaire, une pratique domestique d'auto-contrôle de la famille exposée ainsi au Livre. Auto-contrôle dans le sens où la régulation familiale s'effectue sous l'autorité du père-lecteur de *La Bible*, doublement père donc puisqu'il participe à la fois du *pater familias* et du Père éternel. Mais auto-contrôle qui se mue en coordination sociale lorsque tous vont – globalement – néanmoins dans le même sens : car la liberté de lecture du protestant reste surdéterminée par sa sensibilité à la prédestination. Ainsi, le Livre assure-t-il une manière implicite de contrôle et de coordination sociale : il remplace pour partie la médiation du prêtre.

Cependant, la diffusion de l'imprimerie (dès le début du XVIe siècle l'Europe compte déjà quelques 230 imprimeries d'après D. Boorstin (1986)[102]) emporte également un contrôle du livre par le livre : l'Eglise catholique n'hésite pas à dresser la liste des ouvrages mis à l'index, et la publie. Nous avons déjà vu l'effet pervers qu'entraîne un tel geste : une publicité gratuite pour les œuvres sur lesquelles pèse l'interdit, et plus encore le désir de le transgresser. Plus généralement, l'Europe de l'Ancien Régime – à quelques havres de tolérance près, dont nous avons souligné le mode d'émergence –, tient à surveiller le livre, son édition et sa diffusion. Pourquoi ? Parce qu'il permet de miner les irréversibilités anciennes et d'en constituer de nouvelles.

---

102. Autre indicateur d'une diffusion massive : « à la fin du XVe siècle, cinquante ans environ après l'apparition du livre imprimé, 35 000 éditions au moins représentant sans doute au bas mot 15 à 20 millions ont déjà paru » (Martin, p. 265).

7.4.4. *Pouvoirs du livre*

Par sa reproductibilité et le nombre qu'il promeut, le livre augmente inévitablement le coût du contrôle politique de l'exercice critique ou séditieux. L'église ne peut empêcher la diffusion des thèses de Luther, non parce qu'elles possèderaient en soi une force de conviction incomparablement supérieure à celles d'un Jean Huss, mais bien parce qu'elles sont portées par l'expansion de l'imprimerie[103] : Luther lui-même semble en être le premier surpris (Eisenstein, 1991). Cette catholicité que les schismes du Moyen Age avaient ébranlée sans pour autant réussir à véritablement la faire vaciller, le livre la mine, la disloque singulièrement rapidement. L'Eglise, dont l'irréversibilité semblait acquise – grâce notamment à une réelle capacité à absorber les turbulences – est submergée par un mouvement qu'elle ne peut retenir en son seul sein. Car ce qui est vraiment nouveau en l'affaire, ce ne sont pas tant les propos de Luther, que leur vecteur. Un vecteur qui les emporte bien au-delà de la seule institution ecclésiastique. La question en devient rapidement politique.

L'imprimerie provoque toujours des stratégies (mêmes implicites, non voulues) de *débordement*. Peut-on penser la Révolution française sans le livre (et la presse) ? Sans un puissant travail de sape qui affecte d'abord l'élite – noble plus que bourgeoise peut-être : celle-ci apprend progressivement à débattre d'idées opposées, certes dans ses salons, mais à propos d'ouvrages en circulation. Elle apprend ainsi à ne plus seulement se reposer sur la seule autorité de la tradition, elle s'initie au doute (lui-même propagé par un intellectuel souvent roturier), elle discute... et forge ainsi les armes de sa propre critique, de sa propre remise en question. Car l'Ancien Régime n'est en aucune manière un monde sans livres, sans lecture, et la France reste poreuse à l'importation. Petit à petit, ces livres plantent quelques « pitons de réversibilités » dans les esprits : certaines choses décidément ne seront bientôt plus regardées du même œil, certaines représentations définitivement dépassées – sinon comment expliquer l'explosion apparemment « soudaine » de tant d'idées (sur la perception et la gestion de tant de questions) sous la Révolution ?

On a pu saluer une prémisse démocratique en l'imprimerie : comme elle procède à et de la multiplication, elle semble vouer à favoriser le nombre. Même la multiplication de *La Bible* emporte un effet de profond changement social, disqualifie les intermédiaires et engendre une certaine « isonomie » moderne (que la loi soit religieuse ou politique). Le livre imprimé, et surtout son avatar journalistique (la presse quotidienne), participent ainsi pleinement à l'édification au XIXe siècle d'un espace public au sein duquel peut s'exprimer le jeu démocratique. La pluralité

---

103. Pensons que sa traduction de la Bible en allemand a atteint une diffusion de (au moins) un million d'exemplaires dans la première partie du XVIe siècle et plus encore dans la deuxième partie (Martin, p. 411).

des points de vue qu'ils diffusent, des opinions qu'ils véhiculent, fichent autant de « pitons d'irréversibilité » au service de l'affermissement et du développement de la démocratie. Inversement, le régime nazi se prêtera avec joie à l'autodafé, reportant son appétit de propagande sur des techniques – la radio notamment[104] – qui ne relèvent pas des technologies intellectuelles, et qui ne portent donc pas la structuration et le délai susceptibles de nourrir la critique.

Le livre imprimé constitue l'un des vecteurs importants du pouvoir des sciences. Il leur offre en effet, nous l'avons vu avec l'exemple de l'astronomie un moyen de fixer des « pitons d'irréversibilité » : pour contredire une recherche basée sur l'étude de nombreux livres, il faut soi-même posséder ces mêmes livres, ou un instrument d'observation direct de la nature... ou tricher. Dans les deux premiers cas, le coût de la controverse en est singulièrement augmenté. La fabrication des listes de données ou d'atlas exige un lourd et long travail, lui-même coûteux : là encore, le coût de la critique s'en trouve rehaussé. La multiplication des livres, de leurs réseaux, des correspondants qui les utilisent, mobilise des troupes de plus en plus nombreuses, dont la voix porte de plus en plus loin : les contredire requiert dès lors de lever une armée (de clercs) au moins aussi puissantes... à moins d'en venir aux mains, à la violence physique contre les hommes et leur matériel. Le livre participe donc à l'instauration de ce pouvoir de la science acquis à travers cette capacité à rendre l'investissement dans toute tentative critique pour le moins prohibitive[105].

Or, ce pouvoir participe toujours, à moyen terme, à la déstabilisation ou plutôt à la recomposition des pouvoirs politico-économique. Ainsi, la cartographie scientifique a connu un fabuleux développement sous l'impulsion politico-économique des souverains portugais. Or, ceux-ci ont cherché à imposer le secret sur leurs découvertes comme sur les cartes qui les trahissaient. Et le secret fut plutôt bien gardé jusqu'au mi-temps du XVIe siècle. Cependant, nous apprend D. Boorstin, il ne va pas résister à l'innovation technologique qu'emporte l'imprimerie. Car celle-ci multiplie bientôt les Atlas (de Waldssemüller, Ortélius, et Mercator notamment), qui se nourrissent du commerce des cartes maritimes et des fuites en provenance de la péninsule ibérique. Certes, l'atlas reste lourd et cher, mais il se diffuse tout de même. L'irréversibilité locale que les souverains portugais et espagnols tentent de tenir – et qu'ils maintiennent effectivement pendant plus d'un demi-siècle –, sera grignotée inexorablement par les pitons de réversibilité qu'implantent les cartes imprimées. Un savoir sur l'existence d'un quatrième continent s'étend, appuyé sur des textes (la relation de Vespucci par exemple plus que celle de Colomb) et des

104. Radio qui a su également satisfaire les besoins de gestion distractive et politique des masses de la démocratie américaine (Bertho et Barbier, 1996).

105. Il s'agit bien évidemment d'une tendance globale, qui n'exclut pas *localement* de porter une irréversibilité en faveur de préjugés anciens ou comme le dit Martin d'« opposer une force d'inertie à bien des nouveautés » (Martin, 1958, p. 386).

cartes, un savoir qui n'hésite pas à avouer ses propres lacunes – les blancs –, ... susceptibles de stimuler les imaginations et les initiatives.

7.5. Conclusion

Le livre recycle la liste (sommaires, index, bibliographie, notes – comme liste distribuée généralement au bas de pages, ou regroupée en fin de chapitre ou de volume), il récupère la carte et même le dessin technique (pensons aux traités d'architecture et de machines notamment, mais aussi à l'Encyclopédie). Il ne se coupe donc pas de la Raison graphique. Au contraire même, il s'en nourrit profondément, et travaille essentiellement à la dépasser, à la transcender. Pour ce faire, il évolue dans et produit un univers de dimension trois. Un monde qui tend à développer un sens plus aigu du classement : parce que l'on demande – pour en légitimer l'usage – plus à la nouvelle technique qu'à la reproduction manuelle des textes, plus de clarté et d'ordre notamment ; parce que le nombre, la multiplication des éditions – d'un même ou de plusieurs textes – favorise la comparaison, le jeu des différences, et le retour à une certaine pureté, à une version princeps, de données et de textes. L'imprimerie débute bien évidemment par la reconduction de formes et de savoirs anciens (elle a ainsi largement contribué à la diffusion de la représentation Ptoléméenne du monde), elle amplifie les erreurs traditionnelles... mais même ce premier geste – apparemment conservateur – permet le jeu de la décantation, en grand, et donc de manière assez radicale : le livre imprimé fonctionne comme tamis, comme machine à recomposer la représentation, à trier le bon grain de l'ivraie. Il s'offre à terme comme le support privilégié de l'architecture complexe des pensées vastes et structurées. Mais sa prolifération va elle-même exiger la constitution d'un nouvel outil de *navigation* au sein de sa propre complexité : la bibliothèque, maison-mère de toutes les espèces de classeurs (du Musée moderne aux outils d'administration du classement social ou gestionnaire).

CHAPITRE 8

Les classeurs

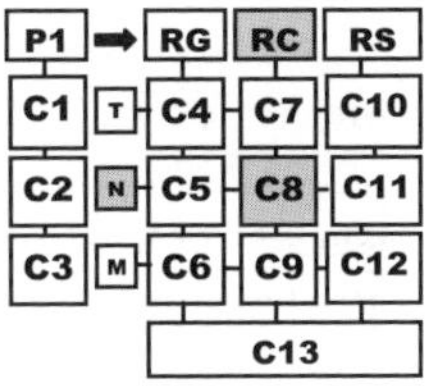

Celui qui met le nez dans les livres est perdu pour la bibliothèque ! [...] Jamais il ne pourra en avoir une vue d'ensemble.

Robert Musil, 1930 (cité par Manguel, 2006, p. 234)

La classification est une condition de la connaissance, elle n'est pas la connaissance même, et la connaissance détruit à son tour toute classification.

Théodor Adorno, *La dialectique de la raison* (1974, p. 233)

Plus que le livre encore, le classeur est un hyperdocument, c'est-à-dire un ensemble raisonné de documents, un réseau – ou plutôt, un ensemble de réseaux potentiels – ordonné de documents. Il n'est donc pas à proprement parler « un » document, mais la somme des graphes virtuels qui relient (par indexation) une multitude de nœuds-documents. C'est un lieu (meuble et/ou immeuble) qui stocke des documents, les étiquette et permet leur repérage. Outil donc d'accumulation et de navigation.

F. Dagognet a magistralement problématisé les enjeux cognitifs et sociaux majeurs qui se cachent derrière le classeur : « il nous a [...] paru qu'au cours des âges une technique bien modeste – la discipline du fichier et du catalogue – a fini par devenir la science cardinale, celle qui conditionne et révolutionne toutes les autres [...]. Dans un premier temps, il n'est question que d'étiquettes et de placements : ranger les livres d'une bibliothèque, emmagasiner mais aussi organiser des masses de documents [...]. Nous passons ensuite, insensiblement, de la banale nécessité de « ranger » à celle d'une information contrôlée [...]. Désormais, l'inventaire obéit à une autre finalité : non plus commémorative, mais programmatique [...]. Parce qu'on a systématisé un peu plus ce qu'on sait, le savoir naît et renaît de cette organisation productrice par elle-même » (Dagognet, 1977, p. 213-214).

Nous suivrons ici l'exemple d'un guide privilégié : la bibliothèque. Celle-ci, tant conceptuellement qu'historiquement, constitue en quelque sorte la matrice de tous les classeurs[106]. Comprenons bien néanmoins que ce n'est pas tant la bibliothèque en soi qui est une technologie intellectuelle, mais la bibliothèque en tant que classeur. C'est pourquoi nous n'oublierons d'interroger ni le musée, ni les « herbiers » scientifiques, ni les classeurs administratifs ou de gestion de l'entreprise, beaucoup plus souvent passés sous silence. Que faire des agendas et des calendriers ? Doit-on récuser tout théâtre comme technologie intellectuelle ? Peut-on assimiler les maquettes et les documents sonores à de la technologie intellectuelle ? Bref, tout classeur n'est peut être pas en soi une technologie intellectuelle – car il n'est peut être porteur que d'un effet de technologie intellectuelle –, alors que toute technologie intellectuelle est forcément un classeur.

8.1. Classeurs et technologie intellectuelle

Tout classeur doit-il être considéré obligatoirement comme une technologie intellectuelle, sous prétexte qu'il s'agit, justement d'un classeur ? Autrement dit, l'opération de classement justifie-t-elle à elle seule l'étiquette de technologie intellectuelle ? Car, si cette opération est à coup sûr indispensable au repérage d'une telle technologie – il n'y a aucune technologie intellectuelle qui ne classe pas –, elle n'est cependant pas suffisante. Nous allons donc d'emblée discuter de l'appartenance ou non d'un certain nombre de classeurs à la catégorie de technologie intellectuelle. Afin que la discussion se déroule néanmoins avec rigueur, il nous faut revenir à notre définition de la technologie intellectuelle : celle-ci requiert, en effet, qu'il y ait conversion des dimensions par enregistrement, gestion du nombre, régulation et production d'un document – si l'un au moins de ces critères n'est pas applicable, alors on ne peut conclure à la technologie intellectuelle. Si discussion il peut y avoir, elle n'est pas dans la nécessité, par définition impérieuse, de respecter ces critères, elle ne peut se loger que dans l'espace – étroit, mais réel – de leur compréhension (au double sens du mot, ce qu'on entend et ce que l'on regroupe) – par exemple, qu'accepte-t-on comme « objet » dans la catégorie document ?

106. N'oublions pas qu'à Alexandrie le Museion est à proprement parler la maison des muses et vise d'abord à accueillir des savants, nourris et logés, afin qu'ils puissent échanger savoirs et idées en toute tranquillité d'esprit. C'est ce Museion qui comprend, semble-t-il, la célèbre bibliothèque.

8.1.1. *Le musée : une technologie intellectuelle ?*

Le musée s'offre comme lieu de rassemblement, de regroupement d'objets (eux-mêmes porteurs de signes parfois, telles que les pièces de monnaie), d'un grand nombre d'objets, qu'il présente classés, étiquetés et commentés (par écrit et oralement). A l'aune d'une telle définition il semblerait que le musée puisse volontiers s'inscrire parmi les technologies intellectuelles. Mais il est possible d'objecter, à juste titre, que le musée accumule des objets et non des documents. Or, la notion de document, qui accueille et enregistre des événements, occupe une place essentielle dans notre définition de la technologie intellectuelle : elle est un des critères-clé de repérage d'une technologie intellectuelle – autrement dit, son absence bloque toute reconnaissance de quelque outil que ce soit comme technologie intellectuelle. Comme un classeur n'est pas en soit un document, mais une concentration, un accumulateur, il doit effectivement être une concentration de documents et de rien d'autre pour prétendre devenir une technologie intellectuelle. En ce sens, le musée ne constitue pas à proprement parler un hyperdocument, il ne peut donc faire partie des technologies intellectuelles.

Cependant, un certains nombre d'arguments viennent s'opposer avec vigueur à cette conclusion. Tiennent-ils à l'examen ? Il convient, dans un premier temps, de revenir, en effet, à l'opération qui soutient la fonction muséale. Car on ne peut regrouper des objets qu'à condition de les extraire des situations singulières dans lesquelles ils étaient auparavant plongés – retable hors de l'église, tableaux ou meubles hors du château, charrue hors du champ, statues ou bijoux hors d'un pays lointain, etc. Et même l'œuvre d'art la plus contemporaine est encore retirée de ce lieu le plus souvent homogène de la galerie – où l'on présente les artistes successivement le plus souvent, et rarement à plus de deux – pour s'exposer dans l'espace hétéroclite du musée. Et même lorsque le musée prend la forme d'un éco-musée implanté sur le lieu des activités commémorées, il les suspend, les fige, les moule à ce qui a été et non a ce qui est, et les isole par une clôture opérationnelle qui définit un espace muséal spécifique – où l'on ne confond pas l'écomusée agricole avec la cour d'une ferme.

Bref, on l'a souvent souligné, le musée recrée l'objet qu'il sélectionne, par ce seul geste de l'élection, justement, qui le porte dans un tout autre environnement. L'objet devient œuvre d'art ou digne d'exposition d'abord d'être exposé. On regroupe moins les « chefs-d'œuvre » au musée qu'on ne les reconnaît comme tels parce qu'ils s'y trouvent. Le musée procède comme un *élévateur symbolique* – sauf à se voir lui-même relativisé dans sa fonction dès lors qu'il se multiplie par trop, à l'exemple de nos campagnes qui cherchent à attirer le touriste par une théorie de musées aux thématiques et/ou à la mise en scène pas toujours bien inspirées. Il en va donc de la nature même du musée de métamorphoser ce qu'on y introduit. Métamorphoser, le mot n'est pas employé au hasard, il dit, précisément, ce qui se passe d'étrange et de singulier dans cet espace clos du musée : on y entre objet, on y est exposé comme signe. On peut donc également voir le musée comme une machine à transformer des objets en objet documentés, en quasi-artefact. Le musée présente l'objet en témoin, mais un témoin qui doit parler, que le musée est là pour faire parler par sa mise en scène, son étiquetage et son commentaire[107]. L'événement (l'objet) est bien traduit en objet documenté, c'est-à-dire enregistré en tant que tel grâce au procès d'écriture et à ce compte, on l'aura compris, le musée peut dès lors pleinement produire de réels *effets de technologies intellectuelles*. Mais il n'est pas en tant que tel une technologie intellectuelle.

Un deuxième argument vient conforter une telle position. Il renvoie à un type spécifique de musée, le muséum d'histoire naturelle. Une telle institution a pour vocation de rassembler des objets botaniques ou zoologiques. Or, si les seconds, même empaillés ou plongés dans le formol, conservent une manière de présence par leurs regards, leur densité, leur épaisseur, leur tridimensionnalité, les premiers la perdent et s'aplatissent se profilant bientôt comme un objet de presque 2D, comme une simple surface. Autrement dit, l'herbier fonctionne comme une machine dont le mode de conservation par séchage concentre par écrasement, produit une réduction superficielle. Bref, il tendrait à littéralement inscrire l'objet (la plante) sur la feuille (de papier). Mais une telle compression ne suffit pas à produire ce que l'on pourrait être tenté, par métaphore, d'appeler un document. Elle ne peut devenir qu'un objet documenté, à condition néanmoins d'être saisie par ce geste qui à la fois la classe et l'étiquette. C'est en quelque sorte après un long travail d'épuration-construction-écriture – qui est au cœur de la fonction de ce type de musée et le légitime – qu'émerge le quasi artefact.

Enfin, nous ne pouvons échapper à ce mouvement de virtualisation du musée qu'emporte le développement des CD-Rom et du web. Non pour prétendre avec les prophètes à la fin du musée traditionnel, en dur, mais à l'avènement, parallèle, d'une manière concurrente et complémentaire d'exercer la fonction muséale. Or, cette virtualisation équivaut bien, en l'occurrence à un abandon des objets dans leur présence physique même (quoique le musée tende déjà à les isoler derrière des vitres le plus souvent), à portée de main si l'on peut dire, dans leur chair, leur enveloppe, leur densité, leur tridimensionnalité, au profit de leur image, elle-même classée, étiquetée, commentée, reliée à d'autres images et d'autres textes – voire sonorisée (on peut même imaginer un véritable musée du son). L'objet se

107. L'étiquette constitue en quelque sorte la pointe vive d'un véritable *cône documentaire* qui, à la fois la sous-tend et la rend et possible et pertinente. Comme le souligne De Kerckhove, à propos de la peinture : « Rien n'aide autant à soulager l'angoisse provoquée par l'ambiguïté d'une peinture abstraite qu'une étiquette la décrivant. Comme Tom Wolfe l'a fait remarquer dans *The Painted World*, vous pouvez tolérer d'être bafoué dans votre logique par un tableau pour autant qu'il est bien étiqueté » (De Kerckhove, 2000, p. 188).

métamorphose en document multimédia, il ne peut plus prétendre même à une simple autonomie par rapport à l'image, aux légendes et aux textes de son explication. L'objet est moins présenté dans l'espace (même si l'on peut toujours, voire encore plus donner l'illusion que l'on tourne autour) qu'expliqué, c'est-à-dire déployé discursivement – où se perd une des différences essentielles qui séparait le musée de l'encyclopédie.

Bref, avant son informatisation le musée ne peut prétendre que produire des effets de technologie intellectuelle, au musée imaginaire et photographique de Malraux près, il est vrai, mais qui est avant toute chose un projet livresque. Car le musée exhibe des objets documentés avant toute chose. Et s'il produit les documents de leur documentarisation, ils restent toutefois distincts de ces objets. Ce n'est qu'avec son informatisation qu'il accède véritablement au statut de document (dans la limite de l'aptitude de l'informatique à y parvenir également), mais cette fois en perdant en quelque sorte l'objet : dès lors, et la question se renverse, s'agit-il encore d'un musée ?

Autrement dit, il convient de distinguer entre des *classeurs d'objets*, qui n'engendrent que des *effets* de technologie intellectuelle (ce qui n'est en rien les déprécier, car cela signifie que l'essentiel est pour eux ailleurs alors même que l'effet technologie intellectuelle peut néanmoins s'avérer considérable), et ce que nous appelons véritablement ici, classeurs, à savoir des *classeurs de documents* en tant que tels (voir la section 8.2).

8.1.2. *Les calendriers et agendas*

Objets familiers et que, pour cela, on oublie facilement, nous ne pouvons cependant pas faire ici l'économie d'ouvrir la question des calendriers et agendas. S'agit-il là de classeurs ? Quelle en serait la spécificité ? Les classeurs (d'objets ou de documents, bibliothèques et musées notamment) participent à la construction d'une *mémoire* qui permet en quelque sorte de matérialiser le temps, à proprement parler d'en donner la matière (comme accumulation). Les calendriers et agendas permettent de révéler/construire une certaine *structure du temps*, qui renvoie à deux fonctions, rythmer et mesurer.

« Rythmer le temps, c'est fournir un cadre de vie et de fêtes, déterminer les jours de travail et les jours fériés, fixer les traditions et créer un lien symbolique entre les membres d'une communauté » (Bourgoing, 2000, p. 14). Il s'agit de reconnaître et de s'inscrire dans une structure circulaire du temps qui s'appuie sur le retour, sur les cycles naturels (astronomiques ou saisonniers). « Mesurer le temps, c'est établir des durées, les plus objectives possibles, longueur de l'année, du mois, des divisions intermédiaires et les vérifier. Autrement dit, c'est instaurer un ordre [...] et le maintenir » (Bourgoing, 2000, p. 14). Ainsi, la régularité peut soit reconduire la circularité, soit permettre de s'en échapper en objectivant un espace temporel partagé scandé par le triptyque passé/présent/futur. Dans tous les cas, « celui qui contrôle le calendrier, le mode de calcul du temps, que ce soient les prêtres en Egypte ou la cour en Amérique centrale, détient un pouvoir dont l'influence s'exerce sur le système social tout entier, atteignant les domaines de la politique, de la religion, du droit et de l'économie » (Goody, 1986, p. 106).

Cependant, nos sociétés industrialisées ont largement équipé[108] leur structure temporelle d'un ensemble de technologies qui privilégient la mesure, la plus exacte possible, au détriment des rythmes naturels. C'est pourquoi elles valorisent le calendrier ou l'agenda comme avatars complexes du tableau (avec lequel il faudrait peut-être les classer ?), dont ils dépassent cependant la figure limitée puisqu'ils tendent potentiellement vers un infini[109] qu'ils ne maîtrisent que par le découpage arbitraire en années et le pliage (d'où la forme livresque et 3D de l'agenda). Ils n'enregistrent un passé qu'en tant qu'il était, hier, un avenir à construire. Ils autorisent donc une attitude prospective, tendue vers la maîtrise de la complexité de demain.

(Re)présentation d'une certaine *organisation du temps et des événements*, ils ouvrent la possibilité de fixer des points de rencontre temporels (des rendez-vous) et d'articuler, coordonner et hiérarchiser *a priori* les interventions projetées. Ne faudrait-il pas, dès lors, parler de *classeurs temporel, de classeurs du temps et de l'action,* manière de se saisir, d'encoder le flou des actions à venir dans *un cadre standardisé et partageable* ? Les événements qu'ils gèrent ne sont-ils autre chose que ceux qu'ils instituent eux-mêmes en tant que documents ? Lieu, qui ne peut être que virtuel, d'un temps qui n'est pas encore ?

Cependant, le calendrier est un document supposé fermé, sur lequel l'on n'intervient que très marginalement, alors que l'agenda constitue bien un document ouvert à l'inscription sur lequel viennent progressivement se griffonner et se raturer d'abondantes traces. Au total, on peut donc considérer que le calendrier engendre seulement un effet de technologie intellectuelle, alors que l'agenda est véritablement une technologie intellectuelle, en tant qu'outil de navigation *dans* le temps.

108. Durkheim parle des « procédés » par lesquels nous divisons, mesurons et exprimons le temps (Durkheim, 1912, p. 14).

109. Durkheim ne parle-t-il pas d'un « tableau illimité où toute la durée est étalée sous le regard de l'esprit et où tous les événements possibles peuvent être situés par rapports à des points de repères fixes et déterminés » (Durkheim, 1912, p. 14) ?

8.1.3. *Le théâtre*

On a beaucoup écrit sur le théâtre – et le théâtre lui-même ne s'est pas privé de se mettre en scène –, mais s'est-on jamais posé la question de savoir s'il s'agit-là d'une technologie intellectuelle ? Le théâtre ne fonctionne-t-il pas comme un outil de conversion des dimensions ? Ne constitue-t-il pas une manière de miniaturisation du « drame social », une mise en scène de la société par elle-même, mais réduite afin de pouvoir se la présenter à elle-même ? Ne gère-t-il pas le nombre, le grand nombre des spectateurs, et parfois même à l'instar de la Grèce antique, dans une dynamique politique, démocratique, le grand nombre des citoyens de la cité ? N'introduit-il pas une réelle régulation avec une organisation assez poussée (suffisamment en tout cas pour qu'une partie du théâtre du XXe siècle se définisse d'abord contre elle) – variable d'une société à l'autre, mais toujours présente – de son espace d'expression ; ne vient-il pas du rituel ? ; les pièces, son « espace logiciel », ne sont-elles pas très tôt regroupées en genre précis – drame et comédie notamment –, même si le sens de ces mots a été amené à considérablement évoluer au cours du temps ? Bref, résultat surprenant, il semblerait que le théâtre soit conforme au modèle, à la définition de la technologie intellectuelle... à ceci près, et qui est, en revanche, totalement rédhibitoire, qu'il ne travaille sur ni ne produit des documents – et donc ne les classe pas. Défaut de taille, le théâtre n'est pas un hyperdocument.

Il ne l'est pas plus lorsqu'il participe de « la spectacularisation du savoir commencée au XVIe siècle avec les *WunderKammern*, [...] prolongée aux XVIIe et XVIIIe siècles à travers cette confusion du théâtre et du laboratoire que manifeste si bien, par exemple, le *théâtre de la nature et de l'art* décrit par Leibniz, une nuit de 1675, dans un état de quasi-rêverie » (Didi-Huberman 2004, p. 183). Car le cabinet de curiosité (Bredekamp 1996) tombe sous les mêmes critiques que le musée : c'est un classeur d'objets.

Il y a cependant une exception bien précise : lorsqu'il est théâtre de mémoire. Un théâtre auquel il suffit de manipuler des documents pour respecter l'ensemble des critères de définition de la technologie intellectuelle. Or, qu'est-ce qu'un théâtre de mémoire ? Pour le comprendre, revenons au XVIe siècle, et à cet art de la mémoire que nous avons déjà rencontré au chapitre 4. En ce XVIe siècle, en effet, un certain Giulio Camillo, aujourd'hui inconnu – mais qui « était de ces gens que leurs contemporains regardent avec une crainte respectueuse, en leur attribuant d'immenses pouvoirs » (Yates, 1975 p. 144) –, invente une étrange machine de mémoire. « Il faut savoir, écrit-il dans *De l'imitation*, que dans la grande machine de mon Théâtre se trouvent, disposés en lieux et en images, tous les lieux qui peuvent suffire à rassembler et gouverner tous les concepts humains, toutes les choses qui existent dans le monde entier » (Camillo, 2001, p. 18).

Car, comme le revendique à la même époque un Giordano Bruno : « il ne faut pas craindre de dire ceci : penser, c'est réfléchir sur des images » (*op. cit.*, 2001, p. 28).

« C'était une construction assez grande pour que deux personnes au moins pussent y entrer en même temps » (p. 146) précise F. Yates. Viglius, un correspond d'Erasme à Venise, le lui décrit comme un « ouvrage [...] en bois, marqué de nombreuses images et plein de petites boîtes ; il s'y trouve différents ordres et différentes rangées. Il donne sa place à chaque figure, à chaque ornement et il m'a montré une telle masse de papiers que, tout en ayant toujours entendu dire que Cicéron était la source de l'éloquence la plus riche, j'aurais difficilement pu penser qu'un seul auteur pût contenir tant de choses [...] » (Yates, p. 146). A l'image d'un théâtre antique, il « s'élève sur sept degrés ou gradins, séparés par sept allées représentant les sept planètes » (Yates, p. 150-151). A quoi sert-il ? Ecoutons à nouveau Camillo lui-même qui souligne qu'il s'agit « de conserver les choses, les mots et les arts que nous lui confions de façon à pouvoir les retrouver sur-le-champ, chaque fois que nous en avons besoin ; elle nous donne aussi une vraie sagesse, à partir de laquelle nous en arrivons à connaître les choses à travers leurs causes et non à travers leurs effets » (Yates, p. 158). Bref, l'ambition, toute imprégnée de la tradition hérmético-cabalistique, vise à rien de moins qu'à « l'idée d'une mémoire fonctionnant dans un rapport organique avec la structure de l'univers » (Yates, p. 160). Ce théâtre-ci regorge de documents, qu'il classe, range et ordonne – il est donc bien un classeur, à la différence de l'autre théâtre –, selon une logique complexe – qui nous échappe pour partie. Les documents, il les expose, en permet l'exploration, il les fait même travailler en les mettant en relation. Ce théâtre-ci est bien une technologie intellectuelle. Mais celui-ci (ou celui de Fludd au XVIIe siècle en Angleterre) seulement – encore semble-t-il bien encombrant et peu maniable, voire, manifestement, peu reproductible. Technologie intellectuelle donc, mais amputée des moyens de sa diffusion, comme en retrait d'elle-même en quelque sorte – car nous avons vu en première partie combien comptait la logistique en matière de dynamique des technologies intellectuelles.

8.1.4. *Maquette et document sonore*

Par acquis de conscience nous ne voulons pas éviter les deux cas singuliers de la maquette et du document sonore.

Mais il est en définitive assez facile de montrer que si la première opère bien une conversion des dimensions avec un travail sur l'échelle, qui emporte sa propre régulation, elle ne gère cependant pas le nombre, mais un projet unique, et ne produit pas un document. A l'image du musée, qui ne peut, à l'aune de notre modèle, être qualifié de technologie intellectuelle, la maquette ne peut prétendre, et encore à condition d'être équipée d'une étiquette détaillée, qu'à un effet de technologie intellectuelle. Or, à la différence du musée elle n'est pas prise dans un processus d'institutionnalisation[110] support d'une forte légitimité, c'est pourquoi, avec la maquette l'objet existe toujours, il persiste et résiste en tant que tel, mais réduit.

Le document sonore peut-il entrer dans la catégorie des technologies intellectuelles ? Certes, il pratique bien la conversion d'un événement en document par enregistrement, mais en va-t-il pour autant d'une conversion des dimensions ? En l'état actuel des choses, et même avec les développements impressionnants de l'informatique et du multimédia, il faut reconnaître que ce document reste largement prisonnier de la linéarité. Autrement dit, nous n'avons toujours pas réussi à extirper la « matière » sonore, piégée par la linéarité, de la contrainte qu'elle lui impose. Et même si le document sonore peut être envisagé comme un outil de gestion du nombre par sa diffusion massive (par audiovisuel, disques ou Internet), il n'empêche que les enregistrements restent toujours frappés d'un réel déficit de régulation – soulignons les problèmes d'indexation et donc de classement notamment, mais aussi de structuration interne, etc. Bref, nous éprouvons encore le plus grand mal à exprimer cette « matière sonore » (que nous avons même des difficultés à nommer, car elle ne s'épuise pas dans la seule musique) sous la forme structurée et accessible à la manipulation de la technologie intellectuelle. Cela dit, l'informatique semble néanmoins lui ouvrir un véritable avenir[111].

8.2. Qu'est-ce qu'un classeur ?

Nous sommes au XVIe siècle et pourtant « comme Ulysse Aldrovandri, Conrad Gessner s'essouffle, submergé sous le flux des savoirs ; à défaut d'un système de classification efficace, l'un et l'autre utilisent – à l'intérieur des divisions traditionnelles – des classifications alphabétiques. [...] [Alors], homme d'inventaire, de collections, il recense : non seulement les animaux, non seulement les plantes, mais aussi les livres. En 1545, il publie un nouveau chef-d'œuvre, la *Bibliotheca universalis*, catalogue universel des œuvres et des écrivains » (Sicard 1998, p. 56-57). Face au déluge des choses et des mots, face à un inévitable étouffement cognitif, nous ne pouvons agiter qu'une seule arme, celle d'une classification pertinente et performante. C'est elle, en effet, qui sous-tend l'efficacité de tout classeur.

---

110. A l'exception notable du musée des plans et reliefs à Paris.

111. Sur le Disque, au sens large, voir l'encadré 11.1 au chapitre 11.

8.2.1. *Classification et fichier*

Un classeur (classeur d'objets ou classeur de documents[112]) repose sur deux piliers inséparables – sauf à le rendre boiteux : une accumulation de documents et le dispositif de leur repérage. Certes, un tel dispositif, s'il n'y a rien à repérer n'est guère utile ; il n'empêche qu'il vaut toujours plus néanmoins qu'une accumulation réduite à un entassement hasardeux. C'est pourquoi nous donnerons la priorité à la fonction de régulation – nous retrouverons donc la fonction de sédimentation lors de la prochaine section (8.2.2).

Que l'on classe des livres, des objets ou des hommes, il convient de disposer, afin de rendre le travail plus efficace, d'un schéma classificatoire, d'une classification. A l'exemple du cadre de la classification de la connaissance à la Bacon ou à la d'Alembert, à la fois systématisé et ouvert par la classification décimale de Dewey[113] ou la classification décimale universelle d'Otlet et La Fontaine[114]. Les classifications contemporaines (de documents, de produits ou d'activités (Desrosières, 2000)) se traduisent toujours par une architecture qui vise à pouvoir accueillir l'ensemble des possibles – même, donc, de ce qui n'est pas encore connu. Outil à la fois totalisant et ouvert sur sa propre intériorité, sur la multiplication des classes et/ou le raffinement des sous-classes jusqu'à « l'infini » ?

---

112. Rappelons que le classeur d'objets ne produit qu'un *effet* de technologie intellectuelle, il est avant tout un instrument scientifique (musée), seul le classeur de documents constitue à nos yeux une véritable technologie intellectuelle en tant que telle. Nous conserverons néanmoins des exemples liés aux premiers tout en privilégiant les deuxièmes.

113. La classification dite décimale repose, comme son nom l'indique, sur des nombres pour appréhender la complexité de la bibliothèque. « Dès le XVIIe siècle, Samuel Pepys avait compris que, pour tenir compte de ce foisonnement, l'univers illimité des nombres était plus efficace que l'alphabet » (Manguel, 2006, p. 61). Il fallut attendre le XIXe siècle pour que cet usage des nombres soit érigé en principe par Melvil Dewey. « En se conformant aux divisions par sujets des anciens érudits, [il] divisa ambitieusement le vaste domaine de « toute la connaissance humaine imprimée» en dix groupes thématiques, et assigna à chacun de ces groupes cent nombres qui, à leur tour se divisaient encore en dix, permettant une progression *ad infinitum*. La religion, par exemple, reçut le nombre 200 ; l'Eglise chrétienne, le nombre 260 ; le Dieu chrétien le nombre 264. L'avantage de ce système, connu sous le nom de « système Dewey de classification décimale », est qu'en principe, chaque division peut être l'objet d'un nombre illimité de divisions » (Manguel, 2006, p. 62).

114. « La classification bibliographique décimale est universelle [...] et indéfiniment extensible [...]. Cette classification consiste en une vaste table systématique des matières, dans laquelle tous les sujets de connaissances sont répartis par classes, sous-classes et divisions, en passant du général au particulier, du tout à la partie, du genre à l'espèce [...]. La table systématique est complétée par un index alphabétique des matières. [...] [Cette] classification [...] est susceptible d'être appliquée au classement des diverses espèces de documents et de matériaux dont les travailleurs intellectuels ont à se servir » (*Bulletin de l'IIB*, 1904, cité par Fayet-Scribe 2000, p. 85).

Objectif grandiose s'il en est : arraisonner l'ensemble du monde, l'arrêter, mais au sens policier du terme – l'inscrire dans ce cadre qui cependant, à la différence de la prison, n'atteint jamais véritablement la saturation puisqu'il lui est toujours loisible de former d'autres classes ou sous-catégories. Cette liste de listes permet de doter chaque « chose » d'un code – une ambition divine il va sans dire. A chaque chose un code, à chaque numéro une chose : bijection qui caractérise la classification « parfaite », celle qui ne laisse rien passer et qui repère tout, précisément, univoquement et clairement. Car la réalité n'entre bien évidemment pas telle quelle dans ce vaste tableau : il faut d'abord la coder. Non plus appeler les « choses » par ce nom chargé de connotations dont on use au quotidien avec elles, mais par la traduction en un langage précis et le moins connotatif possible, un système abstrait, voire formel, qui recouvre la singularité derrière l'anonymat.

Toute classification requiert donc un constant travail d'inventaire et d'étiquetage : rien n'entre dans le classeur qui ne soit codé et inscrit, donc repérable. Plus le classeur est utilisé par une multitude anonyme et plus il doit remplir cette fonction d'interface entre ses utilisateurs et le stock : une bibliothèque personnelle fait généralement l'objet d'un classement intuitif rarement systématique, parce que son propriétaire incorpore les fonctions de repérage – bref, il sait où se trouvent ses livres dans sa bibliothèque et pourquoi ils ont été ainsi regroupés (en fonction de ses besoins..., et parfois de sa négligence). Une bibliothèque ouverte au public, même à un public restreint, doit « objectiver » cette fonction de repérage. C'est pourquoi elle tend à s'étalonner à un plan de classification abstrait créé en tant qu'objet justement, parce qu'il doit se déprendre des subjectivités.

Mais cela ne suffit néanmoins pas à satisfaire pleinement la fonction de repérage au sein d'une bibliothèque. Car la classification concerne la connaissance. Elle reste abstraite. C'est pourquoi elle se double d'une procédure de rangement physique des documents, le classement. Classification et classement permettent donc de savoir que dans telle bibliothèque il est possible de trouver telle catégorie de livres, stockés quelque part dans son fond. Cependant, savoir qu'elle abrite des ouvrages de science-politique ne veut pas dire pour autant qu'elle possède tel livre dont tel chercheur peut avoir besoin. Il s'agit d'une première approximation. Or, si cette dernière s'avère indispensable aux agents chargés de gérer le stock, elle n'intéresse qu'indirectement l'usager – en ce sens qu'elle permet le repérage et la livraison physique efficace d'un livre dans une bibliothèque par exemple. Car ce dont a fondamentalement besoin l'usager – au moins celui qui est venu chercher quelque chose de précis ou des références précises – c'est de pouvoir savoir rapidement si le classeur dispose ou non de tel ou tel item. Ici, une indexation par mots-clés selon l'ordre alphabétique se révèle indispensable : pensons par exemple aux fichiers auteurs et thématiques (deux types de mots-clés) de nos bibliothèques. Une fiche de bibliothèque articule donc deux modalités de repérage d'un livre : d'une part son code – en l'occurrence sa cote, à l'usage interne du service ; et d'autre part une description sommaire dont les en-têtes jouent un rôle crucial, auteurs ou thèmes, à usage en quelque sorte « externe » – interface utilisateur.

Ainsi, voit-on se dessiner une gradation dans la complexité de la régulation entre bibliothèque, musée et classeurs scientifiques ou gestionnaires. En effet, la première, comme on vient de le voir, doit assurer une double gestion – interne et externe. Les livres – tout au moins de la bibliothèque publique, la seule qui nous occupe ici – doivent circuler du stock à l'espace de lecture et au lecteur. Au-delà d'une éventuelle fonction de conservation – sur laquelle nous reviendrons – le livre se prête à la consultation. Aussi, le codage doit-il refléter cette double contrainte d'une gestion interne du stock et de la gestion externe de la lecture.

Au sein du musée, les objets en revanche, ne sont pas censés circuler, si ce n'est au gré des expositions, c'est-à-dire à intervalle temporel long. Au contraire, ce sont les visiteurs qui déambulent, suivants ou non un parcours fléché, de l'un à l'autre. Le besoin de régulation se modifie d'autant. Le plan de classification, de distribution intellectuelle et spatiale des objets, s'impose de manière privilégiée. Chaque objet est néanmoins étiqueté – depuis la simple notice à la borne interactive. Jusque récemment encore le musée avait tendance à quelque peu négliger le code de l'interface avec le public, la démarche pédagogique de présentation restait somme toute limitée. Cependant, l'avènement du « musée virtuel » (notamment sur Internet) tend à quelque peu modifier ce jeu : la « communication » et donc l'interface deviennent singulièrement sensibles et critiques. Le Musée doit, dès lors, les travailler et les affiner puisque ce qu'il présente n'est plus un ensemble d'objets mais leur représentation/mise en scène plus ou moins interactive[115] (Davallon et Brochu, 1998).

Alors que l'objet dans un musée est exhibé, offert aux regards (au moins pour un laps de temps, puisque tous les objets ne se trouvent pas simultanément exposés pour diverses raisons – conservations, place, coût, etc.), dans le cadre du classement gestionnaire ou scientifique, il est, en revanche, jalousement confiné dans une utilisation purement interne. Là, prévaut donc un codage lourd et singulièrement abscons : il s'agit d'assurer le maximum d'efficacité à la procédure et non de satisfaire quelque critère de lisibilité. D'où une tendance accusée à ce que nous avons appelé le *formalisme* pour la science ou au *maniérisme* pour la gestion. Dans le premier cas, la classification devient parfois quasiment un objectif en soi : c'est par elle qu'advient le sens tel que le cherche le scientifique. Ainsi, toute une botanique ou une zoologie se sont construites – jusqu'à l'épuisement de leur propre pertinence – sur ce paradigme de la classification comme intelligence du monde. La

115. L'informatisation des collections – c'est-à-dire leur traduction informationnelle – tend également à réduire la spécificité du musée et à en rapprocher le modèle de celui de la bibliothèque (Davallon et Brochu, 1998).

physique/chimie avec Mendeleïev ne procède pas véritablement autrement avec la fabrication de ce tableau qui s'offre comme une machine à prévoir l'existence des éléments. La gestion administrative a souvent été dénoncée – voir les romans de Kafka ou *1984* d'Orwell – pour ce travers par lequel elle en vient à se replier sur elle-même, comme si elle devenait à elle-même sa propre fin. Une tendance qu'il lui faut combattre en ré-intégrant l'usager dans son fonctionnement – sans pour autant nécessairement sacrifier au marketing ou à une communication perverse, faussement serviable, qui donne plus le change d'un sourire qu'elle n'offre un véritable service. Que la gestion passe par le codage semble un horizon indépassable, mais que ce dernier en vienne à dire, voire à réduire un homme sous forme d'un dossier ou d'un numéro, est pour le moins dangereux : aussi l'administration devrait-elle savoir dédoubler son codage (code interne et nom) sans néanmoins les confondre (ce qui là encore ouvre au pire contrôle social).

8.2.2. *La classe et le nombre*

« Classes laborieuses, classes dangereuses », titrait un ouvrage d'histoire désormais célèbre : certes, il ne s'agit pas des mêmes classes « logiques » que celles que nous avons rencontrées jusqu'à présent... et pourtant, de l'un à l'autre type, le chemin n'est pas si long, ni si tortueux. En effet, ces classes laborieuses représentent au XIXe siècle cet ensemble flou des travailleurs, mouvants et nombreux, qui inspire la peur à une certaine bourgeoisie. Car ce qui est en question, c'est bien un grand nombre, aux frontières instables, et sa maîtrise. Or, cette problématique du contrôle se définit comme le lieu d'articulation des deux types de classes : la classe « logique », celle du classement va être chargée d'arraisonner la classe « physique » du nombre. Travail de contrôle social, travail de police.

Or, la police, depuis l'avènement de sa forme moderne au XVIIIe siècle, repose sur une forte activité d'inscription : elle fiche le présumé délinquant et vise à l'authentifier, d'où le développement des stratégies de l'anthropométrie. La maîtrise du nombre passe d'abord par son repérage et son fichage : à chaque homme sa fiche, à chaque fiche sa description. Il s'agit d'assurer la fiabilité de la bijection, autrement dit, de ne pas se tromper d'homme. On en vient alors à rechercher des caractéristiques uniques et à inventer les inscripteurs susceptibles de les enregistrer : mesures diverses du corps, photographie, empreintes digitales, etc. Comme seules les classes laborieuses sont réputées dangereuses, la bourgeoisie se croit à l'abri de cette vaste entreprise de consignation. Pour collecter et conserver cette information au volume toujours croissant, l'administration invente d'ingénieux systèmes de classeurs à tambour dès le XVIIIe siècle : Guilloté (Heilmann, 1991) constitue au fond l'un des nombreux avatars de cette propension de ce siècle – que ni le XIXe siècle ni le XXe siècle ne démentiront, au contraire ! – à systématiser, ordonner, ranger, à rassembler de multiples traces dans d'immenses « herbiers » (Foucault, 1975).

La machine-mémoire, recueil d'une information pléthorique, soutient ainsi la gestion du grand nombre des hommes, alors que bibliothèque et musée viennent encadrer la multitude des livres (ainsi que plus globalement des signes) et des objets à conserver. Car l'une et l'autre réinventent en quelque sorte l'objet dont leur pratique de conservation démultiplie le nombre. La bibliothèque peaufine aux XVII-XVIIIe siècles les fondements de sa régulation (Damien, 1995) : elle peut dès lors tenter d'absorber potentiellement l'ensemble de ce qui se publie. Or, le nombre et le volume des publications ne cesse d'augmenter, et la bibliothèque – nationale notamment, qui est tenue par le dépôt légal – ne répond à cette inflation que dans une crise quasi permanente : la réforme est continûment à l'ordre du jour d'une modification des arbitrages entre conservation et consultation. Car l'inflation ne frappe pas seulement la première, mais également pleinement la seconde, entre progrès de l'alphabétisation, meilleure scolarisation, et démocratisation (pensons aux réflexions d'un Eugène Morel au XIXe siècle qui milita toute sa vie en faveur de la création de bibliothèques publiques de lecture (Figuier, 1991)).

Le musée, qui lui aussi s'ouvre petit à petit au public, au nombre, connaît également l'inflation de ce qu'il doit abriter. Car la fonction muséale qui en vient à légitimer les objets qu'elle accueille, suscite également par là-même le processus de sa sollicitation à l'élection de telle classe d'objet comme digne du musée. Ce dernier oscille donc entre une démultiplication plus ou moins sauvage, dans un mouvement de patrimonialisation généralisée, et une négation de sa spécificité et de son intérêt par une critique radicale... quitte à le remplacer, comme le proposait voilà déjà quelques années B. Deloche par une science informatisée de la reconnaissance des formes esthétiques (Deloche, 1989). Après la première déréalisation emportée par l'avènement du musée imaginaire – et photographique de Malraux (Malraux, 1965) –, cette seconde vague soutient le repli du musée sur le seul traitement de l'information. Musée cybernétique, qui rabat le musée sur la classification : où le classeur s'abandonne au jeu de ses seuls plans et fiches et expulse l'objet, trop lourd, trop encombrant, signe d'une mauvaise conscience esthétique contrainte d'opérer des choix supposés toujours douteux. Or, si l'informatisation des musées (des plus grands en tout cas) bat son plein, ne déplace-t-elle pas également l'aspiration scientifique de B. Deloche vers une nécessité essentiellement gestionnaire – au sein même de chaque musée, comme au sein des réseaux d'échanges qu'ils tendent à développer au plan international ? Glissement grâce auquel, nous l'avons vu, il gagne un fort coefficient de technologie intellectuelle.

Enfin, la grande entreprise, nous apprennent les historiens américains, rencontre très tôt, c'est-à-dire dès le mi-temps du XIXe siècle pour les plus précoces – les compagnies de chemin de fer –, les problèmes cruciaux de la gestion de la complexité. Les réseaux ferrés en effet s'exposent rapidement à une amplification du nombre de trains, donc de mouvements, sur des lignes de plus en plus longues, aux gares lointaines, avec une clientèle croissante, etc., qui ne manque pas de déclencher d'importants déficits de contrôle et de coordination (Chandler, 1988 et Beniger, 1986). C'est pourquoi ces entreprises, et la plupart des plus grandes avec elles, vont considérablement développer leur communication écrite, lettres, notes, tableaux, fiches, factures, etc., dont l'inflation va également emporter de sérieux engorgements. Si l'on veut gérer des processus physiques en recourant à leur suivi informationnel (et l'on ne peut les gérer autrement), il convient dès lors de ne pas oublier de gérer tout aussi bien le flux informationnel lui-même. Voilà pourquoi les entreprises américaines furent parmi les premières à s'équiper d'armoires et de classeurs divers susceptibles de maîtriser cette pléthore d'écritures (Yates, 1989).

8.2.3. *Hyperdocument*

Le classeur, meuble ou immeuble n'est pas en soi un document au sens strict – l'enregistrement de l'information produite par les événements du monde par Ecriture ou Image –, mais un ensemble de documents organisé par un cadre matériel et logiciel : autrement dit, *les événements qu'il gère sont constitués des documents eux-mêmes*. La relation aux événements du monde est indirecte, elle transite d'abord par une première traduction opérée par le document, qui devient lui-même événement pour le classeur. D'où l'impression de déréalisation qu'emporte parfois le classeur, provoquée par cette distanciation à l'événement « brut », cette manière de détachement. Mais c'est aussi ce qui en fonde la valeur et l'efficacité : il est l'outil de navigation qui permet de rendre vivante et performante la collecte, l'accumulation des documents. Il évite l'asphyxie documentaire.

Les documents en effet, lorsqu'ils sont dotés d'un minimum de mobilité et quel qu'en soit dès lors le support, restent relativement fragiles. Le pouvoir qu'ils engendrent incite leurs détenteurs à les dérober aux regards de tout un chacun. Enfin, le coût des accumulations est tel qu'on les souhaite pérennes. Dégradation matérielle et secret amènent donc à ranger les documents dans des meubles et des immeubles fiables, tant sur le plan physique que logiciel. Meubles et immeubles doivent autant que faire se peut résister aux épreuves de l'eau, du feu, des micro-organismes, et du temps. C'est pourquoi les seconds notamment sont généralement régis par des règlements relativement drastiques. Les documents, mobiles, doivent en quelque sorte posséder cette coquille qui leur assure protection (renforcement par la reliure notamment, prêts limités, etc.) et même réparations. Le classeur vaut donc pour le document à la fois comme carte et comme port (au sens maritime), deux fonctions essentielles à l'entretien du mouvement cyclique d'entrée-sortie, d'aller-retour, d'inscription-réinscription, lecture-écriture, qui rend le document productif.

Le classeur est en quelque sorte une base de données « en dur » : lui aussi fait l'objet d'une structuration poussée susceptible de porter celle du fond documentaire, lui aussi possède son propre outil de repérage interne (des classes et des objets à l'intérieur de ces classes) propre à vivifier l'indexation des relations possibles entre documents.

8.2.4. *Dimension*

Les documents, empilés, plus ou moins organisés en livres, existent en trois dimensions : ils forment volume par leur nombre. Il n'est plus socialement question d'un seul document, réduit à la seule feuille, mais bien d'un amoncellement, d'un entassement de documents. Ceux-ci exigent donc une double intervention : assurer leur stockage et leur repérage. Or, un classeur, meuble ou immeuble se présente toujours comme une réalité de dimension trois qui, déjà physiquement, matériellement, à travers ses rayons, ses casiers, ses armoires, ses étages traduit un ordre : autrement dit, il est déjà concrètement comme une manière de plan, à l'échelle 1, grandeur nature si l'on veut – comme une zone urbaine fortement structurée est déjà à elle-même un peu son propre plan, parce qu'il est possible de s'y repérer grâce à la logique interne qu'elle révèle et porte. L'accumulation raisonnée vaut donc d'emblée comme premier outil de navigation à partir du moment où l'on a compris la loi d'ordre qui l'organise.

Mais cette première carte implicite se double d'une seconde carte, explicite celle-là : non pas tant la présentation du plan de classement lui-même, qui a peu d'intérêt pour le lecteur (sauf en accès direct), mais les fichiers par le truchement desquels il lui est possible de repérer tel ou tel « objet ». Or, le fichier lui-même existe en dimension trois : son accessibilité exige que les fiches dans une bibliothèque soient dressées verticalement les unes derrières les autres, les tiroirs les uns à côté des autres, les uns sur les autres. Instrument de dimension trois de gestion de cet univers de dimension trois de la multiplicité des documents. Comme dans le cas de la carte, la dimension reste la même, seule change l'échelle. En effet, de même que la carte n'est efficace que parce qu'elle est plus réduite que le territoire, manipulable et transportable alors qu'il ne l'est pas, le fichier se présente en quelque sorte comme une maquette du classeur : à chaque objet tridimensionnel correspond un document-surface de dimension deux dont la somme fait volume. Le travail de l'échelle sur le fichier ou la carte ne parvient toutefois à une conservation globale de la dimension deux ou trois, que parce qu'il s'accompagne d'une *modélisation* – c'est-à-dire d'une conversion d'une dimension supérieure à une dimension inférieure – *interne, locale* : passage du plan de ville au symbole ou du livre à la fiche.

Cependant, globalement, comme la carte réduit le territoire à sa surface, le fichier réduit le classeur à sa dimension trois, comme la carte nous apprend à voir le territoire comme une surface, le fichier nous apprend à penser le classeur comme un objet plus statique que dynamique ou plutôt dont la dynamique est d'abord interne. N'est-ce pas seulement avec l'encyclopédie que réapparaît véritablement le mouvement ? (voir le chapitre 9).

8.3. Classeurs et pouvoirs

Les sciences autant que le pouvoir politique trouveront dans le paradigme bibliothécaire la ressource de leur procédure. La taxinomie, initiée dans la bibliothèque, n'est-elle pas l'instrument qui permettra à l'Etat de capter, classer, cataloguer la totalité des éléments sociopolitiques, désormais échappés des hiérarchies du Droit naturel, libérés des ordres notabiliaires de la société féodale.

Robert Damien, *Bibliothèque et Etat*, (1995, p. 175)

8.3.1. *Temples et statues*

De quelque type qu'il soit, meuble ou immeuble, le classeur est assuré d'une forte stabilité matérielle ne serait-ce qu'à cause de ses trois dimensions : n'est-ce pas avec le trépied que l'on acquiert une stabilité sans travail, sans dépense d'énergie ?

L'immeuble-classeur, singulièrement sous les deux espèces de la bibliothèque et du musée, traditionnellement considérés comme des « monuments » par leur taille et leur autorité-sévérité, s'associe au Temple. N'abrite-t-il pas, en effet, ce qui, au sein de notre société vaut fonctionnellement comme une manière de « religion séculière », laïque, celle de la conservation de l'objet ? Celle-ci ne vient-elle pas en quelque sorte en substitution à et aux Dieu(x) comme technique de lutte contre l'entropie, la dégradation et la mort ? Cet objet ne fait-il pas également lien avec les morts (les grands écrivains, scientifiques ou artistes) ? L'accumulation raisonnée retient le temps et semble par là même le maîtriser. Elle organise le monde (des documents et des objets) et le muni d'une loi. Elle est servie par un personnel spécialisé hiérarchisé. Elle définit des règles de comportement des usagers (silences et pas feutrés), et des interdits ou à tout le moins des restrictions (ne pas toucher les objets ou œuvres et les livres le moins possible). Par cette capacité d'institution elle relève donc clairement d'une déclinaison fonctionnelle du sacré[116].

116. Je reste plutôt dubitatif face à la multiplication des lectures anthropologiques des Technologies de l'information et de la communication qui les rabattent directement sur une ancienne pratique (discursive, rituelle, etc.) ou d'anciens objets (Robert, 2004 et 2009). Cette réticence face à un usage intempestif n'est en rien pour autant une récusation *a priori* de toute lecture anthropologique. C'est une question de méthode. Ainsi, ici, la démarche ne vise pas à

Certes, les temples peuvent être détruits, mais tant matériellement qu'organisationnellement, ils perdurent et constituent une forte proportion des « monuments » qui nous sont parvenus de l'Antiquité ou du Moyen Age. Certes, parmi les monuments, les bibliothèques notamment sont à coup sûr les plus fragiles : mais cette fragilité même dépend avant toute chose de celle des documents qu'elles renferment. Le feu, l'eau, les micro-organismes et les guerres restent les grands ennemis. Cependant, parfois le rayonnement de ces outils est tel qu'ils persistent – à l'instar de la bibliothèque d'Alexandrie – dans les mémoires à travers les siècles, comme « idée », image, espoir... Ils acquièrent alors la stabilité de ces *projets* plus ou moins « utopiques » dit-on que des sociétés ne parviennent jamais à rayer de leurs livres, de leurs images, à évacuer de leur conversations, de leur mémoire collective.

Les classeurs ne relèvent pas tous de l'immeuble, mais également du meuble, et ne renvoient donc pas seulement au Temple, mais tout aussi bien à la Statue. Statue placée à l'intérieur du Temple, ou dans d'autres lieux, plus profanes. Si la statue en effet, participe du sacré lorsqu'elle symbolise un dieu, elle sait également – et les deux sont souvent complémentaires – évoluer dans un espace « laïc » beaucoup plus pratique.

Ainsi, les armoires et rayonnages de certaines grandes bibliothèques deviennent l'objet d'une conservation au moins égale à celle du bâtiment qui les abritent ; les herbiers des grands muséum d'histoire naturelle comptent parfois autant que ce qu'ils retiennent. De manière beaucoup moins grandiloquente tout un peuple d'armoires, de classeurs à tambour habitent les bureaux des administrations et des entreprises : ils recueillent ces dossiers en cours que l'on interroge fébrilement en attente d'une réponse pertinente. Leur expansion date notamment du XIXe siècle américain, lorsque la gestion des grandes entreprises devient si complexe qu'elle emporte un flux toujours plus considérable d'écritures de toutes espèces, qu'il faut bien un jour tenter de maîtriser : car sinon face au fisc ou à la justice le document manquant chargé d'une authentification risque de peser lourd.

Cette stabilité peut ainsi tourner au *maniérisme* : lorsque le classement devient le but du classement, la conservation l'objectif de la conservation ou que le prétexte de l'authentification nourrit des classeurs dont l'inflation légitime celle de l'authentification. Pente de la « statuification », de la rigidification, bref de la bureaucratisation, où le moyen se perd comme moyen. C'est pourquoi il est fondamental de veiller à constamment stimuler la mobilité des classeurs.

---

rapporter directement le classeur au temple, mais bien indirectement à travers la fonction (tierce) de lutte contre l'entropie et la mort, alors même qu'historiquement les temples et abbayes ont souvent accueilli les premières bibliothèques. Autrement dit, je ne dis pas que la bibliothèque par exemple est un temple, mais qu'elle remplit une fonction similaire.

8.3.2. *Mobilisation interne et externe*

Classement et mobilité semblent pour le moins antinomiques : l'un vise à l'encadrement des choses, à les poser, à les arrêter, les stocker alors que l'autre prétend à la circulation et au mouvement. Il est vrai que la plupart des classeurs sont dotés d'une faible légèreté : la stabilité maximale des immeubles dépend de la répartition de leur masse comme de leurs fondations (ou plus généralement de leur marge de tolérance à certaines contraintes physiques) et même les meubles restent néanmoins frappés d'une remarquable force d'inertie. A la fonction d'arraisonnement logiciel correspond ce poids physique qui semble marquer cette faculté à résister au temps qui passe, à l'entropie. Leur reproductibilité est quasiment nulle : totalement pour les immeubles, elle reste extrêmement faible pour les meubles eux-mêmes, et n'émerge qu'au niveau des documents avec l'imprimerie et bien plus tard la photocopie. Le fichier de la bibliothèque représente un tel travail – de mise en place et d'actualisation – qu'il demeure une référence massive et unique. Les classeurs ne se déplacent pas plus : on vient à eux, immeubles ou meubles, et au document, jusqu'à une bien récente informatisation – qui elle-même requiert encore souvent que l'on vienne à l'écran. La mobilité paraît bien absente et plus introuvable encore.

Or, à se faire rare ou bien à avancer masquée elle n'en existe pas moins sous deux espèces sensiblement différentes quoique complémentaires. Car si les classeurs semblent immobiles, ils n'en constituent pas moins des machines à gérer le mouvement des objets qu'ils abritent : rotation rapide des livres dans une bibliothèque, et plus encore des documents dans une armoire administrative, ou inversement lente – presque immuable à court terme – des objets du musée. Gestion également des flux considérables de visiteurs/consultants – à l'exemple des grands magasins. Car bien évidemment les objets ne bougent que parce que des populations les réclament et s'en servent ou sont sollicitées par le renouvellement des collections exposées.

La mobilité est donc en quelque sorte internalisée. Ce que montre parfaitement l'exemple « idéal-typique » de la bibliothèque – qui est à la fois immeuble et somme de meubles, fortement régulée, et qui doit articuler la double exigence de la circulation des objets et des personnes. Cette *mobilité interne* est celle de la *logistique interne* de l'outil d'accumulation. Certes, on peut rêver d'une bibliothèque qui, enfin, ne serait plus encombrée de lecteurs ni constamment désorganisée par leurs exigences absurdes. Et la question ne relève en rien de la pure « utopie », puisqu'elle agite continuellement la communauté des bibliothécaires. Nous supposerons donc une bibliothèque ouverte au public. L'accumulation ne devient rentable que de son exploitation. Car le stock immense des documents que contient la bibliothèque la transforme en véritable gisement... qui gagne à sa mise en culture. Celle-ci dépend donc du recensement des richesses, de leur classement systématique, et de l'élaboration de cartes qui en assurent l'accès : plan et fichiers, les outils de la régulation. Dès lors, pour autant donc que certains y trouvent à proprement parler un quelconque intérêt, la machine peut se mettre en branle. Une machine qui permet – c'est-à-dire ouvre la possibilité – de rapprocher, de comparer, et de croiser les documents, bref de les faire travailler (Dagognet, 1979).

De même que toute mobilité exige un minimum (voire beaucoup plus) de mémoire vive (quelques carnets de notations, quelques tableaux, listes et dessins), de même donc que l'accumulation est déjà dans la mobilité, la mobilité habite déjà pleinement l'accumulation et la vivifie, la dynamise.

Cette mobilité interne est à la fois prolongée et bousculée par la mobilisation externe. Prolongée, car les accumulateurs, les classeurs meurent s'ils n'importent pas de nouveaux documents autant qu'ils gagnent à être reliés entre eux dans un réseau de classeurs. Bousculés, car la cohérence interne du classeur est en quelque sorte inquiétée à la fois par la pléthore de la production de documents nouveaux ainsi que par l'ouverture sur d'autres classeurs avec lesquels il convient d'uniformiser les principes d'organisation et qui risquent d'exiger que les documents sortent du classeur afin de circuler dans le réseau. C'est pourquoi s'imposèrent deux solutions qui satisfaisaient aux contraintes de mobilité tout en respectant l'ordre et/ou sans toucher aux documents : l'établissement de bibliographies et de catalogues qui permettent, d'un côté, de savoir quelles sont les nouveautés susceptibles d'intégrer le classeur et de l'autre, de pouvoir repérer les documents au sein des différents classeurs afin d'aller les consulter.

C'est ainsi qu'au XVIIe siècle Leibniz, lui-même bibliothécaire de 1690 à sa mort en 1716, craignait en effet, « que les hommes ne retombent dans la barbarie, à quoi cette horrible masse de livres qui va toujours en augmentant, pourrait contribuer beaucoup, car enfin le désordre se rendra presque insurmontable ; la multitude des auteurs qui deviendra infinie en peu de temps, les exposera tous au danger d'un oubli général » (cité par Damien, 1995, p. 165). C'est pourquoi il « soutenait que les bibliothèques avaient pour mission de favoriser la communication entre les savants et il avait conçu l'idée d'une organisation bibliographique nationale qui aiderait les hommes de science à s'informer des découvertes de leurs contemporains » (Manguel, 2006, p. 93).

Comme le souligne R. Chartier « une bibliothèque universelle (au moins dans un ordre du savoir) ne pouvait être qu'immatérielle, réduite aux dimensions d'un catalogue, d'une nomenclature, d'un recensement. A l'inverse, toute bibliothèque installée dans un lieu particulier et formée d'ouvrages bien réels [...] ne pouvait donner [...] qu'une image tronquée de la totalité du savoir cumulable » (Chartier, 1992, p. 94). On doutera, bien évidemment, de l'immatérialité du catalogue, mais on retiendra que l'écart entre le local et le global ne peut être comblé que par le livre-catalogue, outil de régulation.

8.3.3. *Contrôle et coordination*

Parce qu'ils ouvrent toujours la possibilité de la comparaison, les classeurs introduisent toujours au contrôle et à la coordination. En effet, le contrôle se nourrit de la comparaison : son premier geste n'est-il pas de rapprocher un homme, ou un objet d'une description orale ou d'un document, voire deux documents entre eux ? Ne vise-t-il pas à établir une éventuelle différence qui dénoncerait l'erreur ou le fautif, en tout cas, l'écart à une norme socialement définie ? En ce sens, il repose déjà sur la coordination – car le contrôle n'est efficace qu'à condition de s'exercer sur le repérage (collectif) d'un point critique et ce, régulièrement. Mais il vaut également *coordination négative* si l'on veut puisqu'il permet de déterminer – et d'éliminer éventuellement – le dysfonctionnement, donc ce qui déstabilise une équation socio-technique.

Ainsi, les classeurs soutiennent-ils bien souvent les opérations de contrôle des objets, des signes comme des hommes. Contrôle des objets légitimes par le musée – qui va jusqu'à leur « fabrication », puisque c'est leur recueil par le musée qui leur assure légitimité. Contrôle des livres par les bibliothèques – une fonction que nous avons un tant soit peu oubliée en nos démocraties, mais qui avait cours sous l'Ancien Régime ou sous les régimes autoritaires-dictatoriaux et qui perdure à travers les affectations budgétaires inévitablement sélectives. Contrôle des hommes – grâce à ces herbiers de police, puis ces vastes classeurs à tambour chargés d'étiqueter, d'encadrer, d'*enfermer logiciellement* toute une population supposée dangereuse. Contrôle enfin des signes eux-mêmes par les signes (et qui ne manque pas de retomber sur les hommes) de toute gestion administrative ou d'entreprise : classés, triés, croisés, ils apprennent beaucoup sur l'entreprise, sa santé... et le travail de ses employés.

8.3.4. *Banques (de données)*

Les classeurs font légitimement figure d'ancêtres des banques de données actuelles : ils posent les mêmes problèmes d'accumulation et de navigation, notamment. En revanche ils n'évoluent indubitablement pas dans le même espace-temps. Les classeurs relèvent en effet d'une logique de la gestion longue du *document*, et non de *l'information*. La différence n'est en rien marginale, car il en va de la force d'inertie considérable de l'un contre la volatilité de l'autre. Les rotations internes des classeurs restent toujours lentes tandis que l'information ne cesse de clignoter. Cette lourdeur documentaire, ce poids, se traduit par une conséquence de fond : alors que l'information creuse dans l'espace même de son *turnover* un marché lucratif (beaucoup plus développé aux Etats-Unis qu'en France), donne naissance à une véritable « industrie », le document et les classeurs n'engendrent qu'un marché somme toute limité qui n'embrayent pas sur une nouvelle industrie surajoutée à celle du livre et de l'imprimerie.

Cette lenteur du classeur emporte une seconde conséquence : son coût de création et d'entretien est tout à fait considérable. Ainsi, Sarton, selon E. Eisenstein (1991), n'hésite pas à avancer que la grande bibliothèque constitue un instrument scientifique à l'image d'un cyclotron. Or, cet investissement, sur très long terme la plupart du temps, est lui-même doté d'une réelle force d'inertie : autrement dit, le retour sur investissement est pour le moins difficilement évaluable et s'étale sur longue durée. Il est coûteux de lui opposer un contre-outil équivalent[117]. En ce sens, le monopole tend à l'instituer comme un outil plutôt conservateur, un « piton d'irréversibilité » qui, semble-t-il, joue de manière privilégiée le pouvoir en place. Cependant, ce même outil, lorsqu'il intègre une grande diversité de point de vue à travers une multiplicité de documents peut, à l'inverse, fonctionner comme un piton de réversibilité. Plus globalement, on peut avancer que le classeur, quel qu'il soit, se révèle conservateur par l'accumulation – la bien nommée conservation ? –, et dynamique, par le travail de rapprochement et de critique qu'autorise la mobilité interne. Double nature par double fonction. Non pas un Janus écartelé entre deux faces opposées, mais la complémentarité de l'envers et de l'endroit, du pile et face d'une même pièce.

Les classeurs sont en quelque sorte des banques assises sur des valeurs sûres et qui servent un intérêt solide : le savoir. Alors que les banques de données actuelles reposent sur des valeurs plus souvent douteuses et n'offrent qu'un bien étrange intérêt : du temps, un gain de temps.

8.4. Conclusion : la tension accumulation-mobilité

Le classeur semble voué à une tentation difficilement résistible, celle du maniérisme ou du formalisme. Ainsi, la bibliothèque de conservation tend à se replier sur cette seule fonction : conserver pour conserver ; comme le musée « traditionnel » incline à protéger l'objet, à le sauvegarder pour le sauvegarder ; ou bien un outil de gestion administratif, voire entrepreneurial, devient progressivement l'aune à partir de laquelle le « réel » qu'il est censé gérer, doit être lui-même structuré, « formaté ».

Dès lors, le classeur-temple tend à se présenter comme le « vrai » monde du vrai : face au clignotement artificiel de l'actualité et des événements, il symbolise la pérennité et la totalité des objets « sacrés » qu'il abrite – or, producteur du « sacré »

117. C'est pourquoi la bibliothèque n'est véritablement concurrencée – à moins d'ailleurs qu'il ne s'agisse d'une profonde complémentarité – que par le Web, émergence logicielle du réseau internet, lui-même macro-système technique potentiellement planétaire coûteux s'il en est (Robert, 2005), au contraire de ce qu'essaye de faire croire une idéologie du gratuit (voir le chapitre 13).

et du « vrai » il trouve donc en lui-même les racines de sa propre légitimité, sur un mode proprement tautologique.

On tend également à confondre la performance du classeur-statue avec le réel et à vouloir que ce soit ce dernier qui équivaille au premier et non l'inverse : fonction normative largement exorbitante. Le classeur et son classement deviennent dès lors l'aune à laquelle l'on demande à une population par exemple de se structurer et de se penser. L'outil de connaissance fait retour sur le réel afin de s'instituer comme son schème réorganisateur : le décalage ne dit plus le déficit de l'outil, mais trahit la défaillance « logique » du social – à réformer donc.

Lorsque l'on prend la carte pour le territoire, on oublie facilement la carte comme telle : ainsi, le classeur qui allie à la fois accumulation et navigation néglige-t-il la seconde au bénéfice exclusif de la première. L'opération du classement devient la fin en soi du classeur ou plutôt ce dernier n'a plus comme fin que sa seule persistance comme classement-protecteur s'attachant à lutter contre l'entropie « logique » et physique. La boîte noire du classeur ferme ses accès, entrées et sorties, ne tend-t-elle pas à prendre la figure de son fantasme : celle de la boîte de conserve ?

Mais au-delà du formalisme et du maniérisme ce qui guette et menace le classeur, c'est fondamentalement le déséquilibre entre accumulation et mobilité, qu'il penche de manière privilégiée d'un côté ou de l'autre. Nous venons de voir les excès de la première, arrêtons-nous quelque peu sur ceux qu'emporte la seconde. Car trop de mobilité, tant interne qu'externe nuit considérablement à la rigueur et à la pérennité du travail d'accumulation. Un classeur ouvert à tous les vents, un classeur trop fortement déstructuré – même dans la louable intention de mieux coller à la complexité du réel – perd inévitablement son efficacité. Et si l'on prétend même le récuser, s'en affranchir ou s'en évader, ce ne sera que pour mieux retomber dans la tyrannie implicite d'un ordre local tout aussi exigeant, mais dont la forme prêtera moins le flanc à la critique et la rendra, non pas moins utile ou pertinente, mais plus difficile ! On a ainsi rêvé de se passer des classeurs toujours trop centralisateurs – et notamment ceux que l'informatique des années 1960-1970 mettait en place –, mais on n'a pas pu s'empêcher d'en réinventer la forme, en en modifiant moins la fonction que l'échelle. Les décentralisations (quelle que soit leur architecture et leur support technique) provoquent moins l'abandon de la logique du classeur que la densification de sa présence – au gros arbre du classeur central se substitue la forêt des petits classeurs distribués, bientôt interconnectés.

Le classeur exige donc une gestion subtile de son cycle d'accumulation-mobilité, entre sclérose d'un stock et d'un classement sacralisé, et une dynamique débridée susceptible de confondre liberté et anarchie.

Chapitre 9

L'Encyclopédie[118]

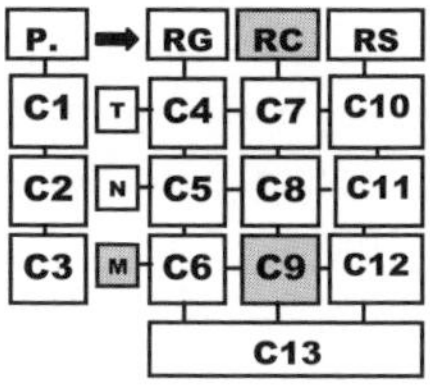

Les encyclopédies sont des sortes d'expositions universelles, de fêtes du savoir. Où l'objet du culte est le culte lui-même. Questions ou réponses, le savoir s'admire. L'encyclopédie est son cérémonial [...]. Une encyclopédie est, de nécessité interne, totalisante. Elle prend l'infini, elle en fait une totalité. Fondée sur la fiction qu'elle réalise : fournir un panorama. Faire le tour des connaissances. Elle n'est pas seulement un présent qui lit un passé. Sa circularité est une manière d'englober l'avenir.

Henri Meschonnic, *Des mots et des mondes* (1991, p. 18-19)

Le dictionnaire est étymologiquement un recueil de mots (de « dictions » au Moyen Age) : il reste ainsi relativement statique. C'est un classeur de mots, selon le critère phonique de l'ordre – arbitraire – des lettres de notre alphabet. Les mots y sont définis, c'est-à-dire délimités, circonscrits, afin en quelque sorte qu'ils ne débordent ni ne se déversent, que leur sens ne se délite pas, ne s'évanouisse pas. C'est un travail encore une fois statique d'encadrement, de cadastre. Or, *l'Encyclopédie* de Diderot et d'Alembert, qui se veut également « dictionnaire raisonné des sciences, des arts et des métiers » » (D'Alembert, 1965, p. 18)[119], va bien au-delà : pourquoi[120] ?

---

118. L'Encyclopédie, en tant que technologie intellectuelle, est ici notée avec une majuscule. L'*Encyplopédie* de Diderot et d'Alembert, qui est en quelque sorte l'archétype de cette technologie intellectuelle, est écrite avec une majuscule (car il s'agit bien d'une technologie intellectuelle) et en italique (car il s'agit d'un ouvrage singulier). Nous avons conservé le mot avec sa minuscule dans les citations qui l'écrivaient ainsi et qui ne renvoyaient pas à celle de Diderot et d'Alembert.

119. Rappelons que le mot encyclopédie est attesté en français, dès le XVIe siècle, chez Guillaume Budé et chez Rabelais (Rey, 2007, p. 28).

Ouvrons à nouveau le dictionnaire étymologique (Picoche, 1979) : l'encyclopédie y est présentée comme une « éducation (comprenant) le cercle (de toutes les connaissances) ». D'emblée, sa définition elle-même emporte sa propre dynamique : elle est une éducation, donc un geste, une attention qui s'inscrit dans la durée, et ce d'autant plus qu'elle vise large, puisqu'il s'agit de traverser le paysage de l'ensemble du savoir. Et même si l'on suppose le cercle fini, il peut néanmoins s'avérer immense et il peut être toujours possible, voire indispensable, de le parcourir plus d'une fois. L'Encyclopédie dit une ambition et un projet : passer partout, n'oublier aucun savoir ni même aucune pratique, et les rendre accessibles, communicables, voire reproductibles.

Mais ce projet dépend du support par lequel il prend forme. On peut considérer que l'idée encyclopédique dépasse de loin sa concrétisation livresque, que celle-ci n'est qu'un avatar qui la bride, voire l'étouffe. On voudrait souvent oublier sa matérialité. Certes, peu de technologies intellectuelles peuvent prétendre à ce point découpler projet et support. Rares sont les technologies intellectuelles qui paraissent à ce point faites pour s'incorporer dans d'autres techniques que celles que privilégient les raisons graphique et classificatrice, rares celles qui semblent à ce point aspirer à un support beaucoup plus dynamique. Projet-limite donc, qui témoigne en quelque sorte d'une tentative d'échapper à ces deux Raisons, de tendre vers la raison simulatrice.

Pour autant, même si l'idée semble indépendante de sa concrétisation, l'Encyclopédie, comme toute technologie intellectuelle n'existe qu'incarnée par un support physique qui n'est déjà plus aujourd'hui majoritairement celui du livre. Or, ce dernier, malgré sa lourdeur et sa lenteur, exprime néanmoins plus les caractéristiques de l'Encyclopédie qu'il ne les masque. Le projet reste effectivement lisible à travers sa matérialisation, et celle-ci, loin de l'étouffer le rend peut-être avec d'autant plus de force qu'elle est « gauche » et comme trop étroite.

9.1. Qu'est-ce que l'Encyclopédie ?

Ce qu'ont découvert les deux clowns de Flaubert [Bouvard et Pécuchet], c'est ce que nous avons toujours su sans trop y croire : que l'accumulation de connaissance n'est pas la connaissance.

A. Manguel (2006, p. 87)

---

120. On peut, ici, utilement s'interroger sur la figure du *catalogue de vente par correspondance* : celui-ci, en effet, n'est-il pas aux objets ce que l'Encyclopédie est au savoir ? Le catalogue ne se situe-t-il pas entre l'infini foisonnement des objets produits et productibles par notre société et le magasin fini ? Ne constitue-t-il pas la synthèse du grand nombre des objets et son outil de gestion grâce à la notice, ses index et renvois ? En ce sens, ne pourrait-il pas tout à fait légitimement être qualifié de technologie intellectuelle à part entière, dans une classe qui regrouperait le savoir, noble, et nos modestes objets de la vie quotidienne ? Une encyclopédie qui serait autant celle des objets que des savoirs ?

9.1.1. *L'encyclopédisme*

L'*Encyclopédie* de Diderot-D'Alembert ne nait pas de rien, elle ne constitue qu'une réponse singulière à la *fonction de totalisation du savoir* dont nombre de sociétés ont ressenti la pression. D'une certaine manière tout autour de l'Encyclopédie il y a l'encyclopédisme, c'est-à-dire l'ensemble des solutions testées en différentes époques et lieux (Rey, 2007). Il faut comprendre l'Encyclopédie comme un dispositif parmi d'autres de concentration des connaissances dans un espace-livre réduit ou un espace-support (qui aujourd'hui est informatisé, et hier était constitué de fiches) singulier. D'autres cultures, ici (au Moyen Age notamment) ou ailleurs (en Chine par exemple) ont donc inventé d'autres formes encyclopédiques : anthologie, compilation, etc., qui étaient somme toute satisfaisantes au regard des critères d'élaboration et de diffusion des connaissances dans ces sociétés, entre savoirs profanes et savoirs religieux.

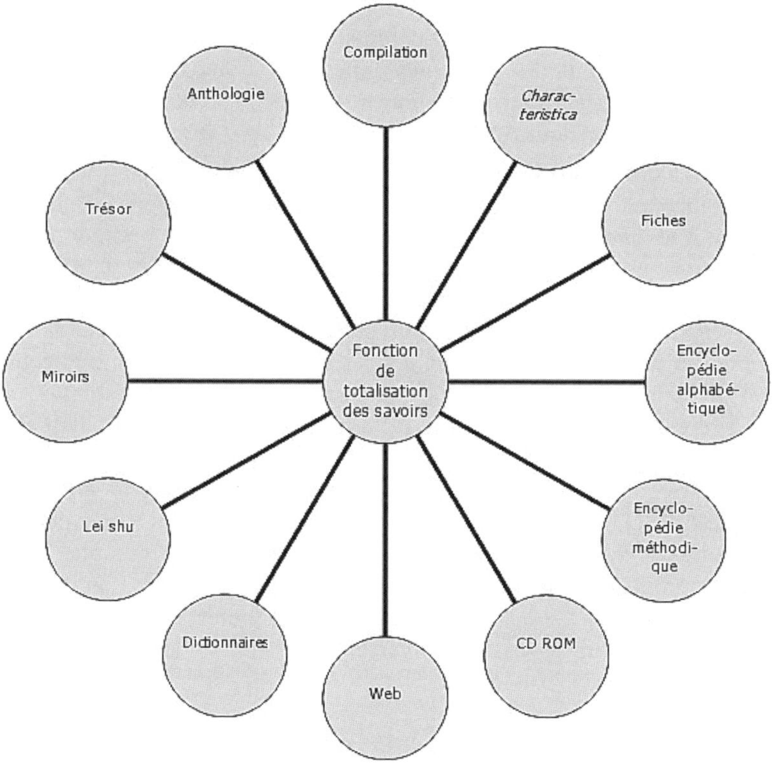

Figure 9.1. *Les différents véhicules de l'encyclopédisme*

Cet ensemble de dispositifs ne prétend à nulle exhaustivité, d'autres ont a coup sûr réussi à s'imposer ; il ne dit rien d'explicite sur les supports non plus, « livre » manuscrit ou imprimé pour la plupart, sauf, bien évidemment les fiches ou l'informatique.

Nous reviendrons sur les CD-Rom et le Web au chapitre 13, à l'Encyclopédie dans la suite de ce chapitre, c'est pourquoi nous allons essentiellement nous attarder – un peu seulement – sur les autres formes :

– le Moyen Age a été une grande époque de l'encyclopédisme, à travers les miroirs (tel celui de Vincent de Beauvais au XIIIe siècle, à la fois miroir – image – de la nature, miroir doctrinal et miroir historique (Rey, 2007, p. 121)), les Trésors – parce que, comme le souligne A. Rey, « tout savoir sans profit est écarté », comme celui de l'italien Brunetto Latini écrit en français au XIIIe siècle, divisé en philosophie théorique, logique et pratique (Rey, *op. cit.*, p. 125), ou les anthologies et autres compilations ou sommes (à l'image de celle de Thomas d'Aquin, que Rey ne classe cependant pas parmi les encyclopédistes) ;

– Alain Rey définit le Lei Shu chinois comme « livre-classification » [qui] recouvre traditionnellement les encyclopédies (« livre exhaustif des cent domaines »), les ouvrages encyclopédiques spéciaux (y compris les dictionnaires étymologiques) et les recueils dynastiques » (*Op. cit.*, p. 146) ;

– la France a connu un véritable siècle du dictionnaire, avec ce XVIIe siècle qui a donné naissance au *Grand dictionnaire historique* de Moréri, au *Dictionnaire historique et critique* (à travers ses notes) de Bayle et le premier dictionnaire strictement alphabétique de la langue française, de Furetière (*Op. cit.*, p. 172-173).

Au XVIIIe siècle, Leibniz a proposé un projet très différent de celui de Diderot et d'Alembert, qui reposait essentiellement sur les deux technologies intellectuelles de la liste et de la procédure/programme : la *characteristica.* « Il s'agissait, souligne F. Yates, de dresser des listes de toutes les notions essentielles et il fallait attribuer à ces notions des symboles ou « caractères ». [...] [C]es caractères devaient être utilisés dans des combinaisons logiques, de façon à [...] obtenir la solution de tous les problèmes. [...] Dans l'esprit de Leibniz, la « characteristica » ou calcul était liée au projet d'une encyclopédie qui devait rassembler tous les arts et toutes les sciences connues de l'homme. Il s'agissait d'abord de systématiser toute la connaissance dans l'encyclopédie, puis d'attribuer des « caractères » à toutes les notions ; on pouvait alors, finalement, établir le calcul universel pour trouver la solution de tous les problèmes » (Yates, 1975, p. 410-411).

Avant même le CD-Rom ou Internet P. Otlet imagine dès les années 1910-1920 une encyclopédie qui « est en éternelle composition : elle prend la forme de dossiers documentaires [...] alimentés d'articles de périodiques, de petits imprimés, d'extraits de livres, de notes manuscrites ou dactylographiques et classées selon la

CDU. […] [Elle] peut aussi se consulter sous forme de feuilles et fiches encyclopédiques qui sont publiées à des fins d'utilisation dans des dossiers organisés » (Fayet-Scribe, 2000, p. 218). Elle s'affichera également sous forme de vastes panneaux éducatifs dans les salles du Palais Mondial (Levie , 2006, p. 220-221).

Il n'empêche que l'Encyclopédie est emblématique des problèmes/solutions posés à tout ouvrage de ce type, du choix du critère alphabétique – possible également en chine – à la dimension politique – encore plus présente dans l'empire du milieu.

9.1.2. *L'ordre de l'Encyclopédie*

L'Encyclopédie de Diderot-d'Alembert – celle qui nous occupe ici par son exemplarité[121] – se présente d'abord matériellement sous la forme d'un vaste livre en quelques trente quatre volumes (pour l'édition *in folio* de Paris : 17 volumes de texte, 11 volumes de planches auxquels on peut ajouter le supplément (4) et les tables (2)) ou à trente neuf volumes (pour l'édition in *quarto*, 36 de texte, plus 3 de planches) (Darnton, 1982, p. 60 à 63). En ce sens, *L'Encyclopédie* dispose d'une première structuration délivrée par le dispositif de régulation propre au livre imprimé (voir chapitre 7) : titre, auteurs (« On trouvera à la tête de chaque volume les noms des savants auxquels le public doit cet ouvrage [...] » (Discours préliminaire, 1965, p. 144)), dédicace, mise en page, découpage en paragraphes, etc., interviennent tous dans l'élaboration d'une forme de base, reconnaissable comme telle. Sur ce fond partagé *l'Encyclopédie* apporte quelques composantes spécifiques que d'Alembert – qui nous servira, avec Diderot, de guide privilégié – présente et explicite d'ailleurs très bien : l'ordre encyclopédique, l'ordre alphabétique, les définitions et les renvois.

D'Alembert ne trouve pas de meilleure métaphore de l'ordre encyclopédique décrit par son arbre des connaissances – inspiré de Bacon –, que celle que lui propose le principe de conversion de la liste en carte. « C'est une espèce de mappemonde qui doit montrer les principaux pays, leur position et leur dépendance mutuelle, le chemin en ligne droite qu'il y a de l'un à l'autre, chemin souvent coupé par mille obstacles, qui ne peuvent être connus dans chaque pays que des habitants ou des voyageurs, et qui ne sauraient être montrés que dans des cartes particulières fort détaillées. Ces cartes particulières seront les différents articles de

121. Car « rien ne paraît ressembler davantage à l'*Encyclopédie* que l'encyclopédie. A condition de n'en retenir justement que l'information-vulgarisation. [Or], rien n'est plus éloigné de Diderot que cette idée de consensus » (Meschonnic, *op. cit.*, p. 18). Ce qui, en effet, nous retient c'est bien le projet à la fois cognitif et politique de Diderot, qui fonde une véritable technologie intellectuelle et non un simple outil de vulgarisation.

l'Encyclopédie, et l'Arbre ou système figuré en sera la mappemonde. [...] [Cependant] la forme de l'arbre encyclopédique dépendra du point de vue où l'on se mettra pour envisager l'univers littéraire. On peut donc imaginer autant de systèmes différents de la connaissance humaine que de mappemondes de différentes projections [...] » (Discours préliminaire 1965, p. 60). Aussi, D'Alembert ne manque-t-il pas d'avertir : « Il reste donc nécessairement de l'arbitraire dans la division générale. L'arrangement le plus naturel serait celui où les objets se succéderaient par les nuances insensibles qui servent tout à la fois à les séparer et à les unir » (*op. cit.*, p. 61).

Une crainte le travaille, celui du formalisme, où la régulation deviendrait à elle-même son propre objectif : « nous ne voulons point ressembler à cette foule de naturaliste [...] qui [,] occupés sans cesse à diviser les productions de la nature en genres et en espèces, ont consumés dans ce travail un temps qu'ils auraient beaucoup mieux employés à l'étude de ces productions mêmes » » (*op. cit.*, p. 62). La régulation s'avère donc indispensable, mais doit rester un moyen et non une fin : où se confirme l'idée que *l'Encyclopédie* constitue effectivement une technologie intellectuelle, un instrument au service du savoir (sans exclusive) et non la seule illustration du seul esprit scientifique.

D'Alembert ne manque pas de soulever la question des modalités de la présentation des connaissances, alphabétique[122] ou méthodique. Il choisit le premier et s'en explique : « Nous croyons avoir eu de bonnes raisons pour suivre dans cet ouvrage l'ordre alphabétique. Il nous a paru plus commode et plus facile pour nos lecteurs [...]. Si nous eussions traité toutes les sciences séparément, en faisant de chacune un Dictionnaire particulier, non seulement le prétendu désordre de la succession alphabétique aurait eu lieu dans ce nouvel arrangement ; mais une telle méthode aurait été sujette à des inconvénients considérables par les grands nombres de mots communs à différentes sciences, et qu'il aurait fallu répéter plusieurs fois, ou placer au hasard (*op. cit.*, p. 128) ». D'autres – moins prudents ? – n'hésiterons pas, toutefois, à se lancer dans l'aventure d'une Encyclopédie méthodique... dont la structure semblait cependant potentiellement infinie : le développement même des sciences la multipliait d'autant – un argument, pourtant singulièrement rédhibitoire, que l'auteur ne souligne pas.

« Il nous reste à montrer, souligne lui-même d'Alembert, comment nous avons tâché de concilier dans notre Dictionnaire l'ordre encyclopédique avec l'ordre

122. Un ordre alphabétique beaucoup moins neutre qu'on le suppose a priori, car, comme le précise Meschonnic, il est « à partir de Furetière [...] du côté de l'empirique contre le théo-politique. L'information contre l'enseignement. Il n'y a pas plus polémique que l'ordre alphabétique. Comme mode de signifier, dans le combat des idées. Il est l'ordre de la critique, et la parabole de la liberté individuelle » (Meschonnic, *op. cit.*, p. 46).

alphabétique. Nous avons employé pour cela trois moyens, le système figuré qui est à la tête de l'ouvrage, la science à laquelle chaque article se rapporte, et la manière dont l'article est traité. On a placé pour l'ordinaire, après le mot qui fait le sujet de l'article, le nom de la science dont cet article fait partie ; il ne faut plus que voir dans le système figuré quel rang cette science y occupe pour connaître la place que l'article doit avoir dans *l'Encyclopédie* » (*op. cit.*, p. 70). La référence explicite à la carte, vaut ainsi plus que simple métaphore : l'arbre fonctionne effectivement comme tel, il permet de repérer la position de tel ou tel item, et l'article isolé par le classement alphabétique retrouve une place par la vertu du système figuré. *L'Encyclopédie* est un outil qui, pour être efficace, demande une lourde manipulation : combien de lecteurs ont réellement pratiqué ce va et vient entre local et global, pourvoyeur du sens ? Remarquons que le travail inverse de consultation de l'ensemble des articles relatifs à une science n'est guère praticable, puisque l'arbre ne les répertorie pas[123].

Cependant, *l'Encyclopédie* fournit un réseau de renvois[124] « dont on a tâché que l'exactitude et la fréquence [...] ne laissât là-dessus rien à désirer ; car les renvois dans ce dictionnaire ont cela de particulier, qu'ils servent principalement à indiquer la liaison des matières ; au lieu que dans les autres ouvrages de cette espèce, ils ne sont destinés qu'à expliquer un article par un autre » » (Discours préliminaire, 1965, p. 70). Il ne s'agit donc pas de définir des mots par d'autres mots, mais de montrer les graphes de liaisons entre sciences, donc d'une certaine manière la cohérence dynamique du savoir « humain ».

Des articles, Diderot dit qu'ils « exige[nt] seulement de la méthode, quelle qu'elle soit. Je ne voudrais pas qu'il y eût un seul article capital, sans division et sans-subdivision. C'est l'ordre qui soulage la mémoire » (Juanals, 2003, p. 43).

Enfin, précise d'Alembert « nous ferons ici sur les définitions une remarque importante. [...] Nous [...] avons donné [de chacune d'entre elles] [...] la plus simple même et la plus courte qu'il nous a été possible. Mais il ne faut pas croire que la définition d'une science, surtout d'une science abstraite, en puisse donner l'idée à ceux qui n'y sont pas du moins initiés. [...] Et il semble d'après ce principe que ce qu'on appelle définition de chaque science serait mieux placé à la fin qu'au

123. Un problème auquel cherchent à pallier, mais partiellement seulement, les deux volumes de *Tables* réalisés par P. Mouchon et publiés en 1780 (Pinault, 1993).

124. Diderot, dans l'article de *l'Encyclopédie* qu'il consacre à *l'Encyclopédie* distingue quatre types de renvois, les renvois de choses et de mots tout d'abord, les premiers afin d'éclaircir l'objet dans ses liaisons proches ou lointaines et les deuxièmes, de confirmation et de réfutation afin de « changer la façon commune de penser » (Diderot, *Encyclopédie* II, 1986, p. 55). Les troisièmes rapprochent des rapports, des qualités ou des manœuvres tandis que les derniers sont d'ordre satirique (Diderot, *Encyclopédie* II, 1986, p. 54-57). Diderot termine son *Prospectus* (1750) sur les renvois comme mode de liaison entre l'ordre alphabétique et le système de connaissance.

commencement du livre qui en traite » (Discours préliminaire 1965, p. 132-133). Nouveau témoignage de l'inquiétude de d'Alembert à l'égard de la menace – qu'il semble toujours sentir présente – du formalisme, d'une régulation qui tournerait mal à tourner exclusivement sur elle-même.

On éprouve l'étrange impression que d'Alembert se méfie de ce que la transformation du cercle en arbre/tableau ne finisse par une systématisation trop poussée et sclérosante. Le discours préliminaire travaille donc à relativiser ce que le système figuré peut emporter de rigidité : d'où ces garde-fou contre les formalismes trop exigeants et cette métaphore de la carte, qui laisse ouverte les routes, les trajets possibles.

9.1.3. *Le cercle des connaissances*

Le monde est complexe et l'ensemble des connaissances qui nous en ouvre l'intelligence ne l'est qu'à peine moins. L'Encyclopédie enregistre ce constat et mobilise pour l'affronter des armes somme toute courantes à l'époque : un vaste tableau classificatoire. Certes, nous avons vu que d'Alembert cherche à se prémunir contre un esprit de système par trop systématique. Mais il n'empêche que l'entreprise encyclopédique exige comme fondement de sa rationalité d'être précédée par un arbre/tableau censé recenser l'ensemble des connaissances humaines.

Cette construction – globalement fortement inspirée de celle de Bacon – est organisée autour de deux grands pôles : « les objets dont notre âme s'occupe, sont spirituels ou matériels, et notre âme s'occupe de ces objets par des idées directes ou par des idées réfléchies. Le système des connaissances directes ne peut consister que dans la collection purement passive et comme machinale de ces mêmes connaissances, c'est ce qu'on appelle la mémoire. La réflexion est de deux sortes, nous l'avons déjà observé : ou elle raisonne sur les objets des idées directes, ou elle les imite. Ainsi, la mémoire, la raison proprement dite, et l'imagination sont les trois manières différentes dont notre âme opère sur les objets de ses pensées » (Discours préliminaire, 1965, p. 62). A la mémoire correspond l'étude de l'histoire – sacrée, civile et naturelle –, à la raison celle de la philosophie ou science – de Dieu, de l'homme et de la nature, à l'imagination enfin, la poésie, narrative, dramatique ou parabolique.

Ce système est censé intégrer toutes les connaissances, passées, présentes et à venir. Vision totalisante qui arraisonne la multiplicité des modalités mêmes de la connaissance, puisqu'elle ne se limite pas aux seuls savoirs théoriques, mais accueille tout aussi bien « l'hygiène [qui] peut se considérer relativement à la santé du corps, à sa beauté et à ses forces [...] » (*op. cit.*, p. 166), que « l'histoire de la nature employée

[qui] est aussi étendue que les différents usages que les hommes font de ses productions dans les arts, les métiers et les manufactures » (*op. cit.*, p. 158).

Les promoteurs de *l'Encyclopédie* ont bien senti que cette ambition globalisante ne pouvait pas se traduire que par le seul texte. D'où une mobilisation tout à fait remarquable du dessin (moins exceptionnelle qu'on pourrait le penser *a priori* pour l'époque, puisque les traités d'architecture et de machines ont déjà largement ouvert la voie). Comme le soulignent avec force Diderot et d'Alembert : « on pourrait démontrer par mille exemples qu'un Dictionnaire pur et simple de définitions, quelque bien qu'il soit fait, ne peut se passer de figures, sans tomber dans des descriptions obscures ou vagues [...] » (*op. cit.*, p. 140). Deforge (1981) a souligné que les techniques répertoriées par *l'Encyclopédie* sur le terrain – « on a envoyé des dessinateurs dans les ateliers » (Diderot et d'Alembert, p. 140) – n'étaient manifestement pas les plus en pointe, mais l'effort reste néanmoins considérable et précieux. C'est pourquoi, J. Proust n'hésite pas à prendre sa défense et s'exclame : « on peut s'étonner avec M. Gille, que la machine à vapeur n'ait pas dans *l'Encyclopédie* la place qu'on attendrait […]. Mais il faut bien plutôt s'étonner de trouver une description de la pompe à feu dans le volume de « discours » de 1756, à la fin de l'article Feu. La pompe à feu était en effet, à l'époque, en France, une machine plus curieuse que vraiment utile » (Proust, 1995, p. 166).

L'Encyclopédie – dont nous allons montrer qu'elle constitue un outil de modélisation – convoque naturellement à son service l'instrument de modélisation de la Raison graphique. Bien évidemment l'Encyclopédie ne fait pas pour autant l'impasse sur le texte : celui-ci s'avère même absolument décisif. Il parvient à assumer l'ambition de globalité en procédant par une généralisation conceptuelle qui vaut rationalisation de la connaissance. Celle-ci est potentiellement infinie, sur quelque sujet que ce soit, aussi chaque article se doit d'éviter d'entrer dans les détails de chaque situation singulière (sinon à titre d'exemple) et travaille au niveau des traits les plus saillants de sa matière, les principes. L'Encyclopédie prétend autant inciter à la réflexion qu'apporter un simple savoir positif.

9.1.4. *Compacité et modélisation*

Denis de Rougemont a insisté sur la nécessité de marquer la différence qui sépare l'information du savoir (Rougemont 1989). L'une est volatile et locale, l'autre pérenne et global. L'une relève profondément de l'événement, elle l'exprime au plus près, l'autre renvoie au document. C'est le travail de toute technologie intellectuelle de traduire l'événement en document par enregistrement. L'Encyclopédie n'y déroge pas.

Cependant, elle se présente sous la forme d'un *hyperdocument*. Non pas sur le mode de la bibliothèque, qui abrite et gère les documents sans prétendre les remplacer, mais bien sur celui du document au carré, du document susceptible de *valoir pour* l'ensemble des autres. Hyperdocument par équivalence générale. Celle-ci ne fonctionne toutefois pas sur le mode de la monnaie, équivalente par position en quelque sorte, de manière abstraite, comme la variable mathématique peut prendre toutes les valeurs possibles. L'équivalence, l'Encyclopédie l'assume directement par une compression de l'ensemble du savoir, par sa compacité. Elle se veut une maquette du savoir : il en va bien d'une modélisation.

Car à la compacité matérielle, nous l'avons vu, répond une compression logicielle par rationalisation[125]. L'Encyclopédie-document travaille donc avant toute chose à ce resserrement à la fois matériel et logiciel qui caractérise toute modélisation (puisqu'elle exprime une « réalité » de dimension supérieure par un document de dimension inférieure).

Ce document compact ouvre quelque peu paradoxalement sur un véritable univers intérieur d'une richesse considérable. Il en va là aussi d'une logique du pli, du pliage : tout livre sort de la presse et d'un pliage – l'Encyclopédie force encore un peu plus cette qualité. Elle constitue un monde dans le monde, à l'image du monde. C'est cette intériorité qui l'institue fondamentalement comme un instrument de modélisation : certes, le modèle perd – parce qu'il simplifie, ce qui le rend manipulable et donc utile–, mais pas trop, il reste suffisamment complexe lui-même pour devoir faire l'objet d'une véritable exploration. Aucun modèle, quelle que soit la raison (graphique, classificatrice ou simulatrice) ne s'offre dans une transparence à lui-même, comme évidence. C'est pourquoi l'Encyclopédie se déploie comme un vaste paysage – un territoire « logiciel » si l'on veut autant qu'une carte – dont il est nécessaire de tracer les chemins, le graphe des renvois, comme de dresser la carte globale, le système figuré. Elle tend par là-même à s'assurer une certaine *autonomie*.

Les planches de *l'Encyclopédie* semblent foisonnantes, et Diderot n'est pas peu fier de souligner qu'« il ne s'est point encore fait, et il ne se fera de longtemps une collection aussi considérable et aussi belle de machines. Nous avons environ mille planches » (Diderot, *Encyclopédie* II, 1986, p. 63)[126]. Or, ces dessins techniques participent pleinement d'un double mouvement : compacité et modélisation. C'est pourquoi nous allons nous y attarder de manière privilégiée :

---

125. J. Beniger souligne que « rationalization might be defined as the destruction or ignoring of information in order to facilitate its processing » (Beniger, 1986, p. 15).

126.· Diderot a toujours été conscient que la séparation physique entre planches et textes, qui nuit à la compacité et à l'efficacité de la modélisation de *l'Encyclopédie*, posait un véritable problème (Proust, p. 206).

– compacité car « ce sont des productions humaines que recense [...] modestement *l'Encyclopédie* [...], reléguant les inventaires naturalistes dans quelques chapitres dérisoires » (Sicard, 1998, p. 269). Compacité car, comme le demande Diderot lui-même, avec l'accent du bon vendeur : « qu'on compare nos volumes avec le recueil si vanté de Ramelli, le théâtre des machines de Leupold, ou même les volumes des machines approuvées par l'académie des sciences, et l'on jugera si de tous ces volumes fondus ensemble, il était possible d'en tirer vingt planches dignes d'entrer dans une collection telle que nous avons eu le courage de la concevoir et le bonheur de l'exécuter. Il n'y a rien ici de superflu, ni de suranné, ni d'idéal : tout y est en action et vivant » (*op. cit.*, p. 63) ;

– modélisation, car il s'agit de faire rentrer une technique déjà pléthorique et tout un monde de machines dans un seul livre. Modélisation, subtilement analysée par R. Barthes dans un texte désormais classique. Barthes distingue trois niveaux de saisie de l'objet dans *l'Encyclopédie* : « anthologique lorsque l'objet, isolé de tout contexte est présenté en soi, anecdotique lorsqu'il est « naturalisé » par son insertion dans une grande scène vivante (c'est ce qu'on appelle la vignette) ; génétique, lorsque l'image nous livre le trajet qui va de la matière brute à l'objet fini [...]. Tantôt il est, tantôt il est fait, tantôt enfin il fait » (Barthes, 1972, p 90). Barthes articule également l'image en « deux axes, l'un de substitution (ou paradigmatique), l'autre de contiguïté (ou syntagmatique) ; [...] la plupart de ces planches sont formées de deux parties ; dans la partie inférieure, l'outil ou le geste [...] isolé de tout contexte, est montré dans son essence [...] ; dans la partie supérieure, ou vignette, ce même objet (et ses variétés) est saisi dans une scène vivante [...] » (*op. cit.*, p. 95). On aboutit ainsi a un véritable outil de modélisation puisque « la planche, image de la machine, est bien à sa façon un cerveau [cybernétique] ; on y introduit de la matière et l'on dispose le « programme » : la vignette [...] sert de conclusion » (*op. cit.*, p. 99). Comme tout dessin technique les planches travaillent à la fois l'analyse et la synthèse, car « l'image [...] énumère d'abord les éléments épars de l'objet ou de l'opération [...] puis les recompose [...]» (*op. cit.*, p. 99). Bref, « l'image est une sorte de synopsis rationnel : elle n'illustre pas seulement l'objet ou son trajet mais aussi l'esprit même qui le pense » (*op. cit.*, p. 99). Cependant, quelque chose déborde avec la scène vivante, qui introduit encore du romanesque au sein même de cette rationalité.

Ce travail de modélisation en raison classificatrice, qui s'appuie, nous le voyons, directement sur l'outil privilégié de modélisation de la raison graphique se prête à deux interprétations possibles, l'une plutôt politique et critique, celle de R. Barthes et l'autre, plus techno-logique (et qui croit quelque part en la vertu politique de cette technologie), celle de G. Simondon. Barthes souligne que les machines présentées sont essentiellement de bois, transparentes, propres, ni sales ni puantes, elles ne blessent pas, ni ne tuent. Neutralisation politique d'une technique d'hier figée sur un mode de production artisanal. Au fond, on n'y voit pas le monde qui vient. Tout au plus y sent-on ce trouble provoqué par cette « image du mouvement [qui] ne peut être qu'arrêtée » (Barthes, *op. cit.*, p. 103) et qui en vient à nous présenter « des actes légèrement impossibles, car à la vérité un acte ne peut être à la fois efficace et signifiant » (*op. cit.*,p. 103). Simondon, quant à lui, soutient que la « grandeur de *l'Encyclopédie*, sa nouveauté, résident dans le caractère foncièrement majeur de ces planches de schéma et de modèles de machines, qui sont un hommage aux métiers et à la connaissance rationnelle des opérations techniques. Or, ces planches n'ont pas un rôle de pure documentation désintéressée, pour un public désireux de satisfaire sa curiosité ; l'information y est assez complète pour constituer une documentation pratique utilisable, de manière telle que tout homme qui possède l'ouvrage soit capable de construire la machine décrite ou de faire avancer par l'invention l'état atteint par la technique en ce domaine [...] (Simondon, 1958, p. 93). A ses yeux la force même de *l'Encyclopédie* réside dans ce qu'il appelle « l'encyclopédisme technique » (*op. cit.*, p. 92) qui « répondait, plus encore que des réformes politique ou financières, à un besoin de l'époque » (*op. cit.*, p. 93).

9.1.5. *Un chantier*

L'Encyclopédie signale l'état d'un système de connaissance à un moment donné, et son éternel dépassement : elle n'est jamais finie, toujours à reprendre. Elle gère le double mouvement de l'inflation du savoir et du temps qui passe. « [Que la postérité] écrivent ainsi Diderot et d'Alembert, dise à l'ouverture de notre Dictionnaire, tel était alors l'état des sciences et des beaux-arts. Qu'elle ajoute ses découvertes à celles que nous aurons enregistrées [...]. Que *l'Encyclopédie* devienne un sanctuaire où les connaissances des hommes soient à l'abri des temps et des révolutions » (Discours préliminaire, 1965, p. 136-137). L'Encyclopédie doit tenir cette position du *témoin* qui toujours témoigne et, qui, par là-même est amené à suivre l'évolution constante du savoir. D'où ce quasi oxymoron d'un sanctuaire qui s'augmente sans cesse, d'un abri en continuelle transformation, ouvert.

Ainsi, « la perfection dernière d'une Encyclopédie est l'ouvrage des siècles. Il a fallu des siècles pour commencer ; il en faudra pour finir » (Diderot et d'Alembert, p. 142-143) : *L'Encyclopédie* s'inscrit effectivement dans ce mouvement, à la fois mouvement d'accumulation et de régénération, de totalisation et d'ouverture, de consécration du passé et d'aspiration à l'avenir. Malgré la lourdeur de sa concrétisation livresque – modulée par les dispositifs de régulation cependant – l'encyclopédie, dès le XVIIIe siècle, signifie une certaine dynamique du savoir. En effet, lorsque l'on rabat le savoir sur une révélation par exemple, où tout est déjà inscrit, lorsque l'on pense que la « vérité » relève d'un passé à tout jamais perdu, lorsque l'on croit que rien ne peut s'ajouter de nouveau au monde, alors l'Encyclopédie, comme instrument de travail, comme technologie intellectuelle, reste des plus inutiles. Car en un tel monde où tout est déjà construit, le savoir délimité, classé, répertorié, où toute transformation vaut hérésie ou profanation en tout cas dégradation irréversible, il n'y a pas de place pour un chantier. Or, justement, l'Encyclopédie, on l'aura compris, est avant toute chose un *chantier*.

Car le projet même de l'Encyclopédie se sait inscrit dans le temps. Et Diderot semble osciller entre deux rapports au temps. D'un côté il affirme qu' » une Encyclopédie [...] doit être commencée, continuée et finie dans un certain intervalle de temps », alors même qu'il remarque : « quelle diversité ne s'introduit pas tous les jours dans la langue des arts, dans les machines et dans les manœuvres ? » (Diderot, *Encyclopédie* II, 1986, p. 46-47). Ce qui justifie, à ses yeux, que ce projet ne soit pas « ordonné par les Rois » (*op. cit.*, p. 46), mais par « une société de gens de lettres » (*op. cit.*, p. 44). Bref, c'est à la société civile de produire, de manière efficace, cet outil de connaissance, pas au pouvoir. Mais à l'horizon de cette Encyclopédie en quelque sorte agile, vive, actuelle, à la fois finie et toujours à reprendre, se dessine également le fantasme d'une Encyclopédie qui, cette fois, résiste au temps, qui « devienne un sanctuaire où les connaissances des hommes soient à l'abri des temps et des révolutions » (Diderot, 1750, *Prospectus*). Et si, après « quelque grande révolution » le progrès des arts et des sciences avait été interrompu, « ce serait alors qu'on nommerait avec ce grand ouvrage le règne du monarque sous lequel il fut entrepris » (Diderot, *Encyclopédie* II, 1986, p. 51). Tentation de subsumer le projet cognitif sous le monument – et ses résonances politiques, ici, proprement révolutionnaires puisqu'elles inversent le rapport de force avec le pouvoir. Autrement dit, soit l'Encyclopédie reste une technologie intellectuelle et perdure sous la double nécessité du bouclage et de l'ouverture, soit elle se fige en institution, et perd sa dynamique à s'affronter et à se mesurer aux pouvoirs.

La gestion de la dynamique, de l'ouverture du chantier introduit une quatrième dimension, celle du mouvement. L'Encyclopédie, qui reste fondamentalement un classeur en trois dimensions permet néanmoins d'arraisonner à sa manière cette quatrième dimension, de la rabattre en quelque sorte sur un outil de dimension « inférieure » : ce que nous avons appelé une *modélisation*.

9.2. Encyclopédie et pouvoirs

Sans pouvoir prétendre *de facto* à une réelle indépendance, car il lui fallait aussi une protection et encore moins à une véritable (c'est-à-dire concrète et non rêvée) inversion du rapport de force en sa faveur, la présence même du projet encyclopédique a cependant amené le pouvoir politique à se positionner et même à se contorsionner. Car, comme le souligne J. Proust sur l'exemple singulièrement symptomatique du privilège de publication, « d'un compromis à l'autre les nécessités du libéralisme économique l'ont emporté sur celles de la défense de l'ordre établi. Ce fut au point que la vieille institution du privilège, qui était en son principe l'expression de l'absolutisme monarchique, se trouva finalement transformée en son contraire et mise au service du libéralisme économique et idéologique » (Proust, *op. cit.*, p. 76). *L'Encyclopédie* joue donc sur les réversibilités/ irréversibilités relatives des positions sociales et politiques.

9.2.1. *Statue domestique ?*

Livre-bibliothèque, *l'Encyclopédie* prend la forme d'un livre-monument, d'une sorte de « statue » si l'on veut, en ce sens que la statue dit une certaine stabilité, mais exposée. Toutefois cette statue n'est pas implantée dans un Temple lointain et hautain, réservée à une élite choisie de scribes détenteurs d'une compétence exclusive. Non, elle prétend toucher un public relativement vaste « d'honnêtes hommes » intéressés de savoir comment va le monde. Les chiffres de sa diffusion, au total selon Darnton (1982) quelques 24 000 exemplaires des diverses éditions, vont, toute proportion gardée, dans le même sens. Ses promoteurs ne pensent bien évidemment pas entrer dans chaque foyer – le niveau d'alphabétisation et le coût de l'ouvrage l'interdisent –, mais espèrent sensibiliser toute une frange de nobles et de bourgeois en mobilité sociale, susceptibles d'y trouver quelque signe de distinction sociale et même quelque nourriture intellectuelle. Une certaine bourgeoisie ou nouvelle noblesse de robe, même de province, n'hésitera pas à en assumer l'investissement. Statue donc, mais relativement domestique.

L'acquisition d'une telle collection fait masse dans la plupart des bibliothèques et s'intègre au patrimoine familial. Mêmes les éditions les moins coûteuses sous petit format résistent à l'épreuve du temps.

Cette stabilité physique soutient une stabilité logicielle qui la légitime en retour. Car un tel investissement n'est consenti que parce qu'on espère – tout au moins pour ceux qui ne se contentent pas de l'exhiber comme signe d'appartenance – en un savoir solide, assuré, susceptible de tenir dans la durée et non de sombrer dans une obsolescence rapide. C'est pourquoi l'Encyclopédie oscille entre une clôture opérationnelle (inévitable), propre à fournir à hauteur d'homme un savoir et des éléments de réflexion où puiser une vie entière, et un processus de révision (lui-même inévitable), à hauteur cette fois de l'évolution des connaissances, des méthodes et des problématiques.

L'Encyclopédie navigue entre deux risques : sa sclérose en mausolée, en tombeau d'un savoir en voie de disparition, et le papillonnement journalistique à l'affût de toutes les nouveautés, superficielle. C'est pourquoi sa mobilité, quoique peu visible, reste néanmoins essentielle.

9.2.2. *Mobilité*

Cette mobilité s'exprime sous deux formes, externe et interne. La première s'inscrit d'abord sous l'horizon de la volonté d'actualisation manifestée par d'Alembert : non tant qu'il suppose que celle-ci puisse affecter à court terme le projet dont il s'est occupé, et dont il connaît l'inertie, au point d'ailleurs d'en abandonner la direction aux mains du seul Diderot. Cette actualisation ne peut que relever d'un travail à long terme, c'est une mission confiée à la « postérité » en quelque sorte : les promoteurs de *l'Encyclopédie* lui témoigne d'une confiance mesurée à l'aune de l'investissement tant financier qu'intellectuel ou politique consenti, à laquelle elle pourrait répondre en acceptant de reconduire l'œuvre dans sa mise à jour, à ne pas la laisser se figer dans un passé révolu, bref à en maintenir la respiration.

Un tel pari sur l'avenir est soutenu par la diffusion de l'ouvrage : plus celle-ci sera large, plus de gens auront intérêt à l'actualisation, et plus ils seront susceptibles de faire pression ou de susciter une équipe chargée de la tâche. Or, *l'Encyclopédie* n'est pas qu'une affaire d'intellectuels, elle est aussi une véritable entreprise d'édition. Celle-ci ne peut assurer sa propre rentabilité qu'à travers deux stratégies, vendre peu mais cher ou vendre moins cher mais beaucoup plus. Les éditeurs vont en fait jouer sur les deux tableaux. Et certains donc, ne vont pas hésiter à proposer une édition « petit format » *in-octavo*, un peu moins fiable, mais moins coûteuse. *L'Encyclopédie* a ainsi connu, compte tenu de sa taille et de son coût, une diffusion tout à fait remarquable, relayée notamment par un usage parfois collectif en cabinet de lecture.

La mobilité interne caractérise d'abord la modalité d'utilisation de cette concentration de savoir que constitue l'Encyclopédie. Nous savons que l'accumulation provoque un travail de comparaison tout à fait bénéfique ; d'Alembert le confirme : « L'ordre encyclopédique de nos connaissances [...] consiste à les rassembler dans le plus petit espace possible, et à placer, pour ainsi dire, le philosophe au-dessus de ce vaste labyrinthe dans un point de vue fort élevé d'où il puisse apercevoir à la fois les sciences et les arts principaux ; voir d'un coup d'œil les objets de ses spéculations, et les opérations qu'il peut faire sur ces objets ; distinguer les branches générales des connaissances humaines, les points qui les séparent ou qui les unissent ; et entrevoir même quelquefois les routes secrètes qui les rapprochent » (Discours préliminaire, 1965, p. 59-60). *Mobilité immobile que celle du point haut.* L'Encyclopédie vaut également comme instrument panoptique par sa synoptique. Elle permet à la fois le contrôle et la coordination du savoir :

– contrôle : tel savoir est-il à sa place ? Si tel n'est pas le cas, il convient de la détecter et de l'y rapatrier. La logique du classement exige en retour que chaque savoir se plie à sa discipline. Elle substitue au nœud opaque la clarté de sa construction, ou plutôt le nœud se dénoue par changement d'échelle : ce qui à hauteur d'homme relève du labyrinthe, se précise, se distingue et s'ordonne grâce à cette manière d'anti-microscope/téléscope en quoi consiste l'Encyclopédie (puisqu'elle ne grossit pas mais au contraire réduit l'objet) ;

– coordination : l'instrument permet de reconnaître des liens, des voies de passage là où semblait régner le flou d'un paysage d'icebergs ou la logique dure et exclusive de la propriété. Ainsi, on décolle du local et l'on touche au global ; les renvois d'une science l'autre travaillent à relier, à joindre, à nouer, à ponter un espace supposé irréductiblement éclaté. L'Encyclopédie en ce sens est bien un parcours, ou plutôt un ensemble de parcours potentiels.

9.2.3. *Enjeux politiques*

Le contrôle et la coordination transitent également par la valorisation d'un réseau d'experts, donc de certaines positions au détriment de leurs alternatives. Certes, les collaborateurs de l'œuvre sont nombreux et variés, mais ils ne peuvent néanmoins embrasser la diversité des idées en cours en Europe à l'époque. Ainsi, *l'Encyclopédie* tend-t-elle à développer des points de vue, qui visent souvent à défendre une thèse singulière plus qu'à présenter avec le plus de neutralité possible l'ensemble des thèses concurrentes.

Quoiqu'il en soit *l'Encyclopédie* – au-delà des privilèges implicites accordés aux uns ou aux autres – a travaillé au développement de la reconnaissance de compétences spécifiques, d'une capacité d'expertise. Tâche collective, elle n'est – malgré l'investissement personnel considérable de Diderot, ou, quoique moins cités d'un d'Holbach ou d'un de Jaucourt – pas l'œuvre d'un seul homme. Mais comment recruter l'expert ? Qu'est-ce qui le qualifie, l'authentifie dans ce rôle ? Il semble à lire la litanie des collaborateurs cités par d'Alembert, qu'elle se fonde d'abord sur la fonction : en effet, la plupart des auteurs, à quelques exceptions près comme celle de « M. Rousseau, de Genève », à qui l'on a confié l'article sur la musique à la suite de la publication de sa « dissertation sur la musique moderne », exercent des fonctions officielles au sein des grands corps de l'Etat, académies, parlement, armées, marine, conseil du roi, etc. *L'Encyclopédie* semble ainsi refléter la montée en puissance d'une expertise étatique et la légitimer en faisant appel de manière privilégiée à ses services. De manière plus générale « la grande majorité des collaborateurs [...] est issue de la bourgeoisie d'Ancien régime. Les nobles, les parlementaires, les ecclésiastiques qui se trouvent parmi eux sont là d'abord parce que l'activité sociale qu'ils ont choisie les assimile à cette bourgeoisie » (Proust, *op. cit.*, p. 36).

Pour autant, il serait exagéré de conclure qu'elle incline par là même à un conservatisme socio-politique. Certes, elle ne remet pas en question la monarchie – mais Voltaire lui-même ne s'en satisfait-il pas (B. Kriegel, 1996) ? Son influence sur la révolution française parait plutôt indirecte, en ce sens qu'elle milite plus en faveur d'une société ouverte à la circulation des idées, des hommes et des marchandises, qu'à une transformation du régime politique en tant que tel[127]. Sa présence même ouvre les esprits à la possibilité de l'acquisition d'une vaste culture, qui, par ses renvois, évite de figer le savoir en un système trop rigide, incite à décloisonner, à transgresser les barrières. Son influence se traduit peut-être plus par la sensibilisation d'un public cultivé à l'adoption d'une *posture intellectuelle* spécifique, accueillante à la nouveauté et à l'avenir, que par un réel militantisme politique. Aux yeux de Diderot le projet pédagogique qu'il porte à travers l'encyclopédie est en soi politique (et il donne ainsi peut être raison à Simondon). C'est pourquoi, il n'hésite pas à dénoncer ses adversaires, car « on dirait à les entendre qu'une histoire générale des arts ne devrait être qu'un grand manuscrit soigneusement renfermé dans la bibliothèque du monarque, et inaccessible à d'autres yeux que les siens, un livre de l'Etat et non du peuple » (cité par Proust, *op. cit.*, p. 191).

Les promoteurs de *L'Encyclopédie* étaient « convaincus de l'ignorance dans laquelle on est sur la plupart des objets de la vie » (Diderot et d'Alembert, 1965, p. 139). Aussi, ont-ils décidé de déployer un effort considérable à comprendre, décrire et réhabiliter pour tout dire, les métiers : « on s'est donné la peine d'aller dans [les] ateliers [des ouvriers], de les interroger, d'écrire sous leur dictée, de développer leurs pensées, d'en tirer les termes propres à leurs professions, d'en dresser des tables et de les définir [etc.] » (*op. cit.*, p. 138). Cette revalorisation est en soi révolutionnaire, car malgré l'enregistrement d'un patrimoine plutôt que la découverte des innovations du moment, elle traduit l'intuition considérable de la place grandissante des objets et des arts mécaniques au sein de la vie quotidienne. En ce sens, même si le contenu reste plutôt tourné vers le passé, la *posture cognitive* encore une fois est véritablement orientée vers l'avenir. Pourtant *L'Encyclopédie* ne fera pas école en la matière, elle ne parviendra pas à planter un « piton d'irréversibilité » et l'effort ne sera pas poursuivi.

Est-ce un hasard ? L'entreprise intellectuelle de *L'Encyclopédie* est aussi une réelle aventure capitaliste. Certes, ses promoteurs savent jouer avec le système de l'Ancien Régime, et enrôler – ne serait-ce que tacitement – un Malesherbes, obtenir le privilège de la publication, faire leur publicité, s'assurer d'un réseau de vente, etc., bref, accrocher l'affaire à de multiples petits pitons d'irréversibilité qui s'avéreront suffisamment fiables pour mener l'entreprise à bon port. Une entreprise qui se révéla, au total, une excellente affaire pour les libraires réunis autour de Le Breton, avec un profit d'environ deux millions de livres en 1769… alors que Diderot

127. Comme le note Proust à propos de Diderot, « il souhaitait une conversion de la politique gouvernementale au libéralisme économique, sans se rendre compte qu'une telle conversion supposait le renversement des bases mêmes de l'état [d'Ancien Régime] » (Proust, *op. cit.*, p. 221).

ne touchera en trente ans que 80 000 livres de salaire (Proust, *op. cit.*, p. 58-59). Et même lors des turbulences politiques de l'époque révolutionnaire, le roué M. Pankoucke (promoteur de l'Encyclopédie méthodique) parvient à remarquablement tirer son épingle du jeu, en définitive (Darnton, 1982, p. 531 à 548).

Voilà donc une œuvre immense, œuvre « privée », qui a néanmoins besoin des ressources d'expertise de l'Etat d'Ancien régime comme de son assentiment pour se développer et qui, ne serait-ce que par la posture intellectuelle qu'elle promeut implicitement – un savoir détaché de l'autorité ecclésiastique ou monarchique, accessible à l'honnête homme, ouvert sur le monde comme sur ses multiples liens internes – travaille sérieusement à en miner les fondements.

9.3. Conclusion

L'Encyclopédie propose un modèle dynamique du savoir : en tant que livre-bibliothèque elle intègre les qualités du traitement et de la navigation en raison classificatrice, auxquels elle ajoute une capacité spécifique à restituer le mouvement. Cette restitution s'opère bien évidemment à l'aide des outils de la raison classificatrice : le déploiement sur le fond d'un arbre-carte des connaissances, d'un réseau de renvois d'une science l'autre, l'ouverture d'un ensemble de graphes potentiels que l'intelligence peut parcourir en de multiples trajectoires organisées néanmoins par le système figuré de l'entendement. Emergence de cette quatrième dimension du mouvement, qui constitue l'essence même du savoir.

9.4. Conclusion de la troisième partie : l'unité de la raison classificatrice

On ne peut pas penser sans classer, quel que soit le critère du classement et quelque plus ou moins rationnel qu'il nous apparaisse. Or, on classe d'autant plus et mieux que l'on dispose d'outils dédiés à cette fonction. Des outils qui, surtout, font office d'intermédiaires dans le partage, l'échange collectif, qui donc « objectivent » les procédures et processus de classement en les plaçant *entre* les partenaires (aux ressources sociales néanmoins souvent dissymétriques, producteurs ou seulement utilisateurs de ces classements). Ainsi, les technologies intellectuelles assurent-elles une meilleure – c'est-à-dire plus explicite– communication, susceptible d'inviter les parties prenantes à penser plus efficacement. Penser n'est pas une activité exclusivement individuelle. L'intelligence, toujours plongée dans un réseau d'échanges, possède aussi une dimension sociale (socialisée-socialisante) (Collins, 1992). Aussi, cette activité doit-elle s'appuyer sur des instruments – objectivés à défaut d'être objectifs – chargés de circuler de l'un à l'autre et de permettre de nouer des liens. Des instruments qui relèvent à la fois de la Raison graphique et de la Raison classificatrice.

Ainsi, le livre imprimé, relativement léger et mobile, peut-il passer de mains en mains. Avec lui circule également une organisation matérielle/logicielle du texte. Par notes et bibliographie notamment le livre renvoie à d'autres livres, il s'ouvre sur le vaste réseau de ses semblables. Mais la trajectoire des livres transite souvent par cette machine qui assure leur stockage et leur constante re-distribution, cet échangeur dirait M. Serres, de la bibliothèque. Lorsqu'elle ne se réduit pas à la seule conservation, elle vise en effet à connecter un maximum de livres avec un maximum de lecteurs potentiels. A moins que l'on ne préfère fonder les liens non sur l'accumulation des livres eux-mêmes, mais sur la concentration des thèses supposées essentielles qu'ils contiennent en un seul livre-bibliothèque. Nouvel échangeur qui ne prétend plus atteindre l'universel par le rassemblement macroscopique du plus grand nombre, mais par la compression « microscopique » des connaissances.

Le livre ordonne le texte qu'il porte ; la bibliothèque ordonne un grand nombre de livres ; l'Encyclopédie ordonne des connaissances. Le livre entre dans la bibliothèque qui entre dans l'Encyclopédie, qui est un livre : spirale. Car le livre encyclopédique n'est possible qu'à la condition qu'il existe déjà une myriade de livres et des bibliothèques ; car l'Encyclopédie n'est pas seulement un livre, ni une bibliothèque. La conversion de l'un à l'autre est toujours possible : on peut dresser un livre-liste « bibliothèque ». L'Encyclopédie est déjà une manière de bibliothèque et de livre... et pourtant, cette conversion ne s'effectue pas sans perte : perte en effet que de réduire l'Encyclopédie au seul livre, parce qu'elle n'est pas seulement un *objet* mais également un *projet*[128], perte de l'étalonner à la bibliothèque, parce qu'elle est moins une collection hétéroclite organisée de l'extérieur que le déploiement (alphabétique le plus souvent) d'un tableau des connaissances et du graphe de leurs relations ; perte que de résorber la bibliothèque dans un livre, si l'on ne retient plus que des titres et non des textes intégraux, perte supérieure en tout cas à celle de la rétraction de la bibliothèque dans le cadre étroit de l'Encyclopédie. Autrement dit, ne conservez que l'Encyclopédie, vous avez le livre et comme une mémoire de la bibliothèque ; ne conservez que la bibliothèque[129] et vous avez le livre sans gagner encore l'Encyclopédie ; conservez le livre seulement (comme objet et savoir-faire de sa fabrication) : la bibliothèque et l'Encyclopédie ne sont plus, dès lors, que des promesses. Et pourtant que seraient ces deux dernières sans le premier ? Hiérarchie donc, mais à la manière de l'architecture : le toit est au-dessus des fondations, mais ne tient pas sans elles – dépendance. Hiérarchie et dépendance qui manifestent pleinement l'unité de la Raison classificatrice.

128. Même si ce dernier n'existe pas en dehors du support concret qui le porte.
129. Comme distincte de l'Encyclopédie et ne l'incluant pas.

Ce classement emboîté des textes, des livres et du savoir repose sur un document et des hyperdocuments de dimension trois. Le travail est à chaque fois « le même » : rapporter une réalité de dimension inférieure, égale ou supérieure à un « lieu » de dimension trois. Et pourtant chaque modalité exprime une richesse différente du document ou de l'hyperdocument : car rapporter une dimension inférieure produit un document moins riche que rapporter une dimension égale ou supérieure. Inversement, le travail du lieu est d'autant plus performant qu'il intègre une dimension supérieure à la sienne. Ce qui fonde entre les trois technologies intellectuelles à la fois une hiérarchie et une différence, leur unité et leur inévitable irréductibilité.

Comme la Raison graphique, nous l'avons vu, n'était pas étrangère aux Raisons classificatrice et simulatrice, la Raison classificatrice repose sur la première et s'ouvre sur la troisième : car l'Encyclopédie – malgré son support essentiellement statique jusqu'à tout récemment – introduit le mouvement. Mouvement immobile, mouvement potentiel puisqu'il est sans *moteur*. Car c'est bien avec la motorisation que s'impose pleinement le mouvement, cette quatrième dimension qu'essaie d'arraisonner la Raison simulatrice.

QUATRIÈME PARTIE

La Raison simulatrice

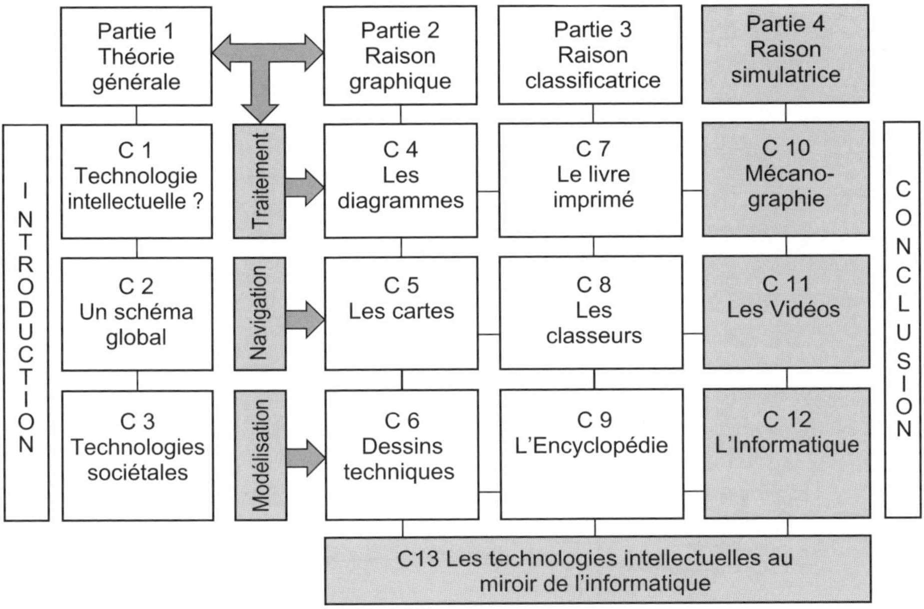

INTRODUCTION DE LA QUATRIÈME PARTIE

Les technologies intellectuelles que nous avons présentées jusqu'à présent restent relativement statiques. Certes, elles intègrent à leur manière la gestion du mouvement, mais elles ne sont pas en elles-mêmes fondamentalement dynamiques. Feuilles (2D) et lieux (3D) ne sortent pas véritablement vainqueur du combat qu'elles peuvent engager avec leur propre inertie. La gestion du mouvement requiert donc que les technologies intellectuelles accèdent elles-mêmes au mouvement, deviennent elles-mêmes mouvement. Elle exige donc qu'elles prennent la forme de *machines*. La machine, en effet, travaille, plus visiblement que les feuilles et les lieux, à une *transformation* – selon une perspective thermodynamique, à une transformation d'un type d'énergie en une autre. Le *moteur* est l'organe de cette transformation. On attribut généralement l'aptitude au travail aux seules applications énergétiques, refusant ainsi de l'employer dans le domaine de l'information – de même que l'on refuse de comprendre ses machines comme fournissant un effet moteur. Nous ne pouvons donc faire l'économie d'une réflexion susceptible de réhabiliter travail et moteur informationnels.

La tâche n'est pas simple. Heureusement pour nous, quelques philosophes nous ont précédés, qui nous serviront de guide. M. Serres propose une classification des moteurs en trois catégories : les *moteurs vectoriels*, « construits sur la différence spatiale, sur l'ensemble des différences vectorielles combinées : la position, la longueur, le sens, la direction » (Serres, 1977, p. 45), les *moteurs transformationnels* qui « utilisent non plus les forces naturelles mais la chaleur, ou plutôt la différence entre deux sources de chaleur » (Couchot, 1988, p. 83), et les *moteurs informationnels*, « qui ne produisent plus des forces [...] mais de l'information » (Couchot, 1988, p. 83). F. Dagognet va peut-être encore plus loin lorsqu'il explique que les transformations informationnelles valent effectivement pour « un authentique travail » (Dagognet). Nous pouvons donc penser les « manipulations » informationnelles, regroupements, classements, tris, etc., comme des mouvements qui modifient les représentations et possèdent une indéniable efficacité (directe – sur les représentations elles-mêmes – et indirecte – par le truchement de l'efficace propre aux représentations sur le réel), à l'instar d'une source d'énergie dont le mouvement (mécanique ou d'échange de chaleur) modifie un état d'équilibre dans un système (mécanique ou thermodynamique) que ce dernier traduit par une nouvelle énergie (de même type ou non) dont la performance affecte son environnement physique.

Les technologies intellectuelles machiniques, en tant que machines informationnelles croisent le moteur « classique » (mécanique ou thermodynamique) à un effet de moteur informationnel. Ainsi, le cinéma, qui ne peut être réduit au seul film, prend-il sa force dans la caméra (et son alter ego, le projecteur), c'est-à-dire dans un *moteur* (manuel ou électrique) régulant l'entraînement donc le mouvement du déroulement de la pellicule « support » du travail informationnel ; la photo, par le travail de la lumière sur une surface sensible, producteur de l'image, n'invente-t-elle pas (en plus du moteur mécanique) en quelque sorte un « moteur chimique » – en tout cas un automatisme chimique ? ; la mécanographie n'allie-t-elle pas l'électricité et le travail mécanique pour engendrer un véritable travail informationnel ? ; enfin, l'ordinateur n'articule-t-il pas l'énergie électrique à un subtil moteur informationnel qui enchevêtre matériel et logiciel – puisqu'il en va d'une traduction entre état physique et état informationnel ?

Ces machines, ces moteurs et ce travail permettent donc de saisir le mouvement, de le capter, de l'enregistrer, de le restituer, de le mettre au service d'une nouvelle intelligence du monde, de développer une nouvelle raison, la Raison simulatrice. Nous avons privilégié le terme de *simulatio* parce qu'il peut recouvrir sans être forcé, ni les forcer, des technologies intellectuelles que l'on ne regroupe pas habituellement ensemble. La « simulation » en effet, c'est d'abord l'« imitation », et la simulation, l'imitation d'un comportement, donc d'une dynamique, d'un mouvement. Son enveloppe est ainsi suffisamment large pour accueillir toutes les technologies de l'imitation du mouvement, qu'elles soient analogiques ou numériques, qu'elles relèvent de l'Ecriture ou de l'Image, qu'elles semblent « copier » le réel ou le projeter (voire l'augmenter du virtuel), mais également suffisamment restrictive pour exclure les technologies intellectuelles précédentes, essentiellement statiques.

Le mouvement nous amène à faire quelque peu évoluer notre plan : en effet, la mécanographie comme les vidéos (photographie/cinéma/vidéo) n'incarnent pas chacune un seul principe, mais deux, le traitement et la navigation. La différenciation s'opère donc moins sur le plan des fonctions, que sur la modalité d'inscription du document, Ecriture, sous la forme de la fiche et du codage pour la mécanographie (chapitre 10) et Image – pour les vidéos (photo, cinéma et vidéo) (chapitre 11). L'informatique (chapitre 12) réunifie la perspective, puisque sa modélisation affecte à la fois l'Ecriture et l'Image. Cependant, l'informatique n'est pas seulement peut être une technologie intellectuelle de plus, elle est aussi le support technique qui peut traduire toutes les autres et les transformer : nous devons donc ouvrir un chapitre (chapitre 13) sur ce travail et les enjeux qu'il emporte – un travail qui montre également, en creux, l'irréductibilité des technologies intellectuelles « classiques ».

CHAPITRE 10

La mécanographie, fiches et codages

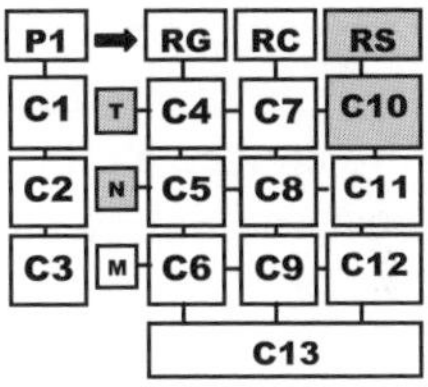

Mécanique ou électronique le principe du fichier à perforation reste le même : les données y sont converties par un code à deux termes, l'un négatif (perforation nulle) l'autre positif (perforation ouverte) et l'appareil de triage sépare les fiches suivant les questions posées pour ne livrer que celles dont la réponse est affirmative.
A. Leroi-Gourhan, *Le geste et la Parole II* (1964, p. 74)

Au contraire de la Vidéo, dont nous verrons qu'elle dédie des techniques différentes aux deux principes du Traitement et de la Navigation, la mécanographie les assume seule. Il s'agit donc d'un outil intéressant quoique méconnu. Mais il est vrai qu'il a disparu, ou plutôt s'est vu fonctionnellement absorbé/remplacé par l'informatique[130].

Cette disparition pose une question de fond : que signifie-t-elle ? Que la mécanographie n'est pas vraiment une technologie intellectuelle ? Qu'elle n'est

130. J'ai développé une théorie qui définit l'informatique comme « automatisation de la mémorisation, du traitement et de la circulation de l'information », c'est-à-dire comme une automatique de l'information qui, en tant que telle, dépasse le seul ordinateur comme support physique de concrétisation. La mécanographie, en ce sens, constitue effectivement les premiers pas de cette informatique au sens large, l'une des premières mises en forme technique de cette automatisation de la mémorisation, du traitement et de la circulation de l'information (voir Robert, 2009, chapitre 5 et ici même, la théorie du Motif, au chapitre 13). Dans ce chapitre cependant, pour des raisons liées à la pédagogie de l'exposé, nous utiliserons le terme informatique dans son sens courant (informatique = ordinateurs).

qu'une pré-technologie intellectuelle qui se serait « trompée » en quelque sorte de technique-support ? Or, nous allons montrer que la mécanographie possède toutes les qualités/propriétés d'une technologie intellectuelle. Ce qui rend plus cruciale encore son interprétation.

La mécanographie est bien souvent réduite par les historiens de l'informatique au rang de pont, de solution de continuité vouée à l'avortement entre les premières machines à calculer et l'informatique elle-même (Robert, 1995). Elle ne constitue pas en effet l'ancêtre technique direct de l'informatique. Elle est plus restée un instrument de gestion qu'un instrument scientifique – elle pêche donc en quelque sorte par un manque de noblesse dans sa reconnaissance sociale. Double déficit qui lui vaut d'être plutôt facilement disqualifiée ou oubliée. Or, la mécanographie entretient cependant un lien réel à l'informatique. Car elle correspond parfaitement à la définition de la causalité proposée par P. Roqueplo : « S'il y a causalité, c'est entre une technique donnée et les conditions d'émergence des techniques ultérieures. La causalité joue non pas sur l'émergence de cette technique ultérieure, mais sur les conditions de cette émergence». Il ne s'agit donc pas d'une causalité « mécanique », ni même d'un germe. Elle « anticipe » si l'on veut sur l'une des fonctions de l'informatique, le « traitement de l'information » et non le seul calcul : c'est bien en tant que technologie intellectuelle donc – malgré la différence des supports techniques – que la mécanographie est véritablement l'ancêtre de l'informatique. Elle fait émerger la première une aptitude intellectuelle neuve, *le traitement systématique et automatisé de l'information par le croisement des données sur de larges volumes*. Cette émergence joue non pas au niveau individuel, mais au niveau de la société en son ensemble (ou de ses macro-organisations) : ce dont il s'agit c'est bien d'*une nouvelle capacité cognitive de la société à se connaître elle-même*. Certes, le geste qui la fonde avait été embrayé par les premières statistiques générales, les premiers recensements, etc., mais la mécanographie le synthétise pleinement et le développe, le déploie avec une véritable efficacité (macro-) sociétale (ou organisationnelle). Sa vitesse introduit un véritable *effet d'émergence* des propriétés combinatoires inexplorées auparavant. Les calculateurs et les premiers ordinateurs, d'abord restreints par la guerre à des activités plutôt scientifiques, vont assez rapidement être sollicités pour réinvestir cette aptitude avec le succès que l'on sait, et en susciter de nouvelles. Les enjeux gestionnaire, économique et politique, du développement d'une telle aptitude se révèlent d'une telle importance, qu'il nous parait indispensable de « réhabiliter » quelque peu la mécanographie en lui consacrant un chapitre, alors même que son support technique est désormais obsolète.

En ce sens ce chapitre ne porte pas à proprement parler sur la « mécanographie » telle qu'elle est habituellement appréhendée, c'est-à-dire comme une technique. Ce que nous voulons souligner c'est bien l'avènement d'une nouvelle technologie intellectuelle, prise (surprise) en quelque sorte à sa naissance, à travers la première technique qui la porte, parce que son transfert informatique tend à la masquer sous sa complexité technologique. Sous « mécanographie » lisons en fait un autre mot, dont nous devons constater qu'il nous manque, qu'il nous fait défaut : infor-matique, comme automatique de l'information aurait convenu, voire informatisation. Nous avons proposé ailleurs le terme de « formatage généralisé » pour désigner cette capacité à produire et à structurer cet espace informationnel à travers lequel notre société se connaît (pour tout ou partie – ou croit/espère se connaître) et se reflète, grâce à laquelle elle s'organise et se transforme (et qui bien souvent se propose comme un impératif auquel il convient de s'adapter). Ou pourquoi ne pas reprendre ce mot inventé par P. Dreyfus – déjà père du terme informatique – dans les années 1970 : *infotecture* ?

10.1. Qu'est-ce que la mécanographie ?

10.1.1. *Régulation*

Par mécanographie nous entendons historiquement la technologie développée par H. Hollerith dans les deux dernières décennies du XIXe siècle aux Etats-Unis. Une technologie tout spécialement préparée à affronter les problèmes de gestion des volumes d'informations que posait l'obligation constitutionnelle américaine d'un recensement décennal. Un recensement constitue une opération longue et coûteuse qui permet, à la base d'établir des statistiques de populations, et singulièrement des comptages. Mais, à condition que les questionnaires d'enquête soient prévus à cet effet, il peut également offrir une information beaucoup plus riche que le seul dénombrement « brut » en quelque sorte. On peut connaître par exemple le nombre de personnes qui habitent tel ou tel quartier de telle ville. Mais on peut aussi chercher à connaître quelle est la structure démographique de cette population en la ventilant par sexe, par âge ou par type de famille (nucléaire ou non, monoparentale ou non, dotée de x ou y enfants), etc. Le premier exemple correspond au seul dénombrement, au comptage : son apport se résout essentiellement dans le chiffre qu'il annonce. Le second croise deux types de données : le volume – comme dans le premier cas – et sa structuration à l'aune d'un critère (ici démographique, mais il aurait pu être tout aussi bien financier, économique, politique ou religieux, etc.). Ce croisement est fondamental, il introduit à un véritable traitement de l'information : car dès lors les résultats obtenus font socialement sens, et pas seulement au niveau du volume, mais également de l'organisation de la société. Cette connaissance, qui allie quantitatif et qualitatif, ouvre la voie à des interprétations parfois divergentes – qui, ainsi nourrissent le débat démocratique – et à l'élaboration d'outils d'aide à la décision.

Avant l'intervention de la mécanographie d'Hollerith, les Etats-Unis en étaient réduits à effectuer essentiellement des comptages manuels, longs, fastidieux et peu efficaces. Ils étaient en effet pris dans un mouvement de quasi-ciseau : un afflux constant d'immigrés venait alimenter une croissance considérable de leur population, alors même que l'efficacité des instruments de mesure de cette augmentation restait quasiment stable. Le census bureau, qui pendant longtemps n'était censé n'exister que ponctuellement lors de l'opération de recensement, ne possédait ainsi que des images décalées du volume de la population américaine. Les machines inventées par Hollerith vont permettre de pallier à cet inconvénient et de développer une connaissance beaucoup plus qualitative, de sortir du seul dénombrement pour inaugurer une première information de gestion (sociale d'abord, puis assez rapidement entrepreneuriale).

Ces machines de traitement de l'information étaient assurées d'une régulation dès l'amont : en effet, moins encore qu'aujourd'hui dans un ordinateur, n'importe qu'elle information ne pouvait pas, *a priori*, entrer dans la machine. Cette information faisait ainsi l'objet d'une première mise en forme lors de l'établissement puis de la passation du questionnaire. Ce dernier, un support standardisé de demande et de réception de l'information, fonde une rationalisation au sens où l'entend J. Beniger : une simplification de la pléthore informationnelle (Beniger, 1986).

La carte perforée prend dès lors le relais, ou plutôt, des cartes que l'on va perforer (ou non) pour coder l'information. Si leur premier modèle (lié, nous venons de le voir, à l'objectif d'abord quantitatif du recensement) privilégie le *comptage* (qui débouche *in fine* sur un premier traitement primitif de l'information), le second s'offre d'emblée comme un véritable support de *traitement de l'information* (qui n'exclut bien évidemment pas le comptage, mais le dépasse qualitativement). Il permet ainsi de travailler avec des *informations numériques (chiffrées) et non-numériques* (*codées* – quand bien même ces dernières le sont numériquement : par exemple, la destination d'une marchandise représentée par un nombre) et de les « *croiser* ». On peut donc embrayer sur une véritable *gestion* d'hommes ou de choses.

Ces cartes, à la différence de celles qu'utilisait Jacquard (ou même Babbage), ne fonctionnent pas comme un dispositif de programmation de la machine, elles ne fixent pas les étapes de son fonctionnement, mais constituent la matière première du traitement (tris et mémorisation) (Ligonnière, 1987). Ce qui ne veut pas dire qu'il n'y ait pas d'organisation stricte de l'enchaînement des opérations, mais elle ne doit rien à un algorithme inscrit et inséré dans la machine. En revanche, il existe un séquencement précis des opérations, lié aux diverses composantes de la machine. Car il ne faut pas l'imaginer comme l'intégration de fonctions au sein d'un même bloc, mais comme une articulation entre trois sous-machines spécifiques. La perforatrice-codeuse occupait la position « centrale », entre la compteuse qui assurait les dénombrements et la trieuse qui permettait d'effectuer des tris, donc du traitement de l'information. Les deux dernières étaient reliées à la première par des dispositifs électriques. Ainsi, de la perforation au comptage ou au tri, la relation s'établissait *automatiquement*, pour autant que les connexions souhaitées aient été prévues auparavant. L'efficacité des opérations exigeait, avant même l'utilisation de la machine – et à l'instar de l'informatique – un important travail de pré-conception de la carte et des branchements des compteuses et trieuses, orienté plus en amont encore par le choix des types d'informations recherchées.

10.1.2. *Nombre*

La mécanographie naît notamment sous la pression de ce que l'on peut appeler une « démocratie du nombre ». Car il s'agit bien de concilier à la fois le principe démocratique, qui, aux Etats-Unis, emporte celui du recensement décennal, et l'exceptionnelle croissance du nombre (d'hommes, de femmes et d'enfants) qu'enregistre ce pays au XIXe siècle. Or, la statistique nous dit D. Reynié (1989), nourrit d'emblée une logique de l'individualisme démocratique : car à son aune chaque homme est reconnu en droit égal à tout autre. D'ailleurs, D. Boorstin (1986), historien américain, confirme l'adhésion et le recours massif des Etats-Unis à cette propriété, sous la forme assurantielle. Celle-ci ne permet-elle pas de manière privilégiée d'articuler l'individu et la société, le local et le global, sans pour autant sacrifier l'un pour l'autre ?

La mécanographie s'inscrit sous cet horizon du déploiement d'une connaissance statistique indispensable au développement d'une démocratie du nombre. Elle y ajoute même une capacité propre au traitement de l'information et donc de gestion ou d'aide à la décision. Lorsque le Census Bureau organise un concours afin de trouver une nouvelle méthode et/ou de nouveaux outils au service du recensement, son critère d'évaluation des performances – au-delà de l'obtention des résultats escomptés bien évidemment – se résume par ce mot-clé : *la vitesse*. En effet, le goulet d'étranglement qu'impose le nombre, ne peut être desserré qu'en jouant sur la vitesse. Or, dans cette compétition, le dispositif d'H. Hollerith s'avère singulièrement efficace : il construit en effet des *machines*, et ne se contente pas de définir une nouvelle méthode manuelle. Ce qui l'amène également à réfléchir sur les modalités du codage et à proposer une carte qui, bientôt, autorisera non seulement les dénombrements mais un véritable traitement de l'information. Il innove enfin en introduisant l'*électricité*, celle-ci permettant d'automatiser les relations entre les composantes et donc *l'accélération* des comptages et des tris.

10.1.3. *Document et dimensions*

On pourrait s'étonner de cette insertion de la mécanographie au sein des technologies intellectuelles au motif qu'elle n'engendre aucun document. Or, nos développements ont déjà largement démenti cet a priori. En effet, la *carte perforée* constitue un nouveau *document* (initialisé par Jacquard notamment et repris par Babbage), perfectionné par Hollerith dont la capacité à appréhender et à gérer l'événement se révèle tout à fait exceptionnelle. La vie d'un homme n'est-elle pas ponctuée d'événements marquants : sa naissance, d'abord, son mariage, son âge, son lieu d'habitation en un instant t ou son déménagement, ses différents emplois jusqu'à son décès, etc. ? Or, chaque case des cartes perforées Hollerith permet de coder et d'*enregistrer*, puis d'interpréter de telles informations.

L'événement, codé, est ainsi comme piégé par le filet de la carte. Celle-ci peut appréhender des événements multiples et variés, sans restriction de sujet (théorique, car elle peut être éthique). C'est en ce sens un outil « universel » d'arraisonnement des événements et donc de création de ces mêmes événements : tout ce qui sera ainsi mis en carte sera décomposé en micro-évènements, éclaté, sérié, atomisé en une poussière de particules élémentaires. Position a priori éminemment analytique, qui, par croisements, tris et comptages retrouve in fine la synthèse.

Ce document fonctionne comme un outil d'enregistrement relativement souple. Car il définit des états locaux que l'on peut combiner synchroniquement différemment selon les critères et objectifs adoptés et diachroniquement comparables – à conditions toutefois qu'ils reposent sur les mêmes conditions de construction. Il permet donc de suivre des répartitions et distributions spatiales et sociales et leurs évolutions dans le temps – donc le mouvement dans son « étendue » et sa temporalité. Qui plus est, le balancement entre décomposition et synthèse le désigne comme un excellent gestionnaire du passage du local au global, du mouvement de désagrégation-agrégation.

Ce document procède par une double conversion des dimensions et relève ainsi à la fois du principe de Traitement et de Navigation. L'empilement des questionnaires en un hyperdocument de dimension trois reste plutôt statique : leur codage est complexe et tracer des voies d'interprétation, à la verticale en quelque sorte d'une ligne ou d'une case l'autre à travers ce feuilletage, se révèle pour le moins difficile, long et douloureux. Parcours périlleux que son adaptation machinique simplifie et vivifie considérablement. Le complexe perforatrice-compteuse-trieuse fonctionne comme un outil singulièrement performant de repérage et gestion-interprétation de ces chemins « fractals » selon M. Serres, qui plongent droit à travers la masse documentaire. La machine, de dimension quatre, dynamise la compilation de dimension trois.

En rapportant le nombre et ses variations (celui de la population d'un pays par exemple) à des questionnaires puis aux cartes-documents, et enfin à des tableaux, courbes et commentaires (Latour, 1985), en nombre de plus en plus réduit, la mécanographie traduit en quelque sorte le mouvement du grand nombre par le mouvement du petit nombre. Elle trace si l'on veut une carte (au sens géographique) du macro-mouvement : elle en autorise ainsi la lecture, la compréhension et la manipulation. Il en va donc d'un changement d'échelle avec conservation des dimensions (d'ordre quatre), d'une Navigation.

Encadré 10.1. *Paul Otlet, de la raison classificatrice à la raison simulatrice*

Paul Otlet (1868-1944) peut être vu comme le théoricien de ce que la mécanographie met en œuvre concrètement, à savoir le glissement de la raison classificatrice à la raison simulatrice. Car Otlet est bien à la fois un homme de la première, puisqu'il est l'inventeur, avec Henri La Fontaine de la classification décimale universelle. Il a également crée l'Institut international de bibliographie, le Répertoire bibliographique universel, plusieurs musées à vocation pédagogique et une encyclopédie permanente composée de dossiers actualisables. Mais c'est également un homme de la raison simulatrice par ses visions de l'avenir et sa fibre technologique.

Otlet pense que son époque (la fin du XIXe siècle et le début du XXe siècle) est déjà celle sinon de la fin du moins du dépassement du livre. Il raisonne en termes de documentation (une notion neuve) et non plus de bibliothèque. C'est pourquoi il valorise plus l'article (et donc le périodique) que le livre. Comme le souligne S. Fayet-Scribe, « l'essentiel devient l'unité de sens que l'on peut mettre en fiche et indexer grâce à la CDU » (Fayet, 2000, p. 100). Son encyclopédie ne s'inscrit plus dans de lourds volumes livresques, mais s'articule entièrement autour de dossiers documentaires – qui ont largement recours aux tableaux de synthèse et aux schémas (et multiplient ainsi les technologies intellectuelles mobilisées et réarticulées). Il est l'homme de la fiche : « l'emploi de la fiche mobile au format normalisé est une véritable innovation qui permet de réaliser un catalogue ou une bibliographie sous forme de répertoires de fiches » (Fayet, 2000, p. 77). Otlet va même jusqu'à écrire que « de même que le livre (feuillets pliés et ligaturés) a remplacé le *volumen* (simple rouleau de papier), de même la fiche remplacera le livre » (cité par Fayet, 2000, p. 97).

Cette logique de la fiche va rencontrer celle de la mécanographie et va lui permettre de proposer une vision d'une nouvelle forme du livre proprement révolutionnaire et somme toute très proche de ce que l'on a appelé ultérieurement un hypertexte. La mécanographie devient ainsi en quelque sorte l'avenir du livre, car il s'agit bien de rechercher « une forme du livre plus adéquate aux enregistrements de la pensée scientifique » (cité par Fayet-Scribe, *op. cit.*, p. 101). En effet, « les machines à statistiques, sans intervention humaine, sélectionnent et comptent par heures des milliers de fiches individuelles. Une adaptation du premier type de ces machines répond très heureusement au *desideratum* d'un livre à consultation mécanique. Si bien qu'en sa structure même, commandée par la fonction d'enregistrement intégral et permanent, voilà le livre – car c'est encore un livre – abandonnant sa disposition traditionnelle en texte linéaire disposé sur un plan unique, et transformé en quelque sorte en un corps à plusieurs dimensions, à autant de dimensions que d'entrée différentes et permettant de faire servir à des recherches différentes les mêmes éléments graphiques consignés sur fiches » (cité par Fayet-Scribe, *op. cit.*, p. 101). Ce texte d'Otlet, qui mérite cette longue citation, date en effet de 1911 – il reviendra sur ce projet de manière plus technique en 1934 dans le *Traité de documentation*. Ne montre-t-il pas à merveille l'idée même d'un glissement de la raison classificatrice à la raison simulatrice[131] : conservant l'enregistrement (qui est, rappelons-le au cœur de notre définition des technologies intellectuelles), cette nouvelle technologie ne permet-elle pas de travailler sur un grand nombre de dimensions (exactement comme le permettra effectivement l'informatique) en réutilisant les mêmes briques ?

10.2. Mécanographie et politique

10.2.1. *Stabilité et mobilité*

Pour ingénieuses qu'elles soient les machines Hollerith ne se composent que de matériaux et de propriétés déjà connues. L'innovation vient de leur articulation, de leurs relations, de leur intégration au sein d'un ensemble fonctionnellement cohérent quoiqu'éclaté entre différents appareils complémentaires[132]. Bois, métaux, carton, mercure, électricité : les éléments restent relativement communs, simples et fiables. L'avance technologique d'Hollerith ne tient pas à sa découverte de nouvelles propriétés de tel ou tel matériau et de leur application à un problème concret spécifique, mais à la *machinisation* et à l'*automatisation* d'un processus jusque là manuel.

Peu neuve dans sa matérialité – elle peut-être assez facilement imitée en définitive, à sa protection juridique près – la machine d'Hollerith l'est beaucoup plus dans sa signification : elle introduit pour la première fois *au traitement automatisé de l'information* – et non le seul calcul –, ainsi que la recherche d'un maximum de

131. Un demi-siècle plus tard, A. Leroi-Gourhan ira dans le même sens en soulignant que « le livre brut est comparable à l'outil manuel ; si perfectionné soit-il, il requiert une participation technique complète de la part du lecteur. Le fichier simple répond déjà à une machine manuelle puisqu'une partie des opérations est transformée et contenue à l'état virtuel dans les fiches qu'il suffit d'animer. Les fiches perforées représentent une étape supplémentaire, comparable à celle des premières machines automatiques » (Leroi-Gourhan, 1964, T2, p. 73).
132. En ce sens, la mécanographie est peu concrète – au sens de Simondon (1989), c'est-à-dire techniquement intégrée et synthétique – beaucoup moins que l'informatique actuelle en tout cas.

vitesse dans ce traitement. Sa machine, stable, gère le mouvement, la mobilité, par l'intervention de deux innovations : la *carte* porteuse du codage et *l'électricité* accélératrice des relations. L'une et l'autre jouent la légèreté : celle du document et de l'inscription, et celle de la « causalité » – qui n'est plus seulement mécanique, et gagne en vitesse ce qu'elle perd en frottements.

L'alliance de cette double légèreté nourrit (ou absorbe, suivant les cas) un accroissement considérable des volumes d'information. L'accumulation statistique trouve dans le dénouement de sa crise de surcharge une stimulation et un alibi à son propre développement. La mécanographie débloque la dynamique du cycle accumulation-mobilité : elle réintroduit la seconde, au bénéfice de la première. Beaucoup entrait dans la boîte noire statistique et peu, trop peu et trop lentement en ressortait. La mécanographie débouche ce goulet d'étranglement et permet de relancer la chaîne aval : les traitements opérés sur les cartes perforées codées viennent eux-mêmes s'inscrire sur des documents 2D (tableaux, courbes, etc.) qui circulent désormais beaucoup plus vite et mieux.

En débloquant le problème quantitatif, la mécanographie ouvre la possibilité à la diversification qualitative des questions traitées... qui elle-même alimente la croissance en volume. On attend ici le verdict du traitement et le chiffre qui, suppose-t-on, est censé trancher. Aussi on tend à exiger de la machine mécanographique qu'elle dise de plus en plus de choses sur un nombre toujours croissant de sujets... dans un nombre toujours plus important de pays. Car dès le tournant du siècle, les machines Hollerith s'exportent hors des Etats-Unis et notamment en Russie : les machines, décomposables, supportent plutôt bien le voyage, à l'aller comme au retour, puisqu'elles font l'objet de contrats de location et qu'elles servent aussi bien aux recensements russes qu'américains.

10.2.2. *Contrôle et coordination, réversibilité et irréversibilité*

Les machines Hollerith sont d'abord employées au développement d'une connaissance de la société par elle-même. Elles offrent la possibilité de travailler à des échelles variables et sur des questions elles-mêmes également multiples. Cette acquisition de connaissances, toujours plus volumineuse et précise ne peut-être comprise qu'à l'aune de la question de philosophie politique (voire anthropologique) qui en sous-tend l'expansion. En effet, son déploiement intervient dans le cadre de sociétés qui travaillent à imposer un régime politique (et même sociétal) d'essence démocratique. La fondation d'une telle société ne s'articule plus (seulement) à la transcendance divine traditionnelle. Elle doit puiser en elle-même sa connaissance d'elle-même, et pour se faire se mettre en quelque sorte à distance d'elle-même : ce à quoi participent la construction des savoirs sociologique ou statistique.

La mécanographie signifie la première tentative réussie de machinisation et d'automatisation de production de ce savoir.

Nos sociétés démocratiques sont en quelque sorte vouées à suivre une ligne de crête étroite entre deux vides mortels pour elles : une méconnaissance totale d'elle-même, qui, en l'absence du surplomb d'une transcendance divine susceptible de donner le sens, les conduit à un déficit crucial de fondation ; un désir de transparence poussé à l'extrême qui se manifeste par un contrôle social de tous les instants sous l'impulsion d'une machinerie sophistiquée de technologies de l'information et de la communication. Les effets de la mécanographie, poursuivis et amplifiés par l'informatique, permettent d'éviter la première situation, mais risquent de glisser vers la seconde. La mécanographie embraye en effet un vaste mouvement de contrôle gestionnaire qui n'en finit pas de déployer son efficacité.

Ce mouvement n'affecte bien évidemment pas le seul niveau macro-sociétal, ne serait-ce que parce que ce dernier s'appuie sur ses relais micro-sociétaux et singulièrement organisationnels. Car la mécanographie va rapidement s'imposer d'une part dans les administrations et d'autre part dans les plus grandes entreprises privées américaines. Celles-ci ont recours à ses services, soit parce qu'elles atteignent dès la fin du XIXe siècle un tel niveau de complexité (chemin de fer, trusts, etc.) qu'elles ne peuvent plus assurer leur gestion sans l'automatiser, soit parce que le métier nouveau sur lequel elles assoient leur expansion exige une consommation toujours accrue de données : c'est notamment le cas de l'assurance. Enfin, la première guerre mondiale va donner un sérieux coup de fouet aux développements de la mécanographie gestionnaire, dans un vaste mouvement œcuménique, intégrant aussi bien gestion des hommes que des choses (Beniger, 1986).

Les documents élaborés à partir des traitements mécanographiques vont également susciter de nouvelles coordinations : le contrôle, s'il peut parfois s'involuer en lui-même, ouvre également la possibilité de transformer les coordinations existantes ou de les accélérer (sans préjuger pour autant de leur effet final, innovateur ou conservateur). Ainsi, le développement des contrôles gestionnaires a-t-il permis d'améliorer la coordination des réseaux ferrés (Chandler, 1988).

Si les matériaux convoqués par Hollerith pour construire sa machine n'ont rien que de commun, son matériel lui, dont l'architecture et les procédés sont couverts par brevets, offrent autant de résistances à ses éventuels concurrents. James Power, soutenu par un Census Bureau qui voulait acquérir son autonomie face à son unique fournisseur, y parvint presque en jouant notamment sur les points faibles des machines Hollerith. Il réussit ainsi à fabriquer des perforatrices et des tabulatrices plus efficaces que celles d'Hollerith, mais échoua à élaborer un modèle de trieuse original. Or, la mécanographie fonctionne sur un effet de système entre ces trois fonctions : en ôtez-en une et le dispositif n'a plus aucun intérêt. La concurrence ne peut s'imposer qu'à condition de proposer un système complet – à moins de ne pas jouer le jeu légal du brevet – sinon Hollerith refusera de fournir le chaînon manquant. La présence même des machines Hollerith et leur verrouillage des trois fonctions fixent donc de sérieux « pitons » qui rendent la réversibilité très coûteuse : Powers ne pouvait rien sans le soutien du Census Bureau... et réciproquement, ce dernier était impuissant sans le génie de Powers (lequel disparut prématurément et quelque peu mystérieusement). Et même leur alliance ne parvint pas à gagner la mise : ils furent contraints à copier les trieuses Hollerith, ce qui suscita un long et difficile procès.

La vitesse fournie par l'électricité et la souplesse du codage par cartes perforées jouent, dès le concours organisé par Le Census Bureau pour le recensement de 1890, en faveur d'Hollerith : ces deux alliés précieux font la différence et plantent un premier piton d'irréversibilité. Tout concurrent doit montrer qu'il peut aller aussi vite en conservant des propriétés (la réutilisation des lots de cartes pour différents tris par exemple) et une fiabilité au moins égales.

La diffusion de la machine desserre la crise de surcharge d'un côté et relance la croissance du volume d'informations produites : ainsi la machine assure-t-elle la reconduction et même l'amplification des conditions sollicitant son besoin et son développement. Mécanisme d'auto-entretien en quelque sorte, qui produit de réels effets d'irréversibilité : car dès lors la réversibilité ne met pas seulement en question le producteur de machines, mais également ses utilisateurs. Or, ceux-ci vont recourir de plus en plus souvent à une technologie qui leur offre des connaissances rapides, précises, relativement fiables, aux sorties mobiles sur cartes, bientôt traduites sur feuilles en tableaux et courbes, bref un outillage fort utile dans le cadre de négociations, lorsqu'il s'agit de renforcer une position ou d'affaiblir celle de l'adversaire – celui-ci peut-il en effet discuter à armes égales s'il ne possède pas un tel arsenal ?

Enfin, au niveau de la géopolitique mondiale, les machines Hollerith sont une des premières technologies *high tech* exportée par les Etats-Unis (avec le téléphone) : les technologies de l'information et de la communication vont depuis lors constamment jouer le rôle de producteurs et de vecteurs de *distinction* (jusqu'aux satellites, téléphones mobiles et micros, en passant par la radio et la TV). Ils servent à *marquer* l'avènement, puis la confirmation d'une grande puissance. D'abord par l'exhibition d'une technologie de pointe (souvent mais pas toujours) supérieure à celle de la concurrence, ensuite en élaborant un discours, une représentation laudative des Etats-Unis grâce à cette même technologie[133] : la mécanographie montre ainsi la croissance du poids démographique et économique des Etats-Unis au XIXe siècle, un poids qui compte lors des négociations internationales. Un discours bientôt repris et amplifié par les instruments de la communication de masse, eux-mêmes détenus par les Etats-Unis. Lorsque l'autre ne vous, ni ne se pense plus à partir de ses propres catégories, mais à l'aide de celles que vous lui avez imposées – alors que l'inverse n'est pas toujours vrai, loin de là ! – vous disposez d'une machine à produire de l'asymétrie, à planter des pitons d'irréversibilité singulièrement efficace. Ce qui ne veut pas dire que rien ne peut l'ébranler pour autant, mais force est de constater que c'est l'URSS qui a « craqué » face au coût que lui imposait la concurrence américaine (notamment militaire) et non l'inverse.

10.3. Conclusion

Considérons donc la mécanographie comme la première *motorisation* du traitement de l'information. Certes, son accès reste limité, son utilisation requiert des compétences spécifiques – quoique des traductions sous forme de diagrammes permettent d'obtenir des résultats synthétiques sous forme lisible nous l'avons vu. C'est pourquoi elle ne pénétrera jamais le domicile de monsieur-tout-le-monde et se cantonnera aux grandes organisations (étatiques, para-étatiques ou entrepreneuriales). En ce sens, son impact politique demeure lié à une gestion macro-sociétale par l'intermédiaire d'organisations lourdes (du type de la sécurité sociale). Outil de gestion des nouvelles macro-démocraties du nombre en pleine croissance, en plein mouvement – mais également du régime nazi (Black, 2001). Première technologie intellectuelle d'arraisonnement de leurs vastes fluctuations, de leur instabilité sociale constitutive par cette simulation régulée qu'emporte la machine automatisée.

---

133. C'est ainsi que la revue *Scientific American*, offre la couverture entière de son numéro d'août 1890 à la présentation en images des machines Hollerith utilisées par le Census bureau (Beniger, 1986, p. 414-415).

CHAPITRE 11

Les Vidéos

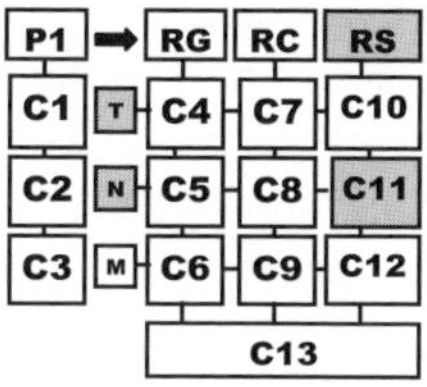

Cette innovation d'une vision sans regard est l'héritière directe de l'histoire de la ligne de visée. L'acte de viser est effectivement une géométrisation du regard, une manière d'aligner techniquement la perception oculaire sur un axe imaginaire, une ligne idéale que l'on appelait autrefois, ligne de foi.

Paul Virilio, *Guerre et cinéma* (1991, p. III)

On ne s'étonne pas que le cinématographe se soit vu, dès sa naissance, radicalement détourné de ses fins apparentes, techniques ou scientifiques, pour être happé par le spectacle et devenir le cinéma.

Edgar Morin, *Le cinéma* (1956, p. 15)

La mécanographie relève profondément de l'Ecriture, même si celle-ci est réduite à la simple forme du codage – qui limite l'ambiguïté connotative de la langue et permet par là-même une vertigineuse croissance de la vitesse du traitement. Les Vidéos, elles, participent bien évidemment de l'autre modalité d'inscription, l'Image. La Raison simulatrice puise en effet aux deux registres, et nous aurons l'occasion d'y revenir, les croise et les hybride avec le développement actuel de l'informatique et du numérique.

Vidéos (avec une majuscule), le pluriel s'impose parce qu'il s'agit de regrouper trois technologies qui produisent toutes de l'Image, mais sur des bases techniques sensiblement différentes, photographie, cinéma et vidéo (avec un petit « v »). Cette dernière catégorie est entendue ici au sens large, comme capture des images-mouvement du quotidien, familial, professionnel ou public (vidéo-surveillance), quel que soit le support, analogique (film ou techniques télévisuelles[134]) ou aujourd'hui numérique. Nous distinguons cette vidéo (avec une minuscule) qui produit un document enregistré, de la télévision dont le système médiatique de production/émission/réception engendre essentiellement du flux (global, même si sa gestion « locale » exige parfois de recourir à l'enregistrement)[135]. La vidéo (document) et plus globalement les Vidéos possèdent, nous aurons l'occasion d'y revenir, un indéniable *potentiel* de technologie intellectuelle ; ce qui n'est pas le cas, jusqu'à présent, de la télévision-flux[136].

La photographie renvoie au principe du Traitement, alors que le cinéma et la vidéo s'inscrivent sous l'horizon de la Navigation. Pour autant, elles gagnent nous semble-t-il à leur rassemblement sous l'étiquette globale de « Vidéos » : celle-ci met en relief, en effet, les proximités et estompe le montage de certaines différences techniques comme radicales. Ces Vidéos témoignent toutes trois du développement d'une Raison simulatrice dont l'image « imite » et, nous le verrons, construit et manipule le « réel ».

Elles partagent toutes, à la base, le support analogique de la bande magnétique/film : pellicules photo et cinématographique, bandes des magnétoscope/phone (qui s'étend même aux bandes informatiques). Elles requièrent toutes une machine de restitution, projecteur, magnétoscope/phone. Ce sont des moteurs, qui impliquent donc le mouvement (4D) et la bande elle-même (2D) s'étire considérablement en longueur et s'embobine autour d'un axe (3D) pour limiter le volume de stockage. Le support accueille l'image et, ce qui est nouveau à l'aune des technologies intellectuelles, du son.

Même si ces technologies travaillent à enregistrer ce « réel » au plus près de lui-même, c'est-à-dire sans le détour de la représentation, sans la distance spatiale et temporelle d'un savoir-faire encore essentiellement manuel déployé dans la longue durée, elles y introduisent leur propre biais, elles le soumettent à leur propre régulation, elles ne le restituent pas tel quel. Il en va en effet d'une médiation-production assurée par des machines. Car ce qui nous intéresse ici, ce ne sont pas seulement les images obtenues in fine, mais également les moyens de leur fabrication. La photographie, ici, c'est moins l'image photographique que le travail de l'appareil ; le cinéma, c'est moins l'image projetée que l'activité de la caméra, du montage et de la projection ; la vidéo, c'est moins l'image restituée par la projection ou le récepteur TV qu'une certaine traque effectuée par l'« œil » de la caméra, relayé par la logistique de l'émission/réception. Il convient donc d'abord de penser en termes de dispositif de

134. Qu'il convient de soigneusement distinguer de la télévision comme système médiatique.

135. On peut tout aussi bien dire d'ailleurs que c'est parce qu'elle est flux que la télévision ne peut exister que dans et par le système de captation-transmission-restitution, c'est-à-dire son système logistique.

136. Alors même que l'avènement d'une télévision-internet en vient à brouiller quelque peu le jeu, car dès lors le flux n'exclut plus forcément le document (voir les chapitres 12 et 13).

capture du réel, associé à son dispositif de diffusion et de restitution et seulement en dernière position au produit fini livré, l'image (qui, document, reste donc fondamentale). Des machines (et des systèmes) qui arraisonnent, chacune à sa manière, le mouvement, ce que nous avons appelé la quatrième dimension.

Le cinéma notamment est trop facilement rapporté par certains à la seule catégorie de l'« art », ce qui est moins vrai pour la photo et moins encore pour la vidéo. Notre objectif ne vise bien évidemment pas à nier la possibilité d'émergence de cette dimension artistique, mais à la relativiser. Parce que le cinéma est également bien autre chose qu'un art, et la tentative de résorption de sa reconnaissance sociale dans cette seule catégorie pose en fait question : provient-elle d'un déficit de régulation ? Quelle est la fonction socio-politique de ce formalisme ? Car le cinéma distrait, ce que tout le monde sait d'expérience – et non par le truchement d'un discours d'« experts » (les critiques) –, il peut faire réfléchir (ce que les critiques préfèrent) et il informe – c'est-à-dire renseigne – ce que l'on cache généralement.

La pratique domestique de la photo – même disqualifiée par les critiques producteurs de la notion d'« art » – exerce une formidable résistance à son assimilation à cette catégorie (Bourdieu, 1965). Elle en vient même à masquer l'existence d'une forte activité scientifique de la photographie, dont elle alimente le formalisme. Enfin, le récepteur télévisé (trop souvent assimilé au système médiatique de la télévision et sa diffusion d'émissions de distraction) tend à cacher la fonction de gestion de processus (machiniques et/ou humains) de la vidéo. C'est pourtant cette dernière qui manifeste le plus clairement sa fonction de gestion du nombre, avec l'émergence – à la conscience sociale – de la vidéo-surveillance. Il convient donc de réhabiliter les fonctions proprement *politiques* que jouent ces trois technologies dans le cadre de notre démocratie comme dans son institution.

Encadré 11.1. *Le Disque constitue-t-il une technologie intellectuelle ?*

Par Disque (avec une majuscule) nous entendons les différentes techniques de captation du son, du cylindre au CD en passant par les différents types de disques vinyles. Car, quelle que soit la technique utilisées, toutes s'affrontent au même problème : celui de la linéarité intrinsèque du son. Le son capté et enregistré doit ensuite être restitué, et ne peut l'être, à nos oreilles en tout cas, que sous une forme linéaire. Même la musique qui se veut, dans sa performance, la moins linéaire, reste piégée par celle-ci dès qu'elle est enregistrée. Le son est prisonnier de la linéarité, notre rapport au son également et celui de nos instruments d'enregistrement tout autant. Sauf à transcrire le son sur un mode graphique, où l'on gagne en degrés de liberté – avec la surface de la feuille et l'empilement des feuilles –, mais à y perdre le son lui-même. On ne pouvait jusqu'à présent avoir les deux à la fois : c'est peut être là que réside la révolution numérique, qui permet de réarticuler notation et son et même de traduire visuellement le son.

C'est bien ce blocage sur/par la linéarité qui empêche de définir les techniques audio comme des technologies intellectuelles. Reprenons chaque critère de définition des technologies intellectuelles.

Un Disque s'appuie-t-il sur une opération de conversion des dimensions ? Non, puisqu'il doit, d'une manière ou d'une autre, conserver la linéarité. Il ne correspond pas au principe de Traitement, puisqu'on ne passe pas d'une dimension inférieure à une dimension supérieure : la 2D du Disque ne dégage pas un espace de traitement, mais un simple espace de stockage, lui-même linéaire, qui requiert une restitution elle-même linéaire. Il ne renvoie pas non plus au principe de Navigation, puisqu'il n'y a pas variation d'échelle. Car avec l'analogique les « grandeurs » (longueur, intensité, etc.) du son reste les mêmes, et même la compression numérique repose sur une suppression de redondance (qui n'est pas assimilable à une variation d'échelle). Il ne s'agit pas non plus d'une Modélisation, puisqu'il n'en va pas du passage d'une dimension supérieure à une dimension inférieure : l'analogique épouse les variations du signal et le numérique pratique le codage[137].

C'est d'ailleurs cette soumission au principe de linéarité qui limite considérablement le potentiel de régulation. Tout au plus peut-on découper des espaces sonores successifs ou juxtaposés, eux-mêmes souvent insécables aujourd'hui encore avec nos machines numériques. Certes, on est passé d'une technique analogique, absolument dépendante de la linéarité à des technologies qui autorisent un accès séquentiel, mais le gain reste somme toute des plus faibles en termes de régulation à la restitution. C'est plutôt en amont que l'on gagne, car avec le numérique le son peut faire l'objet d'une intervention et d'un montage des plus précis, mais qui conserve ou retrouve toujours la linéarité.

Le disque constitue néanmoins un incontestable outil d'enregistrement de l'évènement musical (car il en va toujours d'une performance, même électronique, même privée, même considérablement retouchée).

Il permet également une véritable gestion du grand nombre, que ce soit à travers son industrie ou sa remise en cause par Internet aujourd'hui (nous y reviendrons au chapitre 13).

Au total, malgré son irrécusable capacité d'enregistrement – elle-même cristallisation de la linéarité, et de gestion du grand nombre, le disque, parce qu'il ne peut se déprendre de la linéarité ne participe pas de l'opération de conversion (la plus fondamentale à nos yeux) et reste fondamentalement déficitaire en matière de régulation. Il ne peut donc faire partie, en l'état actuel des choses, des technologies intellectuelles.

137. Et s'il y a modélisation grâce au numérique, ce n'est que de manière indirecte, par une traduction graphique du son, qui, dès lors, le donne à voir autant qu'à entendre.

11.1. Les Vidéos, des technologies intellectuelles potentielles ?

11.1.1. *Un déficit de régulation ?*

Une carte (géographique) est régulée par des écritures qui définissent sa légende, qui s'inscrivent sur sa surface comme les symboles ou les toponymes ou par une géométrie qui en structure le fond. Les Vidéos ne peuvent prétendre à une telle intervention : certes, un film repose sur un scénario et un script mais ceux-ci restent en quelque sorte indépendants du film, ils le sous-tendent mais ne viennent pas scarifier la pellicule ; tout au plus le film est-il encadré par un générique qui le rapporte aux équipes chargées de son élaboration et de sa fabrication : il régule moins le film lui-même que sa relation à ceux qui l'ont engendré ou celle qu'ils entretiennent avec le spectateur. Régulation écrite minimale qui assure de manière assez lâche la structure de l'intrigue, de l'argument, et de façon un peu plus serrée son identification sociale.

Autrement dit, le mot ne s'inscrit pas dans le processus machinique cinématographique lui-même, il l'accompagne seulement (au muet près). Il en va de même pour la vidéo. Et la photographie peut, elle, plus facilement encore se passer totalement d'écriture. L'essentiel de la régulation s'effectue donc par d'autres moyens.

Par le *cadrage et l'angle de prise de vue* d'abord, qui définissent si l'on veut la fenêtre à travers laquelle le « réel » est capté, la délimitation – fixe pour la photo, dynamique pour les deux autres – de ce qui est reçu, donc recevable comme enregistrable. Car ces appareils sélectionnent inévitablement des portions de ce « réel » qu'ils participent par là même à définir comme tel : c'est bien lui, en effet, qui oscille entre le statut d'image potentielle ou de non-image, renvoyé à rien d'autre qu'à lui-même. Puissance du cadre à travers lequel advient le réel et faiblesse de la régulation puisque ce découpage reste totalement, inévitablement – et heureusement – arbitraire, ou plutôt subordonné à l'arbitraire d'une norme sociale supposée définir un « bon » goût ici et maintenant (Bourdieu, 1965). Le cadre structure moins le réel, qu'il ne le mutile par son objectivation (qui ne préjuge bien évidemment pas d'une quelconque objectivité).

La *mise au point* permet d'obtenir une image plus ou moins ressemblante au réel tel que perçu par notre système de vision – sauf à vouloir produire un flou supposé « artistique ». Il s'agit plus d'assurer une conformité que d'organiser.

Les *changements d'échelle* permettent, en revanche, de définir l'objet censément pertinent ou tout au moins remarquable : ils ajoutent une véritable précision au seul cadrage, ils en raffinent le principe en le rapportant à la recherche d'un objectif ou en suscitant la découverte d'un objet intéressant[138].

La *motorisation et/ou l'automatisation* dans la prise de vue font transiter la régulation globale par une *régulation interne aux machines*. Celles-ci en effet possèdent un certain niveau de *concrétude* (au sens de Simondon, 1989) qui, sans être donné d'emblée, marque bientôt un seuil de maturité. Il en va d'une co-présence de la machine à elle-même lisible dans l'efficacité de ses enchaînements, de ses effets de système : bref, « ça » marche et la machine tend à se replier sur elle-même, à devenir une boîte noire. L'utilisateur maîtrise les entrées, les sorties mais pas l'entre-deux du processus. Transparence disent les ingénieurs : la machine ne fait pas ou plus obstacle à l'objectif qui lui est fixé, elle est une bonne conductrice de ce processus. Ce rôle de médiateur, la machine l'assure grâce à une régulation interne qui tient à sa cohérence – ce qui ne signifie pas une quelconque perfection, puisqu'elle dépend toujours des conditions matérielles de sa construction à une époque donnée –, comme à une maîtrise de ses mouvements internes, mécanique/chimique (cinéma/photo) ou mécanique/magnétique (vidéo), voire électronique/numérique aujourd'hui (cinéma/photo/vidéo).

Cinéma et vidéo prolongent la régulation en amont et en aval de la seule prise de vue, alors que la photo tend à se résorber essentiellement dans ce seul instant. En amont, le film (quel que soit le support) demande le plus souvent un minimum de préparation, *scénario et mise en scène* notamment – quoique certains films-reportages visent à réduire au minimum une telle phase ; inversement, remarquons que même un film à vocation scientifique réclame une pré-construction, il n'est pas simple copie du réel. En aval, le film exige toujours un *montage* – à moins qu'il y ait coïncidence (rare) entre scénario, prise de vue et montage. Ce qui est tourné excède ce qui sera montré, d'où un travail de régulation important dans le choix de ce qui est retenu et de sa composition temporelle. Un peu plus en aval encore le film fait l'objet d'une *projection* dont les conditions influes sensiblement sur la réception, voire participent entièrement à la construction de l'effet escompté (à l'exemple des salles équipées en 3D).

Certes, la photo peut être travaillée, retouchée, puis exposée et les conditions domestiques de sa réception ne jouent pas moins, mais elles s'exercent le plus souvent sans mobiliser une logistique aussi lourde.

L'ensemble de ces dispositifs de régulation fonctionnent avec une certaine efficacité – sinon nos trois technologies ne connaîtraient pas le succès qu'elles rencontrent –, mais elle reste néanmoins en retrait de celle que développent les

---

138. La profondeur de champ permet, quant à elle « d'obtenir des images aussi nettes au premier plan qu'à l'arrière plan » (Joly, 1993, p. 83).

technologies intellectuelles reposant sur l'écriture. La globalité même de l'image, qui en fait toute la force, introduit cependant *une défaillance dans la précision de la régulation*[139]. Celle-ci, en effet, demeure l'apanage des écritures, systèmes de codage discrets[140]. C'est pourquoi il est relativement facile de détourner ces technologies intellectuelles d'un travail de gestion au profit d'une activité supposée distractive. Pourtant, les choses ne sont pas si simples : d'une part, parce que, malgré l'impact et la reconnaissance sociale globale de ces technologies dans les domaines artistique, distractif ou domestique, elles ont été néanmoins largement utilisées pour satisfaire des objectifs soit « gestionnaires » (civils ou militaires), soit scientifiques. Et d'autre part, parce que même les usages apparemment les plus « légers » peuvent également être interprétés comme participant à une gestion politique de nos démocraties du nombre. Nous aurons l'occasion d'y revenir.

11.1.2. *La gestion du nombre*

Ces techniques ouvrent l'espace d'une double gestion du nombre, lors de la prise de vue, et lors de l'exhibition.

Photographie, cinéma ou vidéo, il s'agit toujours de saisir le mouvement et donc le temps. Or, le mouvement s'offre dans sa multiplicité, sa vivacité, dans sa version propre du nombre et de la complexité. Le nombre, c'est donc cette dynamique du mouvement : la photo le capte en le retenant, multipliez la et vous obtenez une suite de moments du mouvement, sa décomposition quasiment analytique à laquelle travaillent dans une optique à vocation scientifique un E.-J. Marey, un J. Janssen ou un E. Muybridge au XIXe siècle. La photo n'arrête le mouvement qu'en faisant intervenir la vitesse de l'obturateur. La très grande vitesse autorise ainsi la vue précise de ce qui à nos yeux n'est que fondu dans le mouvement. Ce dernier n'est plus seulement un tout, il peut-être disséqué, découpé, et l'objet d'un nouveau savoir. Le cinéma comme la vidéo ouvrent la possibilité de suivre le mouvement, de comprendre le mouvement dans son extension même. Mais un mouvement décalé, objectivé par l'enregistrement et la projection, à la fois si vrai et pourtant visible comme jamais. Car c'est bien de cela qu'il s'agit, le mouvement acquiert une nouvelle *visibilité*, lui qui restait enfoui dans les gestes de la vie (pensons aux premières projections cinématographiques, essentiellement axée sur l'expression du mouvement, mais aussi aux films scientifiques qui montrent des maturations, des développements accélérés ou des ralentissements).

---

139. Sauf, nous l'avons vu avec le dessin technique, à la décomposer en différentes vues.

140. D'ailleurs, les images posent un considérable problème d'indexation, qui n'est que partiellement résolu par leur description écrite, leur traduction en mots et codes.

La motorisation, l'automatisation, la vitesse participent à l'invention d'un nouveau mouvement, connaissable, visible, mais aussi fascinant : le mouvement, fixé, devient soudain étrange et embraye sur une esthétique de sa glorification (pensons aux Futuristes par exemples). Cependant, le mouvement redoublé par la caméra, pour partie maîtrisé par la distance de la projection, *augmente le mouvement du monde* et tend ainsi à l'accélérer.

Mais le nombre, ce n'est pas seulement celui du mouvement, c'est également celui des hommes qui reçoivent les images engendrées par ces machines. Réception d'emblée collective pour le *cinématographe* des frères Lumière. En ce sens, les Vidéos rejoignent les mass média (radio/TV). Il n'est que de réintroduire la télévision (comme système médiatique) pour s'en convaincre. Elle concourra d'ailleurs à son succès par l'ampleur de l'image et la contagion des réactions, à la différence du Kinétoscope d'Edison d'usage strictement individuel. Réception mixte de la télévision, à la fois locale, familiale ou individuelle, et globale, parce qu'il y a toujours plusieurs milliers ou centaines de milliers de familles ou d'individus qui regardent simultanément une même émission. Réception du nombre éclaté en familles ou en groupes d'affinités électives de la photo : distribution du grand nombre en une myriade d'occurrences locales, de petits nombres qui tous s'investissent dans la « même » pratique. Avec la multiplication des salles de cinéma, des récepteurs télévision ou de la photo, il s'agit toujours d'*une gestion non massive de la masse.* Des milliers de gens voient les mêmes films, les mêmes émissions, tout en conservant l'impression du choix – renforcé par la multiplication de l'offre, comme des milliers de gens prennent des photos des scènes de leurs vies familiales, à la fois toujours les *mêmes* et toujours *singulières*. Et même lorsque la télévision est moins composée d'un ensemble de programmes que d'un éventail de possibles (les chaînes plus ou moins thématiques), des milliers de gens effectuent néanmoins le même geste, regardent encore les mêmes types restreints d'émissions, toujours pris entre le même et la singularité.

Enfin, la vidéo-surveillance, grâce à un système intégré de prise de vue et de réception, ouvre la voie à une dernière manière de gérer le nombre. Elle saisit tout ensemble le nombre-mouvement et le nombre-masse du côté de l'enregistrement, et le connecte au petit nombre des contrôleurs en temps réel (voire différé avec l'enregistrement sur bandes). Le *changement d'échelle* joue ici un rôle fondamental : il transforme en effet le grand nombre (mouvement-masse) en une multitude de petits nombres aux trajectoires individualisables. Il permet donc de repérer le petit nombre et de l'« analyser » – de savoir ce qu'il fait et qui il est. Le temps réel démultiplie l'efficacité du changement d'échelle en ouvrant la possibilité de surprendre le flagrant délit à distance et sans être vu. La gestion du nombre (masse et mouvement) n'est plus globale, elle s'affine et passe également par le local.

11.1.3. *Document vidéo et dimensions*

Photo, cinéma et vidéo sont des machines productrices de documents. En ce sens, il n'en va pas seulement de l'image obtenue *in fine*, mais bien du processus de fabrication/exhibition lui-même. Elles enregistrent le mouvement et en restituent le suspens ou la dynamique (photo ou films). Le mouvement est constitué d'un flux d'événements que le document capte (et construit dans le même geste) et retient.

Le document n'est pas indépendant de son inscription machinique (chimique) et/ou de son défilement (à l'entrée comme à la sortie). Par leur effet il est un *analogon* de la réalité : ni tout à fait celle-ci ni tout à fait une autre. Un peu indice, empreinte à sa manière de la réalité, qu'il reçoit et accueille dans sa lumière[141]. Car il ne s'agit pas d'un document coupé de la réalité, symbolique donc, conventionnel, mais bien d'un jeu de la lumière de cette réalité sur un support. Hormis la photographie lorsqu'elle est reportée sur papier[142], cinéma et vidéo requièrent un appareil de lecture susceptible de *rendre* le mouvement retenu sur la pellicule. Le document n'est donc pas directement lisible (ou si peu ou si mal, et trop individuellement), il doit passer par un autre dispositif technique – un projecteur ou un émetteur-récepteur[143] – qui restitue les événements régulés. Nous verrons que l'informatisation-numérisation renforce encore cette tendance.

Les Vidéos assument un double travail de conversion des dimensions. La photo actualise le principe du Traitement en Raison simulatrice, alors que cinéma et vidéo activent le principe de Navigation.

L'appareil photographique, de dimension quatre, reposant sur son propre mouvement, automatique donc, saisit un réel de dimension trois. Ou plutôt, il fabrique ce réel en tant que tel en le figeant dans cette réalité de dimension trois, en deçà du mouvement donc ; comme la carte produit un territoire « superficiel » de deux dimensions. La photo fixe le temps dans le seul instant, à jamais. Elle ne transcrit pas le mouvement, mais le suspend par la vitesse de son propre automatisme. Elle ne sait pas prendre le mouvement, mais seulement le surprendre. Comme si, malgré sa vitesse elle restait en retrait du mouvement. Or, ce retard, assez paradoxalement exprime, signifie le mouvement avec une force inégalée. Par sa suspension en effet, elle le retient, elle le potentialise. Concentré, comprimé, le mouvement devient tension vers son propre déploiement. Traitement, donc, puisque la photo accroît la réalité de cette potentialisation.

141. P. Barboza montre que même la télévision n'échappe pas à l'indice (Barboza, 1996).

142. Mais on pouvait, il n'y a encore pas si longtemps, également choisir le format diapo qui, lui, exigeait un projecteur.

143. Car il s'agit au fond d'un seul et même appareil éclaté spatialement : la réception n'est rien sans l'émission, elle en constitue un moment ; émetteur et récepteur sont donc du même côté, face à la prise de vue/enregistrement.

Néanmoins, lorsque la photo simule la fonction carte, de dimension deux, elle opère comme instrument de Navigation : elle vise moins en effet à traduire le temps et le mouvement que l'espace (même s'il s'agit de repérer des différences qui ne surgiront qu'après un assez large intervalle de temps). Elle se donne alors pleinement comme empreinte, comme indice (dont il ne faut pas croire cependant que la lecture relève de l'évidence, car, si la fumée est l'indice du feu, faut-il encore le savoir). Remarquons cependant qu'elle ne peut s'empêcher de *révéler* le temps en inscrivant sur la surface des territoires la trace des occupations sous-jacentes et plus anciennes (comme le laisse voir la photographie aérienne archéologique).

Cinéma et vidéo interviennent sur une réalité en mouvement. De dimension quatre (celle du réel) à dimension quatre (celle du cinéma ou de la vidéo). Or, s'il y a conservation de la dimension c'est que le jeu ne peut se développer qu'au niveau du changement d'échelle. Mais que signifie un tel changement d'échelle dans le cadre du mouvement ? Il renvoie d'une part au *ralentissement* ou à *l'accélération* et d'autre part au *découpage* ou à la *focalisation*. Lorsque le mouvement est trop rapide ou trop lent pour être perçu par nos sens, le cinéma ou la vidéo peuvent à volonté le ralentir ou l'accélérer : sciences et effets spéciaux ou artistiques y ont souvent recours. Il s'agit bien d'un repérage puisque l'on visibilise ce qui restait hors de portée de notre système de perception visuel. On peut ainsi naviguer à l'intérieur du mouvement. Le découpage ou la focalisation produisent des effets équivalents de saisie et d'identification d'un objet : noyé dans le mouvement de la masse, il devient possible d'en isoler la trajectoire et de la suivre. Un procédé auquel n'importe quel film de fiction a accès et que fonctionnalise et systématise la vidéo-surveillance. L'efficacité du contrôle peut bien évidemment croiser les deux démarches, jouer – pour l'acquisition d'une « cible » quelconque – des effets d'accélération et de découpage pour la comparaison (lorsqu'il s'agit d'une bande), comme du ralentissement et de la focalisation pour le détail.

Encadré 11.2. *Les glissements des raisons graphique et classificatrice à la raison simulatrice : E.-J. Marey et P. Otlet*

Deux hommes sont singulièrement révélateurs du passage des raisons graphique et classificatrice à la raison simulatrice, ce sont Etienne-Jules Marey (1830-1904) et Paul Otlet (1868-1944). Passage ne signifie bien évidemment pas substitution. En revanche, il s'agit de dire ce moment où l'on tente d'aller plus loin dans l'appréhension du mouvement que ne pouvaient le faire les raisons graphique et classificatrice. Nous avons vu comment le travail de Paul Otlet participe pleinement de ce glissement de la raison classificatrice à la raison simulatrice. Nous allons voir que son œuvre envisage également un dépassement du livre non seulement par la fiche et le codage (et leur gestion automatisée), mais également par toute une gamme d'outils audio-visuels. Mais auparavant il convient de prêter une attention toute particulière aux travaux d'E.-J. Marey, travaux plus que réflexion, car Marey est un praticien et non un théoricien, mais comme le montre G. Didi-Huberman (2004), sa pratique est pleinement théorique.

E.-J. Marey : de la courbe graphique à la courbe chronophotographique

Marey a toute sa vie été fasciné, voire obsédé, par le mouvement. Tous ses travaux, et tous ses livres lui sont consacrés d'une manière ou d'une autre, et il lui dédiera même un ouvrage sobrement intitulé *Le mouvement* en 1894. Tout son travail vise à arraisonner le mouvement, à trouver des méthodes susceptibles de l'appréhender. Deux de ces méthodes vont dominer sa vie et son œuvre, la méthode graphique (titre d'un ouvrage de 1878) et la méthode photographique (qui donnera lieu en 1885 à un développement spécifique de la première) puis chronophotographique (présentée dans de multiples articles, de vulgarisation ou scientifiques, au début des années 1890).

La méthode graphique

E.-J. Marey est d'abord un physiologiste de renom, professeur au collège de France. Son travail privilégie l'analyse du mouvement dans les fonctions de la vie (1868) ou de la machine animale (1873). Et c'est l'étude de ce mouvement de la vie qui l'amène à chercher de nouvelles méthodes susceptibles de le saisir scientifiquement. Il n'est pas le seul à l'époque. Il en va même d'une lame de fond et G. Didi-Huberman n'hésite pas à parler d'une véritable « épistémè », d'un socle socio-cognitif qui traverse tout le XIXe siècle. En quoi consiste cette méthode graphique ? « A transcrire sur papier ou sur une surface sensible, par des mécanismes souvent d'une grande ingéniosité, les pulsations, vibrations, ondulations, secousses, tressaillements, frémissements, produits par tous les mouvements de tous les corps vivants ou des objets mobiles. Le graphique obtenu est une forme de mémoire spatiale qui contient des informations sur la variation d'un mouvement dans le temps » (Mannoni, 2004, p. 8). C'est le règne de la courbe, tracée automatiquement et tout aussi automatiquement enregistrée. Courbe qui rend visible ce qui ne l'est pas ou bien très difficilement, par inscription. Courbe qui permet à la fois d'analyser (lorsqu'elle décompose le mouvement en une succession de points) et de synthétiser (dans son tracé global). Courbe qui rend ainsi le mouvement, l'imite et quelque part le simule car elle n'est jamais totalement seulement le mouvement de son objet mais toujours plus qu'une simple restitution par la série de traductions (Latour) dont elle est le produit. Autrement dit, en donnant à voir, même automatiquement, elle s'introduit – et tout le dispositif qui l'autorise avec – entre l'objet et son observateur.

Fidèle à la méthode expérimentale de C. Bernard, la méthode graphique se soutient de trois opérations (Didi-Huberman, 2004, p. 188) : amplifier, simplifier et mesurer. Amplifier ce qui échappe à nos sens. Simplifier afin de représenter par réduction le complexe. Mesurer afin de comparer. Comme le souligne

G. Didi-Huberman dans un vocabulaire somme toute étonnement proche du notre : « le phénomène ne s'exprime donc en courbe qu'à subir la conversion de tout événement en grandeur, de toute grandeur en unité, de toute unité en numération et de toute numération en ligne ». Il s'agit bien de rapporter la complexité du réel à un espace de dimension 2 et d'en enregistrer automatiquement, grâce à la machine, l'inscription sur cette même surface. Or, cette méthode possède l'immense mérite aux yeux de Marey « d'embrasser d'un coup d'œil une quantité énorme de documents » et « d'accumuler des documents d'une fidélité irrécusable, que l'esprit saisit aisément, dont la comparaison est facile et le souvenir durable » (cité par Didi-Huberman, p. 196). Toutefois, du principe à la possibilité technique, les difficultés se multiplient. C'est pourquoi Marey est à la recherche d'une technique plus simple, plus directe et plus fiable. Il la trouve avec la photographie.

La méthode photographique

La photographie ne l'intéresse pas « pour son mimétisme déjà légendaire, mais pour sa capacité indiciaire d'enregistrement instantané » (*op. cit.*, p. 203) : « aujourd'hui, écrit Marey, que la photographie permet de fixer sur le papier l'image optique, on peut prévoir que dans bien des cas les images stroboscopiques pourront ainsi être transformées en documents écrits » (*op. cit.*, p. 197). La photographie offre à ses yeux une passionnante capacité de transcription directe, de reproductibilité, de « mémoire fidèle », grâce à un instrument maniable et permet même des corrections, des images manipulables (*op. cit.*, p. 198-199). Marey souligne également, et c'est peut être ce qui, en tant que scientifique, l'intéresse le plus, que « la photographie possède une merveilleuse aptitude à augmenter ou réduire l'image d'un objet » (*op. cit.*, p. 199). Comme « observation et expérimentation deviennent indissociables » (*op. cit.*, p. 199), nous entrons dans une ère de simulation. Il ira ainsi jusqu'à rechercher une « représentation en trois dimensions du mouvement » et propose « trois séries d'images de l'oiseau projetées sur trois plans différents » (Mannoni, *op. cit.*, p. 28)[144].

Mais Marey a également « voulu maintenir le primat épistémologique de la courbe dans le domaine photographique lui-même » (*op. cit.*, p. 203). Ce qui va se traduire par un intérêt soutenu pour les trajectoires, soit spatiales, soit temporelles. C'est là qu'il invente la chronophotographie « fondée sur un principe technique simple », – « prendre, à des intervalles de temps égaux et connus, les images d'un objet éclairé qui se déplace devant un champ obscur ». « La chronophotographie *éclaire* d'une façon nouvelle le mouvement de toute chose »

144. Remarquons que le même Marey, mais dans une démarche qui échappe cette fois à notre questionnement sur les technologies intellectuelles, simule aussi en 3D le vol des oiseaux grâce à des maquettes et invente une soufflerie au service des pionniers de l'aviation (Mannoni, p. 28 et 43).

(*op. cit.*, p. 204). Cette technologie lui permet « d'inventer une cinématographie qui rejetait précisément – à l'inverse d'Edison et des frères Lumière – la reconstitution du mouvement naturel, puisque seules l'intéresse les vitesses extrêmes, ralentir le vol d'un oiseau – bientôt une balle de revolver – ou accélérer les reptations d'une étoile de mer au fond d'un aquarium » (*op. cit.*, p. 268).

« Voir l'invisible » (Marey, cité par Mannoni, *op. cit.*, p. 39) : le projet ne peut que verser dans la simulation. D'où sa propre trajectoire, qui part de la raison graphique, bientôt machinisée, automatisée, pour aboutir à la raison simulatrice, qui reconstitue la forme globale du mouvement de formes locales par Traitement (inscription automatisée), Navigation (trajectoires) et anticipe déjà sur la Modélisation (mesures et schémas). Ici, photographie et « cinéma » sont effectivement des technologies intellectuelles, d'abord au service de la connaissance.

Paul Otlet : du livre à la machine à lire

Otlet les appelle, dans son *Traité de documentation* de 1934, les « substituts du livre » et ils renvoient tous, d'une manière ou d'une autre à ce que nous subsumons ici sous le terme de Vidéos, c'est-à-dire à un ensemble de techniques audio-visuelles et même à la télévision. Le livre, parangon de la raison classificatrice étouffe en quelque sorte la connaissance et sa nécessaire communication dans son étroit carcan. D'où le projet d'Otlet d'en faire éclater la forme, de le réinventer et de le concrétiser dans d'autres supports techniques que celui du codex imprimé. Dans le même geste Otlet ne montre-t-il pas le véritable potentiel de technologie intellectuelle des Vidéos, si peu cultivé depuis ?

Le spécialiste très concret et pratique de la bibliographie est aussi un idéaliste qui rêve de paix universelle et de meilleure compréhension entre les hommes. Une compréhension qui passe par la diffusion la plus large et la plus accessible possible de la connaissance, du savoir. La réflexion d'Otlet est donc constamment sous-tendue par un véritable objectif pédagogique, car « tous les livres, tous les articles, tous les mémoires, toutes les communications, toutes les informations publiées, ne sont en substance que des chapitres, des sections, des paragraphes, de simples alinéas d'un seul et immense livre, le livre de la science universelle. Il est en perpétuelle formation, comme la science elle-même [...]. C'est ce livre unique, réalisé à partir des livres particuliers, qu'il faut mettre à la disposition de tous » (Otlet, cité par Levie, p. 100). D'où les musées et autre encyclopédie, mais aussi les outils de bibliographie eux-mêmes, qui donnent accès plus facilement à la connaissance.

C'est bien dans cette perspective qu'il envisage ce qu'il appelle les substituts du livre, en tant que nouveaux moyens de produire et de diffuser la connaissance. Car ces substituts constituent « des procédés nouveaux [qui] permettent d'atteindre les résultats que recherche le livre (information, communication), en mettant en œuvre d'autres moyens que lui » (Otlet, 1934, p. 217). Trois techniques retiennent plus particulièrement notre attention, le bibliophote, le cinéma et la télévision.

Le bibliophote

C'est en 1906 que « P. Otlet demande à l'ingénieur et inventeur R. Goldschmidt d'étudier un système qui permette la photographie de livres et de documents et leur reproduction agrandie sous forme de projection ou de photogrammes » (Levie, p. 107). Il s'agit « d'un outil systématique de conservation et de consultation grâce à la photographie » (*op. cit.*, p. 107). « En 1925, Otlet et Goldschmidt ont amélioré le procédé. Grâce à des appareils et des films plus performants, ils arrivent dorénavant à « filmer en deux cents secondes, cent pages d'un livre à reproduire. En une heure, plusieurs milliers de pages peuvent donc être ainsi enregistrées par un seul appareil et cela à un prix modique » (Levie, p. 270). Otlet imagine également un meuble, le « microphotothèque » susceptible de contenir « 18 750 volumes microphotographiés de 350 pages », soit l'équivalent d'une bibliothèque de quelques 468 mètres précise-t-il. On peut aussi obtenir des copies positives sur films, lues sur des « machines à lire », « qui reconstituent grandeur nature le texte ou le document graphique » (Levie, p. 270).

Dans un ordre d'idée similaire, mais cette fois dans un cadre de documentation par l'image, Otlet, sur la même base technique, propose « des films fixes [d'une trentaine de vues] sur les sujets les plus variés destinés aux salles de classe comme aux salles de cinéma » (Levie, p. 257). C'est la Cinescopie, développée en partenariat avec la firme belge du même nom. Elle offrait même un service d'actualités hebdomadaire.

Le cinéma

Si la dimension de technologie intellectuelle est fortement assumée avec le bibliophote ou la Cinescopie, il en va autrement avec le cinéma, dont la capacité de fascination semble le renvoyer plus à la facilité qu'au travail. Car, en effet, « le cinéma dispense de voyager, de lire, de se bourrer le cerveau de mille choses encombrantes dont le souvenir s'est effacé au moment où l'on veut y recourir. Le cinéma au contraire parle au cerveau par les yeux » (Otlet, cité par Levie, p. 271).

La télévision

Otlet la définit comme « la transmission des images à distance » (Levie, p. 272). Le spectre d'utilisation parait assez vaste, puisqu'il va du divertissement cultivé (théâtre) à un meilleur accès à la connaissance : « des scènes vivantes d'aspect seront reproduites en même temps à des millions d'exemplaires sur des dispositifs qui permettront au public d'obtenir la sensation de voir se dérouler l'action des acteurs les plus distingués ou les panoramas les plus lointains [...]. Il sera possible alors de pouvoir assister d'un fauteuil de spectacle ou même de chez soi, à l'exécution d'après nature de travaux et d'expériences les plus inédits qui permettront de développer l'esprit de l'homme et de le mettre au courant de tous les progrès de l'esprit humain » (cité par Levie, p. 274). Il ajoute même qu'« on peut imaginer le télescope électrique, permettant de lire de chez soi des livres exposés dans la salle « teleg » des grandes bibliothèques aux pages demandées d'avance. Ce sera le livre téléphoté » (cité par Levie, p. 274). Remarquons qu'une telle perspective a moins été assumée par la télévision (à la vulgarisation scientifique près, à l'image d'une émission – rare pour le moins – comme « c'est pas sorcier » en France) que par Internet, et bien plus tard, sans qu'elle soit, loin de là, dominante.

Otlet propose également une première machine hypertextuelle, ainsi qu'une vision réticulaire de la connaissance sur lesquelles nous reviendrons au chapitre 12.

A travers ses machines, réelles ou imaginées, Otlet posait donc directement la question de la transition de la raison classificatrice à la raison simulatrice. Une transition qui lui paraissait indispensable, incontournable, dont il essayait d'envisager les modalités techniques et qu'il pensait globalement comme un changement de support avec conservation globale de la perspective pédagogique, de production et d'accès à la connaissance.

11.2. Vidéos et pouvoirs

11.2.1. *Stabilité*

Les machines s'usent plus vite que les monuments, et résistent moins facilement au temps. Moins massives, elles reposent également sur une finesse et une précision (même les « grosses » machines) de leurs mécanismes internes qui les fragilisent. La machine est moins stable par position et poids que *par* son mouvement, *dans* son mouvement. Des immenses forges du XIXe siècle, il reste plus souvent les bâtiments qui les abritaient que les outils eux-mêmes. Pourquoi ? Parce que la gestion du mouvement dans/par la machine impose des contraintes mécaniques que les matériaux ne peuvent absorber qu'à condition de posséder des propriétés de souplesse et de malléabilité qui, pendant longtemps, ont rimé avec une faible résistance à la corrosion. Et si, depuis plus d'un siècle les matériaux supportent des contraintes de plus en plus fortes et diverses, leur utilisation en des situations toujours plus extrêmes – alliée à des impératifs de rentabilité économique toujours plus pressants – n'aboutit pas obligatoirement à un accroissement de leur durée de vie.

Plus que sur les seules propriétés de ses matériaux, de la qualité de ses composantes et de leur cohérence – qui dépendent toujours en dernière instance de leur maillon le plus faible, la stabilité d'une machine repose (si l'on ose dire) sur sa dynamique : elle s'use d'autant plus que l'on ne s'en sert pas.

Or, de nouvelles machines ont vu le jour, depuis la seconde guerre mondiale essentiellement, dont les principes se fondent même sur le contrôle de certaines *instabilités* de certains matériaux : la stabilité de ces machines électroniques dépend donc de la capacité de maîtrise de leurs instabilités internes constitutives (Dagognet 1979, p. 74-45). La matière vient en quelque sorte confirmer cette aptitude singulière de la machine à s'assurer d'une stabilité dynamique, qui redéfinit la notion même de stabilité élaborée par le paradigme mécaniste.

Comme les machines Vidéos font mouvement (au minimum interne, pensons au balayage électronique du récepteur TV) pour mieux l'enregistrer, elles désignent par là même le point critique de leur stabilité : celui du support d'enregistrement. Or, les techniques développées jusqu'à présent – malgré de constants progrès depuis plus d'un siècle – restent encore plutôt fragiles. Nous ne savons pas réellement à combien de temps une bande magnétique vidéo peut résister : les premiers films, d'à peine un siècle d'âge doivent déjà faire l'objet d'une protection toute particulière. Il n'est pas sûr que ceux que nous fabriquons aujourd'hui se comportent beaucoup mieux. Les supports numériques, dont la pérennité n'est pas plus assurée, renforce le problème par celui de la lecture : sans lecteur spécialisé en effet, ils demeurent scellés, opaque, totalement inaccessibles, illisibles – il ne suffit donc plus de préserver la surface d'inscription de l'enregistrement (ce qui reste possible avec la photographie, voire avec le cinéma, dès lors réduit à une suite de photographies), mais également l'outil de son déchiffrement.

La mobilité peut néanmoins pallier à ces défaillances de la stabilité.

11.2.2. *Mobilité*

Aujourd'hui, les Vidéos sont assez, voire très facilement reproductibles, il n'en a pas toujours été ainsi. La photo a commencé par la plaque unique. La reproduction des films cinéma reste coûteuse, et la vidéo grand public a dû attendre la généralisation du magnétoscope – connu depuis longtemps des professionnels – pour que se développe un marché de la reproduction. L'acquisition de la *reproductibilité* passe notamment par la fabrication de supports d'enregistrement à la fois plus légers et plus souples (quoique résistants aux manipulations et à la motorisation), singulièrement les pellicules et les « films » (photo, cinéma ou vidéo).

Mais cette reproductibilité, que l'on arrête le plus souvent à l'image, s'augmente considérablement de celle de l'appareil : une pellicule photo dans un gros appareil encombrant (du type de ceux du XIXe siècle) et très coûteux perdrait beaucoup de son attrait. Même le cinéma que l'on perçoit essentiellement à travers la projection a beaucoup gagné à l'allégement des caméras, et la vidéo (familiale ou de surveillance) plus encore. L'éclosion de marchés de masse pour des produits à l'utilisation « individuelle » – et non collective tel que le cinéma – comme la photo ou la vidéo requiert cette facilité d'usage qu'offre la simplicité d'accès de l'appareil et de son chargement. *La légèreté* de l'outil ne détermine pas son utilisation, mais en conditionne néanmoins les possibles : elle limite le nombre (et la difficulté) des épreuves que l'utilisateur doit surmonter pour obtenir un résultat satisfaisant, et accroît donc d'autant le spectre des usages et des usagers potentiels.

Le cinéma compense ses déficits en matière de stabilité et de reproductibilité par le déploiement d'un vaste réseau de salles de projection. Ces salles ne sont pas des dispositifs annexes du cinéma, mais bien l'une de ses conditions de possibilité en tant qu'activité collective de distraction ou artistique : les supprimer, c'est signer la fin d'un cinéma lourd, industriel, de gestion des masses – reste un cinéma beaucoup plus léger, à vocation identitaire ou gestionnaire/scientifique qui se résorbe désormais dans la vidéo. Même la légèreté de la photo et de la vidéo s'accompagne d'une importante logistique : laboratoires de développement (sauf pour la technique du développement instantané, beaucoup plus autonome), magasins de location de vidéo ou réseau de diffusion (restreinte ou généralisée).

Reproduction, légèreté et réseaux travaillent à la production *d'accumulations* de plus en plus considérables – tant au niveau collectif qu'individuel. Les musées d'objets et de peintures ou les bibliothèques s'ouvrent à l'acquisition de nouveaux fonds, ou – le plus souvent – de nouveaux musées ou de nouvelles « vidéothèques » voient le jour, dédiés à ces images produites par des machines (ce qui ne veut pas dire qu'elles ne dépendent pas également de l'« homme », mais en quelque sorte seulement en amont – le coup d'œil – ou en aval – montage, etc.). Comme toujours ces institutions semblent hésiter entre conservation et ouverture à un (plus ou moins large) public.

Voisinent à côté des librairies les nouvelles boutiques de location (elles-mêmes plus ou moins automatisées) ou ventes de cassettes vidéos, hier et de DVD aujourd'hui – cassettes et DVD qui concurrencent également de plus en plus les livres sur les rayons des « bibliothèques » des particuliers.

Ces accumulations peuvent paraître bien inoffensives, pourtant leur multiplication peut déboucher sur de graves atteintes à la vie privée : les vidéos, on l'oublie trop souvent, nourrissent également une forte activité de contrôle et de coordination. Car ces Images-machines sont l'objet d'une double évolution : non seulement elles peuvent de plus en plus aisément enregistrer le mouvement de la vie – une mission qu'elles remplissent de mieux en mieux depuis plus d'un siècle et demi –, mais elles le montrent de plus en plus en temps réel. Et les deux mouvements s'augmentent mutuellement : on récupère en partie la maîtrise du temps réel avec l'enregistrement, ce qui en stimule le développement, alors que le temps réel suscite et démultiplie les occasions de l'enregistrement.

11.2.3. *Contrôle et coordination*

Dans un livre important, P. Virilio a montré comment le cinéma a permis dès la première guerre mondiale, et plus encore lors de la seconde, le développement de ce qu'il appelle une véritable *logistique de la perception* (Virilio, 1991). Celle-ci vient non seulement compléter mais également *guider* le déploiement du matériel de guerre. On n'a jamais fait la guerre en effet sans recourir aux (et/ou inventer les) moyens les plus sophistiqués de l'époque en matière d'information et de communication : depuis les premiers balbutiements de la « poste », aux TIC actuelles en passant par le télégraphe Chappe. C'est pourquoi cinéma et photo (hier, ainsi que la vidéo aujourd'hui) vont être mis à contribution. Mais comprenons bien qu'il ne s'agit pas là d'une manière de détournement indu des techniques Vidéo. Leur recouvrement par une perception trop exclusivement orientée par l'attracteur artistique masque en effet leurs propriétés fondamentales de technologies intellectuelles. Elles ne font pas l'objet d'un embrigadement abusif, d'une réquisition forcée et dégradante : au contraire, ces activités militaires et politiques (propagandes) utilisent pleinement, révèlent ou mettent en relief leurs qualités d'acquisition de l'information, d'enregistrement, de traitement et de navigation. Elles saisissent ainsi avec précision des objectifs militaires stratégiques ou tactiques, ou plutôt soutiennent un travail complexe de recoupement qui vise à la définition de tels objectifs. Leur accumulation autorise aussi des rapprochements, des comparaisons entre états successifs qui *renseignent* sur les mouvements de l'ennemi. Empreintes, et ce, malgré des tentatives de brouillage (camouflage) ou les perturbations météorologiques, les Vidéos permettent également une certaine *authentification*. Elles participent donc directement au contrôle des mouvements de l'ennemi, comme à la coordination des mouvements des troupes amies.

Ces deux propriétés de renseignement par changement d'état et d'authentification servent tout aussi bien à des activités réputées scientifiques : la crédibilité du microscope par exemple reste liée à la vision hic et nunc d'un objet par un observateur, donc la validation d'une observation exige une large répétition du geste. Le microscope n'est pas un instrument d'enregistrement ni de communication de l'information. Au sens où nous les définissons, il ne constitue pas une technologie intellectuelle, mais un instrument scientifique[145]. Articulez un appareil photo au microscope et vous obtenez quasiment un nouvel outil :

145. Nous nous éloignons ainsi quelque peu de B. Latour qui suppose volontiers que tout instrument scientifique procède par inscription (Latour, 1985 et 1989).

l'information observée peut-être enregistrée et communiquée à des tiers, elle devient mobile. Le contrôle et la coordination scientifiques par les pairs notamment s'en trouvent singulièrement facilités – comme la diffusion et la vulgarisation des images de la science : le résultat-référence de l'expérience est désormais visible.

Ainsi au XIXe siècle « la clinique photographique est [...] l'outil pionnier irremplaçable d'une communication entre médecins. Remplaçant avec profit les cires anatomique, les « cas » photographiés circulent portant à domicile, en France, à l'étranger les pathologies rares » (Sicard, 1998, p. 131). La photographie va également participer au vaste projet, engagé lors de la campagne d'Egypte de Napoléon, d'une *description de l'Egypte* antique la plus complète possible. Car le dessin se révèle bien lent. C'est pourquoi « une véritable frénésie s'empare des photographes. Près de trois cents voyages photographiques sont effectués officiellement par des Français ou des Anglais en 1839 et 1880 » en Egypte, mais aussi en Italie, Grèce, Palestine, etc. (Sicard, *op. cit.*, p. 103). C'est l'avènement d'un recensement encyclopédique qui ne détruit pas ses objets ni ne les déplace et qui permet la diffusion d'une connaissance supposée attestée par le constatif photographique.

Nous retrouvons les deux propriétés de renseignement (par comparaison de deux états) et d'authentification lors du recours aux Vidéos (et singulièrement à la vidéo) à des fins de gestion, d'objets ou d'hommes. Cette « vidéo-surveillance » généralisée fonctionne effectivement sur le suivi en temps réel de « formes », l'appréciation de leur évolution, et l'intervention (par interruption du « processus ») en cas de « dysfonctionnements » : le schéma, général, reste valable qu'il s'agisse d'objets ou d'hommes. Dans les deux cas, la vidéo permet de contrôler le flux, de détecter ses déviances et d'assurer la coordination des agents chargés du retour à la norme.

Enfin, les vidéos n'embrayent pas sur le contrôle par leur seul regard, mais également par leur visionnement : en effet elles possèdent la propriété, partagée avec les médias (radio et TV) de *fixer* les masses, soit collectivement au sein d'une même enceinte (cinéma), soit à travers un réseau de diffusion (boutiques de location de DVD), soit, enfin, à travers les dispositifs plus « souples » – et d'autant plus efficaces – du *choix* des différents types de TV à la carte ou de la photo, qui s'adressent à des individus ou à des groupes restreints, au moment où il le veulent. C'est-à-dire que, même lorsqu'elles sont moins convoquées pour leur propriétés de technologies intellectuelles que pour leur aptitude à la distraction (et c'est pourquoi nous avons fait référence aux DVD loués), les vidéos participent encore au contrôle et à la coordination des masses, un contrôle et une coordination qu'elles rendent de moins en moins massives et de plus en plus fines, voire raffinées.

11.2.4. *Réversibilité et irréversibilité*

Les Vidéos, que ce soit dans le domaine de la « gestion » ou celui de la « science », haussent considérablement le coût de la *logistique de la perception* (Virilio, 1991) : celui qui veut s'opposer doit désormais mobiliser un dispositif au moins aussi performant. Sinon, il lui faut disposer d'un crédit *a priori*, d'une autorité tout aussi considérable. Qui plus est, par l'accroissement de la visibilité qu'elles proposent, les Vidéos augmentent également de beaucoup le coût de *la charge de la preuve*[146] : en tout cas, elles tendent à minima à la reporter d'emblée sur celui qu'elles désignent. Certes, il est possible de plaider le faux, mais là encore convient-il de pouvoir arguer d'une solide autorité, qui ne vous dégage cependant pas d'une posture défensive.

Savoirs et pouvoirs n'hésitent pas à recourir à ces nouveaux regards qui peuvent pénétrer là où celui de l'homme ne peut que s'arrêter, pour des raisons de distance (objets trop proches ou trop lointains), de vitesse (processus trop lents ou trop rapides), de sécurité (lieux pollués ou dangereux) ou d'impénétrabilité (opacité de tout « corps » levée par les rayons X ou opacité de la nuit dissipée par les infrarouges notamment) : ils en ramènent du jamais vu qui, certes, ne tient qu'à proportion de la fiabilité de l'appareil d'expérimentation/exploration, mais fournit aussi de nouveaux arguments dans les controverses – autant de travail donc pour l'adversaire potentiel qui cherchera à les infirmer. Contester le flagrant délit devient singulièrement difficile, dès lors qu'enregistré, il peut être rejoué tel quel, repassé autant de fois que l'on veut, et disséqué dans ses moindres détails. Qui peut contester les images d'une sonde spatiale ? Ainsi, la possibilité même de la *contestation* tend à se refermer : c'est ainsi que l'on construit de l'irréversibilité.

Cependant, la Vidéo rend également possible la réversibilité. D'une certaine manière, elle ouvre même sur un espoir de réversibilité du savoir lorsqu'elle est mise en position d'accueillir l'inattendu. Ainsi, en astronomie, lorsque J. Janssen observe à l'aide de son « revolver photographique » le passage de Vénus en 1874, « les photographies réalisées ne sont pas seulement une « aide à la mesure » ou la mise en mémoire d'un phénomène. Elles permettent de découvrir l'inattendu, de voir mieux

146. A condition toutefois d'avoir su, en premier lieu, montrer sa propre capacité à faire preuve. C'est pourquoi un Muybridge a dû construire un véritable dispositif de preuve susceptible d'assurer que le cheval, dans sa course, à un moment donné, ne touche plus le sol : « afin d'accroître le contraste photographique si difficile à obtenir à haute vitesse, la piste est couverte de caoutchouc blanc. Un mécanisme d'horlogerie rend les fils [installés dans un premier temps, mais qui effraient le cheval] inutiles ; les obturateurs sont déclenchés à tour de rôle [...]. Durant l'été 1879, le nombre des appareils passe de 12 à 24 : les séquences photographiques gagnent en précision » (Sicard, *op. cit.*, p. 140). Mais dès lors que le résultat est accepté, la contestation devient des plus difficiles et coûteuse, car il faut monter un dispositif au moins aussi considérable pour prouver le contraire.

que l'œil, d'agrandir le champ du visible. L'inattendu est espéré. Il *doit* survenir » (Sicard, *op. cit.*, p. 160). Et c'est ce qui est advenu, car, « le revolver photographique de Janssen permet à Camille Flammarion de conclure à la valeur prophétique de ces paroles d'Arago : « [...] nous avions dit qu'en cherchant à constater les moments critiques du passage on trouverait autre chose. Cette chose imprévue qu'on a remarquée, c'est l'atmosphère de Vénus » (Sicard, *op. cit.*, p. 161).

Certes, les Vidéos ne servent pas obligatoirement le pouvoir dans ce qu'il pourrait avoir de tendanciellement totalitaire ou – au minimum – d'acquis : la pratique photographique renforce par son extrême diffusion la tendance démocratique de notre société. Le portrait ou le paysage sont à la portée de tous... mais ils font moins référence aux qualités de technologie intellectuelle de la photo qu'à sa capacité à gérer ce rapport – fondamental en démocratie du grand nombre – entre le local – individuel/familial – de l'espace privé, et le global de l'espace public (puisque nous faisons tous dans une écrasante majorité des « photos », et les « mêmes » types de photos).

Les photos de reportages possèdent parfois ce *punctum* dont parle R. Barthes (Barthes, 1980), qui les rend poignantes et qui témoigne en quelque sorte d'une subversion qui joue en faveur de la démocratie, contre les propagandes : certaines images de la guerre du Viêt-Nam restent ainsi gravées dans les mémoires comme de véritables manifestes contre la guerre. Mais de telles photos ne travaillent que peu comme technologie intellectuelle : certes, elles dressent un constat, mais un constat qui, cependant, emporte l'image au-delà d'elle-même, moins vers l'« art » que vers l'« affect ». La guerre, supposée irréversible, vacille un peu sous l'effet de l'accumulation de telles images et de leur vénération collective. Ainsi, seule une image, une contre-image parvient-elle à renverser efficacement l'image de propagande. La leçon a été retenue puisque *la première guerre du Golf est restée en définitive incomparablement plus opaque que la guerre du Vietnam au grand public, alors même que la logistique informationnelle des télévisions était apparemment considérablement plus impressionnante : celle-ci a été en quelque sorte subjuguée par la fascination exercée par des vidéos militaires d'acquisition de cible qui fonctionnaient, elles, sur le mode de la technologie intellectuelle.*

Cette évolution de l'effet de fascination emporté par les Vidéos de distraction (singulièrement le cinéma et la vidéo), pose deux questions essentielles sur l'avenir des technologies intellectuelles. En effet, a quoi servent les Vidéos ? Elles travaillent à rendre le délitement des masses en foules quasiment impossible, à tout le moins plus difficile et rejoignent en cela les médias. Autrement dit, elles haussent considérablement le coût de réversibilité de la masse en foule – en la sidérant par le fantasme et l'émotion. Cette sidération (aux effets plus ou moins « artistiques ») joue sur le déficit de régulation relatif des vidéos, plus que sur leurs aptitudes de technologies intellectuelles. Or, le constat qu'entraîne l'analyse du compte rendu médiatique de la première guerre du Golfe amène à s'interroger sur un double mouvement qui révèle moins une contradiction qu'une convergence : d'une part la réhabilitation de la dimension technologie intellectuelle des Vidéos[147], et d'autre part la modification de l'efficacité des technologies intellectuelles, intégrant désormais une composante beaucoup plus forte de qualités proprioceptives ? L'informatique ne va-t-elle pas dans ce sens – notamment avec le développement de l'infographie et du virtuel ?

11.3. Conclusion

Les Vidéos semblent *résister* à se dévoiler comme des technologies intellectuelles à part entière, comme s'il existait une pression sociale véhiculée par les formalismes « artistique », distractif ou de célébration de l'espace privé à une telle reconnaissance. Autrement dit, les Vidéos constitueraient une technologie *retenue dans l'expression et la revendication de son potentiel gestionnaire* par le succès social de ces formalismes. Tout au plus, reconnaît-on leur aptitude à gérer les masses, que ce soit pour le meilleur – la démocratie du nombre – ou le pire – fascismes et communismes. Cette gestion s'opère par le truchement du fantasme (de la toute-puissance notamment, illustrée aussi bien par les régimes totalitaires nazi et communistes que par la démocratie américaine avec un super héros tel que Superman par exemple) et de la vitesse (la caméra de Lénie Riffenstahl qui s'engage, au service au pouvoir nazi, dans une glorification du mouvement qui n'aura d'égale que les productions Hollywoodiennes). Une telle gestion du nombre et de la complexité sociétale montre l'important potentiel politique des Vidéos, mais masque leurs réelles capacités de technologies intellectuelles : celles-ci en effet restent largement marginalisées dans les histoires de la photographie ou du cinéma (aux Marey et Muybridge près (Leutrat, 1992 ou Freund, 1974), voire totalement occultées comme *détournement* d'une vocation artistique supposée essentielle[148]. La télévision reste bien souvent perçue bien en-deçà de la vocation politique que lui attribue D. Wolton en nos démocraties (Wolton, 1983 et 1997). Aussi, n'est-ce qu'avec la visibilisation médiatique de la vidéo-surveillance que l'on commence à prendre conscience du potentiel gestionnaire de sa technologie[149] ?

---

147. Réhabilitation relative toutefois, car la télévision, comme système médiatique, peut aussi recycler les images des vidéos militaires et leurs propriétés de précision, au bénéfice de son spectacle et en écraser ainsi le coefficient de technologie intellectuelle.

148. Ou comme simple fond technique sur lequel peut s'exprimer la « vraie » dimension artistique, alors que c'est bien plutôt Marey qui a constamment été détourné par les artistes, futuristes et surréalistes notamment (voir Didi-Huberman, 2004, p. 302-306).

149. Bref, l'avenir de la télévision ne se réduit pas au seul modèle de la *TV de flux*, mais ne s'ordonne-t-elle pas de plus en plus à celui de la *TV de gestion*, TV-document, grosse d'un réel potentiel de technologie intellectuelle, et dont on peut se demander si elle n'est pas plus portée par internet que les réseaux traditionnels ?

Ce constat soulève une question rarement posée : n'aurait-on pas *refusé* (mais qui, pourquoi et comment ?) d'explorer plus avant le potentiel de technologie intellectuelle des Vidéos ? Ce refus (ce refoulement ?) ne tient-il pas à leur efficacité politique de gestion des masses par le fantasme (auquel la vocation « artistique » prêterait une collaboration « objective » ?) ? Ce refus apparent ne masque-t-il pas un réel travail de leur développement comme technologie intellectuelle au service de l'armée notamment – et de la science, bien souvent par le truchement de la première – en toute impunité, c'est-à-dire en toute méconnaissance de cause de la part de la société en son immense majorité ?

CHAPITRE 12

Du mode d'existence de l'informatique[150]

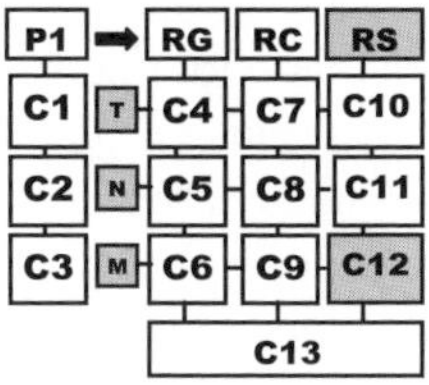

Des recherches sur les systèmes de codage, utiles pour inscrire sur un écran d'oscilloscope cathodique les résultats des opérations des machines à calculer, ou pour figurer sur le même type d'écran les signaux de détection électromagnétiques, semblent pouvoir apporter une très grande simplification à la transmission par voie hertzienne des images schématiques ; alors l'information visuelle retrouverait par rapport à l'information parlée la place que la radiodiffusion lui a fait perdre et serait capable de donner naissance à un nouveau symbolisme universel.

Gilbert Simondon, *Du mode d'existence des objets techniques* (1958, p. 100)

Mécanographie et Vidéos nous ont montré les principes de Traitement et de Navigation de la Raison simulatrice en action, qu'ils prennent forme d'écritures ou d'Images. L'informatique introduit le troisième principe, celui de la Modélisation en Raison simulatrice. Une modélisation qui tend vers la « simulation » informatique telle qu'on l'entend généralement, voire vers le virtuel, sans s'y résorber pour autant. Car l'informatique modélise sur le mode simulatoire bien avant l'irruption de la simulation

150. Les deux chapitres qui suivent proposent une perspective de science sociale sur l'informatique. Il ne s'agit donc pas de dire l'informatique à partir de ses propres catégories, mais bien de tenir un *autre* discours sur l'informatique (et non de faire de l'informatique), à partir des sciences sociales. Il s'agit de rien moins que d'essayer de poser une base théorique d'une modélisation critique de l'informatique en sciences de l'information et de la communication. De même qu'il n'est ni exigé ni recommandé d'être un dauphin pour tenir un discours à vocation scientifique sur les dauphins, de même, il n'est nul besoin d'être informaticien pour poser un discours scientifique (de science sociale) sur l'informatique. Bizarrement, toute la science repose sur le découplage objet/observateur/théorie, sauf lorsqu'il est question de techno-science ! Cependant, le biologiste n'est pas perturbé par le discours que

graphique. Son activité de gestion économico-politique l'incite ainsi à modéliser tout ou partie de la société ou d'une micro-société organisationnelle sans toutefois historiquement l'intégrer dans une représentation graphique dynamique à explorer : tout traitement informatisé d'une population repose sur un modèle de ce qu'elle devrait être, techniquement explicite mais socialement implicite. Cette modélisation joue un rôle social beaucoup plus important encore que les techniques de « simulation » ou du virtuel. Pour autant nous nous refusons, à l'inverse, d'exclure ces dernières ; c'est pourquoi nous adoptons une définition large de la modélisation, susceptible d'intégrer aussi bien l'effet de structuration (macro ou micro) sociale que les technologies d'exploration dynamique de représentations graphiques de processus « réels » ou de mondes virtuels. L'informatique permet d'hybrider les modes Ecriture et Image, sans les confondre pour autant. Elle est Ecriture par sa programmation (Balpe, 1997), elle est de plus en plus Image par ses interfaces (Jeanneret, 2000). Avant l'invention des premiers langages de programmation elle ne relevait pourtant pas de la première, puisque les instructions et les données étaient introduites par câblage manuel ; avant le développement du mode d'affichage graphique popularisé par le Macintosh d'Apple (mais initialisé par D. Engelbart, l'armée et Xerox) elle ne renvoyait pas plus à la seconde. La coexistence ou plutôt la superposition des deux modes est donc récente et circonscrit l'un des enjeux clés de l'informatique en tant que technologie intellectuelle. Car la synergie Ecriture-Image offre une puissance considérable à l'informatique dont témoigne notamment sa capacité à questionner l'ensemble des technologies intellectuelles que l'on peut dire désormais – et à son aune – « classiques » – ce que nous verrons plus en détail au prochain chapitre.

On oppose volontiers le support papier au support informatique-numérique, supposant que le deuxième va inévitablement dévorer le premier, signant en quelque sorte la supériorité intrinsèque des capacités de modélisation machinique de la raison simulatrice. N'oublions pas cependant que l'informatique est aussi née du papier : Turing lui-même n'appelait-il pas, nous l'avons vu, sa « machine » une machine de papier ? N'est-ce pas dire aussi que le papier a permis de simuler l'informatique bien avant que l'informatique ne simule le papier ? A l'orée d'une réflexion sur le mode d'existence de l'informatique, nous ne croyons pas le rappel de cette dette totalement inutile – dette dont nos imprimantes maintiennent le souvenir sur un mode symbolique.

---

le dauphin porte sur lui-même, alors que nous sommes constamment soumis à l'injonction du discours technique sur lui-même et à sa prétention à être le seul à pouvoir dire la technique (ce que le technicien ne fait même pas, puisqu'il se contente de faire de la technique). C'est pourquoi nous devons *résister* à cette perturbation introduite par la compétence technique informatique. Car faire de l'informatique ne suffit pas (sauf pour certains informaticiens) dès lors que l'informatique constitue un véritable enjeu de société. Il s'agit donc bien de s'interroger sur le mode d'existence socio-technique de l'informatique (Robert, 2009), en résonance avec le travail d'Y. Jeanneret qui s'est, lui, penché sur le mode d'existence des médias informatisés (titre du troisième chapitre de *Y-a-t-il vraiment des technologies de l'information ?* – Jeanneret, 2000).

Nous allons d'abord nous interroger sur le mode d'existence « technique » de l'informatique[151], puis sur son mode d'existence politique, avant que de revenir plus en détail sur cette informatique graphique/réseautique qui existe sur le mode d'une tension entre technique et idéologie.

12.1. Du mode d'existence « technique » de l'informatique

Posons d'emblée une question quelque peu naïve : qu'est-ce que l'informatique ? Acceptons ici, au moins dans un premier temps, que cette informatique se réduise à l'ordinateur, la question devient dès lors : qu'est-ce qu'un ordinateur ? Nous allons essayer d'apporter la réponse la plus simple possible (section 12.1.1). Puis, nous reviendrons au niveau de l'informatique elle-même (section 12.1.2), afin d'étoffer un peu plus la réponse et de la rendre un peu plus complexe en introduisant les notions de Motif et d'architexte.

12.1.1. *Qu'est-ce qu'un ordinateur ?*

12.1.1.1. *Horloge, CPU et logiciels*

Un ordinateur est une machine automatisée, c'est-à-dire qu'elle possède en soi le principe ou plutôt le moyen de maîtriser ses propres mouvements, électroniques ou informationnels. Car un ordinateur c'est d'abord *un système de gestion de ses propres flux* : une telle gestion n'est possible qu'à la condition *sine qua non* d'assurer leur synchronisation (Robert, 2005). On ne peut pas gérer de flux en effet, et quelle que soit l'échelle – d'un flux d'électrons à un flux de trains sur un réseau ferré –, si l'on ne possède pas un outil de comptage du temps, susceptible d'offrir une référence commune à l'ensemble des mouvements : une horloge. Ce temps, local, va permettre de synchroniser le flux des opérations internes gouvernées par la *CPU* – l'unité centrale de traitement arithmétique et logique. Celle-ci en effet est chargée d'exécuter les instructions fournies par les programmes stockés dans la mémoire centrale. Car sans ces programmes l'ordinateur reste inerte : c'est notamment *le système d'exploitation* qui « coordonne l'ensemble des tâches essentielles à la bonne marche du complexe matériel et assure la gestion de ses ressources (Zanella, 1993, p. 351), [...] et [c'est de lui] que dépendent la qualité de la gestion des ressources (CPU, mémoire centrale et auxiliaire, équipements d'entrée/sortie, liaisons à d'autres systèmes) et la convivialité de l'utilisation de l'ordinateur» (p. 352). Inversement, un système d'exploitation, un logiciel privé de

151. Nous encadrons le terme technique par des guillemets afin de souligner, en cohérence avec la note précédente, qu'il ne s'agit pas pour nous de faire de la technique, mais d'aller à la rencontre de la technique, de nous tenir tout contre elle, mais toujours dans une posture de science sociale.

ses ressources matérielles et plus singulièrement d'une *mémoire* susceptible de l'accueillir et d'une CPU en charge de l'exécution de ses instructions reste absolument inutile. Plus que dans aucune autre technologie intellectuelle peut-être le hardware et le software sont intimement mêlés, enchevêtrés devrions-nous dire.

Un utilisateur final ne communique pas directement avec la machine : celle-ci en quelque sorte lui résiste, exige de lui qu'il surmonte quelques épreuves, notamment de traduction. Car la machine, comme réalité physique matérielle ne parle pas notre langue, elle ne se donne que dans la « sienne », celle, frustre, d'une logique d'états binaires. Pour nous faire comprendre d'elle il convient donc de traduire toute demande en code binaire, seule raison qu'elle admette. Cependant, parler binaire est hors de portée de la plupart des humains, c'est pourquoi l'on intercale entre la langue naturelle et le binaire des langages intermédiaires qui assurent la transition. Ainsi, le passage par des langages s'avère-t-il inévitable : ils délimitent par leurs propriétés ce que l'on peut exiger de celles de la machine. Il en va donc d'une manière de régulation de l'accès aux ressources de l'ordinateur : non seulement on ne peut pas lui demander n'importe quoi mais pas n'importe comment.

Même lorsque l'interface utilisateur est considérablement facilitée par le développement du mode graphique, le logiciel vous évite certes d'avoir à gérer un tête à tête singulièrement éprouvant avec la machine, mais définit également un éventail fini des ressources qu'il met à votre disposition. Il crée un effet de cadre, mais un cadre actif, dynamique, « feuilleté », emboîté si l'on veut. Un potentiel dont on actualise les possibles en fonction des besoins, mais dont la richesse ne doit pas masquer la spécialisation. Changer de problème en effet implique généralement de changer de cadre : et par ce changement il révèle ses limites – il est ainsi singulièrement difficile d'utiliser un traitement de texte comme tableur et réciproquement. Autrement dit, comme avec toute machine d'ailleurs, on ne fait pas ce que l'on veut, on doit satisfaire à des points de passage obligés qui ouvrent un espace de possibles : si je peux écrire ce que je veux avec mon traitement de texte, c'est-à-dire en recourant au cadre de mon logiciel de traitement de texte, je ne peux pour autant me passer de ce dernier et ne peux exiger de la machine que ce que ce logiciel peut lui demander (Souchier, 1996). Comprenons : il s'agit moins de dénoncer les contraintes qu'emporte tout logiciel (celles-ci s'allègent de plus en plus d'ailleurs, et l'offre s'élargit constamment) que de montrer la régulation – une véritable *rationalisation molle* – inhérente à l'accumulation des couches de traduction, ce que la sophistication des logiciels d'interface utilisateurs tend à masquer au bénéfice de l'illusion (malsaine ?) d'une informatique « magique ».

12.1.1.2. *Complexité*

Cette régulation interne de l'ordinateur lui permet de gérer avec efficacité le nombre par la vitesse. L'organisation et la gestion précise des flux internes travaillent – avec la miniaturisation – à l'optimisation de la vitesse de leur circulation. Les tâches de chaque composante sont distribuées, les ordonnancements dressés : les instructions peuvent dès lors être exécutées au plus vite – donc, grâce à l'électronique très vite, c'est-à-dire à une vitesse qui échappe à nos sens. Cette même vitesse rend les procédures de traduction entre langages quasiment imperceptibles à l'utilisateur d'aujourd'hui : c'est cette transparence qui assure la vitesse de traitement de l'information.

Cependant, la *vitesse* trouve rapidement sa limite dans la capacité d'absorption des données et des instructions par l'ordinateur, c'est-à-dire dans sa *mémoire*[152]. Plus la vitesse est importante et plus elle exige de mémoire sous peine d'engorgement. Plus la mémoire est étendue et plus la vitesse acquiert de pertinence. L'une ne va pas sans l'autre. La mémoire, une vaste mémoire est un attribut fondamental de tout ordinateur depuis sa définition théorique par Von Neumann : sa célèbre « architecture » en effet repose d'abord sur le volume d'une telle mémoire. Celle-ci ne permet-elle pas d'intégrer des programmes puissants et des données nombreuses ? *Au total, l'ordinateur est un outil efficace de gestion du nombre parce qu'il possède une excellente mémoire, parce qu'il va vite (grâce, en l'état actuel des choses, à l'électronique) et qu'il est automatisé.*

Cette aptitude tout à fait exceptionnelle à la gestion du nombre sert bien souvent à justifier le recours à l'informatique, et ce dans de multiples situations : de la médecine à la sécurité sociale, en passant par la distribution ou la banque, de l'archéologie au sport, en passant par les bibliothèques (Robert, 1994). Des pans entiers de notre société semblent sombrer dans la complexité et cherchent leur sauveur dans l'informatique, sans percevoir clairement que la capacité de cette dernière à l'absorber se paie non d'une réduction mais d'une reconduction de cette complexité : elle ne la stabilise pas, mais stabilise au contraire les conditions de sa prolifération, ce qui est tout autre chose.

12.1.1.3. *Enregistrements*

La complexité se traduit par la multiplication des événements. En fait les professions, activités et organismes dont nous venons de souligner la diversité travaillent, à l'aide de batteries de plus en plus sophistiquées de « capteurs », à rechercher l'événement sur lequel ils pourront faire porter leur emprise. Mais l'événement ne parle pas tout seul ; repéré, il ne devient manipulable que transformé en information, donc transcrit, dit au minimum, écrit ou mis en image. Car, si

---

152. Elle trouve également une limite dans le fait que le moteur informatique chauffe.

l'événement se signale comme différence, l'information, à suivre G. Bateson est la nouvelle de cette différence (Bateson, 1984, p. 35). Cependant, cette information, prend d'autant plus de sens qu'elle est intégrée dans une accumulation ordonnée à partir de laquelle il devient possible d'opérer des rapprochements, des comparaisons, des tris, etc. Or, l'informatique offre une incomparable mémoire et une puissante capacité de manipulation (par les programmes) soutenues par une vitesse considérable. Elle peut donc opérer un passage extrêmement rapide de l'événement au document – et réciproquement. Mais un tel mouvement puise sa condition de possibilité dans la spécificité du document : à la différence du document papier, il ne possède pas un affichage permanent. Autrement dit, parce que l'ordinateur est une machine, *le document ne s'actualise que lors de son activation*, et à la demande. Sinon, il existe sous une forme potentielle : son inscription au sein de la mémoire informatique n'est pas directement lisible, elle exige toujours le recours à un système de lecture. A chaque mise en route la machine restitue le document en opérant l'ensemble des traductions qui lui donne cette forme accessible à nos sens. *Le document n'est plus seulement ce qui s'affiche momentanément sur l'écran, ce qui est visible avant même d'être lisible, il persiste dans un entre-deux, entre la mémoire – inaccessible directement, invisible et illisible – et l'écran, entre son « repos » et son actualisation éphémère*[153]. L'informatique couple l'existence[154] du « texte » à sa lecture car elle le dissout comme texte dans son enregistrement (alors qu'un texte sur papier – en affichage continu – n'a besoin d'aucune transformation pour être lisible). Elle autorise également la possibilité d'un rafraîchissement constant du document : celui-ci n'est plus obligatoirement fixé jusqu'à sa destruction, mais peut faire l'objet d'une reprise, sans pour autant que l'ancienne version ne disparaisse, enregistrée dans un autre fichier. L'informatique embraye d'emblée sur la réécriture et la reproduction sur l'écriture.

12.1.1.4. *La multiplication des dimensions*[155]

Computers are representation machines that can emulate any known medium.

Brenda Laurel, *Computers as theater* (1991, p. 32)

The computer, viewed as a medium itself, can be all media if embedding and viewing methods are sufficiently well provided. Moreover this new « metamedium » is active – it can responds to queries and experiments […].

Alan Kay et Adele Goldberg, *Personal Dynamic Media* (1977)
(New media reader, 2003, p. 394)

---

153. Nous reviendrons en détail sur cette question du document numérique au chapitre 13.

154. Au sens étymologique de « sortir de », « se manifester ».

155. Certains auteurs pensent que l'une des propriétés essentielles de l'informatique réside dans une capacité non seulement à la récursivité, mais également à la réflexivité (Guichard, 2002 et Weissberg, 1999, p. 149) ; singulièrement parce l'informatique serait habitée par l'écriture qui, elle, serait pleinement réflexive. Que l'informatique soit capable de récursivité c'est une chose ;

Outil de modélisation, l'informatique travaille donc à intégrer une ou des dimensions supérieures dans un « espace » de dimensions inférieures. Comme l'informatique est machine, elle replie, rabat sur un outil de dimension quatre des phénomènes de dimension au moins cinq. En fait l'informatique recèle une propriété essentielle : celle de pouvoir faire vivre un très grand nombre de dimensions. Elle permet de gérer des mondes à *n* dimensions[156], avec *n* aussi grand que l'autorise la puissance de la machine et notre intelligence à lui donner sens (double limite bien réelle). Avec l'informatique il devient possible de réinventer le monde dans la multiplicité de ses dimensions et de le rendre intelligible par le truchement d'un instrument de dimension quatre.

---

qu'elle atteigne à la réflexivité (au sens non mathématique du terme) cela en est une autre. L'écriture permet effectivement de mettre en œuvre les deux opérations de récursion et de réflexivité. Récursivité lorsqu'elle autorise la production d'une grammaire écrite dans une langue de cette même langue prise comme objet. Mais il en va tout aussi bien d'une réflexivité parce qu'il en va également d'un travail sur le sens. Ainsi, une grammaire en français du français fait-elle émerger un système de règles explicite qui n'est que le miroir du déploiement implicite, au sein même de cette langue française, de catégories telles, par exemple, que celles de passé/présent/futur, qui elles-mêmes se traduisent par la mise en évidence des différents temps. Autrement dit, une langue qui fonctionnerait selon d'autres paramètres ne pourrait donner lieu à une grammaire distinguant ces différents temps. Il en va donc à la fois d'une opération de retour de la langue écrite sur elle-même et inextricablement d'une re-flexion, d'un retour de sens, de la langue écrite sur elle-même. Or, la machine et tous les montages machiniques (Weissberg, p. 182) ne permettent que la seule opération de récursivité et non une véritable réflexivité. Qu'une combinatoire puisse se prendre elle-même comme objet et par là même se complexifier considérablement ne signifie en rien qu'elle verse dans la réflexivité. Car ce repli de la technique sur elle-même n'emporte aucunement qu'elle en vienne *ipso facto* à travailler sur le sens. La récursivité n'est qu'une opération « technique » qui n'implique en rien la question du sens. En revanche, la réflexivité suppose une opération de récursion qu'elle dépasse dans un questionnement du sens. Or, la technique est indifférente au sens, ou plutôt, sans être l'Autre du sens comme le pense G. Hottois (Hottois, 1984), elle lui résiste inévitablement. Aussi, lorsqu'elle fonctionne à l'écriture, ce n'est pas sur le mode d'une production de sens, mais bien, inversement selon une logique de retrait par rapport au sens. Le sens n'est réintroduit que par l'interface de lecture-écriture que nous (humains) manipulons. C'est l'automaticité même de l'informatique qui la désengage du sens.

156. Comme le souligne D. Engelbart (dont nous présentons les travaux à la section 12.3 du présent chapitre), passer de son système d'augmentation informatisé de l'intelligence au livre ou au journal, c'est-à-dire revenir au livre ou au journal « is like trying to project n-dimensional forms (the concept structures, which we have seen can be related with many nonintersecting links) onto a one-dimensional form (the serial string of symbols), where the human memory and visualization has to hold and picture the links and relationship » (Engelbart, 1962, p. 25). N'est-ce pas dire que l'informatique permet effectivement de travailler sur des objets à n dimensions ?

Cette propriété repose sur son aptitude à appréhender « le monde » comme système de variables en variations : chaque variable constitue en fait une dimension du processus ou de l'objet, dont les valeurs sont susceptibles de subir des modifications au cours du temps. Cependant, l'analyse d'un problème reste toujours partielle : elle est acquise par cet hybride limité qui allie un homme ou un groupe d'hommes à une ou des machines et demeure toujours en deçà de l'exhaustivité. Plus riche qu'avec les technologies intellectuelles traditionnelles, la modélisation informatique travaille néanmoins toujours à une rationalisation, à une simplification de la réalité, sauf à se perdre comme intelligible. Elle s'affronte enfin à un problème de coût, qui joue non seulement sur la puissance, mais également sur le temps accordé aux traitements et donc sur la richesse de la combinatoire retenue – alors même que celle-ci observe rapidement une progression exponentielle.

Cette multiplication des dimensions exige un effort d'exploration et de maîtrise à la fois par la mise en visibilité de cette propriété, qui s'exprime par l'élaboration d'interfaces pratiques et graphiques – notamment la souris et la métaphore du bureau –, ainsi que par le développement d'outils d'organisation comme l'hypertexte et de représentation « cartographique » (de ses liens par exemple). Mais cette même multiplication embraye également sur une logique de réseau(x) qui en rend, en revanche, la maîtrise beaucoup plus complexe et incertaine. Ces questions font le plus souvent l'objet d'un traitement sur le mode idéologique (qui marie volontiers l'idéologie de la communication et l'idéologie technicienne) du « meilleur des mondes ». C'est pourquoi y reviendrons en détail à la section 12.3, en nous appuyant avant toute chose sur les textes des « pères fondateurs » de ces différentes technologies ainsi que sur quelques auteurs contemporains, mais dans une perspective critique.

12.1.2. *Motif, architexte et technologies intellectuelles*

On ne peut pas comprendre l'informatique, c'est-à-dire non en faire mais la penser, de l'intérieur. Il vaut mieux prêter attention au mot lui-même. Il nous en apprend effectivement beaucoup. Le terme informatique a été forgé par P. Dreyfus en 1962 afin de désigner un mouvement d'automatisation de l'information. « Automation » aurait pu faire l'affaire, mais il avait déjà cours. Alors plutôt que d'élaborer une automatique de l'information on a produit une information automatique. Quoiqu'il en soit ce mot dit quelque chose d'essentiel : qu'il faut désormais penser (mais c'était vrai dans les faits depuis au moins l'avènement de la mécanographie d'Hollerith) moins ordinateur (terme avancé en 1955, à la demande d'IBM, par J. Perret, professeur de littérature à la Sorbonne), moins machine que processus de traitement de l'information[157], et j'ajouterais volontiers, processus global. C'est pourquoi nous avons proposé de penser l'informatique comme un MOTIF, un *moteur d'inférence et de gestion de formes*. Comprenons que cette informatique n'est qu'une incarnation du Motif. Au XIXe siècle, le Motif se projette dans les plans des machines de Babbage et se concrétise véritablement pour la première fois avec la mécanographie. Au premier XXe siècle c'est toute une théorie de machines analogiques notamment ou dans leurs premiers balbutiements électroniques qui le mettent en scène. Car le Motif, à l'image des technologies intellectuelles, ne peut être appréhendé qu'au travers de l'une de ses concrétisations techniques, sans qu'il faille pour autant l'y réduire. De même qu'une carte n'existe pas en dehors de son support, sans s'y résorber pour autant. Mais l'informatique n'est pas qu'un support passif, elle est à la fois mue (pour partie), cadrée et exposée par ses logiciels, que nous appréhenderons à travers la notion, avancée par Y. Jeanneret et E. Souchier, d'architexte (Jeanneret et Souchier, 2005). Nous allons donc présenter le Motif, puis la notion d'architexte et enfin, à la fois leurs relations et celles qu'ils entretiennent avec les technologies intellectuelles.

12.1.2.1. *Le Moteur d'inférence et de gestion de formes (le MOTIF)*

Nous définissons l'informatique comme *une technique d'inférence et de gestion de formes* (Robert, 2000 et 2009)[158]. Proposition qui mérite quelques éclaircissements. L'étymologie peut nous aider dans cette tâche. La forme, en effet, renvoie à la fois au moule et à l'objet moulé. La forme c'est en quelque sorte le résultat d'un passage du moyen, le moule, à l'objet, produit du moulage. Ce qui signifie que la forme ne réside à proprement parler ni dans le moule, ni dans le pourtour de l'objet moulé. Elle est leur relation. Elle se constitue de ce mouvement qui applique le moule à la matière, qui in-forme, met en forme. Or inférer, c'est porter dans, mettre en avant. L'inférence désigne ainsi au plus juste cette opération de projection et de transfert du moule à la matière par le truchement de la forme. Elle dit ce passage, ce mouvement. Et ce qui met en mouvement c'est justement ce que l'on appelle un moteur. Ainsi, grâce au moteur, grâce à son impulsion, on peut mettre en mouvement et entretenir ce mouvement, l'automatiser. C'est exactement ce que fait l'informatique : elle automatise l'inférence de forme, mais non dans l'ordre de la matière (et même s'il faut pour cela de la matière), mais dans celui de l'information. On en conclut donc que le travail spécifique de ce moteur, c'est la production de formes (c'est-à-dire du résultat d'une relation) et/ou la transformation (c'est-à-dire la modification d'un système de résultats de relations). Une production qui est d'abord interne, au bénéfice du fonctionnement réglé de la machine, avant que d'être exporté au profit de la gestion d'activités externes.

---

157. Ce que les anglo-saxons savent mieux que nous puisqu'ils parlent essentiellement d'*information processing*.

158. Ce passage reprend la présentation du Motif exposée dans (Robert, 2009), au chapitre 2.

Nous allons d'abord chercher à appréhender l'éco-système dans lequel s'est développé ce MOTIF, puis nous en présenterons les propriétés principales et nous finirons par quelques éléments de sa sociologie.

Nous définissons l'éco-système du Motif à travers les deux notions « d'investissement de forme » (Thévenot, 1986) et de « control revolution » (Beniger, 1986). Lorsque L. Thévenot avance sa notion d'investissement de forme en 1986, il est manifestement à la recherche d'une conception élargie des ressources de l'entreprise. Une conception qui dépasse les seules « immobilisations », singulièrement les seules machines, voire le diptyque hommes-machines. Il voudrait affranchir la notion d'investissement de ses limites traditionnelles, l'étendre à tous les moyens qui permettent au fond de créer un peu de stabilité, par équivalence et généralité. Prenons l'exemple de l'assurance qualité : elle est une référence partagée (elle est donc censée faire gagner en généralité) à l'aune de laquelle les différents acteurs sont mis en équivalence par objectivation – au moins à un niveau hiérarchique donné –, puisque c'est en quelque sorte la tâche telle qu'elle est décrite qui guide son actualisation. Il s'agit bien d'un travail de mise en forme, de ce que l'on peut appeler un véritable investissement de forme, lourd, coûteux et complexe, rarement pris en compte par l'entreprise comme tel (dans le sens où il est catégorisé autrement). Or, Thévenot ne manque pas de préciser que la forme peut être outillée dit-il, objectivée dans un équipement, dans des machines – dont l'informatique. Une informatique dont pourtant il ne souligne pas qu'elle possède une spécificité radicale, puisqu'elle n'est pas qu'un corps machinique donné à une forme, mais bien un investissement *machinique* de forme, ou plutôt le mode machinique de l'investissement de forme. Machine à créer et à gérer de la forme, l'informatique travaille à produire des équivalences qui autorisent une gestion du grand nombre (d'hommes, de choses ou de signes).

Cette notion d'investissement de forme prend néanmoins tout son sens lorsqu'elle est recadrée par une perspective que les classiques de la sociologie ont soulignée dès les premiers pas de cette discipline : ce mouvement de rationalisation, qui est au cœur de l'œuvre d'un Max Weber et qui tient une place également considérable dans l'œuvre de Durkheim avec la question de la division sociale du travail. Dans une ligne de pente similaire, J. Beniger a montré beaucoup plus récemment que l'on pouvait penser le développement des TIC au sein d'un vaste mouvement, d'un véritable éco-système informationnel, qui va de l'explosion de la presse à grand tirage aux servo-mécanismes en passant par l'avènement de la publicité, du marketing, ou de l'OST. Soit tout un ensemble de techniques qui permettent de desserrer ce qu'il appelle les « crisis of control », crises engendrées par les défaillances gestionnaires d'un système industriel en pleine expansion. C'est cela même la « control revolution », l'introduction de technologies qui, grâce à la multiplication des *feedback* informationnels gestionnaires, permettent d'assurer une meilleure régulation de la distribution des marchandises et de stimuler la consommation afin de faire sauter le goulet d'étranglement... tout au moins jusqu'à la prochaine crise. L'informatique actuelle n'est au fond que la pointe vive de ce double mouvement de *rationalisation/control revolution*.

Le Motif ne doit en aucune manière être assimilé à une technologie en particulier, quand bien même il ne peut pas ne pas s'incarner dans l'une d'entre elles. Entendons que le Motif est à l'œuvre aussi bien lorsque la mécanographie se développe que lorsque l'informatique prend son essor. Ou plutôt, on constate la présence même de ce Motif à travers ces deux véhicules. Ce sont eux qui nous donnent accès à ce Motif, ce sont eux qui le rendent visible en quelque sorte. C'est pourquoi il est possible de distinguer, au plus haut niveau de généralité, ses trois propriétés essentielles quasiment indépendamment des différentes technologies, qui ne sont requises qu'à titre d'exemple.

Le Motif fonctionne comme une *variable*. Ce qui signifie que ce qui engendre la forme ne peut prendre que la forme d'une variable. Mais il s'agit d'une variable aux configurations contrôlées. Autrement dit, la variable c'est l'ouverture de l'espace de la possibilité même d'engendrement de formes aussi multiples que l'on veut. Mais elle ne devient opérationnelle que sous deux conditions a/ que soit assurée la maîtrise des opérations de variation des états de la variable (ses valeurs) c'est-à-dire ses différentes formes, et b/ que soient enregistrées dans une méta-forme l'historique de ces variations. Cette variable n'est pas abstraite comme peut l'être la variable mathématique, mais travaille toujours une matière d'inscription quelconque.

Ce Motif s'articule au monde (des hommes) par des *interfaces*. Ces interfaces constituent des formes intermédiaires entre celles que peut manipuler la machine en dernière instance (le langage machine, les suites de 0 et de 1), et celles que peuvent manipuler des humains (essentiellement liées à leurs écritures et images héritées d'une culture de longue durée). L'interface est un espace de transition où se déroule une continuelle transaction entre ce que les formes machiniques peuvent concéder aux humains et ce que ces derniers acceptent de leur concéder. C'est ici que s'exprime singulièrement une logique que je qualifie d'opération de *compensation* : moins la machine donne et plus l'homme doit donner (un système des années 1960, qui reste relativement replié sur sa technique, requiert un expert, c'est-à-dire un homme qui s'avance beaucoup en direction de la technique, se fait lui-même technique, pour fonctionner). Inversement, plus la machine donne et moins l'homme doit donner, ce qui se paie néanmoins d'une part par une hausse de la compétence informatique moyenne de la population et d'autre part par le leurre d'une « convivialité » qui nous incite à oublier les cadres stricts que nous imposent ces formes molles.

Ces interfaces ouvrent moins sur une interactivité (terme qui dépossède l'homme de l'action et l'étend à la machine), que sur une capacité d'hybridation des faires, une aptitude à inter-faire, en un mot une *interfairance*. Grâce à ces signes (signes-passeurs dirait Y. Jeanneret (Jeanneret 2000)), il devient possible de faire exécuter une opération à l'ordinateur, de même que celui-ci « attend » (en tant que potentiel de faire à exploiter et non par intentionnalité) que, par l'intermédiaire d'une souris, d'un clavier ou de tout autre outil, nous lui fassions faire quelque chose.

Enfin, ce Motif s'articule au reste du monde et singulièrement au monde des autres machines par le truchement d'une *logistique* qui doit suppléer à la multiplication des différentes formes de sa concrétisation (avec, aujourd'hui, la prolifération des puces et logiciels dans une myriade d'appareils) par la possibilité d'un dialogue toujours ouvert. L'intérêt de truffer sa maison de multiples puces ne réside-t-il pas dans la possibilité de communiquer avec elle à distance pour commander la mise en route du chauffage, le déclenchement de la lumière, etc. ? Si un réseau quelconque peut relever d'une logique propriétaire et rester relativement, voire totalement fermé, de nos jours le réseau de réseaux se doit d'être ouvert. Ce qui ne signifie pas que cette ouverture relèverait d'une supposée « immanence réseautique ». Elle n'est en rien donnée, mais bien à conquérir, à construire. Il convient donc de pratiquer ce vieil exercice de la *diplomatie*. Car la diplomatie, en effet, repose sur une communication qui œuvre sur le registre de la confiance. Or, cette confiance n'est pas innée, mais le produit de l'usage d'un outil d'authentification des documents, le *protocollum*, « feuille collée aux chartes, portant des indications qui les authentifient » (Dictionnaire Le Robert). Information conventionnelle de deuxième degré, mise en forme d'une mise en forme, tel est le protocole, naguère comme aujourd'hui. Car le protocole informatique ne fonctionne pas autrement, par convention et étiquette (méta-forme). En effet, « il faut préciser sur chaque message, au moyen d'une *étiquette* aisément identifiable, l'adresse du destinataire, ou, tout au moins, le chemin à suivre. Qui plus est, comme les messages se suivent de très près, la promiscuité guette : tout risque de mélange doit être écarté au moyen de frontières de début et de fin de message. Ces frontières, ainsi que les étiquettes où se trouve consignées la destination, doivent faire l'objet de *conventions* communément admises par toutes les stations d'un réseau de télécommunication. Sans ces conventions, aucun message ne saurait être acheminé à bon port en toute quiétude ; c'est à ce genre de convention que l'on se réfère lorsque l'on parle de *protocole de communication* » (Ganascia, 1998).

Ces propriétés ne nous intéressent pas pour elles-mêmes, mais seulement parce qu'elles peuvent être reliées à la macrosociologie politique du Motif. Une telle sociologie raisonne moins en termes d'acteurs, que de modalités d'inscription du Motif et de ses propriétés dans la société. Entendons par là que cette inscription passe par la capacité du Motif à jouer sur les irréversibilités ou réversibilités (toujours relatives) au service desquelles il peut entrer.

Ainsi, lorsque l'informatique participe à l'instauration d'un ensemble de catégories (qui correspond bien à un travail de mise en forme) à travers lesquelles une population est appelée à se penser – telle que la catégorie statistique de chômeur –, elle soutient la création d'une irréversibilité sociale relative. Car l'inscription comme chômeur dans la vaste machinerie bureaucratico-informatique ouvre des droits à celui ou celle qui est ainsi étiqueté, à condition qu'il accepte d'être vu, perçu, de manière privilégiée à travers ce classement là. Cet homme ou cette femme sont socialement stabilisés dans cette image là, il en va bien de la production d'une irréversibilité relative, tant locale (au niveau individuel) que globale (au niveau de cette classe des chômeurs).

Aujourd'hui, nous sommes tous définis comme consommateur(s). L'étendue même de la catégorie en réduit l'efficacité parce qu'elle perd en capacité de discrimination. D'où la nécessité de la travailler afin de la rendre plus aigue, plus fine, bref plus pertinente dans la définition de profils de consommation plus précis, à la fois plus complets et plus détaillés. Là encore le Motif participe – sans exclusive – à son découpage, sa segmentation dit-on. Un changement de « granularité » qui se paie par un recueil d'une information toujours plus pléthorique sur les réseaux afin de nourrir d'insatiables banques de données et d'en croiser autant que faire se peut (c'est-à-dire aussi loin que le permet la législation lorsqu'elle existe) les données. Les propositions que l'on reçoit par courriers (notamment en matière de produits financiers ou de consommation courante) reflètent directement ce profilage et sont donc à la fois techniquement classées et socialement classantes.

Ces opérations font directement appel à nos trois propriétés :

– la variable contrôlée, qui génère des formes (une banque de données ou un profil sont des mises en forme) ;

– l'interface (qui rend visible et aisément manipulable le résultat du travail de mise en forme, par la traduction, par exemple, de la forme primaire de la banque de donnée en une forme synthétique lisible – liste, tableau, courbe) ;

– la logistique (qui permet la recherche, la capture et le rapatriement de toujours plus d'informations et la multiplication de leurs croisements).

12.1.2.2. *Le Motif et l'architexte*

On peut considérer que le Motif existe à trois échelles, macro, méso et micro-nano. Il reste invisible, c'est-à-dire échappe à notre registre de visibilité d'homme aux échelles macro (le complexe technique de l'informatique mondialisée) et micro-nano (ce qui se passe, techniquement, dans la machine). En revanche il se donne à voir de manière privilégiée à l'échelle méso, à condition de posséder les interfaces qui lui permettent d'afficher cette visibilité sur l'écran de la machine. L'ensemble de ces interfaces forme ce que Y. Jeanneret et son équipe appellent un architexte (Jeanneret, 2005). Aux niveaux macro et micro-nano le Motif œuvre dans l'ordre de son automaticité, nous sommes obligés de lui déléguer l'exercice d'opérations sur lesquelles notre emprise ne devient que marginale, indirecte et très hautement technicisée – puisque nous sommes dès lors dans l'ordre de la machine en tant que tel. Nous ne récupérons la main qu'au niveau méso, et encore partiellement seulement puisque nous restons dépendants de ce que la technique à la fois nous offre et nous laisse. Ce que montre parfaitement l'approche par l'architexte.

Qu'est-ce qu'un architexte informatique ? C'est un « logiciel considéré dans sa capacité à mettre en forme et conditionner l'écriture. L'architexte (traitement de texte, navigateur, logiciel de présentation, etc.) procède à une écriture de l'écriture : il relève de la production de formes qui se situent en amont de l'acte d'écriture-lecture et en déterminent les conditions de possibilité (du grec archè, origine, pouvoir) » (p. 15)[159]. Autrement dit, « le principe de l'architexte consiste en cette forme particulière de l'écriture permise par l'informatique, qui se place en amont de toute écriture particulière pour en définir le cadre et les conditions ; une forme qui est à l'origine et au pouvoir (archè) du texte » (p. 17). Enfin, « le caractère à la fois résistant et glissant de l'architexte tient en particulier au fait qu'il se laisse lui-même en permanence récrire et porte ainsi dans sa propre structure des traces des usages qui en sont faits » (p. 238).

Quelle relation cet architexte peut-il entretenir avec les technologies intellectuelles ? Ses promoteurs nous mettent peut être sur la voie lorsqu'ils soulignent que leur travail de recherche a supposé « une description des modes d'articulation entre trois niveaux sémiotiques, celui du code informatique, qui définit le mode d'automatisation des opérations, celui des unités linguistiques, qui fournit sa base à une approche mathématico-logique nécessaire à la représentation des connaissances, celui de la mise en forme sémiotique qui conditionne l'appropriation des textes et les modalités d'initiative dans l'écriture (entre les trois espaces respectifs du programme informatique, de l'ingénierie linguistique et de l'interface écrite) » (p. 17). Je substituerais volontiers à « approche mathématico-logique nécessaire à la représentation des connaissances » et « mise en forme sémiotique » la notion de technologies intellectuelles, car c'est bien de cela qu'il s'agit : des cadres technico-graphiques de la représentation des connaissances. L'architexte devient dès lors l'outil de la mise en scène informatique – et donc motorisée, automatisée si l'on préfère – des technologies intellectuelles : la carte apparaît ainsi à travers un logiciel qui en permet l'élaboration et la transformation, le dessin technique nécessite un logiciel spécialisé qui en autorise la projection et la transformation, l'encyclopédie

159. Lorsque Y. Jeanneret et E. Souchier (2002) parlent d'architexte, ils modélisent sur le mode Sciences de l'information et de la communication le logiciel et l'affranchissent de la seule logique technicienne. Et c'est un geste essentiel qui, me semble-t-il, rejoint pleinement ce que je tente de faire, à savoir nous réapproprier l'informatique en la modélisant et en l'interrogeant à travers nos propres catégories.

exige la mise en forme d'un espace singulier de présentation, voire d'intervention ou d'annotation, etc. Autrement dit, sans l'architexte les différentes technologies intellectuelles ne pourraient être données à voir. Remarquons qu'il n'existe pas – pas encore ? – d'architexte susceptible de rendre le livre en tant que technologie intellectuelle. Soit les outils spécialisés, tels les e-book restent somme toute marginaux, soit on en est venu à copier la mise en forme propre au livre dans une logique qui relève de celle du *fac simile* (avec le format PDF).

Il en va ainsi d'un véritable pouvoir logiciel (*op. cit.,* p. 231). En effet, « si l'archive, au sens que lui donne Foucault, c'est-à-dire le jeu incessant qui redéfinit la disponibilité des formes, est impossible à décrire dans sa totalité, mais tout aussi bien impossible à contourner dans son actualité (Foucault, 1969, p. 171), l'inscription des formes écrites par les architextes peut être analysée comme l'une des médiations par lesquelles une part de cette archive devient visible, pérenne, manipulable aux dépens d'autres formes. L'architexte dote certains discours et certaines formes discursives d'une matérialité plus aisément répétable, répétable sous des formes particulières ; il contribue, inversement, à la raréfaction de certaines formes qu'il masque ou enfouit » (Jeanneret, *op. cit.*, p. 237). Cet architexte est même doté d'un réel pouvoir « d'écrasement sémiotique, qui tend à faire de [chaque pratique] la simple variante d'un modèle[160] » (p. 228). Le métier de consultant offre une claire démonstration de ce pouvoir. En effet, « l'injonction technologique [y] est particulièrement difficile à contourner. La logistique des moyens d'écriture y relève d'une dynamique du capital. Dans cette transformation des forces productives de l'écrit, tout nouveau procédé doit être intégré et maîtrisé pour permettre au consultant de rester à la page. Aussi, l'adoption de Power point n'y fait-elle pas question mais exercice. Il ne s'agit pas de savoir pourquoi l'adopter mais comment le mettre à profit. Contexte qui autorise une forte affirmation de la modélisation informatique : c'est tout un modèle du texte, « clef en main » en quelque sorte, qui est proposé avec cet architexte » (p. 229). Un architexte qui, dans certaines circonstances – par exemple son déploiement dans les médias d'information étudié par l'équipe dirigée par Y. Jeanneret – « prend systématiquement une forme destinée à faire oublier son caractère d'agent de transformation » . Autrement dit, dans ces deux derniers cas, il participe de ce que j'appelle *l'impensé informatique* (Robert, 1994), cette pratique discursive (qui s'investie ici dans les outils d'ouverture des conditions de possibilité d'écriture) qui permet de soustraire l'informatique aux épreuves de justification éthiques et politiques.

160. N'y-a-t-il pas également un « pouvoir » de l'architexte dans ce qu'il prend en charge (sans même parler d'imposition) et qui nous échappe ? Le pouvoir d'un traitement de texte ne serait pas seulement dans sa capacité à contraindre notre écriture mais aussi dans son aptitude à prendre en charge une partie des conditions de possibilité de cette écriture et qui, dès lors, nous échappe – sans que nous puissions (facilement) le récupérer.

12.1.2.3. *La relation complexe du Motif, de l'architexte et des technologies intellectuelles*

Au total il est donc possible de réarticuler Motif, architexte et technologies intellectuelles. Car le Motif fonctionne lui-même (quelle que soit l'échelle) grâce à l'usage de l'écriture (comme code) et des technologies intellectuelles (notamment des listes et des programmes). Mais c'est singulièrement à l'échelle méso qu'il montre son influence *sur* les technologies intellectuelles, sur leur mode d'existence, particulièrement à travers ce travail de mise en forme et de mise en scène que propose l'architexte. On peut même dire que le Motif se donne à voir à l'échelle méso, à échelle d'homme, au travers de l'architexte. Autrement dit, l'architexte constitue la forme logicielle du Motif sur support informatique. On retrouve, en effet, dans cet architexte la triple dimension d'un moteur (automaticité) d'inférence de formes (cadre logiciel) et de gestion de ces formes (gestion à la fois des cadres et de leurs résultats).

Or, c'est bien à travers un architexte que les différentes technologies intellectuelles qui ont d'abord pris forme sur des supports tels que le papier, mais aussi le parchemin, le papyrus ou la tablette d'argile, vont à nouveau apparaître, mais cette fois sur un support informatique/numérique. Cet architexte, qui en tant que mode d'organisation de l'information (écrite/image) a, en quelque sorte, toujours existé implicitement, à l'état latent non ou peu formalisé et encore moins automatisé, devient ici un cadre de cadres formel et motorisé dont on peut se demander s'il ne peut lui-même être considéré comme une nouvelle technologie intellectuelle.

Bref, ce sont moins l'informatique ou Internet en tant que tels, qui ne sont que des concrétisations transitoires si l'on veut du Motif, qui portent la logique des technologies intellectuelles, que le Motif lui-même et sa version logicielle locale, l'architexte. Car, à bien y réfléchir, ce n'était pas plus le papier qui était une technologie intellectuelle, mais bien la carte ou le livre sur papier. Jamais le support en tant que tel ne peut prétendre au statut de technologie intellectuelle. L'informatique pas plus que n'importe quel autre. Elle n'est qu'un support, certes nouveau puisqu'il est lui-même habité par l'écriture et les technologies intellectuelles – dès lors que sa motorisation requiert déjà leur usage. Mais elle n'est que le véhicule actuellement privilégié de la logique lourde du Motif, qui elle-même convoque la logique beaucoup plus légère des technologies intellectuelles au service de sa propre gestion et la met en scène dans une version motorisée, celle de l'architexte, qui en transforme considérablement le mode d'existence[161]. Nous retrouverons cette réflexion en fin de parcours (voir le chapitre 13).

---

161. On peut même se demander si les supports anciens – à commencer par le papier – n'incarnaient pas quant à eux la logique, historiquement et même anthropologiquement encore beaucoup plus lourde que celle du Motif, des PASSIFS ou « projections appareillées

12.2. Du mode d'existence politique de l'informatique

12.2.1. *Stabilité*

En ce début de siècle, l'informatique semble frappée d'une double instabilité : entre sa quasi dissolution au sein d'un vaste magma réseautique à vocation communicationnelle, et les soubresauts d'une industrie en constante évolution. Sans nier ces deux tendances (et avant d'étudier de manière approfondie la première en section 12.3), nous voudrions néanmoins montrer que l'informatique peut encore témoigner d'une réelle stabilité.

Car derrière des transformations technologiques apparemment profondes se cache notamment la stabilité fonctionnelle du noyau dur qu'incarne aujourd'hui le microprocesseur : les changements d'échelle considérables qu'emporte la miniaturisation n'ont, en effet, pas véritablement affecté l'essentiel de la structure définie par Von Neumann, elle en a « seulement » notablement accru la concrétisation au sens de Simondon, c'est-à-dire l'intégration fonctionnelle (Simondon, 1989). Mémoire, CPU, programmes restent des ingrédients incontournables, autrefois relativement dispersés alors qu'ils connaissent une intégration poussée de nos jours. Les relations ont été à la fois fluidifiées et complexifiées. La *miniaturisation* autorise des vitesses toujours croissantes (dans les limites des propriétés physiques des composants bien évidemment) – et des coûts toujours plus bas. En ce sens, l'informatique subit moins une dissolution qu'une distribution beaucoup plus fine de sa puissance fixée sur de multiples objets et embrayant sur de multiples processus.

Malgré la rapide obsolescence des technologies, il est néanmoins possible de conserver son ordinateur ou certaines applications pendant quelques années, mais il est vrai que la pression publicitaire et médiatique incite parfois plus au changement de matériel ou de logiciel que l'évolution des besoins réels. L'instabilité chronique de cette industrie, qui avait été contenue par la domination d'IBM et sa capacité à imposer des standards de fait, l'amène en contrecoup à développer des démarches de mise en compatibilité ou procédures de normalisation. Désormais, tous les PC se ressemblent, quel que soit le fabriquant : la différence se construit soit sur l'acquisition d'une puissance supérieure (du microprocesseur et/ou du logiciel), soit sur les prix. Même les interfaces graphiques de Windows convergent vers le modèle Mac d'Apple : la pratique tend donc à s'unifier à travers un modèle dominant. Enfin, quoique l'on y prête peu d'attention, remarquons que l'on connaît maintenant une stabilisation relative du support d'enregistrement, singulièrement avec les disquettes hier et les DVD et clés USB aujourd'hui, susceptibles d'être utilisées avec n'importe quel PC.

---

sur supports statiques d'inférence et de gestion de formes » (les diagrammes, cartes, dessins techniques, etc., inscrits sur des tablettes d'argile, des livres imprimés sur papier en passant par le codex en parchemin ou le *volumen* en papyrus).

12.2.2. *Mobilité*

L'informatique, d'abord lourde et encombrante – pensons à l'ENIAC, ses milliers de tubes à vide et ses quelques trente tonnes (Breton, 1987) – a acquis une remarquable mobilité aujourd'hui. Cette informatique mobile est caractérisée par un accroissement :

– de la légèreté par la miniaturisation ;

– de la reproductibilité par le développement de la micro-informatique et des supports d'enregistrement simples et fiables (les disquettes, puis CD-ROM, DVD ou clés USB[162]) ;

– de l'accessibilité grâce au succès des interfaces graphiques ;

– de sa réticulation enfin, grâce aux réseaux locaux et à Internet.

La miniaturisation constitue une ligne de pente remarquable de l'évolution de l'informatique depuis ses premiers pas lors de la seconde guerre mondiale. Elle a produit nous l'avons vu – mais l'on pourrait dire aussi qu'elle est le produit – d'un effet de concrétisation qui en augmente sensiblement la mobilité interne, c'est-à-dire la vitesse d'exécution des instructions et de traitement de l'information. Elle se traduit également par le développement d'une mobilité externe aux effets non moins considérables : elle autorise en effet l'émergence de la micro-informatique, donc de petits ordinateurs diffusés dans un grand nombre de petites organisations (ou de départements de grandes organisations) qui ne pouvaient avoir recours à l'informatique des grands systèmes (ou en restaient dépendants), machines qui ont même progressivement envahi l'espace domestique. La légèreté devient telle aujourd'hui qu'elle a permis la naissance du micro portable, qui suit son utilisateur partout où il va.

Cet ordinateur, micro ou portable est désormais fabriqué à des millions d'exemplaires : production, reproduction de masse de la machine, qui s'accompagne d'une production non moins massive des dispositifs d'enregistrement, et singulièrement des disquettes, CD, DVD et autres clés USB. Celles-ci en effet assurent l'inscription et la reproduction de l'information engendrée par son traitement – une reproduction simple et rapide qui permet la sauvegarde et la diffusion éventuelle de cette information. Les logiciels, eux-mêmes inscrits sur de tels supports ou disponibles sur Internet, font l'objet d'un marché noir du piratage par copie à une échelle parfois quasi industrielle[163]. Or, on en vient d'autant plus facilement à copier massivement les logiciels qu'ils se révèlent plus simple

162. Dont il faut rappeler que nous ne connaissons rien, par manque de recul, de la capacité à perdurer sur le long terme.

163. D'où la réaction de certains grands de l'informatique, réunis au sein d'associations de lutte contre le piratage, à l'exemple de la Business Software Alliance, pilotée à l'origine par Microsoft, mais qui accueille désormais aussi bien IBM, CISCO, Intel, qu'Apple ou Adobe.

d'utilisation et plus facilement téléchargeables : ils sont en quelque sorte victime de leur succès.

Figure plus subtile de la mobilité : l'accessibilité grandissante de l'ordinateur amenée par le développement du mode graphique. Ce dernier en effet limite considérablement le nombre et la difficulté des épreuves que devait surmonter tout utilisateur d'ordinateur, il efface notamment la nécessité d'un apprentissage de la programmation pour l'exécution de tâches simples : l'outil est donné et non plus à construire, il suffit d'apprendre à l'utiliser et sur un mode somme toute convivial. On supposait volontiers lors des années 1970 qu'il faudrait rapidement sensibiliser l'ensemble de la jeunesse à la programmation afin d'éviter le développement d'un nouvel analphabétisme informatique et que la France tienne son « rang » dans le monde : on prévoyait donc l'indispensable *adaptation* unilatérale de l'homme à la machine. Or, à l'inverse, c'est également la machine qui a fait un pas vers l'homme. Mobilisée au service d'une vision qui pensait, dès les années 1960, la machine comme un véritable outil de communication (avec les travaux de D. Engelbart et de JCR. Licklider, présentés plus bas), elle-même recyclée au service de l'efficacité entrepreneuriale chez Xerox (dans les années 1970), puis d'un idéal politique plus ou moins explicite, avec Apple (fin des années 1970-début des années 1980), l'ordinateur finissait par être considéré moins comme un moyen de sélection que comme un outil de travail et de loisir proche des gens.

Enfin, parallèlement à cette micro-informatique des « petits chaudrons » louée par B. Lussato (Lussato, 1981), l'informatique a acquis une dernière mobilité grâce à la réticulation. D'ailleurs, aujourd'hui l'on en vient à articuler les deux mouvements, l'informatique autonome du micro se « branche » en effet de plus en plus sur les réseaux. Il est vrai que ceux-ci ont connu une double évolution : ils ne se résorbent plus dans les seuls réseaux de télécommunication, au point que l'on en vient souvent à confondre réseau et Internet ; ils se sont ouverts au-delà des institutions militaires ou universitaires qui les ont portés sur les fonds baptismaux... avant de succomber peut-être à la seule logique commerciale. La mobilité est ainsi non seulement assumée par le transport ou la diffusion des machines, puisque l'on peut brancher son portable sur réseau et que le réseau n'existe pas sans la multiplicité des machines, mais plus encore par la circulation des messages : mobilité logicielle sur fond d'immobilité ou de mobilité matérielle, elle-même largement conditionnée par le développement de logiciels d'organisation de la présentation de l'information et de navigation (le Web et les browsers) suscité par le déploiement d'une logique hypertextuelle généralisée entre sites territorialement éloignés.

12.2.3. *Contrôle et coordination*

Nous l'avons vu, l'ordinateur est un outil fortement régulé à l'intérieur de lui-même : c'est une machine dotée d'un puissant contrôle et d'une remarquable coordination interne. Or, cette qualité la machine la projette dans ses traitements, et donc, par leur truchement sur la société. Parce qu'il constitue *un instrument de flux internes contrôlés et coordonnés*, l'ordinateur ouvre toujours la possibilité de développer contrôles et coordinations à vocation gestionnaire dans les domaines économique, politique et social notamment.

Les exemples ne manquent pas depuis quarante ans de l'indéniable capacité de contrôle de l'informatique : des « affaires » (de fichage de populations) Safari ou Gamin révélées par la presse des années 1970 à la prise de conscience – encore bien faible –, entraînée par l'affaire OM-VA au mi-temps des années 1990, qu'il était déjà possible de retracer le profil d'une journée d'un homme ayant donné quelques coups de téléphone, retiré de l'argent d'un distributeur automatique, transité par un péage d'autoroute ou payé quelques courses, etc., en passant par quelques scandales peu connus du grand public français engageant des sociétés de renseignements financiers aux Etats-Unis ou en Allemagne dans les années 80, jusqu'au développement d'un marketing de base de données extrêmement précis et réseautique de nos jours[164]. La gestion informatique du nombre n'est donc en aucune manière politiquement neutre : d'autant moins que la modélisation emporte une représentation de la population contrôlée, c'est-à-dire une qualification/structuration/distinction (souvent péjorative), à travers laquelle elle est perçue par les « autres » et à travers laquelle il lui est enjoint de se penser quoiqu'elle en ait.

Enfin, parce que l'informatisation d'un processus entraîne toujours en quelque sorte son redoublement informationnel solidement structuré par son analyse, elle en vient inévitablement à (re)définir les relations et le système de coordination en jeu dans ce processus. Cette structuration fonctionnelle du problème-processus se retrouve au niveau de la gestion informatisée concrète de ses relations et coordinations (sans préjuger pour autant de leur efficacité organisationnelle ou productive). Toute informatisation – et ce d'autant plus qu'elle crée un réseau – ouvre donc la possibilité de développer de nouveaux contrôles et de nouvelles coordinations, voire même emporte toujours de nouveaux contrôles et de nouvelles coordinations, quels que soient leurs effets sur l'organisation ou la productivité (car la transformation du jeu des contrôles et des coordinations existantes n'implique en aucune manière leur inévitable amélioration).

---

164. Des activités de contrôle et de surveillance dénoncées en France chaque année dans le rapport de la Commission nationale informatique et libertés (CNIL).

12.2.4. *Formatage généralisé et irréversibilité*

L'informatique ne peut s'avancer dans le monde sans que le terrain de sa progression ne soit préparé. Nous avons appelé ailleurs ce mouvement le *formatage généralisé* (Robert, 1994 et 1995). En effet, à l'instar de l'automobile moyenne, dont les performances « tout terrain » restent des plus limitées, et pour laquelle il est donc indispensable de rendre carrossables les voies de circulation, l'informatique ne peut efficacement se déployer dans un monde qui n'a pas été en partie modelé à l'aune de sa logique. Il s'agit – en amont de l'informatisation, mais provoquée par l'annonce de son développement – d'un travail de mise en conformité aux normes informatiques des gens, des objets, des processus, voire des lieux et des rythmes, d'une certaine manière d'une pré-informatisation, d'un pré-adaptation. Ce travail se poursuit avec l'informatisation elle-même, qui implique toujours une phase d'analyse, c'est-à-dire une décomposition du problème en modules supposés pertinents puis sa restructuration fonctionnelle par la définition des relations elles aussi supposées pertinentes : donc d'une redéfinition de ce qui devient par là-même un « problème » en termes adéquats à la logique hyperfonctionnelle (Pavé, 1989) de l'informatique. Enfin, le *formatage généralisé* s'étend en aval même de l'informatisation. Ses conséquences socio-politiques se révèlent considérables et singulièrement sa capacité à travailler la recomposition des catégories légitimes – celles à travers lesquelles des individus ou des groupes sont pensés et incités, voire enjoints à se penser – ou à produire des effet-frontière – accessibilité limitée à des « guichets » (GAB, DAB, péages, etc.) (Robert, 2005). La boucle est alors bouclée : le travail sur l'aval, en effet, œuvre à produire un monde déjà soumis à la logique informaticienne (ce qui ne préjuge en rien de l'acceptation sociale – quoique la critique reste modeste et très ponctuelle). Ce *formatage généralisé* équivaut à la fixation d'une multitude de « pitons » d'irréversibilité qui rendent le coût d'opposition, de contestation d'autant plus élevé : plus et mieux le terrain est préparé et plus l'informatique se leste d'une supposée « évidence » ; plus elle est évidente et plus il devient quasiment illégitime de la critiquer.

Un discours laudatif (que nous avons étudié en détail ailleurs (Robert, 1994)) accompagne et participe à l'imposition d'un tel mouvement. Ce techno-discours (Janicaud, 1985) travaille à nous faire oublier un certain nombre de points critiques :

– nous faire oublier que l'informatique est le produit d'un type de société spécifique – qui se construit depuis deux siècles en Europe et aux Etats-Unis – et qu'elle possède une histoire ;

– nous faire oublier qu'il est stérile de la percevoir à travers des catégories exclusivement morales (type « bon » versus « mauvais ») ;

– nous faire oublier que la rationalisation se paye d'un envers, le *formatage généralisé*, justement, et qu'elle ouvre sur la possibilité toujours actualisable du contrôle ;

– nous faire oublier que le droit ne nous protège que trop peu, que la sécurité technique n'équivaut pas à une protection des libertés, que la décentralisation distribue plus finement encore le pouvoir qu'elle ne le récuse, et qu'enfin, l'idéologie de la communication oblitère toute question critique pertinente sous l'effet de sa « positivation » généralisée !

Bref, grâce à ce techno-discours, l'informatique persiste en notre société comme un véritable *impensé* (Robert, 1994 et 2009). La critique ne parvient pas à s'imposer face à la puissance de son déferlement : comme si le courant de ce fleuve discursif était trop fort, et épuisant à remonter. Se maintenir en l'état requiert déjà pour cette critique un effort considérable puisqu'elle doit constamment lutter à contre-courant, c'est-à-dire en contre-dépendance. Ce discours, qui plante ainsi de sérieux pitons d'irréversibilité en faveur de l'informatique et disqualifie d'autant toute tentative critique vise donc à contourner *les épreuves de justification* : l'informatique relève de l'évidence massive, non questionnable, seule sera interrogée la légitimité de la posture critique. C'est en quelque sorte la dimension discursive du formatage généralisé.

Le développement massif de la micro dans les années 1980-1990, aussi bien dans l'espace professionnel que domestique, la multiplication vertigineuse du nombre de machines se double d'une non moins exponentielle baisse des coûts : la micro parvient ainsi à devenir quasiment incontournable par sa capacité à occuper – à saturer ? – le terrain. Comment dès lors, faire « sans » ? Sur quelle légitimité pourrait reposer un tel geste ? Pourrait-il ne pas être lu comme un archaïsme ? Que lui opposer qui ne soit pas considéré comme une régression ? Il en va de même avec les réseaux. Peut-on aujourd'hui, dans un cadre professionnel, négliger par exemple la communication par mail ? Les TIC ne deviennent-elles pas incontournables dans l'entreprise ou l'administration ? Non pour dire qu'elles seraient en soi indispensables, mais parce que l'on a pris désormais l'habitude de fonctionner avec elles ; autrement dit, on ne sait bien souvent plus faire sans.

S. Craipeau va encore plus loin lorsqu'elle souligne que « les TIC ne sont plus seulement des techniques dans l'organisation, mais des outils de l'organisation » (Craipeau, 2001, p. 19). Ce glissement du *dans* au *de* n'est-il pas le signe d'un nouveau développement de la logique du formatage généralisé qui ne renverrait plus seulement à une production du réel *pour* l'informatique mais bien *par* l'informatique ? Les changements organisationnels récents font alors office de révélateurs, car, alors que « l'informatique classique, à l'instar de la mécanisation fordienne, coordonnait et contrôlait les tâches, les TIC permettent la coordination entre opérateurs, entre tâches et opérateurs, entre fonctions différentes » (Craipeau, 2001, p. 21). Les TIC n'entraînent pas la fin de la rationalisation, mais bien sa courbure :

– car cette rationalisation offre toujours la possibilité de redoubler toute activité d'un suivi informationnel, non seulement de gestion de cette activité mais aussi de ceux qui l'exercent (Robert, 2005) ;

– cette rationalisation porte non seulement sur les tâches mais aussi (grâce aux logiciels de *workflow* et de *groupware*) sur les interactions entre individus ;

– enfin, elle permet d'articuler l'individualisation et le travail collectif, mais « au détriment des collectifs de travail » (Craipeau, 2001, p. 168), car comme le dit joliment S. Craipeau elle offre la possibilité nouvelle de « travailler ensemble séparément ».

Bref, on l'aura compris, les TIC ne courbent la rationalisation que pour mieux la conserver.

J. Weizenbaum, l'un des rares informaticiens de haut niveau à s'être interrogé sérieusement sur l'informatique et ses conséquences sociales et éthiques, affirmait justement, il y a déjà longtemps, que l'informatique joue un rôle véritablement *conservateur* (Weizenbaum, 1981). Elle permettrait en effet à nombre d'organisations d'éviter les reconfigurations douloureuses, de persister dans des voies stériles, au lieu d'avoir le courage de s'engager dans celle du changement. Ce n'est pas le lieu de juger ici de la véracité d'une telle proposition[165] dont l'occurrence semble pour le moins plus que probable. En revanche nous voudrions souligner *ce qu'elle n'emporte pas pour autant*. En effet, on tendrait facilement à conclure de cet effet organisationnel globalement conservateur, à la propension locale de l'informatique au conservatisme : or, remarquons que le premier peut très bien prospérer sur fond d'une informatique paradoxalement non-conservatrice. En ce sens que, si l'informatique parvient effectivement à maintenir efficaces des systèmes qui, sans elles, sombreraient dans l'entropie, c'est bien parce *qu'elle possède en propre une capacité d'innovation organisationnelle*. Ce serait par un travail localement non-conservateur que l'informatique participerait à la production d'un effet de conservation global. Et ce, quel que soit le type d'informatique, car si « l'implantation progressive de la micro-informatique à partir des années 1980 pouvait faire croire qu'une certaine marge de manœuvre était restituée au salariés [...], la centralisation n'a pas disparu. Les années 1990 voient la diffusion des réseaux [...] avec la diffusion d'Internet, mais aussi des réseaux locaux d'entreprise. Ce qui apparaît alors, c'est un formidable mouvement de rationalisation de la gestion de l'information et de la communication dans le monde du travail [...] [car

165. Remarquons cependant que S. Craipeau souligne également, même si c'est sur un mode plus positif, que « les TIC permettent aussi d'instaurer des changements sans que l'organisation elle-même se transforme dans ses structures, c'est ce que l'on peut observer dans de petites organisation. Les TIC favorisent la gestion de l'incertitude tout en évitant, du moins partiellement, la tentative jusqu'ici dominante de la planification et de la structuration » (Craipeau, 2001, p. 100).

elle] concerne maintenant les activités de recherche, de mise en forme, de transmission, de mémorisation, de transformation de l'information » (Craipeau, 2001, p. 44).

Autrement dit, la multiplication d'une informatique de micro et de réseaux n'a en rien cassé la logique de la rationalisation globale, mais bien au contraire intensifié et élargi celle du formatage généralisé.

Le déploiement d'un immense réseau de banques de données conspire à rendre le contournement de l'utilisation des mémoires électroniques de plus en plus difficile : il en va d'une manière d'*impératif social*. L'information pertinente serait censée se trouver dans l'incommensurable espace d'Internet et des banques de données. C'est cet espace qui en définirait d'ailleurs la pertinence ; ne pas y chercher son information serait se condamner à n'en posséder qu'une version inévitablement périmée, dépassée, obsolète. Or, comme le souligne P. Lévy, ces banques fonctionnent plus comme des miroirs que comme de réelles mémoires (Lévy, 1990) : miroirs d'un état du marché, d'une fluctuation superficielle et non mémoire sociale travaillée par l'interaction, le dialogue, la proximité et le temps. Ces banques fixeraient ainsi des pitons d'irréversibilité puissants dans la gestion de la mémoire sociale : elles deviennent des partenaires indispensables, légitimes, supposés fiables et efficaces d'un nombre croissant d'activités – économiques notamment. Elles tendent par là-même à occulter le travail de « formatage » social dont elles sont le produit et qu'elles imposent à l'information (voire à la connaissance en la réduisant à de l'information (Rougemont, 1989)). L'actualisation subordonnée au temps réel de la plupart de ces banques – dont la performance repose donc plus sur la gestion de cette actualisation que sur la constitution d'un fond pertinent (ce que l'on pouvait souhaiter d'une bibliothèque) – comme la pérennisation de leur activité sous la sanction du marché, pourraient laisser croire qu'il en va en ces jeux d'un travail de la réversibilité. Or, il s'agit là seulement d'un mouvement superficiel qui n'atteint pas les tendances lourdes et n'est en rien susceptible de remettre en question la vocation plus commerciale que cognitive de ces banques, qu'il ne faudrait pas confondre avec de vraies mémoires – à la dynamique beaucoup plus complexe, voire contradictoire – non exhaustives et « oublieuses ».

12.3. Du mode d'existence de l'informatique graphique/réseautique : entre technique et idéologie

Ce n'est qu'armé de nos propres concepts et perspective qu'il devient possible d'aborder sereinement les trois grandes composantes de l'informatique graphique, l'interface, l'hypertexte et le réseau. Car elles restent bien souvent saisies, voire piégées, soit par des approches exclusivement techniques, soit par des discours à la visée essentiellement idéologique. Coincé entre ces deux contraintes, qui fonctionnent comme d'excellents obstacles à la pensée, il n'est pas forcément facile d'y voir clair. Aussi allons-nous volontiers revenir aux textes des pères fondateurs afin de mieux comprendre comment cette informatique-là est d'emblée travaillée par une tension entre technique et idéologie.

12.3.1. *Interfaces*

Le père, trop souvent méconnu, de nos interfaces actuelles s'appelle Douglas Engelbart (Bardini, 2000). Son travail ne se déroule ni dans les années 1980, ni même dans la décennie 1970, mais bien dans les années 1960. C'est à la fois un travail de théorisation – car Engelbart va écrire de longs textes de présentation de ses projets – et un véritable travail d'expérimentation de laboratoire.

La vision d'Engelbart repose sur l'idée qu'il devient absolument indispensable de procurer de nouveaux outils à l'intelligence humaine, qu'il est temps de fournir les outils de « l'augmentation » de cette intelligence. Car la société qui se dessine est une société de la complexité que l'intelligence humaine, seule, ne parviendra pas à véritablement maîtriser. En effet, « Someplace along there, I just had this flash that, hey, what was really says is that complexity of a lot of the problems and the means for solving them are just getting to be too much. The time available for solving a lot of the problems is getting shorter and shorter. [...] The complexity/urgency factor had transcended what humans can cope with » (cité par Bardini, 2000, p. 10). Comme le souligne Bardini « Engelbart proposed a fundamentally technical solution to the development of human intellect » (p. 11)[166].

Cependant, qu'elle soit technique n'explique en rien son originalité. Or, celle-ci est moins liée, chez lui, à la technique qu'à une manière de penser l'évolution de l'intelligence humaine. Car « for Engelbart there were four stages in the evolution of the human intellect » (Bardini, p. 55). Le quatrième consiste dans l'« automated external symbol manipulation. In this stage, symbols with which the human represents the concepts he is manipulating can be arranged before his eyes, moved, stored, recalled, operated upon according to extremely complex rules – all in very rapid response to a minimum amount of information supplied by the human, by

166. Bardini remarque qu'avec cette idée d'une « augmentation » de l'intelligence Engelbart se situe dans la ligne d'un R. Ashby qui, dès 1956, proposait un *intelligence amplifier*. Ce qui signifie également que l'époque était propice – en tout cas elle n'était pas fondamentalement hostile – à l'élaboration de telles idées. Ce projet, mais également celui de J.C.R. Licklider (Licklider 1960) est très différent de celui de l'intelligence artificielle justement parce qu'il ne prétend pas créer l'ordinateur comme intelligence, mais amplifier l'intelligence humaine grâce à l'informatique, dans une démarche qui relève en quelque sorte d'une orthopédie de l'intelligence, de son équipement technique et non de son transfert au sein et au bénéfice de la machine.

means of special cooperative technological devices » (Engelbart, 1962, cité par Bardini, p. 55).

Ce dispositif est caractérisé par trois paramètres fondamentaux : c'est un outil de partage, il produit un espace multidimensionnel et il implique l'usager en tant que corps et pas seulement en tant que cerveau.

Il y a dès le départ, deux approches différentes de la communication hypertextuelle : « the first is represented by Ted Nelson and his Xanadu project, which was aiming at facilitating individual literary creativity. The second is represented by Douglas Engelbart and his NLS, as his oN-Line System was called, which was conceived as a way to support group collaboration » (Bardini, p. 39).

Comme le souligne Bardini, dès les premières présentations de son *Framework for the augmentation of the human intellect* en 1962, Engelbart insiste sur « [...] the development of the means for externalizing some of the symbol-manipulation activity, particularly in graphical representation » (Engelbart, 1962, p. 2 , cité par Bardini, p. 130). Il envisage même « a multidimensional and multiformat dataspace in which users can « fly » (Bardini, p. 219). Autrement dit, « workstation is the portal into a person's "augmented knowledge workshop" – the [virtual] place in which he finds the data and tools with which he does his knowledge work, and through which he collaborates with similarly equipped workers » (Engelbart, 1988, cité par Bardini, p. 219).

Bref, « from the beginning, he emphasized the sensorimotor aspect of the « portal », leading to the development of the mouse and the principle that the workstation need "three dimensional color display(s)" within which symbolic representation can be directly manipulated » (Bardini, p. 219).

Le système souris-écran-pointeur est une des trois solutions qui ont émergé en matière d'interface entre la fin des années quarante et la fin des années soixante. Mais ce n'était pas la première. Car elle est précédée par le *light-pen*, dont l'origine remonte à la deuxième guerre mondiale et à l'invention du radar. Détecter l'ennemi, c'est bien, mais suivre sa trajectoire c'est mieux. Et pour bien la suivre il faut la voir. D'où la mise au point des premiers dispositifs de visualisation (écran CRT/*light gun* – parce qu'il ressemblait à un pistolet) et de sélection d'une information. Le *Light gun* va progressivement être allégé au cours des années 1950 – et devenir un *light-pen*, jusqu'au « stylus » du *sketchpad system* de Sutherland en 1963 qui « linked the hand and eye of the user display on the screen » (Bardini, p. 88). Le deuxième dispositif est mis au point par la Rand corporation, c'est la *rand tablet*. Le scripteur intervient à l'aide d'un « stylo » sur une surface (la tablette) alors que le résultat s'affiche en temps réel sur un écran. Il en va, à la différence d'une écriture sur papier, d'un découplage entre l'œil et la main.

La souris constitue une sorte de synthèse entre les deux : « originally, Engelbart wanted simply to begin by using the rand tablet for symbol manipulation. In the end, what he developed could be called both a lightless light-pen with wheels[167] that manipulates symbols on-screen and a tabletless tablet that retains the separation between hand and eye » (Bardini, p. 94). La souris permet de rendre à l'œil une surface vierge de toute intervention manuelle directe, comme elle permet d'impliquer la main dans une intervention qui ne nécessite pas de convoquer le regard pour son exécution. Les deux sont à la fois pleinement articulés et totalement séparés. Mais surtout l'écran devient le lieu privilégié de l'exercice d'un ensemble d'opérations de manipulations de « symboles » (afficher, effacer, ajouter, déplacer, etc.) (Engelbart, 1962, p. 19-24)).

Cependant, la réalisation d'un tel programme va être moins le fait d'Engelbart que d'un groupe d'anciens chercheurs de son équipe qui ont trouvé au Xerox Parc le lieu du développement de leurs idées. Alors qu'Engelbart ne pensait pas l'espace de l'écran à partir du papier, ce qui l'amena à introduire la formule de la fenêtre, d'une partition de l'écran en plusieurs espaces potentiels, Alan Kay, lui, a opté pour la métaphore du bureau. Ou plutôt, comme il le souligne lui-même « [...] metaphor is a poor metaphor for what needs to be done. At Parc, we coined the word user illusion to describe what we were about when designing user interface » (Bardini, p. 165). Nous sommes en 1976, le « bureau » (avec fenêtres, icônes et menus) apparaît pour la première fois sur les ordinateurs Alto (dont l'écran est de format A4 vertical) créés par Xerox... et pourtant la réussite commerciale viendra d'une jeune entreprise ambitieuse pilotée par S. Jobs – mais c'est une autre histoire.

Encadré 12.1. *Les cadres de l'informatique*

Y. Jeanneret et E. Souchier (Jeanneret et Souchier, 2002) ont montré que l'informatique relevait d'une logique de cadres : cadre physique de la machine, cadre système, cadre logiciel et cadre d'inscription du document. Mais elle va plus loin encore et ce que les auteurs appellent un architexte repose aussi sur cette logique de cadre, d'emboîtement et/ou de superposition de cadres : au fond le « Windows » de Microsoft ne dit rien d'autre, car la fenêtre est bien un cadre. D'une certaine manière ce sont des cadres qui structurent toutes les manifestations sémiotiques à l'écran : cadres des icônes, cadres des boutons, cadres des menus déroulants, cadre des info-bulles, cadres des barres, cadres des textes inscrits ou à inscrire, cadres des images et des effets de loupe, etc. Ces écrans ne sont que des assemblages de cadres de taille variable, juxtaposés côte à côte, superposés comme une série de feuilles de papier, empilés, décalés, etc. Et lorsque l'on tente d'innover, c'est toujours en relation avec cette logique des

167. Car la fonction de la petite boule actuelle était au départ remplie par deux roues.

cadres, puisqu'il s'agit de la subvertir, sans parvenir néanmoins à s'en affranchir totalement. Car, en effet même si l'on conserve seulement un mot ou une image, et même s'ils ne sont pas inscrits explicitement, c'est-à-dire visuellement, dans un cadre, ce mot et cette image, par leur seule présence – et dès lors qu'elle est perçue comme discriminante – produisent un *effet de cadre.*

L'informatique ne fait que reprendre à son compte la vieille logique du traitement spatial de l'information. Car, dès que l'on crée des listes et *a fortiori* des tableaux, on s'inscrit dans la logique des cadres ou, *a minima*, dans celle des effets de cadre. En ce sens, l'informatique motorise et généralise la production, l'apparition ou l'effacement, mais également la liaison et l'articulation de cadres. Le cadre statique et déjà producteur d'une opération de distinction (comme celui dans lequel ce texte se glisse), laisse place à un cadre dynamique encore plus porteur d'opérations d'ouverture/fermeture (de cadres), de possibilité d'inscription, de passage (Y. Jeanneret et E. Souchier parlent de signes passeurs (*op. cit.*), toujours liés, nous semble-t-il à un cadre ou un effet de cadre) vers d'autres cadres, de navigation, c'est-à-dire aussi de sauts de cadre en cadre, etc. Bref, en l'état actuel des choses, notre informatique d'interface graphique reste totalement dépendante de cette profonde logique des cadres. L'avenir serait-il, dès lors, à son dépassement, mais est-ce possible ?

12.3.2. *Hypertexte*

12.3.2.1. *Généalogie (1) : Memex*

C'est une pratique désormais courante que de faire remonter la généalogie « technique » de l'hypertexte à la présentation du dispositif Memex par V. Bush en 1945 (Bush, 1945). Or, Memex pose en fait deux problèmes : l'un concerne son apparente radicale nouveauté, l'autre s'interroge sur son aptitude à véritablement incarner avant la lettre la logique de l'hypertexte.

Une approche en termes d'imaginaire des techniques verrait volontiers dans le texte de Bush, « as we may think », un précurseur absolu, l'exposition radicalement neuve d'une utopie qui, elle, serait fondatrice par anticipation de notre contemporanéité technologique. Elle en dessinerait les racines, en esquisserait le potentiel ; elle serait en quelque sorte le révélateur de sa vérité. A condition de se focaliser sur le seul texte et de faire ainsi disparaître le contexte. Or, M. Buckland s'est justement attaché à le restituer (Buckland, 1992) dans un article qui réhabilite dans le même geste un inventeur bien oublié depuis, E. Goldberg.

Buckland fait ainsi remarquer que s'il s'agit, en valorisant Memex, de souligner une vision, celles d'Otlet ou de Schuermeyer en Europe allaient beaucoup plus loin. S'il s'agit de souligner la nouveauté d'un dispositif technique, il précise que de nombreux travaux des années 1930, avaient proposé des projets ou des techniques similaires. S'il s'agit enfin de promouvoir une pensée non-linéaire, associative, c'est au prix d'une dépréciation considérable et à ses yeux singulièrement excessive des systèmes d'indexation et de classification documentaires de l'époque.

Le dispositif Memex décrit par Bush comporte les éléments suivants :

– « a collection of documents on microform,

– a workstation containing the stored documents such that individual pages could be projected,

– a provision for adding new images to the store of microfilm,

– the ability not merely to locate a known record but to identify and select all and every record with any specified coding,

– associative trails » (Buckland, 1992, p. 2).

La vision des documentalistes n'est pas une utopie car elle s'enracine dans des préoccupations bien concrètes. En effet, « the literature on documentation in the 1930's was preoccupied with microfilm technology as it is now with computer technology and for the same reason, each being the most promising information retrieval technology of the time » (Bucklland, p. 11). Elle peut certes aller jusqu'à envisager la télé-lecture, nous le savons, mais même celle-ci n'est qu'une extrapolation documentaire d'une télévision qui esquisse déjà ses premiers pas. Otlet va en 1934, de manière beaucoup plus précise, proposer un système d'information personnel qui vaut comme une sorte d'anticipation de la logique de l'hypertexte et du multifenêtrage, à la centralisation près : « ici, la table de travail n'est plus chargée d'aucun livre. A leur place se dresse un écran et à portée un téléphone. Là-bas au loin, dans un édifice immense, sont tous les livres et tous les renseignements [...]. De là, on fait apparaître sur l'écran la page à lire pour connaître la question posée par téléphone, avec ou sans fil. Un écran serait double, quadruple ou décuple s'il s'agissait de multiplier les textes et les documents à confronter simultanément ; il y aurait un haut parleur si la vue devait être aidée par une donnée ouïe, si la vision devait être complétée par une audition [...]. Et ce perfectionnement pourrait aller peut être jusqu'à rendre automatique l'appel des données sur l'écran » (cité par Levie, p. 275). Le bibliothécaire allemand W. Schuermeyer ne dit pas autre chose en 1936 lorsqu'il écrit « such film-based documentation can be completely automated using photoelectric selection methods. [...] It is to be expected that we shall soon have an automated machine which, through switching a photoelectric cell to a given code, stops stored films with the same code, makes copies and stores them again in the same sequence. Thus, in a very short time a bibliography, a summary of available references and other documents including illustrations could be compiled completely automatically » (Buckland, p. 13)[168].

Il n'est pas question pour nous de prendre parti dans une éventuelle bataille rétrospective entre Bush et Goldberg. Notons cependant que dès 1932, Golberg publie dans les actes du huitième congrès international de photographie qui s'est tenu à Dresde en 1931, un article intitulé « the retrieval problem of photography » dont Buckland souligne que « this clear and concise paper describe the design of a microfilm selector using photoelectric cell. It is, perhaps, the first paper on electronic document retrieval and describe what seems to have been the first functioning document retrieval system using electronics » (*op. cit.,* p. 8) – un système qui sera connu aussi bien des laboratoires Kodak que d'IBM (*op. cit.,* p. 10). Remarquons également – ironie d'une histoire qui se fait avant de s'écrire, mais qui ne devient histoire qu'en s'écrivant – qu'ils ont tous deux mis au point un « microfilm selector » (l'équipe de Bush entre 1938 et 1940) et qu'ils ont tous deux publiés des textes. Mais ce n'est pas celui qui a conçu la machine la plus efficace, ni celui qui a déposé un brevet ou présenté son travail dans un congrès que l'histoire a retenu, mais bien celui qui a exposé ses idées sous la forme d'une quasi-fiction dans une revue grand public. Quoiqu'il ne soit, nous savons que tant au niveau des idées que de la réalisation concrète Bush n'est ni seul ni véritablement le premier.

12.3.2.2. *Généalogie (2) : Engelbart et Nelson*

Plus encore que l'hypertexte D.Engelbart en invente la condition *sine qua non* d'existence : la logique de l'hyperlien. L'hypertexte en constitue en quelque sorte la conséquence. Il les présente dans ses travaux de 1962 sur l'augmentation de l'intelligence (Engelbart, 1962, p. 22) à travers l'exemple d'un certain Joe, qui est chargé de faire au lecteur une démonstration des possibilités du dispositif sur lequel travaille Engelbart : « Joe picked out one of your sentences, and pushed the rest of the text a few lines up and down from it to isolate it. He then showed you how he

168. Dans les années 1910 et 1920, mais sur une base technologique beaucoup plus traditionnelle, celle de la bibliothèque, un Aby Warburg était également à la recherche d'un outil qui épouse les associations de la pensée. C'est pourquoi « il exigeait de sa collection une fluidité et une vivacité que ne lui permettaient ni le cloisonnement par sujets ni les restrictions chronologiques ». Ce qui l'amenait « à reprendre (et à reprendre sans cesse) le rangement des livres sur les étagères en fonction de la ligne de pensée qu'il suivait à un moment donné » (Manguel, 2006, p. 186-187). Il alla même jusqu'à constituer un projet qu'il appela *Mnémosyne*, « vaste collection d'images qui retraçaient, à travers une tapisserie de connexions, les nombreuses pistes qu'il avait suivies » (Manguel, *op. cit.*, p. 193). Il le concrétisa à travers une suite de grands panneaux de bois et « puisqu'il pouvait changer à volonté tant les panneaux que les images, il trouva là l'illustration matérielle de son champ de réflexion et de sa bibliothèque et il y annexa un flot de notes et de commentaires » (Manguel, *op. cit.*, p. 194).

could make a few strokes […] to designate the type of link he wanted established, and pick the two symbol structures that were to be linked by means of the light pen. He said that most links possessed a direction, i.e., they were like an arrow pointing from one substructure to another, so that in setting up a link he must specify the two substructure in a given order […]. » Il precise ensuite son exemple en s'inspirant des diagrammes que l'on utilise en grammaire et du dictionnaire : « [Joe] aimed at a term with the light pen and hit a few strokes […], and the old text jumped farther out the way and the definition appeared above the diagram, with the defined term brighter than the rest of the diagram ». Enfin, il applique son raisonnement à la structure dynamique de l'argumentation : « to help us get better comprehension of the structure of an argument, we can also call forth a schematic or graphical display. Once the antecedent-consequent links have been established, the computer can automatically construct such a display for us. […] There appeared a network of lines and dots that looked something like a tree – except that sometimes branches would fuse together. [Joe explique alors que] Each node or dot represents one of the statements of your argument, and the lines are antecedent-consequence links […]. When you get used to using a network representation like this, it really becomes a great help in getting the feel for the way all the different ideas and reasoning fit together – that is, for the conceptual structuring » (Engelbart, 1962, p. 23). L'hyperlien, dans le travail d'Engelbart, est moins donné qu'à construire comme un outil au service de la construction de sa propre pensée ; c'est un outil cartographique qui permet une visualisation et donc une exploration de ses propres modes de raisonnement ; c'est enfin un outil de mise en forme graphique du lien par superposition (comme dans le cas de la définition qui s'ajoute au texte). Bref, c'est véritablement un outil d'augmentation de l'intelligence.

On doit cependant la notion d'hypertexte en tant que telle à Ted Nelson, chercheur américain « atypique ». « Let me introduce the word « hypertext » to mean a body of written or pictorial material interconnected in such a complex way that it could not conveniently be presented or represented on paper » (Nelson 1965, p. 144). Une dizaine d'années plus tard (1974-1975) il ajoutait : « by "hypertext" I mean non-sequential writing. Ordinary writing is sequential for two reasons. First, it grew out of speech and speech-making, which have to be sequential ; and second, because books are not convenient to read except in a sequence. But the structures of ideas are not sequential. They tie together every which way » (Nelson, Dream Machines, 1987 p. 29)[169]. Une telle approche repose plus sur une logique du négatif que du positif : nous savons plus ce que l'hypertexte n'est pas que ce qu'il est. Et pour bien marquer sa différence on souligne le handicap du langage, du papier et du

---

169. En 1981, il ajoutait : « the link facility given us much more than the attachment of mere odds and ends. It permits fully non-sequential writing, or hypertext » (*New Media reader*, 2003, p. 452) ; il précisait que « linkage structure between documents form a flux of invisible threads and rubber bands that holds the thoughts together » (*op. cit.*, p. 446).

livre, qui ne peuvent en accueillir la logique. Nelson n'est pas le seul à dessiner un tel geste : Engelbart parle également de « the essentially linear form of actual printed records » (Bardini, p. 37) ; Licklider, lui, s'oppose à la « passiveness of the printed page » (Licklider, 1965) ; et Bush, comme le souligne avec quelque amertume Bukcland « had a low opinion of indexes and classification schemes » (Buckland, 1992, p. 3). Or, le livre imprimé, nous l'avons vu, est loin de se réduire à la seule linéarité, à sa seule séquentialité, puisqu'il est tout aussi bien tissé d'une multitude de réseaux, d'autres textes auxquels il renvoie par les notes et la bibliographie, d'infra-textes tels que celui des notes de bas de page qui ouvrent sur des définitions, des précisions, des alternatives et d'autres références, de l'index qui permet de circuler entre les diverses occurrences d'une même notion, voire par proximité sémantique d'une notion à l'autre, ou la table des matières qui incite bien souvent à s'emparer d'une portion du texte, etc. Bref, encapsuler le livre dans la seule séquentialité sert les besoins d'une cause plus qu'il ne décrit une réalité. Autrement dit, le texte imprimé est déjà bien souvent largement habité par la logique hypertextuelle ; alors que, nous aurons l'occasion de le voir, l'hypertexte est assez souvent encore encombré par celle de la séquentialité (notamment lorsqu'il suit une strict arborescence hiérarchique)[170].

Nelson remonte donc au-delà du livre, au-delà même du langage – dans un geste absolument similaire à celui de Bush lorsqu'il intitule son article « as we may think » – afin d'appréhender directement la pensée elle-même. C'est pourquoi il affirme qu'« une structure de pensée n'est pas séquentielle par elle-même. C'est un système de tissage d'idées [...]. Aucune des idées ne vient nécessairement la première ; et mettre ces idées en morceaux, puis les disposer sous la forme d'une présentation séquentielle, est un processus arbitraire et compliqué « (Nelson, 2001, p. 1). Pourtant ce qui l'intéresse dès 1981 c'est bien de pouvoir proposer « a system of electronic publishing » (New media reader, 2003, p. 460) qui soit accessible au plus grand nombre. Car « to me literature is the great ideal here, not some engineer's notion of information retrieval » (Nelson, 1996, p. 2)[171]. C'est pourquoi, « the issue is what will be the extension of literature into the great realm of interactive, multi-dimensional, many-threaded presentational forms. So Xanadu basically has been my name for an evolving but essentially centrally the same system for the supply and presentation of material with two basic relationships : what we could call the link, which is an unchanging connection between objects, or parts which are different, and the transclusion, which is a maintained connection between parts which are the same » (Nelson, 1996, p. 2).

---

170. De même, l'idée que l'informatique seule découplerait le fond (le texte) de la forme est excessive, en ce sens que le principe naît avec l'imprimerie elle-même : un même texte peut connaître de multiples éditions très différentes dans leur forme (autrement dit, la différence réside dans l'automatisation du Motif).

171. Ce qui, nous le verrons le différencie fortement de T. Berners-Lee à ses débuts ».

L'hypertexte de Nelson s'inscrit dans un (très) vaste projet qu'il porte depuis les années 1960 sans qu'il soit encore parvenu à son terme : Xanadu[172].

Or, selon Nelson « project Xanadu, the original hypertext project, is often misunderstood as an attempt to create the World Wide Web. It has always been much more ambitious, proposing an entire form of literature where links do not break as versions change ; where documents may be closely compared side by side and closely annotated ; where it is possible to see the origins of every quotation ; and in which there is a valid copyright system – a literary, legal and business arrangement – for frictionless, non negotiated quotation at any time and in any amount. The Web trivialized this original Xanadu model, vastly but incorrectly simplifying these problems to a world of fragile ever-breaking one-way links, with no recognition of change or copyright, and no support for multiple versions or principled re-use. Fonts and glitz, rather that connective structure, prevail. Serious electronic literature (for scholarship, detailed controversy and detailed collaboration) must support bidirectional and profuse links, which cannot be embedded ; and must offer facilities for easily tracking re-use on a principled basis among versions and quotations. Xanalogical literary structure is a unique symmetrical connective system for text (and other separable media elements), with two complementary forms of connection that achieve these functions – survivable deep linkage (contents links) and recognizable, visible re-use (transclusion). Both of these are easily implemented by a document model using content lists which reference stabilized media. » (Nelson, 2000, résumé).

12.3.2.3. *Généalogie (3) : Berners-Lee*

On peut toujours rétorquer que, malgré ses défauts et ses limites, le Web fonctionne, alors que les projets de Nelson, aussi brillants et désintéressés soient-ils sont restés des projets. Mais on peut également remarquer que face à un Web fondamentalement instable, Nelson milite en faveur de liens bi-directionnels, soulignons-le, solides et durables. Or, ce Web, que l'on voit aujourd'hui essentiellement à l'échelle mondiale, qui semble même constituer le parangon d'une logistique informationnelle mondialisée, est né dans une organisation, le Cern[173], comme une hypothèse de restructuration de son système d'information afin d'éviter de trop grosses pertes d'information. En effet, le titre du document publié par T. Berners-Lee en mai 1990 s'intitule *information management : a proposal* et commence par souligner comme principal problème « losing information at Cern » (Berners-Lee, 1990). Nous sommes donc *a priori* bien loin de la vision grandiose d'un Nelson.

Le Cern rencontre un problème qui est autant de mémoire que de communication. En effet, « the technical details of past projects are sometimes lost

172. Du nom du Palais de Koubilai Khan dans un poème de Coleridge (Vanderdope, 1999).
173. Centre européen de recherche nucléaire.

forever » (Berners-Lee, 1989-1990, p. 2). C'est pourquoi, aux yeux de T. Berners-Lee « the hope would be to allow a pool of information to develop which could grow and evolve with the organisation and the projects it describes » (*op. cit.,* p. 3). Au fond, l'outil de communication susceptible d'évoluer tant dans l'espace que dans le temps sera capable de suppléer au problème de mémoire. Une communication dont la dynamique se révèle à ce point importante qu'elle en dépasse même la logique du secret qui devrait gouverner les travaux de recherche d'une telle institution (*op. cit.,* p. 10). Mais une communication équipée, automatisée car les « information systems start small and grow. They also start isolated and then merge. A new system must allow existing systems to be linked together without requiring any central control or coordination » (*op. cit.,* p. 9).

Une réponse qui relève plus de la conception de l'architecture d'un système d'information (« the idea of linked information systems » (*op. cit.,* p. 2)), équipé techniquement, que d'une pure réponse technique. C'est pourquoi, Berners-Lee propose une solution qu'il a déjà testée pour son propre compte dans les années 1980, l'hypertexte (*op. cit.,* p. 7). « Hypertext is a term coined in the 1950s' by Ted Nelson [...], which has become popular for these systems, although it is used to embrace two different ideas. One idea [...] is the concept : [...] human-readable information linked together in an unconstrained way. The other idea, which is independent and largely a question of technology and time, is of multimedia documents which include graphics, speech and video » (*op. cit.,* p. 8). Il va proposer quelques pages plus loin de retenir une architecture client-serveur, qui sépare « the information storage software from the information display software, with a well defined interface between them » (*op. cit.,* p. 13).

Parce que nous sommes dans une organisation de recherche, il n'oubliera pas – ce que beaucoup de thuriféraires de l'hypertexte passent sous silence – que « an intriguing possibility, given a large hypertext database with typed links, is that it allows some degree of automatic analysis. It is possible to search, for example, for anomalies such as undocumented software or divisions which contain no people. It is possible to generate lists of people or devices for other purposes, such as mailing lists of people to be informed of changes. It is also possible to look at the topology of an organisation or a project, and draw conclusions about how it should be managed, and how it could evolve » (*op. cit.,* p. 9). On glisse ainsi volontiers, potentiellement, d'une analyse de données à un contrôle social... la douce technologie de partage de l'hypertexte ouvrirait-elle également – et d'emblée – sur une technologie de gestion ?

Remarquons que la réponse que dessine Berners-Lee ne s'inscrit en rien dans les sphères éthérées d'un imaginaire de la technique, puisque, au-delà de sa propre expérience, elle s'appuie sur un état de l'art dans le domaine de l'hypermedia de plus d'une page (*op. cit.,* p. 11). Il part ainsi de technologies précises, déjà testées, telles que celles qu'impulsent le département de la défense (à l'image du « computer aides acquisitions and logistic support »).

Enfin, soulignons que Berners-Lee a, dès cette époque, conscience que le problème de gestion de l'information qu'il soulève ne concerne pas que le seul Cern. En effet, à ses yeux, « Cern is a model in miniature of the rest of the world in a few years time. Cern meets now some problems which the rest of the world will have to face soon » (*op. cit.,* p. 3). Quelques mois plus tard, Berners-Lee proposera, en collaboration avec J. Caillau, un « world wide web » (Berners-Lee et Caillau, 1990). Nous reviendrons sur ce texte dans la section consacrée aux réseaux.

12.3.2.4. *Propriétés*

La définition sinon véritablement technique mais néanmoins portée par des « techniciens » de l'hypertexte peut s'éclairer d'une approche qui vise plutôt à comparer les deux notions de texte et d'hypertexte (Vanderdope, 1999).

Peut-être convient-il tout d'abord de revenir sur le mot lui-même. Car il ne doit pas être forcément considéré comme l'apanage des seuls techniciens. En effet, Vanderdope nous rappelle que G. Genette l'utilise dans le domaine de la théorie littéraire, mais dans un tout autre sens puisqu'il désigne « tout texte dérivé d'un texte antérieur par transformation simple [...] ou par transformation indirecte » (Genette, 1982, p. 14, cité par Vanderdope p. 113). Vanderdope souligne qu'en ce sens « Ulysse de James Joyce, serait un hypertexte de l'Odyssée » (*op. cit.,* p. 113). N'éludons pas non plus la notion – plus proche d'ailleurs de celle de l'hypertexte technique – d'intertexte de J. Kristeva, car « tout texte est absorption et transformation d'une multiplicité d'autres textes » (Ducrot et Todorov, p. 446). Au-delà, ou en deçà de la théorie n'oublions pas enfin, que des écrivains tels que R. Queneau et S. Mallarmé ont monté des dispositifs littéraires de génération potentielle – et donc potentiellement automatique – de textes (Souchier, 2005), sans parler de sa véritable mise en scène chez Borges[174].

Vanderdope a bien vu que l'hypertexte est travaillé par la question des dimensions. Car, écrit-il « sous hypertexte, en effet, l'écrit n'est plus régi par des

---

174. Car Borges ne nous offre-t-il pas en effet cette vision du temps, qui serait à proprement parler celui d'un véritable hypertexte généralisé : « à la différence de Newton et de Schopenhauer, votre ancêtre ne croyait pas à un temps uniforme, absolu. Il croyait à des séries infinies de temps, à un réseau croissant et vertigineux de temps divergents, convergents et parallèles. Cette trame de temps qui s'approchent, bifurquent, se coupent ou s'ignorent pendant des siècles embrasse toutes les possibilités » (*Le jardin aux sentiers qui bifurquent, Fictions*, 1941) ? La nouvelle de Borges, non seulement théorise, nous venons de le voir, un tel temps, mais elle le met véritablement en scène dans sa propre dynamique narrative (Robert, 2007).

rapports de surface mais de profondeur» (*op. cit.*, p. 184). Mais il en infère que l'hypertexte fonctionne selon une logique 3D, car il fait « [...] basculer l'écrit de l'espace bidimensionnel de la page à un espace tridimensionnel [...] » (*op. cit.*, p. 186). Or, il relève bien évidemment à l'aune de notre machine conceptuelle d'une logique 4D qui, à la troisième dimension, celle de la profondeur (déjà acquise par le livre dans son épaisseur même[175]) ajoute le mouvement. N'en fait-il pas lui-même la démonstration lorsqu'il remarque que « aujourd'hui on ne lit pas un hypermédia : on y navigue ou on y surfe » (*op. cit.,* p. 208) ? La navigation ne signifie-t-elle pas justement d'abord le mouvement ? Mais qu'on le préfère 3D ou 4D n'oublions pas que l'hypertexte peut également se contracter sur 2D, que le réseau peut se figer sur un sous-ensemble purement arborescent, purement hiérarchique et autoriser un contrôle serré du parcours (Vanderdope, 1999, p. 50).

L'hypertexte reste un « objet » difficile à penser. C'est pourquoi nous avons choisi de privilégier trois entrées, celles des propriétés générales, celle de la page et enfin celle de la navigation, à travers, à chaque fois, deux regards, deux approches que nous faisons volontiers dialoguer et sur lesquelles nous ne manquons pas de rebondir sur un mode critique.

Pierre Lévy distingue six principes susceptibles de caractériser l'hypertexte (Lévy, 1990, p. 30-31) :

– un principe de métamorphose, car « le réseau hypertextuel est sans cesse en construction et en renégociation » ;

– un principe d'hétérogénéité, car « les nœuds et les liens d'un réseau hypertextuel sont hétérogènes » (mot, sons, images, etc.) ;

– un principe de multiplicité et d'emboîtement des échelles puisque « l'hypertexte s'organise sur un mode « fractal », c'est-à-dire que n'importe quel nœud ou n'importe quel lien, à l'analyse, peut lui-même se révéler composer de tout un réseau [...] » ;

– un principe d'extériorité qui veut que « le réseau ne possède pas d'unité organique, ni de moteur interne » ;

– un principe de topologie selon lequel « le réseau n'est pas dans l'espace, il est l'espace » ;

– enfin, un principe de mobilité des centres, car « il possède en permanence plusieurs centres [...] sautant d'un nœud à l'autre [...] ».

Cet hypertexte là est l'une des figures d'une idéologie de la communication qui prétend à l'ouverture, au foisonnement et à la décentration. S'il est une « technologie intellectuelle », puisque, nous le savons, P. Lévy utilise l'expression,

175. Alors que le codex chez Vanderdope renvoie à la logique 2D (*op. cit.*, p. 58).

c'est à condition de révoquer et même de faire éclater cette stabilité (au moins relative) qui, nous l'avons vu, constitue à nos yeux toute technologie intellectuelle. D'ailleurs Lévy soutient qu' » une technologie intellectuelle doit être analysée comme un réseau d'interfaces ouvert sur la possibilité de nouveaux branchements et non comme un essence » (Lévy, 1990, p. 167). Or, entre l'essence, immuable, et cette interface toujours disponible à sa propre transformation, nous avons voulu un modèle qui sache respecter à la fois la stabilité des fonctions et des problèmes et la variation des solutions. L'hypertexte de Lévy est avant tout une arme politique contre les éternelles figures du pouvoir, de son site et de son accaparement, et des institutions, immobiles et figées. Cet hypertexte doit, impérativement, respecter le programme engagé par les six principes s'il est cette arme toute bandée contre l'appareil centralisé. Ce n'est en rien une figure utopique, mais bien un objet politique de combat dont l'efficacité même repose sur sa capacité à assumer nécessairement, par conception, ces propriétés. Autrement dit, ce n'est pas l'hypertexte qui possède ces propriétés, mais on appelle, dans l'optique de Lévy, hypertexte l'objet que l'on construit afin qu'il les possède.

Vanderdope propose une approche peut-être moins ambitieuse, à coup sûr moins politique de l'hypertexte. En effet, écrit-il « l'hypertexte accueillera tout type de document qui présente les caractéristiques suivantes : la lecture est nécessairement sélective ou tabulaire au lieu d'être suivie et exhaustive ; la lecture est favorisée et enrichie par un accès croisé aux index, aux tables, aux tableaux, etc. ; la lecture requiert une certaine dose d'interaction avec le lecteur ; le texte doit coexister avec d'autres médias (son, vidéo, photos, etc.) » (Vanderdope, 1999, p. 248). L'hypertexte est ici en quelque sorte une forme susceptible d'assumer de manière privilégiée (mais non exclusive nous l'avons vu dans la précédente section) un certain type de document qui répond à ces différentes caractéristiques – à tout le moins tendanciellement. Or, nous avons eu l'occasion de voir que ce qui les sous-tend et rend possible leur prise en charge par quelque chose que l'on peut appeler un hypertexte, c'est bien l'existence d'une informatique en tant que moteur d'inférence et de gestion de formes.

Vanderdope ne manque pas de relever que « dans les faits, s'éloigne-t-on chaque jour un peu plus de l'utopie de Vannevar Bush ou de Ted Nelson[176], qui rêvaient d'un réseau où chaque élément d'information constituerait un module accessible de

176. Auxquels on peut donc ajouter P. Lévy ; tout en cautionnant l'économie globale de cette citation, je ne peux que réitérer ma réticence à raisonner en termes d'utopie alors que nous avons vu précisément que ni le texte de Bush ni les visions de Nelson ne gagnaient une quelconque intelligibilité à une telle qualification –pour une critique de l'imaginaire des TIC voir (Robert, 2009).

partout. [...] [Or] un texte n'est pas un empilement de modules[177], pas plus que nos pensées ne sont assimilables à des blocs de lego standardisés susceptibles de se combiner indifféremment les uns avec les autres ». Il ajoute avec justesse que, et c'est là une critique de fond d'un modèle d'ouverture et de transparence à la Lévy, « si une structure textuelle ne se réduit pas à la somme de ses parties, il s'ensuit que l'unité minimale d'un texte que l'on placera dans un réseau hypertextuel ouvert et de type multiséquentiel devra contenir la totalité des éléments jugés essentiels à la compréhension du lecteur » (*op. cit.,* p. 246). Autrement dit, l'acquisition du sens est-elle possible au sein d'un univers en constante transformation ? Le sens suppose des balises auxquelles se raccrocher, il présuppose toujours – sur un mode peut-être paradoxal, mais inévitablement paradoxal – une culture qui le contextualise autant qu'il la confirme ou la déstabilise. Bref, le sens exige de l'*avec* et du *contre,* dont un univers de purs flux est justement censé s'affranchir. Ce qui pose la question même des conditions de possibilité d'émergence du sens dans un tel espace : n'est-on pas tenté de les retrouver, dès lors, dans la technique elle-même ?

De notre longue tradition livresque nous héritons d'une forme singulière et originale qui s'est dessinée avec l'apparition puis l'imposition du Codex : la page (Souchier, 2000). Car le *volumen* antique ne connaît pas véritablement un tel espace, mais plutôt celui de la « fenêtre » que ménage l'écart entre ses deux axes d'enroulement et de déroulement. Cette page est bien évidemment inquiétée par la formule de l'hypertexte, car les nœuds sont-ils des pages, des sites, voire des mots, etc. ? Certes, on parle volontiers de page web, mais s'agit-il de la même page, ne s'agit-il que d'une métaphore ?

Comme le souligne Vanderdope « la principale caractéristique de la page-écran, et qui la distingue du codex, est qu'elle n'est pas limitée à une dimension fixe, car la fenêtre principale peut être munie d'une flèche de défilement vers le bas ou vers la droite. Le créateur d'un hypertexte doit donc déterminer au départ le format de base de la page et la métaphore dominante qui rythmera la progression du lecteur : soit une fenêtre à défilement vertical[178], devenue standard dans les traitements de texte, soit une fenêtre fixe dont le lecteur rafraîchit le contenu en cliquant sur une flèche de changement de page » (Vanderdope, p. 197).

E. Souchier constate qu' » entre écran et imprimante la notion de page a perdu ses repères. [...] Quel est le statut de cet objet intermittent au format modulable ? Dois-je considérer l'écran qui m'a permis de la dessiner ou la feuille qui en conserve

177. Remarque qui vaut également pour le livre de Vanderdope lui-même, qui se présente justement, et c'est bien là son grand défaut en tant que livre, comme une sorte d'empilement de chapitres-modules parfois très courts et dont on ne comprend pas véritablement quelle logique ils suivent.

178. Qui n'est pas sans rappeler le *rotulus*.

la mémoire imprimée ? » (Souchier, 2000, p. 52). C'est pourquoi il propose comme « solution » l'idée d'une *page-écran*, « une métaphore structurante qui répond sans doute à ce besoin de réification des virtualités qu'elle convoque. De la page sourd un imaginaire inscrit dans l'histoire et la matérialité lors même que l'écran dessine l'évanescence, la théâtralité, la fuite du temps » (*op. cit.,* p. 52). Mais même cette métaphore doit en fait être dépassée ou plutôt précisée, car elle confond volontiers les « support, cadre et surface d'affichage » (*op. cit.,* p. 47). L'écrit-d'écran comme le nomme E. Souchier « nécessite la mise en abyme d'une série de quatre cadres pour exister : le cadre matériel qui définit l'écran à proprement parler, le cadre système qui s'affiche lors de l'allumage de l'ordinateur et qui dessine l'espace du scriptible, le cadre logiciel qui définit l'espace d'intervention spécifique, le cadre document enfin, qui permet à l'utilisateur de travailler. La page informatique [dès lors] est un espace délimité par un jeu de cadres au sein desquels l'écrit se déploie » (*op. cit.,* p. 47). Ici la page affichée se lit comme un *rotulus*, à ceci près que « ce n'est pas le support matériel qui s'enroule et entraîne le texte, mais bien le texte qui défile sur un écran fixe » (*op. cit.,* p. 47), alors même que la « page est virtuellement infinie » (*op. cit.,* p. 47). Cette page peut remplir l'écran ou s'afficher selon quatre modes, papier de verre, jeu de cartes, mosaïque ou codex : avec le premier « en cliquant sur une petite main stylisée, on fait glisser le document à la surface de l'écran » ; le deuxième « évoque la possibilité d'afficher et de superposer plusieurs documents sur un même plan » ; le troisième signifie que « les plans sont agencés à l'écran sans se recouvrir » ; le dernier mime le feuilletage du livre (*op. cit.,* p. 47).

Nous rejoignons pleinement E. Souchier lorsqu'il souligne que « la notion de page à l'écran ne peut se définir en d'uniques termes de support et de surface, elle doit prendre en compte la lecture en volume et la dynamique temporelle » (*op. cit.,* p. 47), ce qui renvoie précisément à notre idée que l'informatique permet d'évoluer non seulement en 3D, mais également en 4D (voire plus) – ce que l'on vérifie encore une fois sur cet exemple singulier de la page.

On peut, enfin, s'interroger sur la nature de la navigation hypertextuelle. Car certains soutiennent volontiers qu'elle conduirait à un « effacement de la séparation entre lecture et écriture ». Or, comme le souligne J.-L. Weissberg, « même si le lecteur peut modifier des liens ou ajouter des nœuds, s'agit-il alors toujours d'écriture ? » (Weissberg, 1999, p. 185). D'autres, nous l'avons vu, pensent tout aussi volontiers qu'elle ne peut s'incarner que dans la figure d'un « surf libre », oubliant par là même qu'il est également possible de lui faire suivre une logique de « rails ».

Weissberg ne croit pas en une nouvelle écriture hypertextuelle qui serait en quelque sorte le fruit même de la navigation. En revanche, il fait subtilement remarquer « que l'interactant devient [...] l'interprète de l'hypertexte ou de l'hypermédia, au sens musical du terme ; éventuellement un virtuose, mais pas le compositeur » (*op. cit.*, p. 186). Il ajoute « en fait on tirerait profit de la définition de nouveaux concepts remplaçant celui d'écriture : balisage de chemin, production d'agencements formels, marquage de circulations. Un concept de *lectacture* [– qui n'emporte cependant pas totalement sa conviction –] est probablement à thématiser [...] entre la production et l'appropriation de sens, pôles que la lecture et l'écriture tenaient jusqu'à présent, et dans une certaine mesure seulement, éloignés » (*op. cit.*, p. 186). *Lectacture* ou encore *spectacture :* deux mots qui essaient de dire quelque chose que nous avons effectivement encore – et peut être pour longtemps – du mal à saisir, puisqu'il dépasse la lecture (à tout le moins sous sa forme la plus passive) sans pour autant être une véritable écriture. Peut être une *randonnée* en définitive, moins maritime il est vrai que la navigation, plus terre-à-terre, et qui nous ramènerait, justement, sur le plancher des vaches. Une randonnée, pour dire à la fois cette place laissée à l'aléatoire, peut être même au hasard, au *random* anglais, et le chemin globalement prévu, le passage par des stations en tout cas, une *excursion* en somme. Une *aléacture*, une *randomlecture,* parce que l'on doit s'y investir, participer et trouver, comme petits cailloux, les signes d'un passage, pour rebondir, pour aller plus loin, ou ailleurs, pour poursuivre quoiqu'il en soit...

Avec l'idée d'une navigation hypertextuelle ne se paie-t-on pas de mots ? Peut-être entérinons-nous alors que l'hypertexte est bien radicalement différent de la lecture sur papier, qu'il n'est qu'une surface immense ou un paysage infini qui n'attend que son exploration ? N'est-ce pas oublier que la plupart des supposés hypertextes ne sont que ce que Vanderdope nomme des *hypertextes stratifiés*, « dans lequel les divers blocs de texte ne sont pas autant d'électrons libres, mais des satellites d'un corps textuel principal bien identifié et qui sert de contexte global de lecture pour chacun des blocs d'informations qui y sont rattachés » (*op. cit.*, p. 246-247). Bref, ici on en revient à une logique hiérarchique et/ou étoilée de sous-ensembles que l'on visite successivement. En définitive, gagnerait-on peut-être moins une hyperlecture qu'une sous-lecture, moins construite, moins structurante car moins cohérente ?

12.3.2.5. *Idéologie*

La critique de certaines positions relatives aux propriétés de l'hypertexte valait en quelque sorte comme propédeutique à la critique de sa posture idéologique. Celle-ci mérite néanmoins d'être poursuivie et approfondie.

12.3.2.5.1. L'hypertexte comme lien ?

Y. Jeanneret et J. Davallon ont proposé une critique sémiotique de la notion d'hypertexte (Jeanneret et Davallon, 2004), et singulièrement de l'hypertexte comme lien. « Les trois composantes essentielles de [sa] définition (non-linéraité, couple nœud-lien, catégorie du réseau) montrent que la catégorie de l'hypertexte désigne moins un objet qu'une posture : l'hypertexte n'est pas un objet qui serait donné d'évidence par sa propre structure, mais une certaine façon de définir et de caractériser la forme des productions sémiotiques rendues possibles par le média informatisé » (*op. cit*, p. 44). C'est pourquoi, ils dénoncent cette opération par laquelle « le chercheur qui analyse la structure des textes de réseau en termes de lien transforme l'objet qu'il pense décrire [...]. [Car] cette notion procède avant tout d'un transfert métaphorique du technique vers le sémiotique et l'éditorial » (*op. cit*, p. 46). Autrement dit, « on est dans une logique d'extension métonymique qui conduit, par superposition des ordres, du technique au symbolique, du symbolique au cognitif, du cognitif au sociable et du sociable au politique. [...] L'objet serait devenu apte à incarner en lui-même la pensée (associative), la lecture (libérée), l'urbanité (conviviale), la démocratie (ouverte). [...] Se cristallise en un lieu unique, l'ingénierie, tous les niveaux de la pratique : le support, les formes, les opérations cognitives, les médiations du lien, les enjeux sociaux » (*op. cit.,* p. 48). La technique posée, le reste s'ensuit. Et c'est bien cette évidence de la voie de conséquence qu'interrogent nos auteurs. C'est pourquoi il convient à leurs yeux de rendre leur singularité à la fois à la technique – dont la présence n'est en rien niée–, à la pratique et au texte. Bref, il s'agit de distinguer ce que la logique technicienne écrase afin de mieux en comprendre les articulations et de rendre également sa prédominance au sémiotico-social. Ce qui les amène à promouvoir la notion de *signe-passeur*, qui renvoie l'usager d'un site à un autre site.

Suivons l'exemple qu'ils exposent : « l'étude de la manière dont le site de la Bnf Gallica est présent sur un corpus de sites médiateurs, [qui] a permis de faire apparaître la spécificité du fonctionnement des signes passeurs [...] » (*op. cit.,* p. 51). « En effet, à côté de la présence de Gallica sous une forme sémiotique classique (désignation, description, citation), il existe toute une série de références aux usages de Gallica par le producteur du site médiateur (pour ne prendre qu'un exemple simple : le fait qu'il cite Gallica indique qu'il l'a consulté), constituant ainsi autant de « traces d'usages » (*op. cit*, p. 52). « Le point marquant est la différence entre deux modes d'apparition de ces signes d'usages [...] : un mode sémiotique (par exemple, le producteur rapporte ce qu'il fait ou dit ce qu'il faut faire) et un mode opératoire sous la forme notamment d'hyperliens renvoyant sur Gallica » (*op. cit*, p. 52). « La conséquence en est que la conjonction que le signe passeur opère entre le sémiotique et le technique (mieux, parce qu'il opère cette conjonction) s'inscrit *de facto* dans le programme d'activité de l'usager. En effet, c'est bien au regard de l'activité dans laquelle il est engagé et du programme auquel celle-ci répond que l'usager choisira d'activer ou non ce signe passeur » (*op. cit.,* p. 52). Ici, la technique n'oblitère pas le sémiotico-social, elle ouvre sur un possible que ce dernier actualise ou non selon la situation. Le technique n'est en rien évacué mais simplement relativisé.

12.3.2.5.2. L'hypertexte et la dématérialisation

L'idée d'un hypertexte (réseautique (non-linéaire)/ouvert (connexion-transformation)/et transparent) n'est possible que parce qu'elle est sous-tendue – explicitement ou non, peu importe – par l'une de ses conditions essentielles de possibilité, l'idéologie de la dématérialisation (Robert, 2004). Car c'est bien grâce à cette dématérialisation que le réseau, s'affranchissant ainsi du poids tant technique qu'économique de son infrastructure, devient porteur du seul « lien » ; c'est encore grâce à elle qu'il gagne en ouverture, puisqu'elle rend supposément évidente une interconnexion qui, dans le réel demande toujours un lourd travail technique, logiciel et de standardisation (opération politico-technique qui renvoie à d'anciennes logiques de rapports de pouvoir), comme elle produit une transformation dont la facilité technique serait le signe de l'innocuité sociale, voire de ses effets bénéfiques. C'est enfin toujours elle qui autorise cette transparence finale qui serait censée offrir un sens quasi immanent, moins produit d'une interprétation, d'une rumination herméneutique que du repliement du sémiotique sur le technique, voire de l'enfouissement du sémiotique dans la technique, comme si la technique pouvait dès lors, à la fois s'effacer et donner des conditions de lecture à ce point optimales qu'elles laisseraient en quelque sorte le sens flotter de lui-même à la surface du scintillement de l'écran. Le sens ne serait plus le fruit d'une quête, longue et difficile, mais d'une épiphanie (en grec « apparition ») superficielle et d'emblée partagée.

12.3.3. *Réseau(x)*

Si l'ordinateur fonctionne sur le mode 4D, ce mouvement peut s'exprimer soit en interne, au sein d'une même machine, soit en externe, entre plusieurs et/ou différentes machines, sous la forme du réseau. A moins que l'on ne considère que sur le fond d'une qualification de la machine comme 4D le réseau relèverait, lui, d'une logique 5D. Je préfère la première option, parce qu'elle pense déjà la machine, même isolée, comme un réseau interne ; ce qui signifie que la dimension réseautique n'est pas l'ajout d'une logique étrangère, mais bien l'extension vers l'extérieur d'une logique intrinsèque à l'ordinateur. Les réseaux dont il va être question ici, renvoient à une logique informatique et non de télécommunication ; réseaux informatiques équipés d'une interface écran et porteur d'une logique de l'hypertexte. Enfin, et c'est fondamental, ces réseaux sont en projet, que ce soit dans les textes de D. Engelbart, de JCR. Licklider ou de T. Berners-Lee.

Encadré 12.2. *Les pionniers des années trente (Wells et Otlet)*

Rappelons que les premières réflexions sur les réseaux de connaissance ont émergé dès les années 1930. Ainsi, l'écrivain HG. Wells » défend[-il] la conception d'une encyclopédie mondiale qui pourrait « s'étendre comme un réseau nerveux, reliant tous les travailleurs intellectuels du monde à travers un intérêt et un mode d'expression communs vers une unité coopérante et de plus en plus consciente » (cité par Levie, p. 285).

L'infatigable P. Otlet rêvait d'une « instrumentation agissant à distance qui combinerait à la fois la radio, les rayons Röntgen, le cinéma et la photographie microscopique. Toutes les choses de l'univers, et toutes celles de l'homme seraient enregistrées à distance à mesure qu'elles se produiraient. Ainsi, serait établie l'image mouvante du monde, sa mémoire, son véritable double » (cité par Levie, p. 280). Un peu plus prosaïquement, il constatait (avec le regard de Chimène il est vrai) que « sous nos yeux est en voie de se constituer une immense machinerie pour le travail intellectuel. Elle se constitue par la combinaison des différentes machines existantes, dont les liaisons nécessaires s'entrevoient. Cette machinerie constituerait un véritable cerveau mécanique collectif [...]. Ce réseau, de quelque manière que ce soit, doit relier les uns aux autres les centres producteurs, distributeurs, utilisateurs, de toute spécialisation et de tout lieu. Il s'agit pratiquement que tout producteur ayant quelque donnée à faire connaître, quelque proposition à présenter ou à défendre, toute personne enfin puisse au moindre effort et avec un maximum de sûreté et d'abondance, entrer en possession de ce qui lui est offert » (cité par Levie, p. 325).

Le travail de D. Engelbart et son équipe sur la souris et les premiers pas d'une interface graphique s'inscrivent en fait dans un projet beaucoup plus vaste appelé *On line system* (NLS). En effet, un certain nombre d'innovations dans les systèmes informatiques en temps partagé (*time sharing*) au mi temps des années 1960 ont rendu possible l'un des objectifs essentiels d'Engelbart : « users working cooperatively over a network of computer terminals » (Bardini, 2000, p. 123). Mais comprenons bien que cet objectif suscite un recours original et quelque peu décalé au *time-sharing*. En effet, « it was very important to him to be able to share all the code of NLS among all the different users, unlike many applications in time sharing, where the notion was that everybody would run a different program » (Bardini, 2000, p. 127). Autrement dit, NLS est un système de coopération interactive (qui, à l'époque, dépend pour sa concrétisation de la recherche sur le *time sharing*) où les ressources informatiques sont distribuées entre différents agents afin qu'ils puissent travailler ensemble et non un partage d'une grosse ressource informatique, afin que les différents agents fassent différentes choses en parallèle. Et c'est bien pourquoi « in NLS, not only was the computer time-shared, but so were the displays » (Bardini, 2000, p. 134).

Mais le grand visionnaire des réseaux informatiques en ces années 1960, c'est avant tout J.-C.-R Licklider[179]. Licklider a développé deux grandes idées, qu'il a présentées dans deux textes dont l'actualité intellectuelle exige qu'on y revienne aujourd'hui encore : « Man-computer symbiosis » (Licklider, 1960) et « The computer as a communication device » (Licklider, 1968).

179. Nous n'oublions bien évidemment pas P. Baran, mais ses travaux relèvent plus de la conception d'une architecture novatrice de réseau que d'une réflexion globale sur l'informatique, qui inclurait également l'informatique de réseau.

Si Licklider présente son idée d'une « Man-computer symbiosis » c'est parce qu'il vise deux buts : « to bring the computing machine effectively into the formulative parts of technical problems » (*op. cit.,* p. 3) et « to bring computing machines effectively into processes of thinking that must go on in "real time", time that moves too fast to permit using computers in conventional ways » (*op. cit.,* p. 4). Le but ultime n'étant rien moins que « to think in interaction with a computer in the same way that you think with a colleague » (*op. cit.,* p. 4). Licklider soutient que « men will set the goals and supply the motivations, of course, at least in the early years. They will formulate hypotheses. They will ask questions. They will think of mechanisms, procedures and models » (*op. cit.,* p. 6) ; tandis que « the information-processing equipment, for its part, will convert hypotheses into testable models and then test the models against data » (*op. cit.,* p. 7). Cette symbiose est donc *a priori* au service de l'homme, dans un schéma qui n'est pas sans rappeler celui d'Engelbart (et que ce dernier formalisera en 1962). Cependant, que penser de son « at least in the early years » ? Licklider ne nous dit pas ce qui pourrait arriver ultérieurement, mais il est difficile de ne pas conclure, à la suite de cette remarque apparemment anodine, que la fixation des buts pourrait échapper à l'homme et la symbiose homme-machine se déséquilibrer au profit de la deuxième ?

Or, on ne dispose pas, à l'époque – 1960 – des outils informatiques susceptibles de satisfaire à la réalisation de ces deux buts. C'est pourquoi le projet repose aussi sur la nécessité de concevoir les outils de sa réalisation. Licklider envisage ainsi un dispositif sophistiqué de « thinking centers » organisés en réseau, qui offriraient des services auxquels les usagers auraient accès par l'intermédiaire de lignes louées (*op. cit.,* p. 7). Mais un tel dispositif n'est viable qu'à condition de disposer d'énormes et nouvelles capacités de mémorisation (qui semblent ne pas devoir éliminer pour autant le stockage de la connaissance technique et scientifique sous la forme papier) (*op. cit.,* p. 8-9). L'accès à ces ressources exigera le développement de nouveaux langages (*op. cit.,* p. 11) et de nouveaux dispositifs d'entrée-sortie (*op. cit.,* p. 12). Il propose donc de nouvelles interfaces homme-machine :

– le « desk-surface display and control : certainly, for effective man-computer interaction, it will be necessary for the man and the computer to draw graphs and pictures and to write notes and equations to each other on the same display surface » (*op. cit.,* p. 12) ;

– le « computer-posted wall display : [...] some information must be presented simultaneously to all the men, preferably on a common grid, to coordinate their actions » (*op. cit.,* p. 12) ;

– et enfin, l'« automatic speech production and recognition » (*op. cit.,* p. 13-14).

Huit ans plus tard, Licklider écrit un deuxième texte fondamental qu'il n'hésite pas à introduire par cette idée quelque peu provocatrice : « in a few years, men will be able to communicate more effectively through a machine than face to face »

(Licklider 1968, p. 1). Cela sonne comme une proposition typique de l'idéologie de la communication. Toutefois il ne manque pas de préciser quelques pages plus loin que « emphatically we do *not* say : buy a computer and your communication problems will be solved » (*op. cit.,* p. 8, il souligne). Car il nous explique que si l'idée d'appliquer l'informatique à la communication est effectivement dans l'air à l'époque, c'est parce que les ingénieurs travaillent à l'implémentation des ordinateurs dans la fonction de commutation (*switching function*). Or, si « the switching function is important [...] it is not the one we have in mind when we say that the computer can revolutionize communication. We are stressing the modelling function [...] » (*op. cit.,* p. 8).

En effet, à ses yeux « to communicate is more than to send and to receive » (*op. cit.,* p. 1). Ce qui l'intéresse c'est une communication creative. Or, « creative, interactive communication requires a plastic or moldable medium that can be modelled, a dynamic medium in which premises will flow into consequences, and above all a common medium that can be contributed to and experimented with by all » (*op. cit.,* p. 2). Ce medium, censé révolutionner « the art of modeling » (*op. cit.* p. 7) c'est l'ordinateur (*op. cit.,* p. 2 et p. 7). Modéliser, car communiquer c'est échanger des modèles, c'est une activité de « cooperative modeling, cooperation in the construction, maintenance and use of a model » (*op. cit.,* p. 2).

Bien avant J. Goody, et pour les besoins de sa cause, il souligne que « even such a simple externalized model as flow diagram or an outline – because it can be seen by all the communicators – serves as a focus for discussion. It changes the nature of communication [...] » (*op. cit.,* p. 3). Les idées de Licklider ne nourrissent donc pas seulement l'idéologie de la communication, elles projettent également l'image d'une informatique qui est aussi, voire d'abord, l'outil privilégié de la modélisation – geste qui, implicitement, la renvoie au registre de la technologie intellectuelle ?

Les moyens techniques convoqués s'inspirent directement de ceux que D. Engelbart a mis au point dans son laboratoire (*op. cit.,* p. 5). Il milite en faveur de réseaux informatiques distincts des réseaux de télécommunication (*op. cit.,* p. 9). Enfin, il pense que « such systems cannot be developped in small ways on small machines. They require large, multiacess computers, which are necessarily complex. Indeed, the sonic barrier in the development of such systems is complexity » (*op. cit.,* p. 11). Les moyens techniques ne sont pas séparés des moyens humains chez Licklider. En effet, ce qu'il cherche à travers la conception de ces nouveaux systèmes informatiques, c'est « providing facilities that foster a working sens of community among their users » (*op. cit.,* p. 11). Or, « it appears that the best and quickest way [...] to move forward the development of interactive communities of geographically separated people – is to set up an experimental network of multi-access computers » (*op. cit.,* p. 10). Car « these communities are socio-technical pioneers, in several ways out ahead of the rest of the computer world » (*op. cit.,*

p. 10). Des « communities not of common location, but of common interest » (*op. cit.,* p. 18).

Au total, « much communication and interaction will be with programmed models, which will be (a) highly responsive, (b) supplementary to one's own capabilities, rather than competitive, and (c) capable of representing progressively more complex ideas without necessarily displaying all the levels of their structure at the same time » (*op. cit.,* p. 20). Enfin, grâce à ces nouveaux systèmes informatiques communiquants « unemployment would disappear from the face of the earth forever, for consider the magnitude of the task of adapting the network's software to all the new generation of computer [...] » (*op. cit.,* p. 20). Voilà peut être la réponse à la question implicitement posée par le « at least in the early years » : des humains tout occupés à servir leurs machines, entièrement dévoués à en gérer la complexité... Il n'y aurait plus dès lors qu'une vaste communauté d'hommes et de femmes, qui utiliseraient les ressources d'amplification de l'intelligence (*op. cit.,* p. 20) offertes par les réseaux informatiques pour en desserrer la complexité toujours plus grande – la symbiose ne serait-elle pas ainsi parfaite ?

Engelbart et Licklider ont publié leurs projets dans les années 1960. Les années 1970-1980 seront celles de leur progressive mise en œuvre, partielle (car les équipes de Xerox issues de celle d'Engelbart, vont assumer dans les années 1970 son héritage, mais non sans quelque peu le trahir) et décalée (c'est Apple qui recueille les bénéfices de l'informatique graphique, mais dans une logique de machines individuelles et non une logique réseau, tandis que les réseaux qui émergent dans les années 1970 ne sont pas ceux du *time sharing* des années 1960). Cette histoire est compliquée et ce n'est pas le lieu ici de la raconter dans les détails. Ce qui nous intéresse directement c'est qu'il faudra attendre le tout début des années 1990 pour que naisse un nouveau projet « technique » ambitieux, celui du Web.

C'est en effet, dans un texte de novembre 1990, que T. Berners-Lee et R. Caillau présentent l'esquisse d'un projet de conception d'un « world wide web ». Ils rappellent en introduction que les systèmes d'information et de documentation de l'époque permettent de travailler avec un grand nombre de types de données (rapports, mails, etc.), mais qu'il est impossible de sauter (*jump*) automatiquement des uns aux autres. C'est pourquoi, ils proposent d'utiliser l'hypertexte comme solution technique possible : « a web of nodes in which the user can browse » ; « a web of information nodes rather than hierarchical tree or an ordered list » (*op. cit.,* p. 2) ; « nodes can in principle also contain non-text information such as diagrams, pictures, sound, animation, etc. » (*op. cit.,* p. 3). Sur la base de cette logique de l'hypertexte il devient possible de construire un réseau : « the network of links is called a web. [...] the process of proceeding from node to node is called navigation. Nodes do not need to be on the same machine : links may point across machine boundaries. Having a world wide web implies some solutions must be found for problems such as different access protocols and different node content format » (*op. cit.,* p. 3). Le WWW fonctionnera selon une architecture client-serveur.

Alors qu'aujourd'hui le Web et Internet sont volontiers confondus, les auteurs prévoient « a server providing access to the world of usenet/internet news articles » (*op. cit.,* p. 5).

Le projet fait appel à de futures collaborations techniques extérieures. Il se termine sur l'idée qu'il faudrait « a serious study of the use and abuse of the system, the sociology of its use at Cern » (*op. cit.,* p. 7).

Ce texte, court (8 pages), est beaucoup moins « littéraire » que ceux de Licklider ou d'Engelbart. Le Web naît d'abord comme un projet essentiellement « technique » et non comme une vision large et puissante de l'avenir et de l'informatique et de la société. Ce n'est pas que l'ambition manque pourtant, puisqu'il est question de rien moins que de proposer un projet, certes technique, mais d'envergure mondiale. Cette échelle ne fait pas question dans le texte ; la faisabilité du projet à cette échelle non plus. Est-ce à dire que la rhétorique peut rester modestement technique parce que, *de facto*, la technique sait qu'elle peut concrètement embrasser potentiellement le monde ?

Entre interfaces, hypertextes et réseaux, qui travaillent à nous faire oublier l'espace, à le récuser afin de mieux installer la vision d'un réseau-espace, d'un réseau-flux, d'un réseau dématérialisé où tout est censé devenir possible, simple et transparent, ne convient-il pas de réhabiliter une notion qui, quelque part, implicitement résiste à cette posture idéologique : celle de site (Cauquelin, 2002) ? Elle résiste parce que la notion de site est habitée par l'espace et le reconduit. Ou plutôt, pour reprendre le vocabulaire d'A. Cauquelin, le site constitue une troisième voie, entre *l'espace*, « aménagement calculé », qui relève d'une logique de l'emboîtement et *le lieu*, qui est toujours lieu de mémoire, et qui renvoie à une logique de l'extension. Car le site, paysager ou historique, « situé, positionné, occupe un morceau de territoire ; mémorable, il échappe aux mesures calculées et terrestres. Il réussit donc à combler, par son caractère contradictoire, le hiatus qui existe entre espace et lieu » (*op. cit.,* p. 85). A « contradictoire », je substituerais volontiers « paradoxal ».

Mais le site résiste également parce qu'il est intrinsèquement résistance. En effet, « le mot latin *resistere*, résister, donne « site » » (*op. cit.,* p. 145). Il est point, *situm*, et résiste pourtant à la logique de l'aménagement calculé puisqu'il donne à voir au-delà de lui-même, puisqu'il se dépasse comme point ; mais il résiste également au paysage sur lequel il se détache, à la fois partie prenante et en position d'extériorité, puisqu'il constitue une sorte de balcon qui ouvre sur ce paysage. Bref, le site est « un piégeur d'espace qu'il arrondit autour de lui. [Un] point aveugle du dispositif, qui ne peut se voir lui-même, il rend perceptible ce qui l'entoure » (*op. cit.,* p. 27) ; son « mot d'ordre pourrait être : « va voir plus loin si j'y suis » » (*op. cit.,* p. 145). Ainsi que le qualifie joliment A. Cauquelin, le site est « un mot de passe » (*op. cit.,* p. 18).

Il n'y a pas de délire idéologique autour de la notion de site. Dans ce qui le renvoie à l'espace, il participe de la conversion des dimensions (en 3D) ; dans ce qui le renvoie au paysage, à la fois dedans et dehors (en position paradoxale donc), il participe à la quatrième dimension du mouvement, par le passage, justement. Toujours par l'espace, il est instancié par la technique, porté par la logistique ; toujours par le paysage, il est habité par des signes manipulés par des hommes. Autrement dit, en lui, ne se noue-t-il pas et ne s'articule-t-il pas, mais sans se confondre ni s'écraser, le meilleur de l'interface, de l'hypertexte et du réseau ?

12.4. Conclusion : informatique et nouvelles aptitudes intellectuelles ?

L'informatique aujourd'hui déborde d'elle-même avec l'avènement du virtuel : ce dernier prolonge et amplifie sa formidable capacité à gérer un « espace » doté d'un grand nombre de dimensions. Car en effet, le virtuel se propose d'abord à travers la constitution d'un espace qui prétend rivaliser avec l'espace « réel » – ce qui n'est pas pour autant l'opposer à un espace supposé non socialement construit : les historiens des mentalités nous ont appris que l'espace est aussi l'objet d'une invention sociale (Corbin, 1990). Cependant, cette prétention ne peut croire en sa propre actualisation qu'à condition de pouvoir engendrer un monde dimensionnellement (presque) aussi riche. Non seulement il en va des trois dimensions de base et du mouvement, mais aussi des couleurs, des textures, des lumières ou des changements de points de vue et d'échelle, de « téléprésence », voire du son et des odeurs, etc. La virtualisation vaut en quelque sorte comme passage à la limite de la logique de la simulation : celle-ci restait circonscrite à un problème ponctuel, alors que le virtuel conspire à gagner l'ensemble des activités puisqu'il se projette comme « monde » ! La Raison simulatrice atteint ainsi son apogée : imiter le monde qu'elle nous force à désigner désormais comme « réel » – c'est-à-dire dont elle redéfinit la « réalité » même – au point de prétendre s'y substituer.

Ne peut-on craindre qu'avec l'informatique on en vienne à penser que la technique n'embraye plus sur de nouvelles aptitudes intellectuelles, mais que son apprentissage soit, en soi, considéré comme acquisition de ces nouvelles aptitudes ? Nous ne serions plus dès lors dans le cas de figure où la technique ouvre sur de *nouvelles aptitudes intellectuelles* (des NAI différentes de la technique), mais dans une nouvelle configuration dans laquelle ces aptitudes seraient en quelque sorte absorbées par la technique. Ce serait supposer un repli de ces NAI au sein même de la technique, une sorte d'équivalence entre la technique et les NAI. Ce serait confondre le détour machinique avec le détour intellectuel ; l'intelligence de l'équipement avec l'équipement de l'intelligence. D'où la prolifération d'un discours idéologique qui ne prétend d'ailleurs à rien d'autre, nous l'avons vu, qu'à rabattre les NAI sur la technique. Revenons quelques instants à l'interface et à l'hypertexte. Le discours idéologique nous les présente bien évidemment comme des NAI. En effet, la logique hypertextuelle est *a priori* définie comme s'opposant à celle des arbres et des listes (Berners-Lee, novembre 1990, p. 2 par exemple). Or, l'hypertexte n'est-il pas plutôt d'abord une manière d'automatiser des réseaux de correspondances déjà existants ou qui auraient pu exister sur un autre mode (ainsi de la note de bas de page ou l'index sur papier) ? L'hypertexte ne fonctionne-t-il pas comme une sorte de moteur de ces réseaux de liens plutôt que comme une nouvelle technologie intellectuelle ? L'interface ne constitue-t-il pas également une manière de motorisation du lien avec le scripteur/lecteur ? N'avons-nous pas besoin, justement d'une théorie de cette automatisation, qui sache articuler ce que d'autres, pour des raisons idéologiques, confondent volontiers ? D'où notre proposition théorique du Motif, appuyée sur celle de l'architexte.

L'informatique actuelle constitue la première technique à soumettre systématiquement les différentes technologies intellectuelles à la question. Au sens étymologique du terme, elle les provoque : elle les force à répondre à ses sollicitations permanentes. Il convient donc, avec le chapitre qui s'ouvre maintenant, de comprendre en quels termes se formule cette question, et quels enjeux socio-politiques ils emportent.

CHAPITRE 13

La provocation informatique

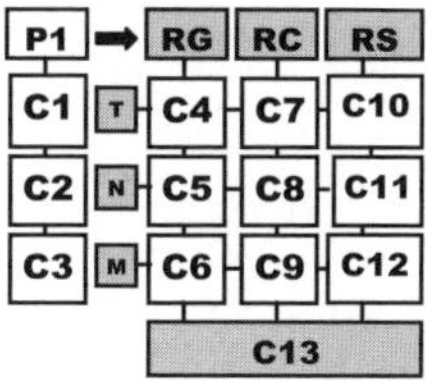

While computer display screen are to be the foci of our coming society, what the world is that will show on the screens is perhaps of greater concern.

Ted Nelson, *Literary Machines* (1981)

L'informatique travaille la société (qui la produit) sur le mode d'une véritable provocation paradoxale ou d'un montage à double détente :

– d'un côté elle provoque, en effet. Elle introduit toujours des propositions apparemment « techniques » qui déstabilisent et qui appellent en retour une réponse. Elle emporte toujours un potentiel de changement (qui néanmoins ne s'actualise pas forcément localement, sans disparaître pour autant). Bref, elle opère des *déplacements* et autorise des *glissements* – et singulièrement ce que j'ai appelé le *glissement de la prérogative politique* grâce auquel des acteurs dont l'action relève de leur intérêt propre en viennent à remplir de facto des fonctions politiques (faire-frontière, la représentation, etc.) sans avoir à payer le prix de l'acquisition de la légitimité politique qui passe, dans nos démocraties, par l'élection et l'état légal-rationnel (Robert, 2005) ;

– mais en même temps cette provocation est sinon neutralisée du moins amortie et en quelque sorte recouverte par ce que j'ai identifié ailleurs comme une *logique de l'impensé* ainsi qu'à travers une pressante injonction technique qui la retire de la logique des épreuves de justification et de l'argumentation[180]. Par *impensé*

180. Y. Jeanneret et son équipe montrent ainsi que Power Point impose une véritable injonction technique : si l'on veut être branché dans certains milieux du *consulting* notamment, il faut en passer par là. Une telle injonction masque ce que la technique entraîne

informatique, nous désignons ce discours qui la présente massivement sous le registre de la seule performance[181], discours dont l'importance réside moins dans ce qu'il dit à propos de l'informatique – fort banal au demeurant – que dans sa fonction : soustraire l'informatique aux épreuves de justification. Cet impensé ne participe pas à la production d'un savoir sur l'informatique ou à sa vulgarisation, mais place l'informatique dans la posture de l'évidence, incontournable (Robert, 1994, 2004 et 2009).

L'informatique suscite non seulement des glissements directement politiques, mais également des *glissements cognitifs* – indirectement politiques, nous le verrons. Car les technologies intellectuelles, sur leurs supports « traditionnels », ne sont bien évidemment pas les dernières à s'affronter à cette provocation informatique. Elle les inquiète, les questionne, les déplace, les transforme, etc. Il en va donc d'un enjeu informatique qu'il convient de cerner dans un premier temps (section 13.1), avant que de s'interroger sur la manière dont il travaille la notion de document (section 13.2) et les différentes technologies intellectuelles, les différentes Raisons présentées dans cet ouvrage (section 13.3).

13.1. L'enjeu informatique : une logistique de la mémoire ?

13 1.1. *Logique moléculaire*

Reprenant une distinction établie par Deleuze et Guattari, P. Lévy montre que l'informatique suit une logique *moléculaire* (Lévy, 1994). C'est-à-dire qu'elle repose fondamentalement sur les propriétés de composition de cette quasi particule élémentaire que constitue le bit. Cette logique moléculaire s'oppose à la logique *molaire*, logique massive, lourde et encombrée des médias de masse. L'atome pour la matière, l'ADN pour la vie, et le bit pour l'information ouvrent sur des représentations qui fonctionnent sur un double mouvement de réduction du « monde » à des éléments minimaux, puis de recomposition en un modèle complexe.

Le bit, et pour l'image, à un autre niveau, le pixel, s'offre donc comme la brique de base d'une combinatoire aussi complexe que l'on veut/peut. Il ne faudrait cependant pas en conclure trop facilement, comme le laisse entendre par exemple un homme pourtant bien informé tel que N. Negroponte (1995), que ces bits existeraient en quelque sorte en soi, se soutiendraient d'eux-mêmes pour ainsi dire, à l'instar d'un processus miraculeux. Or, ces bits ne prennent quelque consistance que parce qu'ils sont le produit d'une impressionnante logistique informatique et de

d'obligation comme cadre d'écriture et de mise en scène projetée de l'écriture (Jeanneret, 2005).

181. Sur les deux registres de la bienfaisance (l'informatique boy-scout qui vient en aide aux handicapés, à la justice, aux personnes âgées, etc.) et de l'efficacité gestionnaire.

télécommunications (ordinateurs, grands et petits, serveurs, commutateurs, câbles, satellites, etc.). Ce n'est donc que sur le fond de ce vaste appareillage technologique que les bits jouent effectivement du mouvement et de la mobilité (Robert, 2005).

Cette logique nous rappelle F. Holtz Bonneau (1995) n'est pas neuve. En effet, elle gouverne déjà le processus d'innovation enclenché par Gutenberg : la plus grande « invention » de ce dernier ne réside-t-elle pas d'abord dans la production des conditions de possibilité d'une imprimerie efficace ? Or, au fondement de cette dernière que trouve-t-on ? *Une casse de caractères mobiles*. Des éléments minimaux indépendants, combinables et réutilisables. Au lieu de graver un texte sur la page entière, comme le faisait la xylographie, Gutenberg régresse du global au local, accepte cet apparent détour, et compose le texte à partir d'éléments de base. L'imprimerie naît véritablement de ce geste décisif et inaugural – indispensable s'il n'est pas suffisant[182].

13.1.2. *Dimensions*

L'informatique reprend un geste similaire, et le généralise en le machinisant. Car c'est bien parce qu'elle travaille de manière privilégiée sur/avec et par cette logique moléculaire qu'elle parvient à jouer sur un grand nombre de dimensions. Au lieu de viser une synthèse toujours plus vaste, elle opère un *contournement par le bas*. Elle n'intègre un nombre potentiellement très grand de dimensions que parce qu'elle les rapporte toutes à une combinatoire de briques élémentaires. Autrement dit, elle n'a pas à trouver une manière propre à chacune de ces dimensions, et susceptible de la traduire dans sa globalité, elle recompose leur spécificité, un grand nombre de spécificités. Cette démarche offre ainsi une souplesse considérable au travail de modélisation.

Souplesse d'autant plus importante que le processus s'intègre à une machine automatique : celle-ci prend ainsi en charge le poids d'une combinatoire qui, sinon, échapperait complètement aux possibilités – beaucoup plus synthétiques – de traitement de notre cerveau. Cette délégation de la gestion du volume des bits à la vitesse machinique rend la machine utilisable et efficace – à un nombre de plus en plus grand de personnes, à condition toutefois, nous l'avons déjà vu, d'être dotée d'interfaces conviviales.

Si la logique du Motif, dans ce qu'elle a de moléculaire, permet d'absorber un nombre important de dimensions (aux limites près de la puissance de la machine et

---

182. Car sa première découverte par les Chinois, alors même que leur écriture, par la multiplication des caractères, s'y adapte mal et qu'ils en étaient restés à des éléments de bois, entraînera des conséquences beaucoup plus réduites (Weil, 1991, p. 328).

de nos propres capacités cognitives), elle ouvre également la possibilité de jouer sur et avec les dimensions inférieures. C'est pourquoi l'informatique peut en quelque sorte *traduire* n'importe quelle technologie intellectuelle « classique » : c'est-à-dire la simuler et la recycler tout en la transformant. Voilà la question que pose l'informatique aux technologies intellectuelles qu'elle incite à baptiser « traditionnelles ». Inversement ces dernières ne manquent pas à leur tour de l'interroger : car nous savons désormais que de telles technologies intellectuelles n'engendrent leurs qualités propres qu'en s'appuyant sur les propriétés spécifiques de leur support pour ne pas nous étonner qu'elles opposent « naturellement » une *résistance* à un transfert sur un nouveau support. Parce que dès lors, il ne s'agit *plus* véritablement *des mêmes* technologies intellectuelles – et elles y perdent autant qu'elles y gagnent.

13.1.3. *La mémorisation et la mobilisation généralisées*

Or, que gagne-t-on avec l'informatique ? Une *mémorisation et une mobilisation généralisée.* Comme la réduction moléculaire engendre un extraordinaire volume de bits à gérer, elle appelle une capacité-mémoire au moins aussi considérable. Le mode de fonctionnement même de l'informatique lui fait une obligation de mémoire. Tout accroissement des performances informatiques se traduit/et est autorisé par une augmentation au moins équivalente de mémoire : car non seulement les logiciels en consomment de plus en plus mais les traitements effectués/ables également. Or, plus l'utilisateur suppose pouvoir compter sur une vaste mémoire et plus il est tenté de moins sélectionner les informations à l'entrée, de viser l'exhaustivité... ce qui ne manque pas de saturer la mémoire et de relancer l'exigence de son extension.

La souplesse et la vitesse sur lesquelles repose – et qu'engendre – la logique du Motif ouvrent sur une mobilisation généralisée qui s'organise autour de trois grands axes :

– la *transformation*, qui affecte le document lui-même dans les possibilités de changement de positions des composantes de ses inscriptions (permutation de mots dans une liste par exemple) et par le changement des formes (typographiques et plus généralement graphiques) (voir section 13.2) ;

– les *hyperliens*, qui nouent automatiquement les textes en hypertextes ou les textes et les images en hypermédias (aux limites soulignées au chapitre 12 près) ;

– la *logistique*, qui déploie l'ensemble des réseaux informatique et de télécommunication comme l'ensemble diffus des micros plus ou moins portables (Robert, 2005).

L'informatique emporte deux types de conséquences sur les technologies intellectuelles « classiques », que le reste de ce chapitre va travailler à éclairer : soit elle les recycle, les transfert et les traduit sur son propre support, soit elle s'y ajoute. Dans le premier cas, ces technologies intellectuelles subissent une transformation importante sous le coup de la mémorisation et surtout de la mobilisation généralisée. Dans le second cas, il est possible de soutenir et de sauver leur spécificité : la logique moléculaire, sa souplesse, sa vitesse, la mémorisation et la mobilisation généralisée ne suffisent pas à véritablement concurrencer et disqualifier totalement les propriétés et qualités des anciens supports.

13.1.4. *Politique*

Mais avant de nous plonger dans la confrontation de la notion de document et des trois Raisons sous leurs formes traditionnelles à l'informatique, il convient encore de ne pas oublier de souligner l'effet *politique* qu'entraîne l'expansion de la logique de la mémorisation et de la mobilisation généralisée. Celle-ci produit une accélération du cycle d'accumulation : on entasse ainsi de plus en plus vite et donc de plus en plus, les volumes d'informations stockées ne cessent d'augmenter... et appellent le développement de systèmes de navigation et de sélection de plus en plus sophistiqués. Ainsi, non seulement le contrôle et la coordination peuvent s'exercer sur un nombre toujours croissant de « variables » avec une *précision* auparavant inconnue (pensons au marketing de base de données), mais cette inflation elle-même requiert de nouveaux outils de contrôle et de coordination de second degré. Le système de contrôle et de coordination exige, sous peine de saturation, un meilleur contrôle et une meilleure coordination de deuxième niveau, qui pose deux questions : soit l'opération de régulation réussit et l'on risque de s'affronter à un contrôle de premier niveau encore plus dur et efficace ; soit elle échoue (ne serait-ce que parce que la régression semble potentiellement infinie : ne faudra-t-il pas toujours un niveau supplémentaire de contrôle ?) et l'on risque d'assister à une dangereuse déstabilisation des activités qui en dépendaient (Robert, 2005).

13.2. Du mode d'existence du document numérique

Cette logistique de la mémoire rend singulièrement sensible la question de l'enregistrement au sein même du monde numérique. Or, c'est bien l'enregistrement qui, dans notre approche, permet de traduire l'événement en document. C'est pourquoi il convient dans la foulée de s'interroger avec une acuité toute particulière sur le mode d'existence du document numérique.

13.2.1. *Le document et l'algorithme*

M. Buckland a publié en 1997 un article qui a retenu l'attention du monde de la documentation – et même au-delà – dans le *Journal of American society for information science* (Buckland, 1997). Il récapitulait différentes définitions de ce que peut être un document, de P. Otlet à l'anthropologie et la sémiotique en passant par S. Briet et S. Ranganathan. Il terminait son tour d'horizon en s'interrogeant dans un paragraphe final sur ce en quoi pouvait bien consister un « digital document ». C'est un texte quasiment identique qu'il livre un an plus tard à la revue française *Document numérique*, qu'il augmente essentiellement d'une sixième section qui porte de manière privilégiée sur le « digital document ».

Comme le souligne Buckland « when we refer to a paper document, a papyrus document or a microfilmed document, the meaning is clear. However, the idea of a « digital document » is more difficult. » Tout simplement parce que « a paper document is distinguished, in part, by the fact that it is on paper. But that aspect, the technological medium, is less hepful with digital documents ». Car « the multiple media can be reduced to the mono-medium of electronically stored bits » (*op. cit.,* p. 222). Ce qui amène notre auteur à proposer d'autres critères d'identification du document.

En effet, soutient-il « the table [of log] and the algorithm [de calcul de logarithmes] seem functionally equivalent. What has happened to the notion of document ? One answer is that whatever is displayed on the screen or printed out is a document. One might say that the algorithm is functioning as a document, as a dynamic kind of document, one that reminds us of Otlet's view that an educational toy should be considered to be a kind of document. It would be consistent with the trend, described above, towards a definition of a document in terms of function rather than physical format » (*op. cit.,* p. 228). Il souligne enfin que « each different technology has different capabilities, different constraints. If we sustain the functional view of what constitutes a document, we should expect documents to take different forms in the contexts of different technologies, and so we should expect the range of what could be considered a document to be different in a digital and paper environments » (*op. cit.,* p. 228).

Définir le document en termes fonctionnels plutôt qu'en termes d'objet est-il suffisant ? A suivre Buckland le document peut être désormais compris, plus qu'à travers la notion de fonction me semble-t-il, comme une *opération*, dynamique, c'est-à-dire quelque chose qui est en train de se faire et non comme quelque chose de stable[183]. Au document-objet (et la question se pose toujours de savoir quels

183. A moins de considérer la méta-stabilité de l'opération elle-même, en ce sens, qu'effectuée de la même manière elle donne toujours le même résultat.

objets doivent être acceptés – voir l'encadré 1.1. du chapitre 1) succéderait ou plutôt s'ajouterait un document-opération. Peut-on supposer une quasi disparition de l'objet sous l'opération ? Doit-on supposer une émergence de l'opération qui la rendrait en quelque sorte autonome par rapport à l'objet, à la technique ? Réduire ainsi le document numérique à une opération, n'est-ce pas justement oblitérer ce qu'elle doit à la technique ; n'est-ce pas ne pas se donner les moyens de comprendre la relation qu'elle entretient avec son support matériel ? N'est-ce pas enterrer un peu trop vite la technique ? Car c'est bien la technologie qui pose problème, que l'on a du mal à penser puisqu'elle n'est d'ailleurs pas réductible en tant que telle au seul objet mais existe sur le mode du système technique.

Cependant Buckland fait l'impasse sur une définition importante du document électronique, celle de T. Nelson. Or, ce dernier pose très directement la question dans son livre de 1981, *Literary machines* : « what is a document ? » (New media reader, 2003, p. 445). La question est quelque peu trompeuse, car ce qui retient son attention, c'est moins le document en soi que les liens qu'il noue avec d'autres documents : « it has an owner and (ordinarily) a name. It normally consists of contents – text, graphics, music, etc. – and links to other documents. Every link, then, is part of a document. Putting it another way, a document consists of its contents and its out-links » (*op. cit.*, p. 455). Nelson va même beaucoup plus loin, car le couplage entre la logique des liens et le système de mémorisation/stockage permet d'introduire un coin dans la logique traditionnelle du document : en effet, « there is no « main » version of a thing, just the ongoing accumulation of pieces and changes » (*op. cit.*, p. 449). Autrement dit, le document est pris dans une « eternal revision » : « there is no final word [...]. Windowing hypertext offers the possibility that all writings [...] may be forever revised and reinterpreted [...] » (*op. cit.*, p. 461).

S'il envisage rien moins que « the printing press of the future » (*op. cit.*, p. 461), Nelson se veut rassurant dans sa présentation, c'est pourquoi il en vient à souligner que « the user has no direct contact with technicalities. The technicalities underneath are simply the means whereby certain exact and simple services are rapidly performed », (*op. cit.,* 2003, p. 444). Certes, ce qu'il veut c'est d'abord proposer des idées, mais peut-on si facilement éliminer la technique ? Que pouvait-on bien comprendre de son texte en 1981 si l'on n'avait jamais manipulé un ordinateur ?

La *vision* de Nelson est symptomatique : elle ne se veut pas la conséquence de la technique, mais bien son *projet*, qui à la fois s'appuie sur la technique mais cherche également à s'en émanciper, à la dépasser. Autrement dit, à lire le Nelson de 1981, on sait déjà que l'on va vers une structure instable et évolutive du document, on sait déjà que la question à venir va porter sur la relation entre stabilité et instabilité.

13.2.2. *L'enregistrement, la virtualisation et les fonctions*

Or, nous ne croyons pas qu'il soit possible de penser le document en dehors d'une logique profonde qui est celle de *l'enregistrement*. Le support, quel qu'il soit, n'assure la stabilité du document que parce qu'il enregistre ce que l'on peut appeler dans une utile approximation de l'information. L'enregistre, c'est-à-dire la dépose, l'imprime, la grave selon les cas. Trace matérielle, matérialisée qui, quelque part, transforme un état de la matière. Autrement dit, il ne peut y avoir document numérique qu'à condition de prendre en compte cette logique de l'enregistrement. Si opération il y a, c'est bien celle-ci. Or, en rester à l'algorithme, c'est se situer comme au-delà de l'enregistrement, ne pas revenir jusqu'à cet enregistrement. En ce sens, à nos yeux, il ne peut constituer un document. Cependant, à bien y regarder, même cet algorithme a besoin d'être inscrit d'une manière ou d'une autre dans la machine pour fonctionner et son résultat aussi. Dès lors, l'algorithme n'est pas un document parce qu'il est une opération, mais parce qu'il est enregistré. S'il s'efface dès lors que la machine est éteinte et si son résultat s'efface également, sans que je l'aie voulu, alors il n'y a pas enregistrement et donc pas de document.

Avec le papier la surface de lecture est aussi la surface d'écriture et à proprement parler d'enregistrement. Il y a concomitance entre le lieu de l'enregistrement et celui de sa restitution. Avec le document numérique il en va d'un écart – parfois spatialement considérable sur Internet – entre le lieu de l'enregistrement et le lieu de sa restitution. Il nous faut savoir prendre en compte cette singularité, cette propriété essentielle des TIC à gérer mieux qu'aucune autre technique ce que j'appelle le « paradoxe de la simultanéité ». Car le monde – et c'est l'un des fondements de notre condition humaine – ne nous donne pas accès aux choses dans leur simultanéité. C'est aux sociétés de construire des moyens qui permettent de pallier à cette absence fondamentale de simultanéité – moyens qui se déclinent des mythes aux TIC en passant par l'architecture ou les drogues (Robert, 2005 et 2009). Nous ne pouvons pas être en deux endroits à la fois, qu'ils soient séparés par de l'espace ou par une différence d'échelle. Les TIC, grâce à leur vitesse et leur automaticité notamment permettent de récupérer en quelque sorte un peu sur le manque constitutif de simultanéité, sans parvenir pour autant à atteindre cette simultanéité (le discours qui le prétend est donc par la-même idéologique). Un ordinateur peut pratiquer, à une vitesse telle qu'aucun décalage ne se manifeste à nos sens, ces changements d'échelle entre ce qui s'affiche sur notre écran et ce qui se passe dans les différentes couches de programmation de la machine (un réseau d'ordinateurs peut procéder de même en toute transparence malgré de considérables distances), entre ce qui nous reste directement visible et ce qui relève de l'invisible et que l'automatisme a définitivement délégué à la machine. Il en va d'un processus que j'appelle *virtualisation*. C'est exactement ce qui arrive au document. Or, cette virtualisation du document ne doit pas être confondue avec une supposée dématérialisation (Robert, 2004a), car elle correspond à un changement de régime de matérialité et non à l'avènement d'un monde de l'immatériel. Ce *nouveau régime de matérialité* c'est celui de l'objet-système qui est un outil de gestion de flux internes – électroniques et informationnels – par contrôle et coordination qui autorise la gestion de flux externes, *a fortiori* lorsqu'il est branché sur un réseau (Robert, 2005). Il s'intègre dans trois séries d'échelle, celle « méso », dans son interfaçage à l'homme, du micro-ordinateur notamment (c'est-à-dire que nous pratiquons essentiellement à travers le PC, mais également à travers des Dab, caisses de supermarché et autres machines transactionnelles) ; celle macro de la constitution de macro-systèmes techniques dont les TIC ne sont que l'une des déclinaisons possibles (Robert, 2005) ; et celle enfin, qui vient, des micro et nano-technologies.

La vitesse permet à cet objet-système d'assurer à nos sens un effet de simultanéité quels que soient les écarts, les distances, d'échelle ou spatiale. C'est pourquoi le document numérique affiché sur l'écran peut très bien nous apparaître comme unique alors même que ses constituants, parfois mosaïque de différents formats, proviennent de sources et de lieux différents (Ghitalla, 2000). Quoiqu'il en soit il y a bien quelque part – même si l'on ne voit pas forcément où – à un moment donné enregistrement. On peut toutefois imaginer une logique de la « réanimation » permanente de « documents » en circulation constante, qui seraient moins enregistrés que continuellement réenregistrés. Ce passage de l'enregistrement au *réenregistrement* réintroduirait la dimension opératoire au sein même de l'enregistrement, qui serait moins un moment terminal qu'une opération toujours à reprendre et à poursuivre. Il est évident que si une telle logique est possible, sa dimension documentaire reste inférieure à celle du document enregistré. La stabilité reste à l'état potentiel. C'est peut être le monde qui vient, voire celui qui, pour partie et notamment dans certaines entreprises, existe déjà, c'est en tout cas le monde d'*une sortie de l'espace documentaire en tant que tel*, c'est-à-dire en tant qu'espace de l'enregistrement stable/stabilisé/stabilisant (même s'il n'a jamais exclu les brouillons et les repentir, le document, en bout de chaîne était supposé représenter un état final). Or, je crois que le monde qui se dessine va entretenir une relation beaucoup plus complexe au document – qui intègre néanmoins cette déstabilisation du réenregistrement. Nous y reviendrons plus loin. Mais avant de creuser cette perspective il nous faut revenir sur cette récente approche du document numérique proposée par un réseau de chercheurs français dans le cadre du projet RTP-Doc. Ce projet a ouvert un chantier qui a donné lieu à trois textes dont nous réutiliserons essentiellement le dernier (et marginalement le deuxième). Ce travail, sans porter au consensus, a néanmoins su dégager un certain nombre de principes partagés par la majorité des contributeurs.

13.2.3. *Propriétés et fonctions*

Le texte n°2 (RTP-Doc, 2004) rappelle que le RTP-Doc appréhende le document à l'aide de trois entrées : le texte (contenu), le médium (le support) et la forme (qui « configurent objets et services »). Ma démarche en termes de technologies intellectuelles, qui distingue information (contenu), logiciel (mise en forme) et support, se révèle donc pleinement compatible avec une telle approche.

Le troisième texte du RTP-Doc (RTP-Doc, 2006) définit le document par quatre propriétés et trois contextes (individuel, collectif et public). Nous entérinons les trois niveaux contextuels et nous allons surtout nous intéresser au (et discuter les) quatre propriétés de mémorisation, organisation, création et transmission. Nous voudrions insister, on l'aura compris, sur la nécessité de placer au cœur du dispositif documentaire la propriété technique d'enregistrement. Cette propriété déborde d'ailleurs la technique et peut légitimement être vue comme une propriété qui fait le lien entre la technique et le social : en effet, l'enregistrement possède deux faces, l'une, nous venons de le rappeler, technique, d'inscription (écriture ou image) sur un support, quel que soit le procédé, et l'autre sociale, car un enregistrement c'est aussi un acte à valeur juridique, qui offre les signes de son institutionnalisation (une forme d'énonciation éditoriale (Souchier, 1998) juridico-politique, qui se traduit par des signes de reconnaissance tels que les tampons, signatures, mise en forme singulière, etc.). Or, c'est bien cet enregistrement – au sens technique – qui autorise l'expression de ce qu'il convient d'appeler me semble-t-il plus des *fonctions* que des propriétés : car la mémorisation, entre technique et société est bien une fonction techno-sociétale ; il en va de même pour les trois autres fonctions d'organisation, de création – ne vaudrait-il pas plutôt parler de créativité ? – et de transmission. Nous militons depuis longtemps pour le développement de raisonnements en termes de fonctions techno-sociétales (Robert, 2004, 2005 et 2009), aussi ne pouvons-nous que nous réjouir de voir ce type d'approche adopté dans le cas du document.

Seul l'enregistrement assure la pérennité indispensable à l'exercice d'une fonction techno-sociétale de mémorisation. Il permet seul d'offrir les conditions de possibilité d'une organisation stable/stabilisée (on peut peut-être enregistrer en vrac, mais on enregistre mieux en organisant que ce soit sur support papier – à commencer par un tracé de lignes et/ou de colonnes, une « réglure » comme le disait le Moyen Age pour mieux écrire – ou un disque dur formaté). Pas de créativité sans dépassement de quelque chose qui est stabilisé par l'enregistrement : si tout s'efface, si la mémoire s'étiole, la créativité s'épuise à tout réinventer constamment, inversement si l'on en vient à tout encapsuler dans le seul enregistrement, à se bloquer sur la seule mémoire, on supprime l'une des conditions de possibilité de la créativité, on en reste à la répétition. La créativité exige donc une gestion subtile du nécessaire enregistrement qui sous-tend une mémoire qui, cependant n'enferme pas mais offre au contraire un point d'appui à une critique qui, sans forcément la renier, peut ainsi la dépasser. Enfin, sans enregistrement la transmission, qui est moins ici circulation dans l'espace qu'héritage dans le temps, n'est tout simplement pas possible, sauf à rester dans une oralité par définition dépourvue de tout document.

13.2.4. *Les enjeux politiques*

Comprendre le document numérique aujourd'hui exige enfin que l'on n'en néglige pas les enjeux et le contexte politique. Il convient, pour aborder cette question politique de revenir au changement de régime de matérialité. Car, en effet, ce changement introduit par l'informatique dans le mode d'existence technique et technico-social du document, induit un déplacement considérable dans le registre de la visibilité, c'est-à-dire de ce qui est visible ou non. Nous avons vu que le support papier assume une visibilité qui va de l'enregistrement-écriture à la lecture ; or, l'informatique brise cette unicité et place derrière ce qu'elle nous offre comme visible sur l'écran, l'ensemble des opérations de traduction qui rendent cette visibilité possible. Les placer en arrière c'est ainsi les cacher, les rendre invisibles donc. Il en va de cette part qui nous échappe parce qu'elle revient en propre au système technique. L'enregistrement est enfoui (au sein de notre machine) ou exilé (au sein d'une autre machine) et se dérobe à notre regard. C'est là que l'informatique déplace le statut de *l'autonomie* du document.

Car avec le papier la confusion entre le support-mémoire inscrit et la lecture assurait au document une autonomie en ce sens qu'il constituait un objet transportable, à la fois individué et interfacé directement au lecteur/scripteur. Avec l'informatique le document reste autonome, mais autrement. Car il devient autonome justement dans ce qui nous échappe. C'est une autonomie machinique basée sur l'automatisation[184], ce qui emporte de lourdes conséquences politiques.

Certains observateurs n'hésitent pas à créditer l'informatique d'une capacité quasiment intrinsèque à la réflexivité[185] (Guichard, 2002). L'écriture alphabétique, celle du texte notamment, engendre par son existence même les conditions de possibilité d'expression d'une telle propriété, puisqu'il est toujours possible de discourir sur l'écriture grâce à l'écriture, puisqu'elle favorise l'émergence d'un savoir d'écriture sur elle-même. Ainsi la grammaire analyse-t-elle la langue écrite grâce à l'écriture. Elle produit un savoir écrit sur le fonctionnement de la langue écrite. Si l'on peut montrer que l'informatique est écriture alors, elle aussi, pourrait

184. Il est possible que cet automatisme soit bien réel à l'échelle globale, alors même qu'il est difficilement repérable localement parce qu'il n'est pas total, qu'il ne fonctionne pas parfaitement d'emblée. Bref, il existe comme tension qui travaille le réel mais qui reste encore loin de son accomplissement – voir (Cotte et Deprés-Lonnet, 2004).

185. Au sens mathématique peut être, mais ce n'est pas ce qui nous occupe ici.

peut-être prétendre à la réflexivité. Or, certes, l'informatique est habitée par des formes d'écritures, mais d'une part ces écritures renvoient plus au codage[186] qu'au texte et surtout ces écritures, dès lors qu'elles sont intégrées dans la machine, se mettent au service et dépendent de l'automatisme. Encapsulées dans et par l'automatisme ces écritures perdent ainsi leur potentiel réflexif comme nous perdons cette part que nous déléguons à la machine. L'informatique ne pratique ni n'induit la réflexivité propre à l'écriture – textuelle –, mais suscite plutôt un état d'impensé, lié directement à son automatisme. Car ce dernier favorise un mouvement de repli de la technique sur elle-même, qui ne laisse ouvert que le faux débat sur les alternatives techniques.

Cependant l'automatisme n'est jamais totalement accompli, notamment sur le réseau de réseaux bien trop hétérogène encore pour l'assumer pleinement (quoique cette hétérogénéité soit en quelque sorte un appel à sa propre réduction par l'automatisme). C'est pourquoi certains « experts » en viennent à récupérer la main, ponctuellement, ou bien à le réquisitionner à leur service. Il n'est peut être pas indifférent que les experts en question travaillent dans de grands groupes ou se réclament du « libre » , mais néanmoins c'est toujours monsieur-tout-le-monde qui y perd, soit parce que les procédures des uns visent à le rendre dépendant de leurs produits ou services, soit parce que la « liberté » des autres ne peut être gagnée qu'en acquérant un niveau technique considérable (qui ne l'intéresse pas forcément et ne le libère de la pression économique des grands groupes qu'à condition de l'inféoder encore un peu plus à l'injonction technicienne). Cette montée en puissance de l'expertise peut masquer des mouvements de captation de prérogatives politiques – telle que celle de la représentation par exemple – par l'institution du pouvoir de l'expert en pouvoir de décision – alors même qu'en démocratie celle-ci relève d'une attribution et d'une compétence socialement sanctionnée par l'élection pluraliste et l'état légal-rationnel.

Si l'événement c'est ce qui passe, ce qui s'insère dans un flux et si le document c'est ce qui l'arrête, alors il est possible que les TIC engendrent une nouvelle formule dans laquelle le flux serait un flux de documents. Ce qui exigerait un travail de méta-documentation afin d'en assurer la gestion. On aurait ainsi moins à s'étonner de la fin du document que de l'émergence d'un macro-espace documentaire, un macro-système documentaire (Robert, 2005), qui deviendrait à lui-même son propre flux. Flux documentaire dont la complexité le transformerait en flux d'événements qui requérait un traitement de deuxième degré. Ce qui exigerait peut être le retour en quelque sorte du document stabilisateur, mais à un deuxième niveau – et sous quelle

186. Comme le souligne C. Herrenschmidt le code « n'a bien sûr pas d'autonomie réflexive : nul ne peut expliquer, par définition, ce qu'est un code informatique avec ses seuls signaux, les bits, car ces signaux sont des signalements des signes » (Herrenschmidt, 2007, p. 395).

forme ? –, voire également une tentative de réinstitutionnalisation – mais au bénéfice de quels acteurs, dotés de quelle légitimité ?

On peut même penser que le document (que l'on envisageait comme relativement autonome du flux logistique) fait désormais partie intégrante de la logistique elle-même : c'est la logistique qui le porte, le réanime, le modifie, etc. En ce sens, il n'y aurait plus de différence entre le document et sa logistique. Il conviendrait dès lors de penser moins en termes de documents qui forment des flux que dans ceux d'une logistique qui génère des quasi-documents, les stocke, les mémorise, les articule, gère leur circulation, etc. Nous serions face à un macro-système technique (mais en tant qu'il intègre également les niveaux micro et méso) qui engloberait le document. Il en irait d'un double mouvement de *logisticisation du document* et de *documentarisation de la logistique*. Mais la logistique serait première et le document ne pourrait plus s'en détacher.

Cette logisticisation n'est peut être rien d'autre qu'une poursuite de la logique de conversion des dimensions qui entraînerait non pas une perte en soi du document, mais seulement une relativisation du document en 2D ou 3D au bénéfice d'un document en ND motorisé. W. Benjamin a souligné que l'œuvre d'art à l'ère de sa reproductibilité technique perdait son aura, ce qui faisait d'elle quelque chose d'unique, son être là, sa présence ; à l'heure de la logistique informatique généralisée le document ne perd-il pas lui aussi son « aura » singulière ? Car la logisticisation du document relativise considérablement la *puissance d'architecture interne* du document ; c'est pourquoi il devient essentiel de retrouver cette puissance d'architecture, mais cette fois dans l'organisation logistique elle-même, sans quoi nous assisterions à une dégradation considérable du coefficient de technologie intellectuelle.

Notre société contemporaine est en fait travaillée par un double mouvement qui produit un résultat complexe. Car elle est à la fois engagée dans ce que nous appelons une logique de *gestionnarisation généralisée* et de désinstitutionalisation (Robert, 2009). La gestionnarisation signifie que de plus en plus d'activités – et notamment celles qui ne relevaient pas d'une telle approche jusque là – font l'objet d'une mise en forme de type gestionnaire (un cadrage par tableaux de bords susceptible de nourrir une multitude de ratio de performance). Cette mise en forme requiert la multiplication de documents (à la fois outils de gestion et instruments de la légalité). Autrement dit, cette gestionnarisation engendre une véritable pléthore documentaire. Or, parallèlement nous assistons à une progressive désinstitutionalisation, qui se traduit par ce qu'E. Suleiman appelle *Le démantèlement de l'état démocratique* (Suleiman, 2005). Or, cette lame de fond libérale qui relâche la fonction de garantie et de certification en dernière instance de l'état et permet la multiplication des officines privées de labellisation aboutit à une hypo-documentarisation, à la production de documents dont la valeur ne renvoie pas à la clé de voûte symbolique de l'état légal-rationnel, mais à la seule expertise technique marchande. Le document perd ainsi de sa stabilité et de sa force sociale.

Ce double mouvement est à la fois le signe et l'un des moyens pratiques de perte de puissance du politique au bénéfice de l'économico-gestionnaire. La technologie informatique se révèle parfaitement adaptée en tant que véhicule logistique, à une telle logique, puisqu'elle peut aussi bien participer à la multiplication des documents gestionnaires (et les applications de gestion ne cessent de s'étendre), qu'à leur instabilité, non seulement par la multiplication des versions, mais aussi (et les deux se renforcent) par le développement de progiciels de *workflow* qui engendrent et gèrent un véritable flux documentaire (Craipeau, 2001). Il en va bien à la fois d'une sur-production et d'une prolifération des signes de *l'énonciation documentaire*[187] (afin de produire quelque chose qui ressemble à un document officiel, ce que l'informatique rend aisé) et d'une sous-documentarisation par déficit de légitimité des organes certificateurs privés et perte de stabilité technique du document – par réenregistrements et circulation informatique. Et c'est bien le Motif (incarné par l'informatique) qui permet de tenir les deux faces du même mouvement.

13.3. La Raison graphique au miroir de l'informatique

Il convient enfin de dresser un bilan, inévitablement succinct, incomplet et qui ne peut donc prétendre à rien d'autre que d'indiquer de grandes lignes d'évolution, de la manière dont l'informatique déstabilise et inquiète les Raisons graphique, classificatrice et simulatrice. Nous utiliserons bien évidemment la grille présentée en section 1 : mémorisation, transformation, hyperliens et logistique. Cette grille nous permettra de nous situer au niveau des principes généraux (et de poser des questions), sans avoir à entrer dans les détails d'une actualité technique foisonnante. Comme cet ouvrage a pour vocation d'offrir des cadres globaux d'intelligibilité, c'est donc désormais autant au lecteur qu'à l'auteur d'actualiser les données en fonction de sa culture et de ses centres d'intérêt.

Vue à travers les lunettes de l'informatique, la Raison graphique semble étrangement statique. Peut-être parce qu'elle est essentiellement fondatrice. Les diagrammes (listes, cartes et dessins) paraissent beaucoup moins armés que les autres technologies intellectuelles pour « résister » à l'informatique. Comme si leur travail sur deux dimensions seulement, comme à l'étroit dans cet espace, les rendait singulièrement fragiles au questionnement informatique.

187. Qui n'est autre que l'un des déclinaisons possibles de ce que E. Souchier appelle l'énonciation éditoriale (Souchier, 1998).

13.3.1. *Diagrammes*

L'informatique rend les listes particulièrement efficaces : le changement de support dynamise leurs performances sans pour autant leur enlever leurs qualités. Le nombre de listes enregistrées ne cesse de croître et elles tendent souvent à devenir de plus en plus volumineuses (*mémorisation*). L'acquisition des données, leur permutation, tris et classements comme leur « visibilisation » différentielle (par un jeu typographique notamment) deviennent beaucoup plus faciles (*transformation*). Les listes peuvent faire l'objet d'une interconnexion, d'une généralisation des renvois d'une liste l'autre, de recoupements (*Hyperliens*). Enfin, elles voyagent extrêmement rapidement d'un pays l'autre, d'un serveur l'autre (*logistique*).

Si les listes n'offrent pas une réelle résistance à l'informatique, c'est peut-être parce qu'elles entretiennent avec elle une relation « objective » implicite de convergence : en effet, il est possible de tracer un lien direct de la liste, à la recette – c'est-à-dire un ensemble de données et une suite d'instructions –, puis à la formule et l'algorithme ; d'autre part, l'informatique fonctionne grâce à des programmes qui ne sont rien d'autres que des listes d'instructions.

Les listes sous l'emprise de la mémorisation et de la mobilisation généralisée tendent à accentuer les dissymétries entre ceux qui les contrôlent (ou qui possèdent le capital, financier, social et culturel qui en ouvre l'accès) et ceux qui en sont exclus – plantant par là même quelques pitons d'irréversibilité au profit des premiers (marchands ou états) et de leur capacité de contrôle et de coordination (les interconnexions renforçant le premier grâce à la seconde).

La micro-informatique a popularisé les tableurs ; mais ce sont en réalité tout à l'inverse les tableurs qui ont crédibilisé cette micro-informatique dans l'entreprise et largement participé à sa diffusion. Le succès de l'Apple II dans l'entreprise doit beaucoup à Visicalc, de même que celui de l'IBM PC à Lotus 1-2-3. Or, le tableur, outil de gestion, n'est que la version informatisée, et donc motorisée du tableau. Un tableau informatisé qui incorpore et accomplit en quelque sorte cette fonction de calcul qui restait en suspens dans le tableau traditionnel (sur support papier ou mural). Car ce dernier la prépare par sa structure même mais ne l'effectue pas tant qu'il n'est pas actualisé et travaillé par un calculateur humain. Certes, le tableur exige encore un même travail amont de mise en forme et de sélection des données, mais il possède néanmoins cette automaticité par laquelle il donne le résultat des opérations. En aval cependant l'interprétation reste toujours fondamentale.

Listes, tableaux, courbes, arbres peuplent littéralement les représentations de la raison simulatrice : parce que sa motorisation informatique elle-même les mobilise pour son propre fonctionnement et parce qu'à son tour l'informatique les motorise, élargit les banques de données, constamment actualisées, automatise la production de tableaux, convertis en camemberts et courbes, ou multiplie les arbres à foison. Elle invente de véritables *paysages de données* en 3D, voire en 4D lorsqu'ils varient dans le temps, dont la représentation reste abstraite (quoiqu'on y reconnaisse encore clairement les figures géométriques des arbres, sphères et autres histogrammes, mais considérablement complexifiés et souvent colorés) à moins qu'ils ne soient habillés sur le mode figuratif de l'infographie (Woolman, 2003). Bref, la raison graphique, loin de disparaître semble totalement s'épanouir au sein d'une raison simulatrice qui s'en nourrit, tant dans sa propre régulation que pour la mise en scène de ses données. Mais c'est également une raison graphique véritablement subjuguée par le support informatique : est-il encore justifiable de faire à la main quelque tableau d'un grand nombre de données et d'en tracer ainsi la courbe ?

13.3.2. *Cartes*

Ce sont moins les cartes qui semblent résister à l'informatique que la capacité de celle-ci à devenir véritablement portable à faible prix : jusqu'à présent la carte papier résiste encore en automobile au développement du GPS. Cependant, le GPS offre déjà une réelle capacité d'*interfairance* : puisque l'on peut à la fois conduire et être guidé, visuellement et à la voix. La carte informatisée est ainsi véritablement motorisée et soutient donc des *opérations* : elle est actualisable, elle permet des changements d'échelle et elle est dynamique (indications de direction et de changement de direction en 2D ou en perspective). Le succès de Google Earth ou du Géoportail sur Internet, provient là encore de cette motorisation : un accès à la fois au global (pays et/ou monde) et au local (sa ville, son quartier, sa maison/son immeuble) par changement d'échelle – zoom (*logistique et transformation*), cartes qui passent de la 2D à la 3D (*transformation*), cartes actualisables à défaut d'être toujours actualisées (*hyperlien et logistique*), avec en plus la transposition des photos satellites en cartes (*transformation*).

Si la substituabilité n'a pas forcément encore trouvé son point d'actualisation coût/avantages au quotidien, en revanche, elle tend à se généraliser dans les applications professionnelles plus lourdes visant l'anticipation et l'aide à la décision (météorologie, aménagement, etc.). Celles-ci en effet peuvent compter sur l'étonnante capacité d'actualisation des données (notamment en temps réel, si le système informatique est directement connecté à des capteurs) et de simulation des situations (*transformation et logistique*). Les cartes – d'un « même » territoire à des échelles différentes, ou de divers territoires – peuvent être beaucoup plus facilement multipliées et emboîtées, voire articulées à des textes (*mémorisation, transformation et hyperliens*). La carte suit ainsi au plus près l'évolution d'un territoire, elle développe une fonction de veille stratégique, quel que soit le thème d'investigation retenu (questions démographiques et sociales, occupation des sols, risques climatiques, etc.) au service de la décision politique (éviter la délivrance de permis de construire en zone inondable par exemple). Elle peut même devenir un remarquable outil de géo-marketing, extrêmement précis, au service notamment des agences immobilières (*L'Expansion*, juin 2006). Dans les deux cas par les contrôles et les coordinations qu'elle autorise, elle peut sensiblement affecter les libertés individuelles et publiques (en détectant les « bons » consommateurs et les « mauvais », ou en légitimant techniquement une décision politiquement douteuse).

Enfin, l'avenir de la carte ne passe-t-il pas par Internet, moins cette fois comme outil de sa logistique que comme nouvel espace à cartographier ? (Ghitalla, 2009 ; Guichard, 2009). Car la logistique réseautique ouvre en quelque sorte sur une nouvelle couche sédimentaire, directement issue de la prolifération technique humaine et qui ne tient que par cette prolifération. La technique invente son propre espace endogène, qui se superpose au premier (géographique et social), s'y raccroche et tout autant s'en autonomise. Cet espace est construit, mais il est également tellement vaste qu'il nous échappe. Il est ainsi à la fois entièrement fabriqué et totalement méconnu en tant qu'espace global. C'est pourquoi une pléthore de travaux se développe qui vise à élaborer une sorte de science du Web qui passe notamment par sa cartographie. Cartographie de cet espace technique, en tant que réseau de réseaux, dont on cherche à comprendre les propriétés. Cartographie des multiples activités qui s'y déploient. Cartographies qui peuvent utiliser cet espace lui-même motorisé, afin d'en produire des représentations elles-mêmes motorisées (qui, à terme, changeront peut être nos manières de cartographier). Car cet espace engendre des données qu'il faut apprendre à savoir capter, agréger mais surtout à interpréter, notamment afin de ne pas oublier la dimension politique de la construction du Web et d'éviter ainsi de la naturaliser, c'est-à-dire d'en faire une sorte de science naturelle. Il s'agit d'en comprendre la dynamique, tant au niveau réseautique lui-même que des activités qu'il porte, sans oublier leur *interfairance interne*, à savoir ce que le réseau fait à ces activités comme ce qu'elles lui font dans l'expression et la transformation de leurs propriétés. Ainsi, F. Ghitalla a montré que le fait même de cartographier un ensemble de sites sur l'Europe *inscrit* le site qui supporte la carte dynamique de ce nuage de sites au sein et même au cœur de cet ensemble, puisqu'il renvoie à tous ses nœuds… et transforme par là-même cet ensemble (Ghitalla, 2009). Ici, la présence même de la carte modifie son territoire.

13.3.3. *Dessins techniques*

L'évolution récente du « dessin technique » résume parfaitement la thèse de ce livre : le glissement progressif de la 2D à la 4D (voire plus si besoin est, bien évidemment). Prenons l'exemple de l'imagerie médicale. Le professeur Catherine Oppenheim souligne ainsi que « jusque dans les années 1990, la radiologie se résumait à envoyer des rayons X dans le corps humain, on obtenait alors des images à deux dimensions, projetées sur un support physique. […] [Avec l'IRM] on passe de ces images projetées à des images en coupes, dont l'assemblage reconstitue une image en trois dimensions, en volume. [...] Ces nouveaux équipements facilitent l'observation des tissus sous tous les angles, en 3D. [...] [Enfin] avec l'arrivée des scanners il est possible d'entrer dans la quatrième dimension, c'est-à-dire temporelle[188] ». Elle ajoute que « ces images facilitent les discussions pluridisciplinaires sur les interventions à conduire et l'intégration des données pour préparer les actes chirurgicaux » (*op. cit.*, p. 29).

Le dessin technique, essentiellement sur support papier, était très long à établir et tendait à figer en quelque sorte la technique dans un état. Non qu'il ne suscite ni n'accueille les projets, nous l'avons amplement vu, mais il en limitait inévitablement le nombre et la diversité. La simulation informatique modifie complètement le point de vue que l'on peut porter sur l'objet en projet : celui-ci est moins à reconstruire mentalement que donné sous de multiples angles aux transitions enchaînées. Comme le souligne E. Couchot (1988), ce n'est plus son concepteur qui tourne autour de lui, mais bien l'objet qui tourne devant nos yeux et notre intelligence (*transformation*). Cet objet peut subir des modifications de structure et d'habillage parfois considérables (*transformation*). Son modèle (plus ou moins intégré ou éclaté sur le mode des vues traditionnelles) peut être complété de textes plus ou moins interactifs (cession de formation pour réparateurs automobiles ou documentation d'aide à l'intervention sur site) (*Hyperliens*). Dans un futur somme toute assez proche, des intervenants éloignés spatialement pourront intervenir directement sur le projet grâce à la *réalité augmentée multimodale*[189] *(son, image, textes, voire notes manuscrites)* – (*transformation, hyperliens et logistique*). Enfin, les techniques du *virtuel* permettent même de redonner vie à un objet technique disparu : tel a été le cas il y a quelques années par exemple, de la reconstitution de l'abbaye de Cluny sur ordinateur IBM... On a même organisé une *télé-rencontre virtuelle* au « sein » de cet espace (*transformation, hyperliens et logistique*) (Quéau, 1993). Aujourd'hui, il est possible d'organiser une visite virtuelle du chantier de la construction de la pyramide de Khéops (à la Géode), en 3D et en relief en temps réel : Jean-Pierre Houdin, qui présente une nouvelle hypothèse sur le mode de construction du célèbre monument a ainsi pu « en fonction de ses explications ou des questions du public, se diriger vers tel ou tel endroit de la pyramide » (*Science et avenir*, avril 2007).

Le projet n'est plus seulement une phase d'élaboration de l'objet, il devient pour ainsi dire son mode d'existence : le passage à l'objet, la concrétisation, peut désormais en effet se limiter à des séries de plus en plus courtes, il n'est plus au fond qu'une variation ponctuelle, une option, d'un projet toujours en transformation, en constante évolution, et qui existe d'abord sur le mode virtuel – c'est-à-dire pleinement réel de l'informatique.

---

188. « La médecine accro à la 3D », *Enjeux*, décembre 2007 n° hors série, « Voyage dans les mondes virtuels », p. 28-29.

189. Qui se situe directement et *de facto*, on l'aura compris, dans la lignée des travaux d'Engelbart.

13.4. La Raison classificatrice au miroir de l'informatique

La Raison classificatrice développe une sensibilité à l'informatique beaucoup plus complexe que la Raison graphique. D'un côté en effet, elle peut lui opposer des technologies intellectuelles plus solides, un peu plus construites peut-être, aux effets cognitifs à la spécificité beaucoup plus difficilement simulable (à l'instar du livre imprimé). De l'autre, elle semble lui être beaucoup plus vulnérable : car dès lors qu'elle parvient à surmonter, à contourner, à apprivoiser, à neutraliser cette spécificité, elle disqualifie d'autant plus la technologie intellectuelle sur support ancien (à l'exemple de l'encyclopédie ; les classeurs occupant une position en quelque sorte intermédiaire).

13.4.1. *Livres*

We need to substitute for the book a device that will make it easy to transmit information without transporting material, and that will not only present information to people but also process it for them.

J. C. R. Licklider, *Librairies of the future* (1965)

Le livre imprimé sur papier possède des qualités difficiles à concurrencer : au-delà d'une certaine force de l'habitude (il « constitue » bon nombre d'entre nous), singulièrement un affichage permanent qui n'exige aucune machine à lire (sinon celle qu'incorpore le lecteur), un accès non séquentiel qui offre une remarquable souplesse d'emploi, une possibilité d'annotation non négligeable qui en fait un excellent instrument de travail, une mobilité qui ne convoque aucun réseau (ni électrique ni de télécommunications)[190]. Le report du livre sur un support informatique ne peut *répondre* en l'état actuel des choses à de telles contraintes. En ce sens elles représentent une véritable *inversion de la provocation*[191], devant laquelle l'informatique semble hésiter, tâtonner, invoquant au moins autant une foi en l'avenir que des faits. Quatre voies ont été ou sont encore explorées (nous nous inspirons de Lebert, 2009) :

– la mise au point de logiciels spécialisés dans la mise en forme et la présentation de livres numériques (Microsoft reader, Mobipocket reader, etc.) permet de les lire sur PC ou PDA. La prolifération des formats propriétaires va donner lieu à une initiative de normalisation, de l'open-ebook à l'actuel e-pub ;

– le développement de tablettes de lectures ou e-books dès la fin des années 1990, chers, dotés d'un choix de livres restreint, au confort de lecture et aux fonctionnalités limitées (le *Rocket e-book* de Barnes et Nobles et Bertelsmann). Les premiers

190. Ainsi qu'une remarquable définition des images dans les livres d'art.

191. Qui peut aller jusqu'à la mise au point de logiciel de fac-simile de la présentation type du livre avec le format PDF.

lancements sont des échecs : Cytale abandonne dès 2002 et Gemstar en 2003. La renaissance du Cybook en 2007, comme le maintien du Sony reader, reposent sur l'adoption de la technologie d'affichage E-Ink (encre électronique). Mais il faut attendre le Kindle d'Amazon en 2007 pour sentir ce que l'on présente volontiers comme le premier frémissement d'un décollage… à suivre donc ;

– il semble que l'avenir cependant réside dans de nouvelles technologies dites de papier électronique (expression qui jusque-là relevait de l'oxymore) qui ne constitue pas seulement une modification de la technique d'affichage, mais également un nouveau type de support, plus souple et plus fin… Remarquons l'intérêt d'une telle solution qui correspond plus à la numérisation de la fonction et de la forme papier qu'à son remplacement pur et simple par des outils informatisés (ordinateurs, PDA, *e-books*) ; plutôt que de condamner d'emblée ce complexe fonction-forme, il s'agirait de le revisiter afin de le munir d'un Motif qui permet d'articuler les propriétés des deux solutions au lieu de supposer une nécessaire et réductrice substitution ;

– au-delà ou en deçà de ces questions de support, il est une démarche qui permet de mesurer *l'enjeu livre* pour les grands de l'Internet. Car dès 2004 Google lance son programme Google Print, dont la version bêta est disponible en ligne dès 2005. Il devient Google Books en 2006, après avoir connu quelques ennuis avec les éditeurs. Google aurait ainsi absorbé, en puisant dans les fonds de nombreuses grandes bibliothèques universitaires du monde entier, financées le plus souvent sur fonds publics, quelques 7 ou 8 millions de livres. On estime que Google scanne un million de livres par an, à un coût d'au moins trente dollars l'ouvrage cela représente quelques 30 millions de dollars pour cette seule activité… Or, Google investit également dans les cartes : il semble que les technologies intellectuelles restent toujours de réels enjeux de pouvoir, mais motorisées, elles paraissent désormais plus faire le jeu d'acteurs privés que celui des états.

La tentative de prise en main du livre par l'informatique se heurte à sa capacité à lui opposer une concurrence efficace. Or, même les extraordinaires capacités de *mémorisation* de l'informatique ne jouent pas obligatoirement en sa faveur. Car s'il est vrai que l'informatique apporte une fonction recherche d'une grande efficacité, l'écran limite et engourdit néanmoins considérablement la manipulation d'un volume important d'informations ou de connaissances.

Cependant, la *transformation* – les changements de positions et de formes –, susceptible de mettre en danger l'intégrité du texte constitue un *risque* pour le livre en tant que technologie intellectuelle. A ce jeu l'informatique risque en effet d'engendrer une régression dans notre maîtrise et légitimation sociale du texte. On peut y voir l'expression d'une liberté ou bien plutôt un retour à la glose envahissante et déhiérarchisante. Une glose qui perd à nouveau le texte de référence acquis par un travail acharné de repérage des variations sur la multiplicité des livres imprimés.

On peut se réjouir de la disqualification de la fonction auteur, et de la généralisation des *hyperliens*. Mais nous avons déjà souligné que le livre imprimé disposait déjà d'un arsenal de dispositifs hypertextuels – notes, bibliographies et index – qui l'ouvrait sur un vaste réseau d'autres livres et d'autres auteurs passés et présents. L'apport informatique se limite – techniquement –, en la matière, à faciliter l'actualisation de ces liens en les automatisant et à l'articulation des textes et des images (*hyperliens et logistique*). En revanche, socialement, cette généralisation de l'hypertexte *risque* là encore de tendre vers le développement d'un modèle de « société » de lecteurs et auteurs dépourvu de toute sanction. D'où une remise en cause profonde de l'un des moteurs du développement scientifique (et médiatique/ journalistique) de ces quatre derniers siècles. Certes, le contournement des institutions peut apporter une réelle bouffée d'oxygène, mais celle-ci ne peut s'assurer une réelle crédibilité sans respecter un minimum de contrôle.

L'avancée peut-être la plus décisive devrait avoir lieu dans le domaine de la *logistique* : en effet, livre ou informatique, il faut en ce cas disposer d'outils. Or, ceux du livre imprimé – la bibliothèque sur laquelle nous allons revenir sous peu – se révèlent beaucoup moins souples et efficaces que ceux sur lesquels peuvent compter leur version informatisée... à condition bien évidemment qu'une telle logistique fonctionne véritablement. Quoiqu'il en soit, remarquons déjà que la chaîne de production du livre lui-même a été considérablement affectée par l'informatique. Car aujourd'hui, derrière le livre de papier se cache toute une logistique entièrement informatisée, de sa rédaction à sa fabrication, jusqu'à sa distribution avec le développement d'une offre de librairie virtuelle (Amazon). Plus globalement sa diffusion pourrait passer par une numérisation massive d'ouvrages libérés de droits, que ce soit pour des raisons marchandes, à l'image des projets d'un Google en la matière, qui cache derrière un prosélytisme culturel apparent sa volonté d'élargir sa capacité à vendre de la publicité à moins qu'il ne vise à se crédibiliser, ou bien par vertu patrimoniale et un ethos de lecture publique, avec les projets des bibliothèques nationales (Jeanneney, 2006).

Le risque que porte l'informatisation réside moins dans le pur et simple abandon du livre que dans la perte du livre comme objet structuré-structurant, dans l'obsolescence de la puissance d'architecture que possède le livre et qui lui permet de porter des projets vastes et difficiles. Ce qui est en question, c'est la baisse du coefficient de technologie intellectuelle entraînée par la généralisation d'une logique hypertextuelle de textes courts, mal référencés et peu structurés. Car justement un livre ce n'est pas qu'un système d'information ; on ne peut ni ne doit peut être le penser à partir de cette seule catégorie. Un livre, en effet, c'est bien plus qu'un simple outil de mémorisation, d'organisation et de traitement de l'information. Un livre ce n'est pas qu'une collection organisée d'informations ; un livre ce n'est même pas qu'une collection de chapitres/dossiers. C'est leur inscription dans un système de pensée qui leur donne sens ; c'est leur mobilisation dans une logique de démonstration, toujours transversale (qui traverse donc chaque chapitre et l'ensemble des chapitres) qui, elle aussi participe à l'élaboration du sens. Un livre, c'est donc la mise en scène, par mémorisation et organisation, d'un tel système de pensée. Ce qui signifie que la *fonction-livre* (démonstration longue, lourde, construite et difficile au service d'une pensée[192]) ne peut être remplie par un système d'information (type banque de données ou dispositif hypertextuel) qui lui repose sur la fragmentation, l'actualisation et la transformation.

Aujourd'hui, face à l'éclatement que promeut la logique de la mosaïque-internet on n'a peut être jamais tant eu besoin du livre, c'est-à-dire de la capacité d'intégration et de synthèse de la fonction-livre... alors même que les instances institutionnelles de gestion de la recherche tendent à (sur)valoriser le numérique comme solution supposée la moins onéreuse financièrement, ce qui risque de coûter intellectuellement très cher aux sciences sociales.

13.4.2. *Classeurs*

To provide those services, a meld of library and computer is evidently required. [...] As a shorter term for such systems, let us use " procognitive systems ". [...] We should be prepared to reject the schema of the physical library [...]. That schema is essentially a response to books and to their proliferation.

JCR. Licklider, *Librairies of the future* (1965)

Nous avons fait de la bibliothèque en quelque sorte l'emblème des dispositifs que nous avons regroupés sous l'étiquette de « classeurs ». La bibliothèque résistera à l'informatique autant qu'il existera encore des livres imprimés sur papier. Ce qui n'empêche bien évidemment pas son informatisation, et singulièrement celle de son intelligence – de ce que nous avons appelé son régulateur : catalogues et fichiers, censés devenir plus conviviaux (pour autant que l'on dispose de postes de lecture en nombre suffisant) et plus dynamiques (*transformation et hyperliens*). Quant à la montée en puissance d'une bibliothèque virtuelle, elle dépend de la numérisation des livres d'abord édités sur support papier[193], de la création de nouveaux livres sur

192. Remarquons que le livre collectif, tellement prisé de nos jours dans les domaines scientifiques, si souvent simple juxtaposition d'interventions trop souvent hétérogènes, remplit bien mal ce contrat et correspond *de facto* à une véritable baisse du coefficient de technologie intellectuelle.

193. Cette question de la numérisation a pris une tournure véritablement politique avec l'opposition Bnf/Google, logique publique contre logique privée qui risque aux yeux de J.N. Jeanneney de se traduire par la possibilité de « confier un bien public à un organisme privé » (*Nouveaux dossiers de l'audiovisuel*, 2005). Version locale de ce que j'appelle le glissement de la prérogative politique (Robert, 2005).

supports numériques, et du déploiement d'une *logistique* de télécommunication performante.

Certes, quelques cyber-musées voient le jour, mais à l'instar du musée imaginaire et photographique de Malraux, ils restent des musées d'images et non de choses... à l'éclosion d'un cyber-art près, d'un art virtuel dont les galeries ouvrent d'abord sur le Net. Le musée cybernétique qu'espérait B. Deloche (1989), et qui aurait permis de faire basculer l'esthétique vers les sciences en recourant, en effet, aux vertus de la *transformation* (réduction des objets à leur description informationnelle), des *hyperliens* (connexions et rapprochements), et de la *logistique* (réseau d'acquisition et de diffusion de l'information et des travaux), reste encore en projet ; rappelons néanmoins que le chantier avance, même s'il est plus redevable d'une logique gestionnaire que scientifique.

Malgré une pénétration toujours plus poussée de l'informatique dans les organisations, malgré le développement de systèmes d'information toujours plus sophistiqués, les classeurs de gestion « traditionnels » persistent encore : en effet, l'informatique – et singulièrement la micro et la multiplicité des imprimantes qui l'accompagne – n'a bien souvent non pas comprimé mais au contraire accru la consommation de papier, relayée par la généralisation des photocopieuses et du Fax. L'armoire n'a donc toujours pas été reléguée dans un coin sombre de la cave. Pourtant – mais en parallèle et non en substitution – la métaphore iconique du bureau connaît une fortune toujours croissante : espace de classement de documents qui obéit aux principes de *transformation* (possibilité de changer les positions, voire les formes et le statut (actif ou non par exemple)), d'*hyperliens* (entre documents textuels et/ou images), voire aujourd'hui *logistique* (avec l'émergence des technologies de *groupware* notamment, de liens internet, voire de télé-réalité augmentée).

Le stockage d'information (records management) devient même un véritable métier exercé par des sociétés telles que Iron Mountain aux Etats-Unis ou Arkhinéo en France, filiale de la Caisse des dépôts et consignations. C'est amplifier à l'échelle d'un pays et même du monde la fonction classeur, puisque Iron Mountain compte quelques 300 000 clients, stocke 8 millions de m^3 d'archives papier dans 900 dépôts (*L'Expansion*, n° 719, 2007) répartis à travers la planète. De manière somme toute symptomatique, l'archivage papier reste pertinent puisqu'il croît encore de quelque 6 % par an alors même que se développe de manière considérable l'archivage numérique. En effet, la même société stocke déjà 9 millions de gigaoctets de données informatiques. Avec l'explosion d'Internet un nouveau marché a émergé dans les entreprises : la sauvegarde des courriels, avec déjà 5 milliards de mails stockés (*L'Expansion*, n° 719, 2007). Internet, c'est bien évidemment le marché de l'avenir. D'autant plus que le contexte économico-politique s'y prête : de la peur engendrée par les attentats de 2001 au scandale financier d'Enron, la tendance est aussi au développement de la sécurité, parce qu'un attentat peut détruire physiquement des données cruciales ou qu'un litige peut exiger (singulièrement à la suite des loi Sarbanes-Oxley[194]) de présenter rapidement des données financières fiables sous forme papier ou électronique. Arkhinéo propose ainsi un véritable coffre-fort électronique, hébergé par les infrastructures informatiques de la CDC. Les trois grandes sociétés de travail intérimaire, qui gèrent une multitude de contrats, se sont regroupées afin d'en élaborer la gestion électronique. Ces contrats, signés puis chiffrés électroniquement sont conservés pour une durée de dix ans par Arkhinéo-CDC. « Leur intégrité est un élément fondamental, car ils ne doivent faire l'objet d'aucune modification. A tout moment ils peuvent être restitués à la demande de [la société d'interim] », notamment en cas de contentieux[195] (*Archimag,* n° 204, 2007).

L'archivage électronique dans les entreprises pourrait facilement dériver vers des pratiques susceptibles d'affecter le respect des libertés individuelles. Car souvent les documents, et c'est singulièrement le cas des mails, mélangent volontiers des données de gestion à des données à caractère personnel. C'est pourquoi en France la CNIL a adopté une recommandation qui précise les modalités d'application du principe du droit à l'oubli consacré par les lois de 1978 et de 2004 sur l'informatique et les libertés. La CNIL distingue trois types d'archives selon la durée de conservation (courantes, intermédiaires et définitives). Leur accès deviendrait de plus en plus restrictif selon l'allongement de cette durée de conservation. Elle propose également de moduler les durées de conservation en fonction des catégories de données collectées afin notamment « d'effectuer, le cas échéant, toute purge ou destruction sélective de données à caractère personnel » (CNIL).

On peut enfin, et beaucoup plus globalement encore, se demander si Internet lui-même n'est pas un classeur débridé en l'état actuel des choses (mais s'agit-il dès lors encore d'un classeur ?), à moins qu'il ne soit pas encore un classeur en tant que tel. Mais devenir un classeur c'est entrer dans le monde de la gestion, monde de contrôle (contrôlé-contrôlant) autant que de coordination, loin des visions de partage généralisé de certains de ses thuriféraires… D'où la multiplication des recherches sur les moteurs de recherche, véritable enjeux de pouvoir non seulement entre entreprises (bataille que, dans l'état actuel des choses, Google semble avoir nettement remportée face à Yahoo ou Microsoft), mais également au niveau géopolitique (ce qui suscite le retour

---

194. Rappelons que cette loi « renforce la responsabilité pénale des dirigeants d'entreprises cotées en les obligeant à certifier personnellement l'exactitude des comptes sociaux et la qualité des procédures de contrôle interne ; elle met fin à l'autorégulation de l'audit par la création d'une organisation placée sous l'autorité de la SEC [...], et elle élargit enfin les incompatibilités entre le métier de l'audit et le conseil au sein d'une même société » (Cohen, 2005, p. 357).

195. Archimag souligne que « l'authentification des archives électronique est assurée par la solution Ideal X, capable de détecter tout changement entre le document archivé et le document restitué ».

partiel d'une logique du champion plus ou moins national, avec par exemple en France le soutien aux travaux de F. Bourdoncle (Exalead) ou avec le programme Quaero au niveau européen). D'où également, mais sur un plan moins stratégique et plus symbolique, la question de la mise en mémoire du Web. La France possède une ancienne tradition du dépôt légal, à laquelle elle ne voudrait pas déroger malgré l'explosion d'Internet. Or, Internet implique, non pas une abolition des frontières, mais bien leur relativisation ainsi qu'une prolifération exponentielle des données à conserver. C'est pourquoi, se pose avec acuité la question des choix : que conserver[196], et comment ; se pose tout autant la question des alliances, à l'heure où le pré carré à la Vauban est désormais souvent dépassé. La Bibliothèque nationale de France (Bnf) travaille ainsi en partenariat avec l'américain Internet Archive, qui s'est lancé dès 1996 dans ce vaste chantier, et depuis 2003 au sein d'un consortium international qui regroupe onze bibliothèques nationales. « A ce jour, les données collectées par la Bnf représentent un volume de 60 Téraoctets (60 000 Gigaoctets), soit plus de six milliards d'URL, stockés dans un tour de deux mètres de hauteur : la pétabox » (*Le journal du net*, 22 mai 2006).

13.4.3. *L'encyclopédie*

N'est-ce pas l'encyclopédie qui gagne le plus en définitive à un transfert informatique (Pruvost, 2000) ? Nous avions en effet noté que le support livre imprimé sur papier semblait trop étroit pour elle. Comme si elle était travaillée par une tension qui inévitablement la projette et l'inscrit d'emblée sous le signe du mouvement. Or, malgré les dispositifs inventés pour rendre ce mouvement (thesaurus, index, renvois, etc.), le support papier parait rester en retrait de ce qu'elle exige. Si l'encyclopédie n'est bien évidemment pas à l'abri des risques que nous avons soulignés à propos du livre, elle peut néanmoins largement profiter d'abord des fabuleuses capacités de *mémorisation* des supports informatiques, et de la dynamique qu'introduisent les trois principes :

– les capacités de stockage des connaissances – et donc leur volume – changent complètement d'échelle dès le CD-Rom, et plus encore avec une encyclopédie en ligne telle que Wikipédia ; qui plus est dans ce dernier cas, l'informatique permet également de conserver les différentes versions d'un même article et en autorise la restauration, autrement dit la mémorisation n'est plus seulement une question *ex post*, mais accompagne dans le temps l'évolution du texte encyclopédique ;

– la *transformation* est ainsi pour partie maîtrisée par la mémorisation ; elle permet par ailleurs de personnaliser l'accès et le travail sur l'encyclopédie par la constitution de dossiers sur des thèmes spécifiques, qui actualisent en souplesse la logique des

196. C'est-à-dire se poser la question de savoir si, comme le souligne F. Ghitalla, on doit indexer et archiver des *pages* ou des *sites*, tous les documents ou seulement ceux que l'on juge pertinents du point de vue de leur contenu (mais qui juge ?) (Ghitalla, 2005, p. 55).

renvois ; soulignons néanmoins qu'une encyclopédie comme Wikipédia reste de facture somme toute plutôt classique (textes et images souvent fixes), utilisant par exemple peu les simulations 3D ;

– les *hyperliens* rendent l'utilisation de l'encyclopédie enfin véritablement dynamique : l'actualisation de la relation ne transite plus par la lente manipulation d'un ensemble de volumes et de dispositifs lourds (index et thésaurus), mais par la quasi-instantanéité qu'offre un travail en temps réel sur des icônes purement logicielles ;

– enfin, la *logistique*, ouvre sur une méga-encyclopédie, potentiellement mondiale, conviviale et actualisée en temps réel. On peut discerner ainsi l'esquisse d'une encyclopédie indubitablement plus vivante, mais néanmoins menacée par l'érosion des filtres susceptibles de garantir une certaine qualité de l'information –jeu auquel la liberté n'y gagne peut-être pas forcément. C'est tout le débat autour de Wikipédia (Fing 2003 et 2005, INRP, 2006).

Cela dit, Wikipédia a bien été obligé de réintroduire des filtres (modérateurs), une hiérarchie, du contrôle et des outils de stabilisation intellectuelle et sociale (grâce à ces signes qui, justement indiquent qu'un article reste pour le moins partiel et partial et donc non-stabilisé). Bref, il en va bien d'une organisation par des hommes et des délégations à des machines (automatismes) et non d'une supposée auto-organisation spontanée.

Comme le souligne fort justement B. Juanals (Juanals, 2003, p. 150), l'électronique-numérique ouvre sur un véritable basculement d'une logique du questionnement à une logique de la réponse : autrement dit, l'encyclopédie devient moins un outil de construction d'un savoir par un questionnement qu'elle nourrit et amplifie, qu'un instrument chargé d'apporter des réponses précises lors d'une recherche d'information (ce qui avait été inauguré par une « encyclopédie » telle que le Quid). C'est pourquoi, il peut également s'agir d'une véritable explosion de l'encyclopédie dans son modèle généraliste et relativement désintéressé (auquel participe encore Wikipédia), de sa dissolution en tant que *médiateur* certifié, au profit d'une logique à la fois thématique et professionnalisée, celle de l'information spécialisée (dans le droit, la finance, etc.). Cette logique valorise en effet beaucoup plus l'information, à l'obsolescence et au turn-over rapide, que la connaissance, dont la construction exige du temps, des efforts taxinomiques et théoriques, bref le dialogue critique et un véritable travail de traitement des accumulations – et non leur simple actualisation – susceptible de produire des effets de stabilisation relative.

L'encyclopédie semblait aspirer à posséder un « moteur », l'informatique répond à ce besoin : ne risque-t-elle pas d'y perdre plus en profondeur qu'elle ne gagne en vitesse et interactivité ?

*

La raison classificatrice est désormais récupérée au service même de l'informatique communicante, et ce, notamment sur deux modes :

– elle permet de restituer une mémoire à des flux qui sinon seraient – et sont d'ailleurs pour la plupart – éphémères. Le tableau 13.1 (Ramrajsingh, 2009, p. 50) montre en effet que les modes de communication/publication (car les deux ici tendent à se confondre) synchrones ne donnent jamais accès aux archives ; seuls le mode asynchrone reste en quelque sorte compatible avec la logique de l'archive ; mais cette mémoire est avant toute chose une mémoire du flux lui-même : ne sert-elle pas d'abord à reconstituer le fil d'une argumentation et non à construire un savoir ?

– elle travaille également à redonner du relief à l'espace supposé lisse de l'échange. On a loué en effet la capacité de la communication sur Internet à ouvrir et à déhiérarchiser les interactions. Or, on observe concrètement une véritable logique de reconcentration aux mains d'experts (à l'instar de ce qui se passe sur un certain nombre de plateformes) et surtout à l'imposition d'une logique du *classement*[197] (pas toujours claire) qui, au-delà de l'effet Google, s'empare des espaces d'échanges à travers Wikio et autre technorati (Ramrajsingh, 2009).

	Mode de communication /publication	
Accès aux archives	Synchrone	Asynchrone
Oui		- Forum - *Wiki* - Liste de diffusion - Content management system
Non	- IRC - Messagerie instantanée	- Messagerie - Site Web

Tableau 13.1. *L'accès sélectif aux archives en fonction des modes de communication/publication sur le web*

197. Au sens d'une logique du « palmarès », du « top 10 », qui n'est pas sans rappeler celle qui sévit depuis déjà quelques années dans le domaine des médias (Robert, 2008).

13.5. La Raison simulatrice au miroir de l'informatique

La Raison simulatrice offre des relations contrastées à l'informatique. En effet, si cette dernière s'est en quelque sorte fonctionnellement substituée à la mécanographie, elle déstabilise également sérieusement les Vidéos sans pour autant les remplacer véritablement[198]. Il nous faudra enfin nous interroger sur les deux grandes perspectives d'évolution de l'informatique elle-même, en direction des réseaux et de la réalité augmentée ou du virtuel.

13.5.1. *Mécanographie*

L'informatique a su traduire et se réapproprier la fonction – essentiellement de traitement de l'information (et pas seulement de calcul) – qu'exprimait pour la première fois à grande échelle la mécanographie. En ce sens, celle-ci a nettement préparé le terrain d'expansion de l'informatique. Elle a fortement participé au mouvement de *formatage généralisé*, de création d'un environnement globalement compatible à et disponible pour l'informatique (ce qui ne veut pas dire qu'il n'y ait pas eu de problèmes de transition au niveau « local » dans telle ou telle entreprise ou administration).

L'informatique récupère donc cette *fonction du traitement gestionnaire de l'information* (au service des entreprises comme des administrations). Elle la développe et la dope considérablement en lui assurant d'abord une *vitesse* et des *capacités de mémorisation supérieures*, puis en la stimulant par les principes de *transformation* (par la programmation, qui accroît nettement la souplesse et la combinatoire des traitements), d'*hyperlien* (au sens d'un renforcement des possibilités de connexion des fichiers) et enfin de *logistique* (qui permet à la fois la densification des traitements – micros et portables – et leur généralisation – réseaux).

Cette montée en puissance des capacités gestionnaires se traduit bien évidemment par une forte poussée des possibilités du contrôle-coordination « social(e) » dans/par les entreprises et l'Etat.

---

198. Notons que le support papier résiste beaucoup mieux que les techniques et supports mécanographiques et filmiques. Car le papier reste présent au sein même du système de l'ordinateur/imprimante, alors que la numérisation et le développement de ses nouveaux supports ont totalement évincé les cartes, pellicules et films. Ce qui peut laisser penser que le Motif a en quelque sorte exploré diverses solutions, qui se révèlent en définitive transitoires, avant que de trouver dans les supports informatique/numérique un outil singulièrement plus performant.

13.5.2. *Vidéos*

L'informatique travaille les Vidéos dans trois directions : l'hybridation, la substitution et la résistance (que ces dernières lui opposent).

L'hybridation œuvre essentiellement à croiser les qualités des Vidéos avec les deux principes de *transformation* et d'*hyperliens*. Ceux-ci en effet ouvrent sur une *interactivité* qui reste encore bien faible voire nulle pour les vidéos classiques. L'informatique apporte ainsi un nouveau rapport tant dans l'élaboration de l'image, dans sa construction, que dans son visionnement. L'informatique suscite une logique de mise en système : l'appareil photo ou vidéo, désormais numérique, peut être branché sur un ordinateur (sur lequel vont être stockées et/ou retouchées les photos ou vidéos), ou visionnées sur le poste TV, à moins qu'elles ne circulent par internet (et rejoignent quelque service d'exposition tel que Youtube) ou par téléphone portable, lequel peut également intégrer la fonction « appareil photo ». Un système qui mobilise tour à tour ou simultanément, la *mémorisation, la transformation, les hyperliens et/ou la logistique.*

L'informatique permet un travail très précis sur l'image – au pixel près aime-t-on dire. Car il ne s'agit plus seulement de découper-coller l'image, mais de l'acquisition d'une possibilité – neuve – d'intervention chirurgicale, d'une métamorphose potentiellement totale de cette image. Car il ne s'agit plus seulement de monter des images les unes à la suite des autres[199] (même lorsque l'on veut montrer un flash-back), linéairement, mais d'organiser un espace d'images et des trajectoires possibles, logiquement cohérentes – un graphe –, en appel les unes des autres.

L'accessibilité à l'image fait également l'objet d'une profonde remise en question : au *programme* (télévisuel ou cinématographique), donné – et au sein duquel il convient d'opérer un choix – succède une *offre* beaucoup plus volumineuse (à défaut d'être riche – les bouquets de chaînes (plus ou moins) thématiques accessibles par ADSL, satellites et décodeur) ou bien un *réservoir* d'émissions (enregistrées ou en direct) visionnables à la demande (qui exige donc un *compteur* reposant sur un quasi-micro). La télévision numérique repose sur une véritable redéfinition de la *logistique* télévisuelle aux normes et formats des technologies informatiques.

L'informatique en vient à son tour à définir et à promouvoir une logique « vidéo » spécifique, grâce à la *numérisation généralisée* – étendue notamment aux infrastructures de télécommunication – et aux techniques de *compression*, qui

199. Travail qui peut désormais être assisté par ordinateur, c'est-à-dire par des logiciels spécialisés.

concurrencent indirectement, contournent si l'on veut, les Vidéos : elle échappe d'emblée à la logique de masse de la diffusion aveugle au profit d'une distribution ciblée et éventuellement néanmoins massive (à la différence aussi du téléphone qui, lui, reste dépendant d'une relation un-un), elle privilégie également l'interactivité et la convivialité, notamment en soutenant l'émergence d'une logique multimodale (articulant donc textes, données, sons et images), à l'image des services Web sur Internet.

Il n'empêche que le cinéma notamment, pour autant qu'il sache assurer la reconduction de la spécificité de ses conditions de réception – ce en quoi il diffère le plus de la télévision ou de l'informatique (projection, en salle collective, sur grand écran) – et pour autant qu'il sache également progresser techniquement (par exemple en généralisant les procédés de relief), pourra opposer une réelle résistance à l'informatique... Mais il résistera moins comme véritable technologie intellectuelle, il est vrai (susceptible d'assumer une gestion qui dépasse celle du seul « nombre » présent dans la salle), que comme spectacle.

Même si le disque, nous l'avons vu, ne peut être considéré comme une technologie intellectuelle, il n'empêche qu'il possède une unité d'œuvre, car un (bon) album est pensé comme l'expression d'une idée directrice déclinée par les différentes chansons en autant de points d'application et d'atmosphères. Or, les CD gravés ou les chansons stockées sur MP3 au gré du papillonnage de leur auditeur perdent cette unité, certes au profit de sa liberté, mais également sous contrainte (qui n'est manifestement pas perçue comme telle) de s'investir dans le travail de collecte. L'expression en mosaïque de la liberté de l'auditeur-producteur de son CD ou de son répertoire musical sur MP3, est-elle équivalente à la perte de l'unité d'œuvre ouverte sur un temps long (environ une heure) et la mise en place d'un univers musical singulier ?

Soulignons enfin que l'informatisation des Vidéos ou leur redoublement par une « vidéo » spécifique renforce considérablement le potentiel de contrôle social que possède déjà la vidéo dite de surveillance.

Et si l'on s'interroge souvent aujourd'hui pour savoir quel « média » va l'emporter, du poste de télévision et du micro, il n'est guère difficile de conclure que, quoiqu'il en soi, chaque appareil sera piloté par informatique : *la vraie question étant de savoir si celle-ci va s'imposer seulement comme moteur ou comme vecteur d'une véritable logique de technologie intellectuelle (c'est-à-dire structurée-structurante).*

13.5.3. *Web et virtuel*

L'informatique elle-même évolue dans deux grandes directions, les réseaux et le virtuel – et les deux peuvent être bien évidemment couplés comme sur *Second Life.*

Les réseaux travaillent l'informatique sous l'horizon de la *mémorisation généralisée* (banques de données) et des trois principes de la *transformation, de l'hyperlien* (illustré par la vertigineuse croissance d'Internet depuis l'éclosion du Web), et – par définition – de la *logistique* (non seulement au niveau mondial mais également inter et infra-organisationnelle – voir le développement non seulement d'Internet mais du *groupware* ou de l'Intranet). Il en va d'une manière *d'accélération-amplification* des propriétés de l'informatique. L'enjeu politique et social (autant qu'économique) qu'emporte cette réticulation généralisée se révèle tout à fait crucial : il s'agit en effet plus encore que d'un « simple » accroissement des capacités de contrôle, d'*un glissement de la prérogative politique* de définition des classements légitimes vers des instances privées. Il en irait ainsi d'une *apparente* disparition du *politique* au bénéfice d'instances qui, en fait en rempliraient toujours la *fonction* sans en assumer les *responsabilités* ni le *coût* de la *légitimité* (élections pluralistes ouvertes, état légal-rationnel). Car le discours idéologique sur l'effacement des frontières politiques, l'érosion des différences culturelles nationales, des espaces juridiques nationaux, etc., supposés favoriser la *liberté* et la *démocratie*, masque le travail d'érection de nouvelles frontières, de nouvelles différences, notamment financières ou d'expertise technique, tout aussi politiques dans leur fonction, mais non reconnues comme telles par les intérêts qui les promeuvent (Robert, 2005). De même le cryptage généralisé que certains militants américains veulent instituer dans un mouvement de défiance profondément enraciné dans la culture américaine à l'égard de l'Etat et au profit du seul citoyen, introduit également une défiance généralisée de tous envers tous, et la fin d'une certaine confiance sociale indispensable au bon développement de nos démocraties.

On peut, à juste titre, se demander si l'avènement du réseau internet dans sa logique la plus communicante (le Web 2), voire médiatique, n'accroît pas à la fois les capacités d'expression, à l'image des blogs, tout en produisant une baisse accentuée du coefficient de technologie intellectuelle de l'informatique. Car l'informatique est désormais saisie au croisement de deux logiques, la logique médiatique, avec laquelle elle s'hybride afin de produire ce que Y. Jeanneret appelle des *médias informatisés*, et celle de son potentiel de technologie intellectuelle (en tant que vecteur du Motif). Il semble que la première tende à submerger la deuxième, ou plutôt que, dans l'état actuel des choses, celle-ci ait du mal à s'imposer. C'est pourtant elle qui peut assurer l'indispensable fonction de régulation-structuration-organisation[200], sans laquelle l'informatique communicante risque de verser dans un vaste show, un immense bazar certes informatisé, mais un bazar quand même.

Si l'informatique (au sens de l'ensemble des ordinateurs non connectés) constitue une « bonne » concrétisation du Motif, Internet déborde de beaucoup ce dernier. Or, nous l'avons vu, seul le Motif est porteur de la logique des technologies intellectuelles. Ce qui signifie alors qu'Internet correspond à une véritable baisse du coefficient de technologie intellectuelle. Baisse, parce qu'Internet croise deux logiques, celle d'une médiatisation généralisée (qui va avec le Web 2.0 jusqu'à la médiatisation de la vie privée de tous ceux qui s'exposent à travers leurs blogs, sur Facebook et autre Flickr ou Myspace – où nous devenons tous potentiellement des » people »[201]) et celle d'une « gestionnarisation » généralisée (car cette exposition donne lieu à une large exploitation marketing, d'alimentation de banques de données et de profilages). L'exposition suscite une baisse du coefficient de technologie intellectuelle : il s'agit de se montrer, non de réfléchir ou de penser. Or, ce n'est qu'à travers l'exploitation marketing de cette exposition que remonte le coefficient de technologie intellectuelle, avec le recours aux outils de traitement de l'information (listes, classements, tris, tableaux, courbes, cartographies, etc.). Mais ce retour ne fait, au mieux, qu'annuler la baisse ; au pire il l'accroît puisqu'il l'exige pour mieux s'en nourrir, et qu'il n'a qu'un objectif purement marchand et non de connaissance.

Cependant, Internet exige également des outils de gestion de l'aménagement de son propre espace-temps ainsi que des activités qui s'y déroulent ; ce qui se traduit par une « motorisation » des technologies intellectuelles traditionnelles (listes/procédures, courbes, etc.), voire l'émergence de nouvelles technologies intellectuelles : les identifier et les analyser en tant que technologie intellectuelle (donc s'interroger pour savoir si tel est réellement le cas) ouvre un espace passionnant de recherche pour l'avenir. Ne prenons qu'un exemple, celui des moteurs de recherches : on peut les analyser sur le mode technique, économique et même selon B. Rieder comme des « [...] hybrides composés d'organisation commerciale et de logiciels [qui] sont devenus des institutions. [...], ils se penchent sur les flux d'information, traduisent le paysage plat de la toile en listes

200. Assurés par ce que B. Rieder appelle dans sa thèse les Métatechnologies : « programme[s] informatique[s] qui traite[ent] des flux d'information ou de communication sur internet afin de les filtrer, agréger, structurer, transformer ou interpréter en tentant de prendre en compte la *signification* des informations traitées » (Rieder, 2006, p. 85, souligné par l'auteur).

201. Où internet devient le support, non d'une auto-médiation (Weissberg, 1999), mais bien d'une véritable auto-médiatisation de la subjectivité, ce qui renvoie non à une libération, mais bien à une auto-aliénation.

hiérarchiques et certains d'entre eux se chargent même d'en tirer des cartes (interactives) en deux ou trois dimensions » (Rieder, 2006, p. 119). Le terme institution est peut être excessif, car la légitimité d'un Google ne relève pas du légal-rationnel et moins encore de l'élection, mais il signale avec force la place stratégique qu'ils occupent désormais. Le moteur de recherche n'est-il qu'un agrégateur de technologies intellectuelles traditionnelles désormais motorisées ou bien s'agit-il d'une technologie intellectuelle émergente ? En l'état actuel des choses, la question reste ouverte.

Le virtuel, et dans une moindre mesure peut-être la réalité augmentée, ne vaut-il pas, quant à lui, comme une manière de passage à la limite de la logique profonde de l'informatique comme technologie intellectuelle, à savoir la conversion de *n* dimensions sur un format de dimension quatre ? Le virtuel constitue ainsi une sorte de généralisation de la simulation comme technique de conception de projets-objets limités ; mais alors que la simulation n'est qu'une étape dans un mouvement qui vise à la réalisation concrète d'un objet (simulation industrielle) ou la compréhension-exploration d'un processus (celui, par exemple, d'une croissance ou décroissance biologique), le virtuel, lui, impose la construction de l'image comme une fin en soi, comme l'ouverture sur un nouveau monde, parallèle (et souvent articulé) au monde devenu ainsi « réel ». *L'image* n'est plus rapportée à un objet externe ou à un processus auquel elle prête vie, elle *devient un objet en soi*, elle n'est plus seulement manipulée de l'extérieur par un sujet ou exhibition de ses propres vertus dynamiques, elle peut *impliquer ce sujet*, *l'internaliser* et co-évoluer avec son comportement. On n'est plus en face d'un dispositif avec les dimensions duquel on joue, mais on s'immerge dans le jeu même des dimensions. Ainsi, la technologie intellectuelle, en intégrant le corps en entier, se dépasse elle-même en enrichissant ses effets cognitifs de la dimension proprioceptive : les technologies intellectuelles ne convoquaient le plus souvent que nos yeux et notre cerveau, elles pourraient désormais réquisitionner l'ensemble du corps lui-même. L'évocation des conséquences – » cognitives » et sociétales – d'une telle révolution débordent bien évidemment de beaucoup les limites de cet ouvrage.

13.6. Conclusion

L'informatique réalise une hybridation plutôt réussie des trois Raisons : jamais l'on a connu un tel volume de production des Raisons graphique, classificatrice et simulatrice *à la fois*. Il convient donc moins de craindre une dissolution de ces trois Raisons que d'espérer à long terme l'affinement de leur articulation, une amélioration de leurs enchaînements, une stimulation de leur synergie, alors même qu'actuellement la confusion règne assez souvent. Toutefois, l'informatique est loin, nous l'avons vu, d'absorber toutes les qualités dont font montre l'ensemble des technologies intellectuelles « classiques » : il en va d'un reste, peut-être incompressible d'ailleurs, qu'il ne faudrait pas oublier ou disqualifier, sous peine de perdre le gain qu'emporte le travail de la dynamique informatique sur les technologies intellectuelles. Bref, nous croyons que la présentation de cette théorie générale des technologies intellectuelles gagne encore à se glisser sous la forme à la fois relativement ample, rigoureuse et cohérente qu'autorise, voire suscite le livre… alors même que son écriture et sa mise en forme doivent beaucoup à la souplesse du moteur informatique.

CONCLUSION GÉNÉRALE

Nous avons inscrit l'étude des technologies intellectuelles sous le signe des *Mnémotechnologies*. Un tel titre ne pouvait s'éclairer d'emblée, mais seulement du parcours de l'ouvrage en son entier. C'est pourquoi nous avons choisi d'y revenir en conclusion.

Qu'entend-on au juste par Mnémotechnologies ? Il est certes question de mémoire, mais en quel sens ? Quel rapport ou différence cette notion entretient-elle avec celle, traditionnelle, des arts de la mémoire, de la mnémotechnique ? Quelle relation les technologies intellectuelles nouent-elles avec cette idée de Mnémotechnologies, pourquoi les qualifier ainsi, que signifie un tel geste ? C'est ce que nous verrons dans un deuxième temps. Mais auparavant il nous faudra revenir sur la place de la mémoire dans les sciences de l'information et de la communication (SIC), discipline dans laquelle s'inscrit ce travail, mais aussi dans les sciences sociales en général. Puis, nous nous interrogerons sur la position sociale, la fonction sociale de ces Mnémotechnologies, à l'aide d'un dispositif conceptuel que nous avons mis au point dans d'autres travaux : à savoir les deux notions d'*incommunication* et d'*impensé*. Enfin, nous ne manquerons pas de questionner les enjeux politiques emportés par ces Mnémotechnologies.

Mémoire et communication

Dire que la mémoire est oubliée dans les théories de l'information et de la communication est à coup sûr exagéré. Mais elle est néanmoins largement négligée. Elle ne semble pas constituer un concept-clé de la compréhension de la communication. Ce sont surtout les auteurs qui sont les plus proches des approches cybernétique/ systémique[202] et /ou d'information/documentation qui y font référence. Ainsi,

---

202. Cependant, comme le souligne D. Forest, Wiener pense de manière privilégiée en termes de flux, contre les stocks ; mais il n'empêche que les modélisations systémiques d'organisation des

R. Escarpit (1976), dans son classique *Théorie générale de l'information et de la communication* lui consacre-t-il quelques pages lorsqu'il explore ces questions et en vient même à proposer une typologie des machines, qui outre les machines émettrices-réceptrices (machine de transmission, à relais ou média) et biologiques (à comportement et à langage) distingue ce qu'il appelle des *machines chronologiques* dont « la fonction essentielle [est] de modifier l'information par rapport au temps » (*op. cit.*, p. 102). Au sein de celles-ci il sépare les « machines à mémoire qui conservent l'information sous forme de traces et produisent des documents » (*op. cit.*, p. 102) et les « machines informatiques, [qui ont] pour propriété d'intégrer les données de plusieurs messages d'entrée pour fournir un message de sortie plus rapidement que ne peut le faire un cerveau humain » (*op. cit.* p. 102). Machines à mémoire et informatique, certes séparées, mais qui se rapprochent clairement de notre notion de technologies intellectuelles. Malheureusement, la classification des machines d'Escarpit ne fera guère école dans la discipline. Plus récemment, à la marge des SIC, il est vrai, la Médiologie s'est présentée comme une vaste réflexion synthétique sur les modalités techniques de la transmission (dans le temps) du symbolique. Bref, en SIC la mémoire penche véritablement du côté des sciences de l'information, de la systémique et de la documentation, et quasiment pas du côté de la communication. D'ailleurs, nos manuels ne regorgent pas de références à la notion.

Pourtant, peut-on penser la communication, en tant qu'ouverture et diffusion, manière de relier et de faire circuler, sans son pôle d'accumulation, de stockage dynamique, bref une mémoire ? Une mémoire pour dire quelque chose de plus qu'un simple dépôt : un travail constant et vivant de réminiscence. Mais un travail qui ne se milite pas à celui de la mémoire humaine. Car on l'aura compris, il ne s'agit bien évidemment pas pour nous de faire une psychologie de la mémoire, ce que nous laissons volontiers au psychologue, plus ou moins équipé de puissants dispositifs d'imagerie médicale qui lui donne à voir le cerveau en fonctionnement. La mémoire dont il est question ici est bien sûr une mémoire sociale. Une mémoire qui doit à la réflexion de M. Halbwachs, mais aussi à celle d'A. Leroi-Gourhan. Halbwachs (1994 et 1997), car il montre que l'on doit penser la mémoire comme un objet social et même politique et pas seulement psychologique. Mais la mémoire d'Halbwachs reste sous-équipée à nos yeux, c'est une mémoire en quelque sorte trop intrinsèquement sociale. Certes, on peut y lire l'influence du livre par exemple, mais c'est de manière indirecte et non théorisée. C'est pourquoi il nous faut d'une certaine manière compléter Halbwachs par Leroi-Gourhan (1964), qui lui, la comprend comme une « mémoire en expansion » parce que « comme l'outil la mémoire de l'homme est extériorisée et son contenant est la collectivité ethnique » (*op. cit.*, p. 64). Leroi-Gourhan distingue trois types de mémoire : la mémoire animale, la mémoire humaine et la mémoire mécanique. La société permet de transmettre des programmes qui jouent sur le double clavier de la mémoire humaine et

années 1960-1970 font toujours apparaître des « réservoirs », stocks qui participent de la gestion des flux (voir par exemple Le Moigne, 1984 et Mélèze, 1985).

de la mémoire technique. C'est pourquoi « l'histoire de la mémoire collective peut se diviser en cinq périodes : celle de la transmission orale, celle de la transmission écrite avec table ou index, celle des fiches simples, celle de la mécanographie et celle de la sériation électronique » (*op. cit.*, p. 65). Voilà un découpage difficilement récusable, d'autant moins d'ailleurs qu'on lui ôte sa dimension chronologique, et que l'on raisonne plutôt en modalités de transmission, car l'oralité n'a bien évidemment pas été éliminée par les suivantes et plus globalement les trois premières par les deux dernières. D'où des problèmes qui nous restent posés, d'articulation et/ou de reconnaissance de propriétés singulières. Matinées d'un supposé déterminisme technique, les thèses de Leroi-Gourhan n'ont pas bonne presse dans une discipline vouée à revaloriser la réception et l'usage. C'est pourquoi elles ont surtout été travaillées par des philosophes, et notamment B. Stiegler.

La mémoire, ou plutôt les phénomènes d'accumulation pris dans une tension bipolaire avec ceux de diffusion ont surtout été explorés par la sociologie des techniques, et singulièrement celle de B. Latour ; tandis que toute l'œuvre de F. Dagognet est parcourue de réflexions sur les processus et procédures de stockage, des modes de conservation des aliments à la concentration de l'information en passant par les lieux d'accumulation tels que les musées.

Enfin, les historiens, notamment à travers l'immense travail des *Lieux de mémoire* nous ont proposé une précieuse collection de monographies sur ces lieux de production et de reproduction de la mémoire collective, sur ses multiples équipements (du château au drapeau, en passant par l'œuvre littéraire ou la chanson). Peut-être le spectre était-il même trop large, trop ouvert.

Bref, historiens, sociologues et philosophes nous ont appris qu'il convient de penser la circulation d'hommes, de signes ou de choses, en tension avec leurs pôles d'accumulation. Autrement dit, traduisons que tout processus de communication doit être également pensé en tension avec le travail d'une mémoire socialement et politiquement équipée, ou avec les équipements socio-politiques de la mémoire. C'est exactement ce que nous avons voulu explorer avec la notion de mnémotechnologie.

Mnémotechnologies ?

Il convient tout d'abord de distinguer ce que l'on entend par Mnémotechnologies et les classiques et forts anciens Arts de la mémoire, en tant que mnémotechniques. Les arts de la mémoire viennent de l'Antiquité gréco-latine. Ils participent de la rhétorique, non comme outil d'organisation du discours, mais comme procédure de mémorisation, comme manière d'en mémoriser la logique globale, le parcours et les différentes stations constituées d'images. Ces méthodes sont décrites par Cicéron, par Quintilien et dans un texte anonyme, l'*ad Herenium*. Leur origine légendaire veut qu'un certain Simonide ait réussi, après l'écroulement de la maison les accueillant, à retrouver la place de chacun des invités, grâce à l'association entre les images mentales de la disposition des lieux et la répartition physique des personnes. Cet Art de la mémoire repose justement sur la possibilité d'associer à l'image d'une succession de lieux que l'on connaît bien, des choses, des gens ou des mots, bref ce sur quoi l'on est censé intervenir dans le déroulement du discours, quitte d'ailleurs à utiliser des jeux de mots. On pouvait certes apprendre un texte par cœur. Mais, même avec une telle méthode, cela restait relativement contraignant. Il s'agissait plutôt de bien avoir à l'esprit la carte globale de l'enchaînement de son discours et les cartes locales de chaque moment du développement, tout en conservant cette part de reconstruction qui donnait au discours la fluidité de quelque chose que l'on dit en s'adressant véritablement à un auditoire au lieu de donner l'impression de réciter quelque texte. Ces procédures évoluent dans un milieu d'intellectuels qui connaît et utilise couramment l'écrit. Ou pour dire les choses autrement, l'écrit de cette époque est saisi tout entier dans cette emprise générale de la rhétorique – Platon lui-même ne s'élève-t-il pas contre l'écriture, porteuse à terme d'un affaiblissement de la mémoire et donc du savoir ? C'est pourquoi les sophistes n'utilisent pas le support écrit comme support de la mémoire vive du discours, mais seulement lors de sa préparation, et encore sous la forme d'une dictée du maître à son esclave scribe.

Cette tradition de la primauté de l'oral reste bien évidemment des plus vivaces au Moyen Age. M. Carruthers s'est employée avec beaucoup d'érudition à le confirmer dans deux ouvrages importants (Carruthers, 2002a et b). Certes, le point d'application s'est modifié, puisque le clerc est désormais homme d'Eglise et que les préoccupations intellectuelles relèvent d'abord de l'écriture sainte et ensuite seulement du droit ou de la morale. Mais à bien la lire, on s'aperçoit que les textes qui nous sont parvenus et qui nous renseignent sur ces procédures de mémorisation telle que celle d'Hugues de Saint Victor, laissent apparaître combien l'écrit et singulièrement le livre s'offrent comme image, métaphore à travers laquelle la mnémotechnique de mémorisation orale est elle-même construite. Ainsi, Bernard Gui, dans une vie de Saint Thomas qui s'appuie notamment sur le témoignage de Réginald, le moine compagnon de Thomas, écrit-il à propos de la mémoire du saint : « la connaissance croissait de jour en jour dans son esprit à la manière d'une page s'ajoutant à une autre page quand on écrit un livre » (Carruthers, 2002a, p. 10). C'est dire aussi que, toute orale que soit cette culture elle est néanmoins profondément imprégnée de celle du livre, mais dans un véritable dialogue, dans lequel la mémoire joue pleinement son rôle de lien. C'est pourquoi « le livre [...] est, tout au long du Moyen Age, le principal support extérieur de la *memoria*. Dans sa présentation et dans son économie, il sert les exigences de lecteurs qui comptaient l'intégrer dans leurs propres mémoires » (Carruthers, 2002a, p. 284).

Si les arts de la mémoire ne restent ainsi jamais indifférents aux mnémotechnologies, les mnémotechnologies, elles, ne sont en rien les filles de ces arts de la mémoire. Au plus ceux-ci participent-ils d'un contexte global sur le fond duquel s'enlève telle ou telle mnémotechnologie, en ce sens, par exemple, que le livre, dans une culture pleinement orale, ne peut être absolument le même que dans une culture totalement écrite. Sa mise en forme en est inévitablement contre-dépendante, à l'image du livre du Moyen Age qui est le plus souvent lu à haute voix et dont le découpage du texte suit autant celui de la respiration que d'une structuration purement visuelle. Non seulement les mnémotechnologies ne sont pas le fruit des arts de la mémoire, mais il en va plutôt d'une véritable concurrence entre eux : l'Antiquité valorisait les deuxièmes, alors que nous valorisons les premiers. La domination de l'un se fait au détriment de l'autre. Ceci explique cette oralité lourdement équipée de nos sociétés modernes qui multiplient les téléphones portables, les power-point et autres téléprompteurs.

Les mnémotechnologies participent de la classe globale des « machines chronologiques » d'Escarpit. Mais là où ce dernier ne distingue que deux catégories, ne faudrait-il pas en distinguer trois, à savoir, les machines à mémoire et l'informatique (les mnémotechnologies justement) ainsi que les monuments et ce que l'on pourrait appeler, à la suite de K. Pomian les sémiophores[203] ? Car les monuments persistent dans le temps, traversent le temps et le construisent tout aussi bien. Monuments d'architecture ou de paysage (sites), volontairement construits comme tels (un arc de triomphe), ou reconstitués et assignés comme tels *a posteriori* (une usine). Les sémiophores sont des traces écrites qui ne constituent ni des documents, ni des monuments, mais qui peuvent devenir, *a posteriori*, des objets documentés (telles des pièces de monnaie). Sémiophores qui perdurent eux aussi et participent également à la fabrication du temps. Si les arts de la mémoire privilégient les images mentales, et si les autres machines chronologiques sont soit autre chose que des documents, soit des objets documentés, les mnémotechnologies impliquent toujours à la fois une intention exprimée par un support matériel d'inscription et d'enregistrement (externe au cerveau) et une dimension « logicielle », d'organisation, de mise en scène d'un contenu informationnel sous forme d'écriture ou d'images (document). Ce sont donc bien des « machines à mémoire » au sens d'Escarpit.

Ces mnémotechnologies sont également, à proprement parler, des technologies intellectuelles. Les deux expressions sont donc équivalentes à mes yeux, simplement, l'une insiste plus sur la dimension d'équipement technique de la mémoire sociale, alors que l'autre souligne plutôt l'aptitude (d'architecture) intellectuelle socialement construite. Dans les deux cas, elles suscitent (bien souvent) et soutiennent (toujours) une activité de gestion au sens large (du nombre (d'hommes, de choses ou de signes), de l'espace, du temps, du savoir, etc.). Dans les deux cas, elles sont prises dans une dynamique interne de construction de leurs outils de régulation (mémoire structurée-structurante) et de dynamique externe, d'insertion dans une logistique aux enjeux politiques considérables.

---

203. Notre typologie diffère néanmoins considérablement de celle de K. Pomian, puisqu'à ses yeux la notion de sémiophore regroupe les documents (dont il donne une définition très large) et les monuments, alors que nous proposons de nommer ainsi, ce qui n'est ni document, ni monument, ni technologie intellectuelle, à l'exemple d'une pièce de monnaie (Pomian, 1997).

Quelles positions ces mnémotechnologies occupent-elles dans la société ? Nous allons proposer deux perspectives articulées aux deux notions d'incommunication et d'impensé, parce qu'elles sont des outils de lutte contre l'incommunication, mais qui restent largement impensés en tant que tels.

Mnémotechnologies et incommunication

Nous avons la faiblesse de penser que la « communication » n'est en rien première. Que le processus fondamental relève de ce que nous appelons l'*incommunication* (Robert, 2009), non pour dire une a-communication, une non-communication, mais afin de souligner que, puisque comme on l'a répété a satiété avec Palo Alo « on ne peut pas ne pas communiquer », alors il en va d'emblée toujours d'un trop plein de « communication » si l'on veut (quoique le mot ne soit pas véritablement approprié puisque même si intentionnalité il y a, elle s'y trouve inévitablement noyée). « Communication » qui déborde inévitablement, qui toujours se brouille parce que l'on ne peut s'empêcher d'interpréter le comportement et le discours de l'autre, qui ne peut s'empêcher de faire de même. Interprétations qui reposent sur quelques signaux souvent faibles et que nous renvoyons à travers d'autres discours et comportements, dans d'incessants jeux de miroir. Bref, il s'agit d'un enchevêtrement absolu qu'il devient pour le moins paradoxal d'appeler communication et que, pour cela, nous préférons nommer incommunication. Or, cette incommunication ne peut satisfaire aucune société. C'est pourquoi celles-ci, et c'est peut être leur travail essentiel, cherchent des solutions à ce problème. Elles cherchent à faire face, à affronter cette incommunication en inventant et en mobilisant les moyens les plus divers produits par les différentes technologies sociétales (présentées au chapitre 3). Les technologies sociétales n'ont-elles pas pour objet d'élaborer des systèmes de règles, de normes, de définir des statuts, des hiérarchies, d'offrir des moyens de connaissance de la société par elle-même, etc., bref tout un attirail de dispositifs qui permettent d'introduire de l'ordre, de redisposer ce qui était condensé, aplati, de dénoué ce qui était enchevêtré ?

Cependant, la question de l'incommunication n'est pas facile à aborder en tant que telle, elle est si globale et si fuyante dans son foisonnement même. C'est pourquoi il convient de lui substituer une autre question, qui en est en quelque sorte la déclinaison pratique : celle du *paradoxe de la simultanéité* (Robert, 2009). Car si nous vivions dans un monde obéissant à la loi d'une parfaite simultanéité, alors il n'y aurait pas d'incommunication. Le monde serait totalement co-présent à lui-même et n'éprouverait nul besoin de « communiquer » et ne serait donc pas en position d'incommuniquer. C'est bien parce que la simultanéité, à échelle d'homme, n'existe pas, qu'il faut bâtir des ponts, tendre des mains, se déplacer, aller à la rencontre, parler, échanger, etc. Bref, « communiquer » à ce point que nous en incommuniquons. Les sociétés ont produit les outils de desserrement de la question de la non-simultanéité, des outils qui permettent d'affronter cette bien encombrante non-simultanéité, qui rend le déplacement dans l'espace obligatoire bien souvent et singulièrement difficile, qui rend en revanche le déplacement dans le temps quasiment impossible. Et parmi ces moyens on compte les mnémotechnologies.

Car elles permettent de poser des choses au milieu du collectif, dans lesquelles il se retrouve et se construit. Non que l'accord soit d'emblée obligatoire et parfait. Mais il peut être possible sur une base commune et partagée, une base objectivée dans son dispositif technique même (ce qui ne signifie pas objective), qui perdure dans le temps et voyage dans l'espace, grâce à la stabilité du document, une base précise grâce à ses données nombreuses et à leur structuration, qui autorise la comparaison et/ou la mesure. Un éclaircissement devient possible, certes limité (car la technique n'est pas forcément accessible à tous et repose sur des choix) et relatif (car il ne s'agit pas d'une vérité), mais bien réel (c'est-à-dire mobilisable dans une argumentation, un débat, une controverse). Autrement dit, parce qu'elles permettent un peu – et c'est déjà beaucoup – d'être à la fois hier et aujourd'hui, en rapportant maintenant un texte écrit il y a 10 ans ou 1000 ans, ou d'être un peu à la fois ici et là-bas, en ramenant telle connaissance sur le lointain, elles permettent de réduire la non-simultanéité. Parce qu'elles permettent de jouer sur les différences d'échelle, à l'image de l'encyclopédie qui n'est pas le tout du savoir, mais qui vaut pour lui, ou de la bibliothèque qui n'est pas la somme absolue de tous les livres, mais en regroupe et rend accessible un très grand nombre, elles permettent de desserrer la contrainte de non-simultanéité. Ce qui, nous l'avons amplement vu, constitue un réel pouvoir.

Encadré C.1. *Le principe de l'ascenseur ou principe de compossibilité*

Soyons concret : l'ascenseur dans le building de 50 étages ne tient pas le building, mais il le rend utilisable (où l'usage est aussi fonction de la technique). Autrement dit : enlevez l'ascenseur le building ne s'écroule pas, il devient « simplement » invivable. Si il devient possible de le retirer c'est qu'il n'entretient pas un lien de causalité avec le building, mais il reste néanmoins un élément fonctionnellement indispensable au mode d'existence de ce building. Il en va de même pour les technologies intellectuelles et leur relation à l'état, à la science ou à la religion. Prenons l'exemple de l'imprimerie : on peut imaginer une science sans imprimerie, mais peut-on sérieusement envisager une science lourde (de « 50 étages ») et complexe sans imprimerie ? Autrement dit, enlevez l'imprimerie et la possibilité même de faire cette science là devient considérablement plus difficile, mais il ne s'agit pas d'une impossibilité absolue. Il devient cependant incomparablement plus compliqué de circuler au sein de ce qui n'est plus une science mais seulement un vrac de connaissances hétérogènes.

Ce qui est en jeu ici, ce n'est pas un principe de causalité, c'est un principe de possibilité d'existence. On peut l'appeler si l'on aime les images le « principe de l'ascenseur » et si l'on préfère une approche plus abstraite, le *principe de compossibilité*[204] : l'un n'est pas possible sans l'autre, sans que les deux entretiennent pour autant un rapport de causalité. Ainsi l'ascenseur et le building relèvent-ils de ce principe de compossibilité : ils sont impossibles l'un sans l'autre sans obéir à un véritable rapport de causalité. Ainsi la science d'aujourd'hui est-elle littéralement impossible à vivre privée de ses mises en forme apportées par les différentes technologies intellectuelles : supprimez les bibliothèques, les livres et revues imprimées, les encyclopédies papier ou numériques, les cartes, schémas et autres procédures sans oublier l'informatique, croyez-vous qu'elle puisse tout simplement fonctionner ? Et pourtant peut-on véritablement dire, sans être réducteur, que l'imprimerie ait été la cause de la science moderne : non, car celle-ci, dans l'ensemble même de son mouvement requiert une multitude de « causes » à la fois sociales, politiques, économiques, techniques, etc. Mais si tout est cause, ce « tout » ne dissout-il pas le principe de causalité lui-même ?

La science sociale se prête mal à la causalité : il nous faut décidément raisonner autrement – et assumer cette posture dans sa propre scientificité et comme porteuse d'une scientificité propre. Les principes de conversion et le modèle CRITIC, nous l'avons vu, ne jouent-il pas ce rôle de manière efficace ? Ce principe de compossibilité n'explique-t-il pas avec élégance le rôle que joue, dans un mouvement de fond, telle technique, sans l'effacer ou le minorer ni, *a contrario*, inutilement le magnifier ? Il permet d'éviter à la fois le déterminisme technique comme le déterminisme social. Il permet de créer un plan d'équivalence entre la technique et le social ou l'un épaule l'autre, comme l'ascenseur le building : les classeurs et le classement ne sont pas la cause de la science, mais celle-ci se révèle impossible sans eux, c'est-à-dire inefficace en tant que science, sans pour autant que la science ne soit à son tour la cause des classeurs, car ils la produisent plus encore qu'elle ne les appelle, mais un classeur qui devient une fin en soi, découplée de la science qu'il est censé nourrir, se sclérose et bientôt s'effondre sur lui-même. Regardez Montaigne dans sa bibliothèque (Eisenstein, 1991), son intelligence se soutient de cette bibliothèque, qu'elle participe à alimenter de sa curiosité, autant que celle-ci la nourrit de ses interpellations, questionnements, certitudes, failles, etc. Comme un dialogue, un échange, un principe dynamique de compossibilité[205].

---

204. Le terme compossible existe, avec un sens différent, en philosophie en tant que « terme relatif employé particulièrement dans le système de Leibniz. Tous les possibles ne sont pas compossibles, c'est-à-dire tels qu'ils puissent être réalisés à la fois (dans le même monde) » (Lalande, 1991).

205. Remarquons la compatibilité de ce principe de compossibilité avec la causalité au sens de Roqueplo – voir chapitre 2 –, car celle-ci représente une déclinaison temporelle de ce principe : les conditions de possibilité réciproques ne sont plus concomitantes, mais décalées dans le temps.

Mnémotechnologies et *impensé* informatique

Au Moyen Age, l'architecture ne fait pas l'objet d'une science théorique. En revanche, elle sert de modèle rhétorique, car la cathédrale est un livre de pierre pour le peuple, mais elle est aussi un livre qui, aux yeux des clercs, entre en résonance avec leur propre pratique intellectuelle, celle de la scolastique (Panofsky, 1975). Elle donne surtout lieu à un lourd investissement pratique risqué (sur les plans technique et économique), qui suscite la construction de ces immenses cathédrales, vastes « machines » horizontales d'intégration sociale – car la communauté toute entière y a sa place –, et verticales, de production du lien à Dieu. L'architecture constitue à coup sûr l'une des techniques de prédilection de ce Moyen Age, peut être même sa technique-clé. Pourtant, le métier d'architecte émerge doucement et, encore une fois soulignons-le, même si les dessins techniques, nous l'avons vu, sont moins rares qu'on ne le pense souvent, cette architecture n'est ni le fruit ni la racine d'une posture théorique encadrée par un discours rationnel écrit (car il pouvait néanmoins être oral) construit et cohérent. Bref, elle relève de ce que l'on peut appeler un *impensé*. Mais cet impensé s'inscrivait dans une culture chrétienne, un substrat symbolique fort, qui le compensait.

Aujourd'hui, nous avons eu amplement l'occasion de le montrer ailleurs (Robert, 1994 et 2009), l'informatique fait également l'objet d'un impensé, mais sans compensation symbolique, ne serait-ce que parce que celle-ci n'est tout simplement pas possible. Parce que nous vivons dans une société marquée par un déficit symbolique récurrent et puissant. Car il en va d'une tension entre technique et symbolique : plus l'un est dynamique, plus l'autre est contracté. Société à forte symbolicité que les sociétés antiques : leur système technique a été dit « bloqué », alors que leurs mythes foisonnent. Société à forte technicité que les nôtres, mais à faible symbolicité. Ce qui nous amène à exiger bien souvent que la technique nous offre les réponses que la défaillance symbolique nous enlève (à moins que l'on ne cherche à réanimer la religion). Des réponses qui, en tant que telles, en tant qu'ersatz de symbolicité, sont vouées à l'échec. C'est pourquoi il existe tout un discours, qui parcourt toute la société, et qui travaille à nous faire croire qu'il en va tout autrement et que la technique peut engendrer du symbolique. Voilà *l'impensé informatique :* non pas un discours pour nous permettre de mieux comprendre l'informatique, mais un discours massivement laudatif qui, *de facto*, en vient à empêcher que les bonnes questions – politiques et éthiques – ne soient posées à l'informatique. Or, comme le soulignait M. Halbwachs, « la pensée sociale est essentiellement une mémoire » (Halbwachs, 1925, p. 296). Un impensé vaut donc comme absence de mémoire. Et il est vrai que le discours sur l'informatique est essentiellement un discours d'actualité technique, entièrement orienté par le présent et l'avenir. On y trouve ni passé de la technique, ou si marginalement, ni passé de ce discours – double absence de mémoire. Etrange : une mnémotechnologie dont on souligne à l'envie la capacité à stocker, à accumuler, à mémoriser, dont également la notion de mémoire est, depuis,

Von Neumann (et même Babbage) un concept fondamental, dont enfin, la capacité de mémorisation est telle qu'elle a suscité l'élaboration d'un véritable « droit à l'oubli » par les juristes, cette mnémotechnologie donc, fait pourtant l'objet d'une sorte d'effacement de la mémoire sociale, d'un véritable impensé. Comme si le poids politique (pratique) de cette mémoire techno-sociale informatique, devait faire l'objet d'une opération (discursive) de neutralisation politique.

Cet impensé ouvre sur deux conséquences considérables dans la qualification sociale de la cognition :

– car avec l'informatique, on peut craindre que la technique n'embraye plus sur la découverte de nouvelles aptitudes intellectuelles (NAI), mais que son apprentissage soit considéré, en soi, comme acquisition de ces nouvelles aptitudes intellectuelles, sans autre interrogation. Nous ne serions plus dans une logique dans laquelle la technique *ouvre* sur ces NAI, mais bien dans une logique d'*absorption* de ces NAI par la technique. Ce qui est supposer une parfaite adéquation entre les NAI et la technique. Celle-ci, dès lors, devient l'outil même de la pensée qui n'est décidément pas lui-même à penser ;

– on peut enfin se demander si l'acceptation du *détour machinique* (lié à son automatisation) ne correspond pas à la *disqualification* a priori du *détour intellectuel* lui-même ; le détour machinique se présentant comme l'équivalent du détour intellectuel, voire la forme nouvelle – et indépassable par un détour extérieur qui serait celui de la pensée – de ce détour intellectuel.

Mnémotechnologies et politique

Qu'ils les suscitent, les instrumentalisent ou les cachent, voire les combattent, les pouvoirs en général et singulièrement le pouvoir politique ont toujours entretenu une relation forte aux technologies intellectuelles : la bibliothèque d'Alexandrie naît d'un geste volontaire du roi Ptolémée, l'encyclopédie interroge et inquiète le pouvoir de son temps, entre rejet et indulgence, les listes et autres diagrammes au fondement de la statistique rendent le pouvoir d'état difficilement contestable, etc. L'informatique ne déroge pas à cette ligne de pente : on s'effraie parfois de ses aptitudes à jouer les Big Brother (parce que l'on préfère se faire peur plutôt que de la penser) comme on lui prête volontiers une vertu excessivement libératrice, grâce à la décentralisation hier ou aux logiciels libres aujourd'hui.

Or, l'informatique renforce considérablement ce que nous appelons le mouvement de « gestionnarisation » qui travaille en profondeur notre société. Nous entendons par là la lecture de toute question de société en termes gestionnaires et la conception de réponses sur le mode technico-gestionnaire, dans lequel l'informatique et plus globalement les technologies intellectuelles informatisées prennent toute leur part. Les technologies intellectuelles classiques – sur support non-informatisé – œuvraient à l'élaboration d'une mémoire d'abord diachronique, parce que les supports, lents, ne permettaient que de peu ou mal desserrer le paradoxe de la simultanéité dans l'espace. Elles favorisaient la logique de l'archive. L'informatique non communicante privilégiait encore cette logique. Mais l'informatique de réseau, elle, produit une mémoire qui est d'abord synchronique, euphémisant par là-même sa dimension diachronique. En fait, elle joue sur les deux tableaux, mais elle permet en quelque sorte de masquer la deuxième (qui peut potentiellement faire peur, puisqu'elle renvoie à l'idée de fichage et de profilage) sous la première – qui, elle, relève des connotations positives d'échange et de partage.

L'archive participe à la construction de l'institution ; elle peut également participer du processus de symbolisation au sens de L. Sfez, de ce qui réunit une société avec elle-même grâce à une opération symbolique (Sfez, 1977). Mais l'informatique n'a pas concrètement démontré ses capacités en la matière, quand bien même la gauche auto-gestionnaire la fortement rêvée dans ce rôle d'opérateur neutre de connexion de la société avec elle-même dans les années 1970, ainsi que toutes les supposées « utopies » régulièrement brandies depuis (Sfez, 1977 et Robert, 2009). Le réseau ne joue pas la logique de l'institution, mais il ne joue pas non plus celle d'une démocratie d'auto-médiation. Le réseau porte celle, moins glorieuse et plus bêtement pratique, du « management » et de la « gestionnarisation », entre la nécessaire mémoire synchronique qui permet de relier une masse de plus en plus considérable d'internautes (car l'immédiateté apparente du réseau repose sur une mémoire réticulaire qui assure la bonne gestion de l'acheminement de l'information), et l'inévitable mémoire diachronique qui en découle, car toute communication sur la toile, supposément gratuite, se paye (outre la publicité) d'une trace et d'un suivi.

On peut enfin se demander si, d'une certaine manière, les technologies intellectuelles classiques, qui ont permis de développer une véritable gestion intellectuelle du savoir susceptible de le construire sur le mode à proprement parler scientifique, n'aboutissent pas, *in fine*, à la constitution d'une « science » pratique de la gestion généralisée informatisée – la gestionnarisation – qui s'applique désormais à la production de la science elle-même, moins au service de sa rigueur intellectuelle cependant, qu'à celui de sa saisie par un carcan gestionnaire censé l'orienter vers le court terme, l'utile et le pratique, bref la transformer en une ingénierie. Une ingénierie qui doit répondre aux injonctions de sa gestion et non l'inverse, ce qui signe un véritable basculement d'un modèle politique (parce qu'il était encore question de la connaissance non pas désintéressée mais bien au service du collectif[206]) de la production même de la science, à un modèle purement gestionnaire (d'une science dépendante des procédures de gestion, de son

206. Il est intéressant de constater combien cette idée, forte, semble naïve de nos jours.

application et d'intérêts privés). A ce point, les mnémotechnologies qui ont tant contribué au développement de la science risquent donc de se retourner contre elle.

*

En définitive, parce qu'elles permettent d'organiser et de gérer les hommes, les signes et les choses, les mnémotechnologies ont toujours été un véritable enjeu politique, tout à la fois politique de la connaissance (pratique ou scientifique) et politique du contrôle et de la coordination. C'est pourquoi, et singulièrement en démocratie, elles méritent d'être pensées, mais sur un mode qui réarticule une indispensable modélisation à une saine posture critique, afin de poser des cadres d'intelligibilité théoriques globaux qui nous extraient d'une actualité technique toujours envahissante. C'était tout le projet de ce livre.

Bibliographie

ABBOTT, Edwin, *Flatland*, Paris, 10/18, 1996.

ADORNO, Théodor, HORKHEIMER, Max, *La dialectique de la raison*, Paris, Gallimard, 1974.

ALPERS, Svetlana, *L'art de dépeindre, la peinture hollandaise au XVII*[e] siècle, Paris, Gallimard, 1990.

AMAR, Pierre-Jean, *Histoire de la photographie*, Paris, PUF, 1997.

ARASSE, Daniel, *Léonard de Vinci*, Paris, Hazan, 2003.

AUSTIN John, *Quand dire c'est faire*, Paris, Le Seuil, 1970.

AUSTRIAN, Geoffrey D., *Herman Hollerith, forgotten giant of information processing*, New York, Columbia University Press, Etats-Unis, 1982.

BACHIMONT, Bruno, « Support de connaissance et intelligence collective, héritage et individuation technique », dans *Intelligence collective*, coordonné par Jean-Michel Penalva, Paris, Presses des Mines de Paris, 2006.

BARATIN, Marc et JACOB, Christian (Dir.), *Le pouvoir des bibliothèques*, Paris, Albin Michel, 1996.

BARBIER, Frédéric, *Histoire du livre*, Paris, Armand Colin, 2000.

BARBOZA, Pierre, *Du photographique au numérique, la parenthèse indicielle dans l'histoire des images*, Paris, L'Harmattan, 1996.

BARBOZA, Pierre, *Les nouvelles images*, Paris, Somogy, 1997.

BARDINI, Thierry, *Bootstrapping, Douglas Engelbart, coevolutioon and the origins of personal computing*, Stanford University Press, Etats-Unis, 2000.

BARROS, Martin, SALAT, Nicole et SARMANT Thiérry, *Vauban ou l'intelligence du territoire*, Editions Nicolas Chaudun, 2006.

BARTHES, Roland, *La chambre claire, note sur la photographie*, Paris, Gallimard/Le Seuil, 1980.

BARTHES, Roland, *Le degré zéro de l'écriture*, Paris, Le Seuil, 1972.

BATESON, Gregory, *La nature de la pensée*, Paris, Le Seuil, 1979.

BAZIN, André, *Qu'est-ce que le cinéma ?*, Paris, Cerf, 2000.

BECHTEL, Guy, *Gutenberg et l'invention de l'imprimerie*, Paris, Fayard, 1992.

BENIGER, James, *The control revolution*, Cambridge, Harvard University Press, Etats-Unis, 1986.

BENJAMIN, Walter, « L'œuvre d'art à l'époque de sa reproduction mécanisée », dans *Ecrits français*, Paris, Gallimard, 1991.

BENSAUDE-VINCENT, Bernadette, *L'opinion publique et la science*, Paris, Les empêcheurs de penser en rond, 2000.

BERNERS-LEE, Tim, *Weaving the web*, San Francisco, Harper, Etats-Unis, 1999.

BERNERS-LEE, Tim, « Information management : a proposal », CERN, 1990, http:/www.w3.org/history/1989/proposal-msw.htm.

BERNERS-LEE, Tim et Caillau, Jacques, « Worldwideweb : proposal for a hypertext project », CERN, 1990, http:/www.w3.org/proposal.

BERTHO-LAVENIR, Catherine, *La démocratie et les médias au XX*^e^ siècle, Paris, Armand Colin, 2000.

BERTIN, Jacques, *La graphique et le traitement graphique de l'information*, Paris, Flammarion, 1977.

BIASI DE, Pierre-Marc, *Le papier, une aventure au quotidien*, Paris, Gallimard, 1999.

BLACK, Jeremy, *Regards sur le monde, une histoire des cartes*, Paris, Octopus-Hachette, 2004.

BLASSELLE, Bruno et MELET-SANSON, Jacqueline, *La bibliothèque nationale de France, mémoire de l'avenir*, Paris, Gallimard, 1990.

BLASSELLE, Bruno, *A pleines pages, Histoire du livre,* Paris, Gallimard, 1997.

BOMSEL, Olivier, *Gratuit !, du déploiement de l'économie numérique*, Paris, Gallimard, 2007.

BOORSTIN, Daniel, *Les découvreurs*, Paris, Coll. Bouquins, Robert Laffont, 1989.

BOTTERO, Jean, *Mésopotamie, l'écriture, la raison et les dieux*, Paris, Gallimard, 1987.

BOUGNOUX, Daniel, *La communication par la bande*, Paris, La Découverte, 1991.

BOUGNOUX, Daniel, *Introduction aux sciences de l'information et de la communication*, Paris, La Découverte, 1998.

BOURDIEU, Pierre, *Un art moyen, essai sur les usages sociaux de la photographie*, Paris, Editions de Minuit, 1965.

BOURDIEU, Pierre, *Sur la télévision*, Paris, Liber, 1996.

BOURGOING, Jacqueline, *Le calendrier, maître du temps ?*, Paris, Gallimard, 2000.

BORGES, Jorge Luis, *Fictions*, Paris, Gallimard, 1983.

BORGES, Jorge, Luis, 1967, *L'Aleph*, Gallimard.

BUCKLAND, Michael, « Emanuel Goldberg, Electronic document retrieval, and Vannevar Bush's Memex », http:/people.ischool.berkeley.edu/~buckland/goldbush.html, 1992.

BUCKLAND, Michael, « What is a document », *Journal of the american society for information science*, n° 48, 1997.

BUCKLAND, Michael, «What is a digital document », *Document numérique*, vol. 2, n° 2, 1998.

BURGUIÈRE, André, *La généalogie*, in Les lieux de Mémoire, Volume 3, Collection Quarto, Paris, Gallimard, 1997.

BRAUDEL, Fernand, *Civilisation matérielle et capitalisme, XV-XVIII*[e] siècle ; *Les jeux de l'échange*, Paris, Armand Colin, 1979.

BRÉAUD, Ondine, *Le réalisme dans l'image informatique*, Paris, L'Harmattan, 2001.

BREDEKAMP, Horst, *Machines et cabinets de curiosités*, Paris, Diderot éditeur, 1996.

BRETON, Philippe, *Histoire de l'informatique*, La Découverte, Paris, 1987.

BRETON-GRAVEREAU, Simone et THIBAULT, Danièle, *L'aventure des écritures, matières et formes*, BNF, 1998.

BRIET, Suzanne, *Qu'est-ce que la documentation ?*, Paris, EDIT, 1951.

BRUNET, Roger, *La carte, mode d'emploi*, Paris, Fayard/Reclus, 1987.

BRUSATIN, Manlio, *Histoire de la ligne*, Paris, Flammarion, 2002.

CAMILLO, Guilio, *Le théâtre de la mémoire*, Paris, Allia, 2001.

CARO DAMBREVILLE, Stéphane, *L'écriture des documents numériques*, Paris, Hermès, 2007.

CARRUTHERS, Mary, *Le livre de la mémoire*, Paris, Macula, 2002a.

CARRUTHERS, Mary, *Machina memorialis*, Paris, Gallimard, 2002b.

CENTRE GEORGES POMPIDOU, *Cartes et figures de la terre*, Paris, Centre Georges Pompidou, 1980.

CAUQUELIN, Anne, *Le site et le paysage*, Paris, PUF, 2002.

CHANDLER, Alfred, *La main visible du manager*, Paris, Economica, 1988.

CHARTIER, Roger, *L'ordre des livres, lecteurs, auteurs, bibliothèques en Europe entre XIV*[e] et *XVIII*[e] siècle, Aix-en-Provence, Alinea, 1992.

CHAUMIER, Jacques, *La gestion électronique de documents*, Paris, PUF, 1996.

CHESNAIS, Robert, *Les racines de l'audiovisuel*, Paris, Anthropos, 1990.

CHRISTIN, Anne-Marie, *L'image écrite ou la déraison graphique*, Paris, Flammarion, 1995.

COHEN, Elie, *Le nouvel âge du capitalisme*, Paris, Fayard, 2005.

COLLINS, Harry, *Experts artificiels*, Paris, Le Seuil, 1994.

CORDIER, Alain, *Le livre numérique*, Paris, ministère de la Culture, 1999.

COTTE, Dominique, « Le concept de document numérique », *Communication et Langages*, n° 140, juin 2004.

COTTE, Dominique et DEPRES-LONNET, Marie, « Le document numérique comme « lego » ou a dialectique peut-elle casser des briques ? », Information-interaction-intelligence, vol. 4, n° 1, 2004.

COUCHOT, Edmond, *Images, de l'optique au numérique*, Paris, Hermès, 1988.

COUCHOT, Edmond, *Des images, du temps et des machines*, Arles, J. Chambon, 2007.

COUCHOT, Edmond et HILLAIRE, Norbert, *L'art numérique*, Paris, Flammarion, 2003.

COUZINET, Viviane, « Le document : leçon d'histoire, leçon de méthode », *Communication et Langages*, n° 140, Armand Colin, juin 2004.

CRAIPEAU, Sylvie, *L'entreprise commutante*, Paris, Hermès, 2001.

CROZIER, Michel et FRIEDBERG, Ehrard, *L'acteur et le système*, Paris, Le Seuil, 1977.

CURCIO, Michèle, *Le classement, principes et méthodes*, Paris, Les Editions d'Organisation, 1980.

DAGOGNET, François, *Ecriture et iconographie*, Paris, Vrin, 1973.

DAGOGNET, François, *Pour une théorie générale des formes*, Paris, Vrin, 1977a.

DAGOGNET, François, *Epistémologie de l'espace concret*, Paris, Vrin, 1977b.

DAGOGNET, François, *Mémoire pour l'avenir*, Paris, Vrin, 1979.

DAGOGNET, François, *Faces, surfaces et interfaces*, Paris, Vrin, 1982.

DAGOGNET, François, *Le musée dans fin*, Seyssel, Champ Vallon, 1984a.

DAGOGNET, François, *Philosophie de l'image*, Paris, Vrin, 1984b.

DAGOGNET, François, *Le nombre et le lieu*, Paris, Vrin, 1984c.

DAGOGNET, François, *Les outils de la réflexion*, Paris, Les empêcheurs de penser en rond, 1999.

D'ALEMBERT, Jean Le Rond, *Discours préliminaire de l'Encyclopédie*, Paris, Gonthier, 1965.

DAMIEN, Robert, *Bibliothèque et Etat, naissance d'une raison politique dans la France du XVII*e siècle, Paris, PUF, 1995.

DAMISCH, Hubert, *L'origine de la perspective*, Paris, Flammarion, 1993.

DARNTON, Robert, *L'aventure de l'Encyclopédie*, 1775-1800, Paris, Le Seuil, 1992.

DAVALLON, Jean, *Le don du patrimoine*, Paris, Hermès, 2006.

DAVALLON, Jean et JEANNERET, Yves, « La fausse évidence du lien hypertexte », Paris, Communication et Langages, n°140, 2004.

DEGOS, Jean-Guy, *Histoire de la comptabilité*, Paris, PUF, 1998.

DEFORGE, Yves, *Le graphisme technique, son histoire et son enseignement*, Seyssel, Champ Vallon, 1981.

DE HAMEL, Christopher, *La bible, histoire du livre*, Paris, Phaidon, 2002.

DE KERCKHOVE, Derrick, *L'intelligence des réseaux*, Paris, Odile Jacob, 2000.

DELEUZE, Gilles, *Cinéma, I. L'image-mouvement*, Paris, Editions de Minuit, 1983.

DELOCHE, Bernard, *Museologica, contradictions et logique du musée*, Paris, Vrin, 1989.

DESCOLA, Philippe, *Par delà nature et culture*, Paris, Gallimard, 2005.

DESROSIÈRES, Alain, *La politique des grands nombres, histoire de la raison statistique*, Paris, La Découverte, 1993.

DESROSIÈRES, Alain et THEVENOT, Laurent, *Les catégories socio-professionnelles*, Paris, La Découverte, 2000.

DERRIDA, Jacques, *De la grammatologie*, Paris, Editions de Minuit, 1967.

DIDEROT, Denis, *Prospectus*, Paris, 1750.

DIDI-HUBERMAN, Georges et MANNONI, Laurent, *Mouvements de l'air, Etienne-Jules Marey, photographes des fluides*, Paris, Gallimard, 2004.

DUBOIS, Philippe, *L'acte photographique*, Paris, Nathan, 1990.

DUCCINI, Hélène, *La télévision et ses mises en scène*, Paris, Nathan, 1998.

DURKHEIM, Emile, *Les formes élémentaires de la vie religieuse*, Paris, 1912, PUF, 1998.

ECO, Umberto, *De bibliotheca*, L'échoppe, 1981.

EDWARDS, Paul, *The closed World*, Cambridge, MIT, Etats-Unis, 1996.

ENDRIZZI, Laure, *L'édition de référence libre et collaborative, le cas de wikipédia*, Paris, INRP, 2006.

ENGELBART, Douglas, *Augmenting human intellect : a conceptual framework*, Stanford, SRI, 1962, http:/www.histech.rwth-aachen.de/www/quellen/engelbart/ahi62index.html.

ENGELBART, Douglas et ENGLISH, William, « A research center for augmenting human intellect », in *The new Media reader*, Cambridge, MIT Press, Etats-Unis, 2003.

ELLUL, Jacques, *La technique ou l'enjeu du siècle*, Paris, Economica, 1990.

EISENSTEIN, Elisabeth, *La révolution de l'imprimé dans l'Europe des premiers temps modernes*, Paris, La Découverte, 1991.

ENCYCLOPEDIE I et II, textes choisis par Alain Pons, Paris, Flammarion, 1986.

ERLANDE-BRANDENBOURG, Alain, *Quand les cathédrales étaient peintes*, Paris, Gallimard, 1993.

ESCARPIT, Robert, *Théorie générale de l'information et de la communication*, Paris, Hachette, 1976.

ESCARPIT, Robert, *L'écrit et la communication*, Paris, PUF, 1993.

FAYET-SCRIBE, Sylvie, *Histoire de la documentation en France, culture, science et technologie de l'information, 1895-1937*, Paris, CNRS éditions, 2000.

FEYFANT, Annie, *Encyclopédisme et savoir, du papier au numérique*, Lyon, INRP, 2006.

FIGUIER, Richard (Dir), *La bibliothèque, miroir de l'âme, miroir du monde*, Paris, Autrement, 1991.

FIEVET, Cyril, « Les wikis : groupware nouvelle génération », Internet Actu/FING, 12 novembre 2003.

FOUCAULT, Michel, *Les mots et les choses*, Paris, Gallimard, 1966.

FOUCAULT, Michel, *L'archéologie du savoir*, Paris, Gallimard, 1969.

FOREST, David, *La prophétie communicationnelle*, Paris, Syllepse, 2004.

FREUND, Gisèle, *Photographie et société*, Paris, Le Seuil, 1974.

FRODON, Jean-Michel, *La projection nationale, cinéma et nation*, Paris, Odile Jacob, 1998.

GANASCIA, Jean-Gabriel (Dir), *Communication et connaissance, supports et médiations à l'âge de l'information*, Paris, CNRS, 2006.

GARDEY, Delphine, *Ecrire, calculer, classer*, Paris, La découverte, 2008.

GHITALLA, Franck, BOULLIER, Dominique, GKOUSKOU, Pergia, LE DOUARIN, Laurence, NEAU, Aurélie, *L'outre-lecture, manipuler, (s') approprier, interpréter le web*, Paris, Centre Pompidou, 2003.

GHITALLA, Franck, « L'espace du document numérique », Paris, *Communication et Langages*, n° 126, 2000.

GHITALLA, Franck, « La toile européenne », Paris, *Communication et Langages*, n° 158, 2008.

GIDDENS, Anthony, *Les conséquences de la modernité*, Paris, L'Harmattan, 1994.

GIRAUD, Thérèse, *Cinéma et technologie*, Paris, PUF, 2001.

GOODY, Jack, *La raison graphique, la domestication de la pensée sauvage*, Paris, Minuit, 1979.

GOODY, Jack, *La logique de l'écriture*, Paris, Armand Colin, 1986.

GRAS, Alain, *Grandeur et dépendance, sociologie des macro-systèmes techniques*, Paris, PUF, 1993.

GUICHARD, Eric, « Internet, cartes, territoire et culture », Paris, *Communication et Langages*, n° 158, 2008.

GUICHARD, Eric, *L'internet, mesures des appropriations d'une technique intellectuelle*, Thèse, Paris, EHESS, 2002.

GUICHARD, Eric, « Géographie de l'internet », dans *Les lieux de savoir*, Paris, Albin Michel, 2007.

GUICHARD, Eric, « L'internet, une technique intellectuelle », dans *Mesures de l'internet*, Paris, éditions Les canadiens en Europe, 2004.

GUYOT, Jacques, *Les techniques audiovisuelles*, Paris, PUF, 1997.

HALBWACHS, Maurice, *Les cadres sociaux de la mémoire*, Paris, Albin Michel, 1994.

HALBWACHS, Maurice, *La mémoire collective*, Paris, Albin Michel, 1997.

HEADRICK, Daniel, *How information came of age*, Oxford, Oxford University Press, Angleterre, 2000.

HENDERSON, Kathryn, *On line and on paper, visual representations, visual culture, and computer graphics in design engineering*, Cambridge, MIT, Etats-Unis, 2002.

HERRENSCHMIDT, Clarisse, *Les trois écritures, langue, nombre, code*, Paris, Gallimard, 2007.

HIGOUNET, Charles, *L'écriture,* Paris, PUF, 1993.

HOLTZ-BONNEAU, Françoise, *Création infographique : les enjeux informatiques du visuel*, Paris, Addison-Wesley, 1995.

HOTTOIS, Gilbert, *Le signe et la technique*, Paris, Aubier, 1984.

JACOB, Christian (Dir), Des Alexandries II, les métamorphoses du lecteur, Paris, Bibliothèque nationale de France, 2003.

JACOB, Christian, *L'empire des cartes, approche théorique de la cartographie à travers l'histoire*, Paris, Albin Michel, 1992.

JACOB, Christian, *Les lieux de savoir, espaces et communautés*, Paris, Albin Michel, 2007.

JANICAUD, Dominique, *la puissance du rationnel*, Paris, Gallimard, 1985.

JEAN, Georges, *L'écriture, mémoire des hommes*, Paris, Gallimard, 1987.

JEAN, Georges, *Langages des signes, l'écriture et son double*, Paris, Gallimard, 1989.

JEANNENEY, Jean-Noël, *Quand Google défie l'Europe*, Paris, Mille et une nuits, 2006.

JEANNERET, Yves, *Y-a-t-il vraiment des technologies de l'information ?,* Villeneuve d'Asq, Presses du Septentrion, 2000.

JEANNERET, Yves et SOUCHIER, Emmanuel, « Ecriture numérique ou médias informatisés ? », *Pour la Science*, Dossier Hors-série « Du signe à l'écriture », octobre-janvier 2002.

JEANNERET (dir.), Yves, *Métamorphoses médiatiques, pratiques d'écritures et médiation des savoirs*, Paris, CNRS, 2005.

JOLLY, Claude et VERNET, André, *Histoire des bibliothèques françaises*, Paris, Promodis, Cercle de la librairie, 1988.

JOLY, Marine, *Introduction à l'analyse de l'image*, Paris, Nathan, 1993.

JUANALS, Brigitte, *La culture de l'information*, Paris, Hermès, 2003.

JULLIER, Laurent, *Les images de synthèse*, Paris, Nathan, 1998.

JULLIER, Laurent, *Le son au cinéma*, Paris, Cahiers du cinéma/CNDP, 2006.

KANT, Emmanuel, *Qu'est-ce qu'un livre ?*, Paris, PUF, 1995.

KAY, Alan et GOLDBERG, Adele, « personal dynamic media », in *The new Media reader*, Cambridge, MIT Press, Etats-Unis, 2003.

KLEIN, Arnaud, « Wikipédia et la légitimité de la construction collective du savoir sur internet », *Internet Actu/Fing*, 25 mai 2005.

LABORDE, Aurélie, *Les discours accompagnant les nouvelles techniq ues de télécommunication : du télégraphe optique à l'internet*, Thèse, Université Bordeaux III, 2001.

LACOSTE, Yves (Dir.), *« Géopolitique de l'URSS »*, *Hérodote*, n° 47, 1987.

LAFONT, Robert, *Anthropologie de l'écriture*, Paris, CCI/CGP, 1984.

LANDES, David, *L'heure qu'il est*, Paris, Gallimard,1987.

LARDELLIER, Pascal et MELOT, Michel, *Demain, le livre*, l'Harmattan, 2007.

LASSEGUE, Jean, *Turing, et l'informatique fut*, Paris, Pour la science 2006.

LATOUR, Bruno, *La science en action*, Paris, La Découverte, 1989.

LATOUR, Bruno, *Aramis ou l'amour des techniques*, Paris, La Découverte, 1992.

LATOUR, Bruno, *Petites leçons de sociologie des sciences*, Paris, Le Seuil,

LATOUR, Bruno, « Les Vues de l'esprit », in *Les vues de l'esprit*, Paris, Culture technique n° 14, 1985.

LAUFER, Roger et SCAVETTA, Domenico, *Texte, hypertexte, hypermédia*, Paris, PUF, 1992.

LEBERT, Marie, *Une courte histoire de l'e-book*, Net des études françaises (NEF), Université de Toronto, Canada, 2009.

LE CARRER, Olivier, *Océans de papier, histoire des cartes marines, des périples antiques au GPS*, Grenoble, Glénat, 2006.

LE DIBERDER, Alain et Coste-Cerdan, Nathalie, *La télévision*, Paris, La Découverte, 1986.

LE MOIGNE, Jean-Louis, *La théorie du système général*, Paris, PUF, 1984.

LEROI-GOURHAN, André, *Le geste et la parole II, la mémoire et les rythmes*, Paris, Albin Michel, 1964.

LEUTRAT, Jean-Louis, *Le cinéma en perspective : une histoire*, Paris, Nathan, 1992.

LEVIE, Françoise, *L'homme qui voulait classer le monde*, Paul Otlet et le mundaneum, Bruxelles, Les impressions nouvelles, Belgique, 2006.

LEVI-STRAUSS, Claude, *La pensée sauvage*, Paris, Plon, 1962, réédition Pocket, 1990.

LEVREL, Julien, « Wikipédia, un dispositif médiatique de publics participants », *Réseaux,* n° 138, Hermès, 2006.

LEVY, Pierre, *Les technologies de l'intelligence, l'avenir de la pensée à l'ère de l'informatique*, Paris, La Découverte, 1990.

LEVY, Pierre, *L'intelligence collective*, Paris, La Découverte, 1994.

LICKLIDER, J.C.R., « Man-computer symbiosis », *IRE transactions on human factors in electronics*, vol. 1, 1960.

LICKLIDER, J.C.R., *Librairies of the future*, MIT Press, Etats-Unis, 1965.

LICKLIDER, J.C.R., « The computer as a communication device », *Science and technology*, avril 1968.

LIGONNIERE, Robert, *Préhistoire et histoire des ordinateurs*, Paris, Robert Laffont, 1987.

LUSSATO, Bruno, *Le défi informatique*, Paris, Fayard, 1981

MALRAUX, André, *Le musée imaginaire*, Paris, Gallimard, 1965.

MANGUEL, Alberto, *La bibliothèque la nuit*, Arles, Actes Sud, 2006.

MANGUEL, Alberto, *Une histoire de la lecture*, Arles, Actes Sud, 1998.

MARTIN, Henri-Jean et FEBVRE, Lucien, *L'apparition du livre*, Paris, Albin Michel, 1999.

MARTIN, Henri-Jean, *Histoire et pouvoirs de l'écrit*, Paris, Perrin, 1988.

MAUSS, Marcel, *Sociologie et anthropologie*, Paris, PUF, 1997.

MELEZE, Jacques, *Approches systémique des organisations*, Paris, Hommes et techniques, 1979.

MESCHONNIC, Henri, *Des mots et des mondes, dictionnaires, encyclopédies, grammaires nomenclatures*, Paris, Hatier, 1991.

MEYRIAT, Jean, « Document, documentation, documentologie », *Schéma et Schématisation*, n° 14, p. 51-63, 1981.

MORIN, Edgar, *La méthode, la nature de la nature*, Le Seuil, Paris, 1977.

MOYNE, Albert, *Le carnet d'adresses, objet reflet, objet nomade*, Paris, L'Harmattan, 1989.

MUSSO, Pierre, *Télécommunications et philosophie des réseaux*, Paris, PUF, 1998.

NEGROPONTE, Nicolas, *L'homme numérique*, Paris, Pocket, 1995.

NELSON, Theodor, « A file structure for the complex, the changing and the indeterminate », 1965, in *The new Media reader*, Cambridge, MIT Press, Etats-Unis, 2003.

NELSON, Theodor, « Computer lib/dream machines » (extraits), 1974, in *The new Media reader*, Cambridge, MIT Press, Etats-Unis, 2003.

NELSON, Theodor, « Proposal for a universal electronic publishing system and archive » (extraits de *Literary Machines*), 1981, in *The new Media reader*, Cambridge, MIT Press, Etats-Unis, 2003.

NELSON, Theodor et WHITEHEAD, Jim, « Orality and hypertext : an interview with Ted Nelson », 1996, http:/www.ics.uci.edu/~ejw/csr/nelson_pg : html

NELSON, Theodor, « Xanalogical structure, Needed now more than ever : parallel documents, deep links to content, deep versioning and deep re-use », 2000, http:/www.xanadu.com.au/ted/XUsurvey/xDation.html

NORA, Simon et MINC, Alain, *L'informatisation de la société*, Paris, Le Seuil, 1978.

OLSON, David, *L'univers de l'écrit*, Paris, Retz, 1998.

ONG, Walter, « Digitization ancient and modern : beginnings of writing and today's computers », Saint-Louis, *Communication research trend*, vol. 18, n° 2, 1998.

OTLET, Paul, *Traité de documentation*, Liège, CLPCF, Belgique, 1989.

PANOFSKY, Erwin, *Architecture et pensée scolastique*, Paris, Editions de Minuit, 1975

PAVE, Francis, *L'illusion informaticienne*, Paris, L'Harmattan, 1989.

PEIRCE, Charles Sanders, *Ecrits sur le signe*, Paris, Le Seuil, 1978.

PEREC, Georges, *Penser/Classer*, Paris, Hachette, 1985.

PERRIAULT, Jacques, *Mémoires de l'ombre et du son, une archéologie de l'audiovisuel*, Paris, Flammarion, 1981.

PETITOT, Philippe, *Le catalogue Manufrance, analyse sémiologique*, Saint-Etienne, CIERSR, Université de Saint-Etienne.

PEYRIERE, Monique, *Machines à écrire, des claviers et des puces : la traversée du siècle*, Paris, Autrement, 1994.

PIGNIER, Nicole et DROUILLAT, Benoît, *Le webdesign*, Paris, Hermès, 2008.

PINAULT, Madeleine, *L'Encyclopédie,* Paris, PUF, 1993.

POMIAN, Krzysztof, *Collectionneur, amateurs et curieux*, Paris, Gallimard, 1987.

PRAX, Jean-Yves, *La gestion électronique de documents*, Paris, Armand Colin, 1994.

PROUST, Jacques, *Diderot et l'encyclopédie*, Paris, Albin Michel, 1995.

PROUST, Jacques, *Toutes les planches de l'Encyclopédie Diderot et d'Alembert*, Paris, EDDL, 2001.

PRUVOST, Jean, *Dictionnaires et nouvelles technologies*, Paris, PUF, 2000.

QUEAU, Philippe, *Métaxu*, Seyssel, Champ Vallon, 1989.

RAMRAJSINGH, Athisingh, *Les nouvelles technologies web, facteur d'un glissement de la prérogative politique ?*, Thèse, IEP d'Aix-en-Provence, 2009.

RANGANATHAN, S.R, « What of documents », in *Documentation and its facets*, Londres, Asia Publishing House, Royaume-Uni, 1963.

RECHT, Roland, *Le croire et el voir, l'art des cathédrales (XIIe-XVe* siècle*)*, Paris, Gallimard, 1999.

RECHT, Roland, *Le dessin d'architecture, origine et fonction*, Paris, Adam Biro, 1995.

REY, Alain, *Miroirs du monde*, Paris, Fayard, 2008.

RIEDER, Bernhard, *Métatechnologies et délégation*, Thèse, Université Paris VIII, 2006.

ROBERT, Pascal, *Une théorie sociétale des TIC*, Paris, Hermès, 2009.

ROBERT, Pascal, *La logique politique des technologies de l'information, critique de la logistique du « glissement de la prérogative politique »*, collection Labyrinthes, Presses universitaires de Bordeaux, Bordeaux, 2005.

ROBERT, Pascal, *L'impensé informatique, au miroir du quotidien Le Monde (1972-1980)*, Thèse en sociologie des techniques, sous la direction de P. Breton, Université Paris-I, Paris, 686 p., 1994.

ROBERT, Pascal « Médias, ordre de grandeur et démocratie », *Ecologie des médias*, sous la direction de P.Y. Badillo, Editions Bruylant, 2008.

ROBERT, Pascal, « La raison cartographique, entre « paradoxe de la simultanéité » et « technologies intellectuelles », *Communication et langages*, n° 158, décembre 2008, p. 31 à 41.

ROBERT, Pascal, « Complexité, littérature et modélisation : quelques leçons de J.L. Borges », journée d'études du groupe TIC-SIS de la SFSIC sur la complexité, Bordeaux, 2007.

ROBERT, Pascal, « Critique de la dématérialisation », *Communication et langages*, n°140, juin 2004, p. 55-68.

ROBERT, Pascal, « Des machines à remonter le temps ? La photographie, l'informatique et le paradoxe de la simultanéité », *Communication et langages*, n° 134, décembre 2002, p. 111-123.

ROBERT, Pascal, « Le MOTIF, de l'informatique comme moteur d'inférence et de gestion de formes », *Solaris*, hiver 2000-2001, http://www.info.unicaen.fr/bnum/jelec/Solaris.

ROBERT (a), Pascal, « Qu'est-ce qu'une technologie intellectuelle ? », *Communication et langages*, n°123, 2000, p. 97-114.

ROBERT (b), Pascal, « Vers une typologie des technologies intellectuelles », *Communication et langages*, n°125, 2000, p. 98-115.

ROQUEPLO, Philippe, « Les avatars de la communication du fait de la technique », dans Sfez L. et Coutlée G., *Technologie et symbolique de la communication*, Paris, PUF, 1990.

ROUGEMONT, Denis, « Information n'est pas savoir, dans *L'imaginaire des techniques de pointe*, Paris, L'Harmattan, 1989.

RTP-DOC et SALUN, Jean-Michel, *Document et numérique*, Paris, CNRS/Enssib, 2003.

RTP-DOC, « Le texte en jeu, permanence et transformations du document », Paris, CNRS/Enssib, version 2004.

RTP-DOC, « Document et modernités », Paris, CNRS/Enssib, 2006.

SALUN, Jean-Michel, *A qui appartient la télévision ?*, Paris, Aubier, 1989.

SANTORINEOS, Manthos, *De la civilisation du papier à la civilisation du numérique*, Paris, L'Harmattan, 2008.

SAUVAGEOT, Anne, *Voirs et savoirs, esquisse d'une sociologie du regard*, Paris, PUF, 1994.

SAVIGNAT, J.M., *Dessin et architecture, du moyen âge au XVIII*e siècle, Paris, ENSBA, 1983.

SCHAER, Roland, *L'invention des musées*, Paris, Gallimard, 1993.

SCHAER, Roland (Dir), *Tous les savoirs du monde*, Paris, BNF/Flammarion, 1996.

SEGALEN, Victor, *Stèles*, Paris, Gallimard, 1973.

SERRES, Michel, *Le parasite*, Grasset, Paris, 1980.

SERRES, Michel, *Histoire des sciences*, Paris, Bordas, 1994.

SERRES, Michel, *Statues*, Paris, François Bourin, 1987

SERRES, Michel, *Hermès ou la communication*, Paris, Editions de Minuit, 1969.

SICARD, Monique, *La fabrique du regard*, Paris, Odile Jacob, 1998.

SIMONDON, Gilbert, *Du mode d'existence des objets techniques*, Paris, Aubier, 1989.

SFEZ, Lucien, *Critique de la communication*, Paris, Le Seuil, 1988.

SORLIN, Pierre, *Les fils de Nadar, le « siècle » de l'image analogique*, Paris, Nathan, 1997.

SOUCHIER, Emmanuel, « L'image du texte, pour une théorie de l'énonciation éditoriale », *Les cahiers de médiologie*, n° 6, 1998.

SOUCHIER, Emmanuel, « Histoires de pages et pages d'histoire », dans *L'aventure des écritures, La page*, Paris, Bibliothèque nationale de France, 2000.

SOUCHIER, Emmanuel, Jeanneret, Yves et Le Marec, Joelle, *Lire, écrire et récrire, objets, signes et pratiques des médias informatisés*, Paris, BPI, Centre Pompidou, 2003.

SULEIMAN, Ezra, *Le démantèlement de l'état démocratique*, Paris, Le Seuil, 2005.

TASSY, Pascal, *L'arbre à remonter le temps*, Paris, Diderot, 1998.

TEDLOW, Richard, *L'audace et le marché,* Paris, Odile Jacob, 1991.

THEVENOT, Laurent, « Les investissements de forme », dans Thévenot (éd), *Conventions économiques*, Paris, Cee-PUF, 1986.

TOULET, Emmanuel, *Cinématographe, invention du siècle*, Paris, Gallimard, 1988.

TUFTE, Edward, *The visual display of quantitative information*, Graphics Press, Etats-Unis, 2007.

VALÉRY, Paul, *Introduction à la méthode de Léonard de Vinci*, Paris, Gallimard, 1957.

VANDERDOPE, Christian, *Du papyrus à l'hypertexte*, Paris, La Découverte, 1999.

VIRILIO, Paul, *Guerre et cinéma I, logistique de la perception*, Paris, édition de l'Etoile, 1984.

WEIL, Françoise, « L'homme et le livre », dans *Histoire des mœurs*, *volume III*, Encyclopédie de la Pléiade, Paris, Gallimard, 1991.

WEISSBERG, Jean-Louis, *Présence à distance, déplacement virtuel et réseaux numériques*, Paris, L'Harmattan, 1999.

WEIZENBAUM, Joseph, *Puissance de l'ordinateur et raison de l'homme*, Editions d'informatique, Paris, 1981.

WOLTON, Dominique, *La folle du logis*, Paris, Gallimard, 1983

WOLTON, Dominique, *Penser la communication*, Paris, Flammarion, 1997.

WOOLMAN, Matt, *Données à voir, le graphisme d'information sur support numérique*, Paris, Thames et Hudson, 2002.

WURSTER, Christian, *Computers, l'histoire illustrée des ordinateurs*, Taschen, Cologne, Allemagne, 2002.

YATES, Frances, *L'art de la mémoire*, Paris, Gallimard, 1975.

ZALI, Anne (Dir.), *L'aventure des écritures, la page*, Paris, Bibliothèque nationale de France, 1999.

ZANELLA, Paolo, LIGIER, Yves, *Architecture et technologies des ordinateurs*, Paris, Dunod, 1993.

ZUMTHOR, Paul, *La mesure du monde*, Paris, Le Seuil, 1993.

INDEX